博雅

21世纪经济与管理应用型本科规划教材

财务管理系列

财务管理

Financial Management

李金兰 主 编

柏春红 姚丽琼 崔 璇 副主编

北京大学出版社
PEKING UNIVERSITY PRESS

图书在版编目(CIP)数据

财务管理/李金兰主编. —北京:北京大学出版社,2012.9
(21世纪经济与管理应用型本科规划教材·财务管理系列)
ISBN 978-7-301-20865-6

Ⅰ. ①财… Ⅱ. ①李… Ⅲ. ①财务管理—高等学校—教材 Ⅳ. ①F275

中国版本图书馆CIP数据核字(2012)第132652号

书　　名:财务管理
著作责任者:李金兰　主编
策 划 编 辑:叶　楠
责 任 编 辑:叶　楠　朱　莹
标 准 书 号:ISBN 978-7-301-20865-6/F·3226
出 版 发 行:北京大学出版社
地　　址:北京市海淀区成府路205号　100871
网　　址:http://www.pup.cn
电　　话:邮购部 62752015　发行部 62750672　编辑部 62752926
出版部 62754962
电 子 邮 箱:em@pup.cn
印　刷　者:北京鑫海金澳胶印有限公司
经　销　者:新华书店
730毫米×980毫米　16开本　24印张　526千字
2012年9月第1版　2012年9月第1次印刷
印　　数:0001—4000册
定　　价:39.00元

丛书出版前言

《国家中长期教育改革和发展规划纲要(2010—2020年)》指出,目前我国高等教育还不能完全适应国家经济社会发展的要求,学生适应社会和就业创业能力不强,创新型、实用型、复合型人才紧缺。所以,在此背景下,北京大学出版社响应教育部号召,在整合和优化课程、推进课程精品化与网络化的基础上,积极构建与实践接轨、与研究生教育接轨、与国际接轨的本科教材体系,特策划出版《21世纪经济与管理应用型本科规划教材》。

《21世纪经济与管理应用型本科规划教材》注重系统性与综合性,注重加强学生分析能力、人文素养及应用性技能的培养。本系列包含三类课程教材:通识课程教材,如《大学生创业指导》等,着重于提高学生的全面素质;基础课程教材,如《经济学原理》、《管理学基础》等,着重于培养学生建立宽厚的学科知识基础;专业课程教材,如《组织行为学》、《市场营销学》等,着重于培养学生扎实的学科专业知识以及动手能力和创新意识。

本系列教材在编写中注重增加相关内容以支持教师在课堂中使用先进的教学手段和多元化的教学方法,如用课堂讨论资料帮助教师进行启发式教学,增加案例及相关资料引发学生的学习兴趣等;并坚持用精品课程建设的标准来要求各门课程教材的编写,力求配套多元的教辅资料,如电子课件、习题答案和案例分析要点等。

为使本系列教材具有持续的生命力,我们每隔三年左右会对教材进行一次修订。我们欢迎所有使用本系列教材的师生给我们提出宝贵的意见和建议(我们的电子邮箱是em@pup.cn),您的关注就是我们不断进取的动力。

在此,感谢所有参与编写和为我们出谋划策、提供帮助的专家学者,以及广大使用本系列教材的师生,希望本系列教材能够为我国高等院校经管专业的教育贡献绵薄之力。

北京大学出版社

经济与管理图书事业部

2012年1月

前　言

财务管理是现代企业经济管理体系中的重要组成部分，是企业实现目标效益的重要环节。财务管理是一门伴随着市场经济的发展而不断发展和成熟起来的重要的经济管理学科，它集经济学、管理学、金融学、投资学、会计学、统计学等相关学科为一体，使该学科不断具有更高的理论价值和实践应用价值。

本书是"21 世纪经济与管理应用型本科规划教材 · 财务管理系列"中的一本，是按照应用型人才培养模式的要求开发编写的。应用型本科教育是一种专业性通才教育，它既关注学生系统扎实的基础理论知识学习与储备，又是一种以能力为本的教育，尤其注重对学生能力的培养与训练。基于这一培养目标，应用型本科的教材建设应有别于普通本科，更加强调应用性、实践性和创新性。

本书以我国财政部 2006 年发布的《企业财务通则》、《企业会计准则》，2010 年发布的《企业内部控制应用指引第 6 号——资金活动》和最新的相关法规为依据编写，将财务管理的基本理论与实践相结合，优化和组合教学内容，突出了知识的系统性、新颖性、实用性。其主要特点有：

1. 注重教材体系与培养目标的协调性

培养目标的定位是使学习者对企业普遍存在的财务活动、从事财务管理的基本内容有一定的掌握，包括基本理论、基础知识和基本技能。全书总共十章分为四篇，第一篇为财务管理基础，主要内容为概论、计算基础；第二篇为资金活动管理，主要包括筹资、投资、营运资金及收益的管理，是企业最基本、最普遍的管理内容；第三篇为财务管理手段，主要内容为财务预算、财务分析，是企业最基本、最常用的财务管理手段；第四篇为其他管理，主要内容为企业重组、企业清算，是企业在经营中有可能遇到的以及终止经营必须处理的财务问题。全书将财务管理实践中涉及的基本理论、基本知识和基本技能进行了全面、系统的阐述，较好地弥补了其他财务管理教材中体系结构不合理的缺陷。

2. 注重能力培养、突出应用型本科的教育特色

本书在理论阐述上，以"必需"和"够用"为原则，文字处理方式简洁、直观、浅显易懂。例如，对于普通教材中的大篇幅的文字叙述，本书设计了适宜的"图表"进行归纳和总结，有利于学习者形成清晰的学习思路，方便其对财务管理基本理论的理解和掌握。

本书在实践阐述上,以“必备”和“灵活”为原则,针对本学科计算繁杂的特点,主要公式的导入细腻,演示计算过程具体,理论联系实际到位,突出了“学以致用、能力为本”。例如,对于普通教材中大量公式的罗列,本书设计了适宜的“举例和特别提醒”,有针对性地说明了公式运用中极易产生的误解,为学习者进行财务预测、决策、分析奠定了坚实的计算基础。书中还大量收集了企业近年来在财务管理中的“典型案例”,通过“案例讨论”分析存在的问题,研究解决问题的有效方案,开拓了学习者的思路。在书中还设计有“实战体验”栏目,采集了近期企业对外公布的财务管理方案的信息资料,让学习者分析原方案中存在的问题并设计修改方案,将财务管理的理论与实践紧密结合在一起,培养了学习者独立分析和解决问题的能力。

3. 注重专业知识的衔接和巩固

财务管理是一门应用学科,学习者通过财务管理课程的学习,应该对“财务管理”有一个全方位的认识。本书通过“相关链接”栏目,将财务管理的专业知识与以下内容进行了对接:

(1)“相关法规”的链接。将目前执行的《公司法》、《企业会计准则》、《企业财务通则》、《税法》等对财务管理的规定作了链接说明,帮助学习者正确理解相关法规的内涵,有利于国家法规的贯彻执行。

(2)“相关学科”的链接。将统计学、金融学、会计学、管理学涉及的相关问题的处理侧重点作了链接说明,将重要的专业术语进行了双语(英文)链接,丰富了学习者的专业英语词汇,体现了财务国际化特色。

由于财务管理具有政策性强、理论性强、综合性强、应用性广等特点,对初学者来说难度较大,目前这门课又是中级会计资格、注册会计师资格、注册税务师资格等考试中的必考课程,学好这门课对以后的考试及工作都有重要意义。本书对各章都设计了大量的同步练习,在同步练习中,按照教学目标的要求,突出了基本理论、基本技能的训练和掌握。通过本书的学习,学习者可以掌握企业财务管理的基本理论和方法,具备从事经济管理工作所必需的业务知识和工作能力。

本书由青岛大学和宁波工程学院共同编写。青岛大学的李金兰担任主编,青岛大学的柏春红、宁波工程学院的姚丽琼、青岛大学的崔璇担任副主编。具体分工如下:青岛大学的李金兰编写第一章;宁波工程学院的姚丽琼编写第二章;青岛大学的张园园编写第三章、第四章;王晓琳编写第五章、第六章;韩顺强编写第七章;崔璇编写第八章;柏春红编写第九章;单润波编写第十章。书中双语链接由崔璇、王晓琳编写,李金兰、柏春红对全书作了修改、总纂,最后由青岛大学的张丕景审订。

本书可以作为高等院校会计、经济、管理类应用型本科专业教材,也可以作为从事企业管理和财务管理工作人员的学习资料以及会计专业教育工作者的辅助参考书。

本书的编写无论在内容还是在体系上均作了新的尝试,但由于作者水平和经验有限,书中难免存在疏漏之处,恳请读者批评指正,我们将在修订版中予以纠正。

李金兰

2012 年 7 月

目　录

第一篇　财务管理基础

第二篇　资金活动管理

第三篇 财务管理手段

第四篇 其他管理

第一篇　财务管理基础

第一章　财务管理总论

【本章导航】

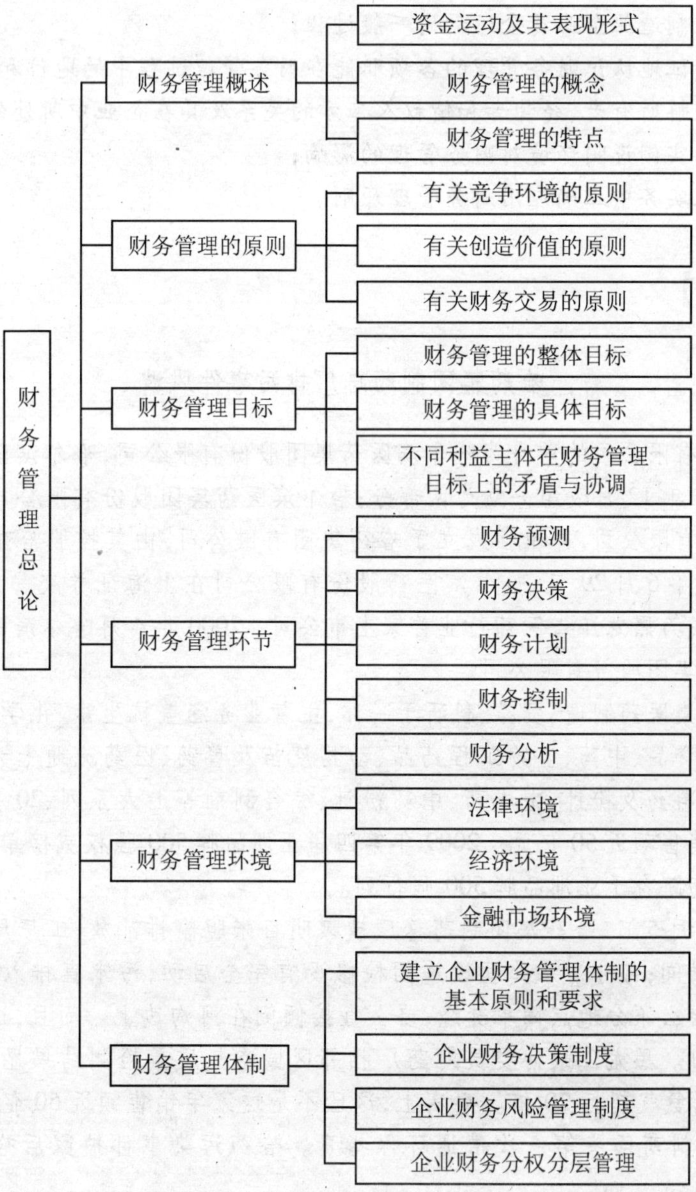

【知识目标】

1. 理解财务活动存在的客观基础；
2. 掌握财务管理的概念、内容、特点；
3. 掌握财务管理的目标；
4. 理解财务管理的环节、原则、环境、体制。

【能力目标】

1. 能描述制造业企业资金运动的一般过程；
2. 能够辩证地认识财务管理的各项职能在财务管理过程中的地位和作用；
3. 能够理解所有者、经营者和债权人三方的关系及其在企业中所处的地位；
4. 能够以实例说明环境对财务管理的影响；
5. 能够在实务中正确应用财务管理原则。

【导入案例】

哈药集团制药总厂排污事件风波

哈药集团有限公司的前身为哈尔滨医药集团股份有限公司，哈尔滨医药集团股份有限公司于1991年12月改组分立为两部分：哈尔滨医药集团股份有限公司直接更名为哈尔滨医药股份有限公司，并单独成立了哈药集团有限公司，由其控股哈尔滨医药股份有限公司。1993年6月29日，哈尔滨医药股份有限公司在上海证券交易所上市（股票代码：600664），成为黑龙江省医药行业首家上市公司。2000年4月哈尔滨医药股份有限公司更名为哈药集团股份有限公司。

哈药股份集医药制造、贸易、科研于一体，主营业务涵盖抗生素、化学药物制剂、非处方药品及保健食品、中药、生物工程药品、动物疫苗及兽药、医药流通七大产业领域。共生产抗生素原料药及粉针、中成药、中药粉针、综合制剂等七大系列、20多种剂型，1 000多个品种，年销售额近50亿元。2009年第四届亚洲品牌500强权威榜单揭晓，哈药品牌名列其中，成功跻身于亚洲品牌500强行列。

2011年6月5日，哈药集团制药总厂被曝明目张胆偷排乱放：工厂周边废气排放严重超标，恶臭难闻；部分污水处理设施因检修没有完全启动，污水直排入河，导致河水变色；大量废渣要么不分地点简单焚烧，要么直接倾倒在河沟边上。而且，这种水陆空立体排污，已非一日。黑龙江政协委员对药厂相邻区域空气质量检测结果显示，硫化氢气体超标1 150倍，氨气超标20倍。事实上，这已不是这家年销售额近50亿元、年广告费用达5亿多元的制药巨头第一次遭遇环保指责。哈药污染事件披露后哈药股价也因此巨跌。

像哈药环境污染这样的事件仍然存在很多:中石油污染松花江,紫金矿业的污染,七大水系不同程度地被污染等事件都没有引起企业的重视,这些事件的关键还是企业认为违法的成本大大低于企业对污染治理的成本,凸显了企业追求短期利益的行为和企业社会责任的缺失,不符合企业价值最大化的企业目标,更不符合相关者利益最大化的企业目标,靠污染换来的效益远远不能满足污染治理的支出。随着全民环保意识和维权意识的增强,这些恶性的污染事件的制造者也会付出越来越沉重的代价,哈药股价巨跌正是这种代价的具体表现。企业要想持续发展必须要履行一定的社会责任,协调好企业目标与社会责任的关系,这也是理论界一直在探讨将相关者利益最大化作为企业目标的出发点和归宿。

资料来源:主要摘自腾讯网,原地址:http://finance.qq.com/zt2011/hywr/。

第一节 财务管理概述

任何企业的生产经营活动,都是运用人力、资金、物资与信息等各项生产经营要素来进行的,其中包含了生产经营的业务活动和财务活动两个方面。与之相对应,在企业中必然存在两种基本管理活动,即生产经营管理和财务管理。企业财务是指企业生产经营过程中的资金运动及其所体现的财务关系。

一、资金运动及其表现形式

资金是企业生产经营过程中商品价值的货币表现,其实质是再生产过程中运动着的价值。在企业生产经营过程中,物资不断运动,物资的价值形态也不断地发生变化,由一种形态转化为另一种形态,周而复始,不断循环,形成了资金的运动(Capital Movement)。物资价值的运动就是通过资金运动的形式表现出来的。所以,企业的生产经营过程,一方面表现为物资运动(从实物形态看),另一方面表现为资金运动(从价值形态看)。

社会再生产过程中的资金运动,在不同的单位里,其表现形式是不完全相同的。由于制造业企业生产经营过程比较复杂又最为完整,因此,本书以制造业企业为例来阐述其资金运动的具体表现形式。

制造企业的资金运动按其运动的程序可分为资金投入、资金循环和周转、资金退出三个基本环节。制造企业的生产经营过程可以划分为供应过程、生产过程和销售过程。随着企业供、产、销过程的不断进行,企业的资金也在不断循环和周转。

(一) 资金投入

企业存在的前提是必须拥有一定数量的资金。企业通过各种方式筹集资金,其来源主要包括所有者的资金投入和债权人的资金投入,前者构成了企业的所有者权益,后者则形成了企业的负债。

(二) 资金循环和周转

用货币资金购买材料物资,完成供应过程后,为生产过程做准备,此时企业的资金由货币资金形态转化为储备资金形态。进入生产过程后,车间生产产品领用材料物资时,储备资金又转化为生产资金。产品生产完工后,生产资金又转化为成品资金。将产成品出售后,成品资金又转化为货币资金。资金从货币形态开始，依次经过储备资金、生产资金、成品资金，最后又回到货币资金这一运动过程叫做资金循环，周而复始的资金循环称为资金周转。

（三）资金退出

资金退出企业是指企业的资金不再参加生产经营过程中资金的循环和周转，而游离于企业的资金运动之外。资金的退出包括按法定程序返回投资者的投资、偿还各项债务、上交税费及向所有者分配利润等。制造业企业的资金运动见图 1-1。

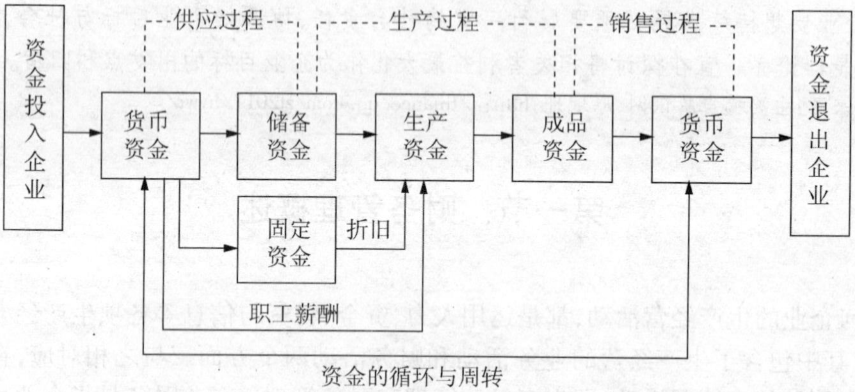

图 1-1　制造业企业的资金运动

二、财务管理的概念

企业财务管理（Financial Management）作为企业管理的重要组成部分，它是根据财经法规制度，按照财务管理的原则，组织企业财务活动，理顺财务关系的一项经济管理工作。

【双语链接】

- Capital Movement：Capital inflow and/or outflow.
- Financial management is the process of managing the financial resources, including accounting and financial reporting, budgeting, collecting accounts receivable, risk management, and insurance for a business.

（一）财务活动

如前所述，企业资金运动过程是资金形态的不断转化及其增值过程，这一过程是通过一系列的财务活动（Financial）实现的。企业生产经营过程中的资金运动即企业的财务活动，主要包括资金的筹集、运用、收回与分配。

【双语链接】

Financial：The initiatives, transactions, and events (such as issuing of stock/shares, bonds, promissory note, and arranging of loans and supplies) employed and undertaken by an organization in achieving its economic objectives.

1. 筹资管理

筹资管理是企业财务管理的首要环节,是企业投资活动的基础。事实上,在企业发展过程中,筹资及筹资管理是贯穿始终的。无论在企业创立之时,还是在企业成长过程中追求规模扩张,甚至日常经营周转过程中,都可能需要筹措资金。可见筹资是指企业为了满足投资和用资的需要,筹措和集中所需资金的过程。在筹资过程中,企业一方面要确定筹资的总规模,以保证投资所需要的资金;另一方面要选择筹资方式,降低筹资的代价和筹资风险。

企业的资金来源按产权关系可以分为权益资金和负债资金。一般来说,企业完全通过权益资金筹资是不明智的,不能得到负债经营的好处;但负债比例大则风险也大,企业随时可能陷入财务危机。因此,筹资决策的一个重要内容是确定最佳的资本结构。

企业资金来源按使用的期限,可分为长期资金和短期资金。长期资金和短期资金的筹资速度、筹资成本、筹资风险以及借款时企业所受到的限制均有所不同。因此,筹资决策要解决的另一个重要内容是安排长期资金与短期资金的比例关系。

2. 投资管理

投资是指企业资金的运用,是为了获得收益或避免风险而进行的资金投放活动。在投资过程中,企业必须考虑投资规模;同时,企业还必须通过投资方向和投资方式的选择,确定合理的投资结构,以提高投资效益、降低投资风险。投资是企业财务管理的重要环节。投资决策的成败,对企业未来经营成败具有根本性影响。

投资按其范围分为对内投资和对外投资。对内投资是对企业自身生产经营活动的投资,如购置流动资产、固定资产、无形资产等。对外投资是以企业的合法资产对其他单位或对金融资产进行投资,如企业与其他企业联营、购买其他企业的股票、债券等。

3. 资金营运管理

企业在正常的经营过程中会发生一系列的资金收付。首先,企业要采购材料或商品,以便从事生产和销售活动,同时还要支付工资和其他营业费用;其次,当企业把产品或商品售出后,可取得收入,收回资金;最后,如果企业资金不能满足企业经营的需要,还要筹集所需资金。上述各方面都会产生企业资金的收付。这就是由企业日常经营而引起的财务活动,称为资金营运活动。

企业的营运资金,主要是为满足企业日常经营活动的要求而垫支的资金,营运资金周转通常与经营周期具有一致性。在一定时期内资金周转越快,就可以利用相同数量的资金,生产出更多的产品,取得更多的收入,获得更多的报酬。因此,如何加速资金周转,提高资金利用效果,是日常财务管理的主要内容。

【特别说明】

重组清算与资产营运管理

重组清算是市场经济条件下企业财务管理的重要内容之一,虽然可归入资产营运范畴,但是企业重组清算往往是在企业非持续经营状态下发生的,因此应当将其作为特殊财务事项加以规范。

4. 收益分配管理

企业在经营过程中会产生利润,也可能因对外投资而分得利润,这表明企业有了资金的增值或取得了投资报酬。企业的利润要按规定的程序进行分配。首先,要依法纳税;其次,要提取盈余公积;最后,要向投资者分配利润,这种因利润分配而产生的资金收支即收益分配引起的财务活动。

（二）财务关系（Financial Public Relations）

企业的财务活动是以企业为主体来进行的,企业作为法人在组织财务活动过程中,必然与企业内外部有关各方发生广泛的经济利益关系,这就是企业的财务关系。

【双语链接】

Financial Public Relations: Section of a public relations department that primarily focuses on public relations concerning financial/investment matters and usually includes a staff of lawyers. This division also handles interpretation of SEC regulations and disclosure agreements. The goal of this department is to consistently keep the company appearing in a good light and to ensure that the company continues to meet requirements that prevent alteration of that positive perception.

企业的财务关系可概括为以下几个方面:

1. 企业与国家行政管理者之间的财务关系

国家作为行政管理者——政府,担负着维护社会正常的秩序、保卫国家安全、组织和管理社会活动等任务。政府为完成这一任务,必然无偿参与企业利润的分配。企业则必然按照国家税法的规定缴纳各种税款,包括所得税、流转税和计入成本的税金。这种关系体现为一种强制和无偿的分配关系。

2. 企业与投资者之间的财务关系

这主要是指企业的所有者向企业投入资本形成的所有权关系。企业的所有者主要有:国家、个人和法人单位,它具体表现为独资、控股和参股关系。企业作为独立的经营实体,独立经营,自负盈亏,实现所有者资本的保值与增值。所有者以出资人的身份,参与企业税后利润的分配,体现为所有权性质的投资与受资的关系。

3. 企业与债权人之间的财务关系

这主要是指债权人向企业贷放资金,企业按借款合同的规定按时支付利息和归还本金所形成的经济关系。企业的债权人主要有:金融机构、企业和个人。企业除利用权益资金进行经营活动外,还要借入一定数量的资金,以便扩大企业经营规模,降低资金成本。企业同债权人的财务关系在性质上属于债务与债权关系。在这种关系中,债权人不像资本投资者那样有权直接参与企业经营管理,对企业的重大活动不享有表决权,也不参与剩余收益的分配,但在企业破产清算时享有优先求偿权。因此债权人投资的风险相对较小,收益也较低。

4. 企业与受资者之间的财务关系

这主要是指企业以购买股票或直接投资的形式向其他企业投资所形成的经济关系。随着市场经济的不断深入发展,企业经营规模和经营范围的不断扩大,这种关系将会越来越广泛。企业与受资方的财务关系体现为所有权性质的投资与受资的关系。企业向其他单位投资，依其出资额，可形成独资、控股和参股的情况，并根据其出资份额参与受资方的重大决策和利润分配。企业投资的最终目的是取得收益，但预期收益能否实现，也存在一定的投资风险。投资风险大，要求的收益高。

5. 企业与债务人之间的财务关系

这主要是指企业将资金购买债券、提供借款或商业信用等形式出借给其他单位所形成的经济关系。企业将资金借出后，有权要求其债务人按约定的条件支付利息和归还本金。企业同其他债务人的关系体现为债权与债务关系。企业在提供信用的过程中，一方面会产生直接的信用收入，另一方面也会发生相应的机会成本和坏账损失的风险，企业必须考虑两者的对称性。

6. 企业内部各单位之间的财务关系

这主要是指企业内部各单位之间在生产经营各环节中相互提供产品或劳务所形成的经济关系。在企业内部实行责任预算与责任考核与评价的情况下，企业内部各责任中心之间相互提供产品与劳务，应以内部转移价格进行核算。这种在企业内部形成的资金结算关系，体现了企业内部各单位之间的利益均衡关系。

7. 企业与职工之间的财务关系

这主要是指企业向职工支付劳动报酬过程中所形成的经济关系。职工是企业的劳动者，他们以自身提供的劳动作为参加企业分配的依据。企业根据劳动者的劳动情况，用其收入向职工支付工资、津贴和奖金，并按规定提取公积金等，体现着职工个人和集体在劳动成果上的分配关系。

【相关链接】

财务管理的六大要素

《企业财务通则》第三条规定：“企业财务管理应当按照制定的财务战略，合理筹集资金，有效营运资产，控制成本费用，规范收益分配及重组清算财务行为，加强财务监督和财务信息管理。”

因此，资金筹集、资产营运、成本控制、收益分配、信息管理、财务监督便构成了财务管理的六大要素。本书在介绍过程中，将资产营运拆分为投资管理、资金营运管理两部分；成本控制在收益分配管理一章介绍；信息管理、财务监督没有做具体介绍。

财务管理与会计核算的比较

财务管理与会计核算都是为同一经济主体服务的，都是对相同经济活动进行管理，但其所管理的具体内容不同，其目标也是不同的。财务管理的重心是管理，财务会计的重心是核算。

三、财务管理的特点

财务管理利用资金、成本、收入等价值指标组织企业中价值的形成、实现和分配，并处理这种价值运动中的经济关系。所以财务管理区别于其他管理的主要特点在于它是一种价值管理，是对企业再生产过程中的价值运动所进行的管理。财务管理的特点具体表现在以下几个方面：

1. 涉及面广

财务管理与企业的各个方面都具有广泛的联系。企业购、产、销活动，技术、设备、人事、行政等各部门的业务活动无不伴随着企业资金的收支，财务管理的触角必然要伸向企业生产经营的各个角落。每个部门都会通过资金的收付与财务管理部门发生联系。每个部门也都要在合理使用资金和组织收入方面接受财务管理部门的领导,受到财务管理制度的约束。

2. 灵敏度高

财务管理能迅速提供反映生产经营状况的财务信息。企业的财务状况是经常变动着的,具有很强的敏感性。各种经济业务的发生,特别是经营决策的得失、经营行为的成败会及时在财务状况中表现出来。成品资金居高不下,往往反映产品不适销对路;资金周转不灵,往往反映销售货款未及时收取,并会带来不能按期支付材料价款、偿还到期债务的后果。财务管理部门通过向企业经理人员提供财务状况信息,可以协助企业管理当局适时控制和调整各项生产经营活动。

3. 综合性强

财务管理能综合反映企业生产经营各方面的工作质量。以价值形式表现出来的财务状况和经营成果具有很强的综合性。资金、成本、利润等价值指标,能全面系统地反映各种财产物资的数额、结构和周转情况,反映企业各种人力消耗和物资消耗,反映各种营业收入和非营业收入。透过财务信息把企业生产经营的各种因素及其相互影响综合全面地反映出来,并有效地作用于企业各方面的活动,是财务管理的又一个突出特点。

综上所述,从企业管理包括的内容来看,财务管理只是企业管理的组成内容之一,但从它的特点及其在企业所处的地位来看,财务管理则是企业管理的核心,它对促使企业不断改善经营管理、提高管理水平、提高经济效益等将起到十分重要的作用。

第二节 财务管理的原则

财务管理的原则,也称理财原则,是指人们对财务活动的共同的、理性的认识,即组织企业财务活动及处理各种财务关系应遵循的基本规范。

恩格斯曾指出:"原则不是研究的出发点,而是他的最终结果;这些原则不是被应用于自然界和人类历史,而是从他们中抽象出来的;不是自然界和人类去适应原则,而是原则只有在符合自然界和历史的情况下才是正确的。"①企业财务管理的原则也是如此,它是从企业理财实践中抽象出来的并在实践中被证明是正确的行为规范,它反映着理财活动的内在要求。

对于如何概括理财原则,人们的认识不完全相同。道格拉斯·R. 爱默瑞和约翰·D. 芬尼特的观点具有代表性,他们将理财原则概括为三类,共12条。

一、有关竞争环境的原则

有关竞争环境的原则,是对资本市场中人的行为规律的基本认识。

(一) 自利行为原则

自利行为原则是指人们在进行决策时按照自己的财务利益行事,在其他条件相同的

① 《反杜林论》的第一编哲学三。

情况下人们会选择对自己经济利益最大的行动。

自利行为原则的依据是理性的经济人假设。该假设认为，人们对每一项交易都会衡量其代价和利益，并且会选择对自己最有利的方案来行动。自利行为原则假设企业决策人对企业目标具有合理的认识程度，并且对如何达到目标具有合理的理解。在这种假设情况下，企业会采取对自己最有利的行动。

【相关链接】

自利行为原则的应用

自利行为原则的一个重要应用是委托代理理论。根据该理论，应当把企业看成是各种自利的人的集合。一个公司涉及的利益关系人包括普通股股东、优先股股东、债券持有者、银行、短期债权人、政府、社会公众、经理人员、员工、客户、供应商、社区等。这些人或集团都是按自利行为原则行事的。企业和各种利益关系人之间的关系，大部分属于委托代理关系。这种相互依赖又相互冲突的利益关系，需要通过"契约"来协调。因此，委托代理理论是以自利行为原则为基础的。

自利行为原则的另一个应用是机会成本的概念。当一个人采取某个行动时，就等于取消了其他可能的行动，因此他必然要用这个行动与其他的可能行动相比，看该行动是否对自己最有利。采用一个方案而放弃另一个方案时，被放弃方案的收益是被采用方案的机会成本，也称择机代价。因此机会成本成为决策时不能不考虑的重要问题。

（二）双方交易原则

双方交易原则是指每一项交易都至少存在两方，在一方根据自己的经济利益决策时，另一方也会按照自己的经济利益决策行动，并且对方和你一样聪明、勤奋和富有创造力，因此你在决策时要正确预见对方的反应。

双方交易原则的建立依据是商业交易至少有两方、交易是"零和博弈"，以及各方都是自利的。每一项交易都有一个买方和一个卖方，这是不争的事实。例如，在证券市场上卖出一股就一定有一股买入。既然买入的总量与卖出的总量永远一样多，那么一个人的获利只能以另一个人的付出为基础。一个高的价格使购买人受损而使卖方受益，一个低的价格使购买人受益而使卖方受损，一方得到的与另一方失去的一样多，从总体上看双方收益之和等于零，故称为"零和博弈"。在"零和博弈"中，双方都按自利行为原则行事，谁都想获利而不是吃亏。由于信息不对称，买卖双方对金融证券会产生不同的预期。不同的预期导致了证券买卖，高估股票价值的人买进，低估股票价值的人卖出，直到市场价格达到他们一致的预期时交易停止。如果对方不认为对自己有利，他就不会和你成交。因此，在决策时不仅要考虑自利行为原则，还要使对方有利，否则交易就无法实现。

（三）信号传递原则

信号传递原则，是指行动可以传递信息，并且比公司的声明更有说服力。

信号传递原则是自利行为原则的延伸。由于人们或公司是遵循自利行为原则的，所以一项资产的买进能暗示出该资产"物有所值"，买进的行为提供了有关决策者对未来的预期或计划的信息。例如，一个公司决定进入一个新领域，反映出管理者对自己公司的实力以及新领域的未来前景充满信心。

信号传递原则要求根据公司的行为判断它未来的收益状况。例如，安然公司在破产前报告的利润一直不断上升，但是其内部人士在一年前就开始陆续抛售股票，并且没有任何内部人士购进安然股票的记录(在美国上市公司的董事、高级经理人员和持股10%以上的股东,在买卖本公司股票时必须向证监会申报,并且会被证监会在其网站上公告,使得内部人士的交易成为公开信息)。这一行动表明,安然公司的管理层已经知道公司遇到了麻烦。特别是在公司的宣告(包括它的财务报表)与其行动不一致时,行动通常比语言更具说服力。

信号传递原则还要求公司在决策时不仅要考虑行动方案本身,还要考虑该项行动可能给人们传达的信息。例如,当把一件商品的价格降至令人难以置信的程度时,人们就会认为它的质量不好,它本来就不值钱。又例如,一家会计师事务所从简陋的办公室迁入豪华的写字楼,会向客户传达收费高、服务质量高、值得信赖的信息。因此在决定降价或迁址时,不仅要考虑决策本身的收益和成本,还要考虑信息效应的收益和成本。

(四)引导原则

引导原则是指当所有办法都失败时,寻找一个可以信赖的榜样作为自己的引导。所谓"当所有办法都失败",是指我们的理解力存在局限性,不知道如何做对自己更有利;或者寻找最准确答案的成本过高以至于不值得把问题完全搞清楚。在这种情况下,不要继续坚持采用正式的决策分析程序,而是直接模仿成功榜样或者大多数人的做法。例如,你在一个自己从未到过的城市寻找一个就餐的饭馆,不值得或者没时间调查每个饭馆的有关信息,你应当找一个顾客较多的饭馆去就餐。你不要去顾客很少的地方,因为那里不是价格很贵就是服务很差。

引导原则是行动传递信号原则的一种运用。很多人去这家饭馆就餐的事实,意味着很多人对它的评价不错。承认行动传递信号,就必然承认引导原则。

【特别提醒】

引导原则的应用

不要把引导原则混同于"盲目模仿"。它只在两种情况下适用:一是理解存在局限性,认识能力有限,找不到最优的解决办法;二是寻找最优方案的成本过高。在这种情况下,跟随值得信任的人或者大多数人才是有利的。引导原则不会帮你找到最好的方案,却常常可以使你避免采取最差的行动。它是一个次优化准则,其最好结果是得出近似最优的结论,最差的结果是模仿了别人的错误。这一原则虽然有潜在的问题,但是我们经常会遇到理解力、成本或信息受到限制的情况,无法找到最优方案,需要采用引导原则解决问题。

引导原则的一个重要应用是行业标准概念。例如,资本结构的选择问题,理论不能提供公司最优资本结构的实用化模型。观察本行业成功企业的资本结构,或者多数企业的资本结构,不要与它们的水平偏离太远,就成了资本结构决策的一种简便、有效的方法。再例如,对一项房地产的估价,如果系统的估价方法成本过高,不如观察一下近期类似房地产的成交价格。

二、有关创造价值的原则

有关创造价值的原则,是人们对增加企业财富基本规律的认识。

(一)有价值的创意原则

有价值的创意原则,是指新创意能获得额外报酬。有价值的创意原则主要应用于直接投资项目。一个项目依靠什么盈利?它必须是一个有创意的投资项目。重复过去的投资项目或者别人已有的做法,最多只能取得平均的报酬率,维持而不是增加股东财富。

新的创意迟早要被别人效仿，失去原有的优势，因此创新的优势都是暂时的。企业长期的竞争优势，只有通过一系列的短期优势才能维持。只有不断创新，才能维持经营的奇异性并不断增加股东财富。

（二）比较优势原则

比较优势原则是指专长能创造价值。在市场上要想赚钱必须发挥你的专长。迈克尔·乔丹的专长是打篮球，若他改行去打棒球就违背了比较优势原则。没有比较优势的人，很难取得超出平均水平的收入；没有比较优势的企业，很难增加股东财富。比较优势原则要求企业把主要精力放在自己的比较优势上，而不是日常的运行上。建立和维持自己的比较优势，是企业长期获利的根本。

比较优势原则的依据是分工理论。让每一个人去做最适合他做的工作，让每一个企业生产最适合它生产的产品，社会的经济效率才会提高。

（三）期权原则

期权是指不附带义务的权利，它是有经济价值的。期权原则是指在估价时要考虑期权的价值。在财务上，一个明确的期权合约经常是指按照预先约定的价格买卖一项资产的权利。

广义的期权不限于财务合约，任何不附带义务的权利都属于期权。许多资产都存在隐含的期权。例如，一个企业可以决定某个资产出售或者不出售，如果价格不令人满意就什么事也不做，如果价格令人满意就出售。这种选择权是广泛存在的。一个投资项目，本来预期有正的净现值，因此被采纳并实施了，上马以后发现它并没有原来设想的那么好。此时，决策人不会让事情按原计划一直发展下去，而会决定方案下马或者修改方案使损失减少到最低。这种后续的选择权是有价值的，它增加了项目的净现值。在评价项目时就应考虑到后续选择权是否存在以及它的价值有多大。有时一项资产附带的期权比该资产本身更有价值。

（四）净增效益原则

净增效益原则是指财务决策建立在净增效益的基础上，一项决策的价值取决于它和替代方案相比所增加的净收益。

一项决策的优劣是与其他可替代方案（包括维持现状而不采取行动）相比较而言的。如果一个方案的净收益大于替代方案，我们就认为它是一个比替代方案好的决策，其价值是增加的净收益。在财务决策中净收益通常用现金流量计量，一个方案的净收益是指该方案现金流入减去现金流出的差额，也称为现金流量净额。

【相关链接】

净增效益原则的应用

净增效益原则的应用领域之一是差额分析法，也就是在分析投资方案时只分析它们有区别的部分，而省略其相同的部分。净增效益原则的另一个应用是沉没成本概念。沉没成本是指已经发生、不会被以后的决策改变的成本。沉没成本与将要采纳的决策无关，因此在分析决策方案时应将其排除。

三、有关财务交易的原则

有关财务交易的原则，是人们对于财务交易基本规律的认识。

（一）风险—报酬权衡原则

风险—报酬权衡原则是指风险和报酬之间存在一个对等关系，投资人必须对报酬和风险做出权衡，为追求较高报酬而承担较大风险，或者为减少风险而接受较低的报酬。所谓“对等关系”，是指高收益的投资机会必然伴随巨大风险，风险小的投资机会必然只有较低的收益。

在财务交易中，当其他一切条件相同时人们倾向于高报酬和低风险。如果两个投资机会除了报酬不同以外，其他条件（包括风险）都相同，则人们会选择报酬较高的投资机会，这是自利行为原则所决定的。如果两个投资机会除了风险不同以外，其他条件（包括报酬）都相同，则人们会选择风险小的投资机会，这是由风险反感决定的。所谓“风险反感”是指人们普遍对风险有反感，认为风险是不利的事情。肯定的1元钱，其经济价值要大于不肯定的1元钱。

如果人们都倾向于高报酬和低风险，而且都在按照他们自己的经济利益行事，那么竞争结果就产生了风险和报酬之间的权衡。你不可能在低风险的同时获取高报酬，因为这是每个人都想得到的。即使你最先发现了这样的机会并率先行动，别人也会迅速跟进，竞争会使报酬率降至与风险相当的水平。因此，现实的市场中只有高风险同时高报酬和低风险同时低报酬的投资机会。

（二）投资分散化原则

投资分散化原则，是指不要把全部财富投资于一个公司，而要分散投资。如果一个人把他的全部财富投资于一个公司，这个公司破产了，他就失去了全部财富。如果他投资于10个公司，只有10个公司全部破产，他才会失去全部财富。10个公司全部破产的概率，比一个公司破产的概率要小得多，所以投资分散化可以减低风险。

分散化原则具有普遍意义，不仅仅适用于证券投资，公司各项决策都应注意分散化原则。不应当把公司的全部投资集中于个别项目、个别产品和个别行业；不应当把销售集中于少数客户；不应当使资源供应集中于个别供应商；重要的事情不要依赖一个人完成；重要的决策不要由一个人做出。凡是有风险的事项，都要贯彻分散化原则，以降低风险。

（三）资本市场有效原则

资本市场是指证券买卖的市场。资本市场有效原则是指在资本市场上频繁交易的金融资产的市场价格反映了所有可获得的信息，而且面对新信息完全能迅速地做出调整。

资本市场有效原则要求理财时重视市场对企业的估价。资本市场是企业的一面镜子，又是企业行为的校正器。股价可以综合反映公司的业绩，弄虚作假、人为地改变会计方法对于企业价值的提高毫无用处。一些公司把巨大的精力和智慧放在报告信息的操纵上，通过“创造性会计处理”来提高报告利润，企图用财务报表给使用人制造幻觉，这在有效市场中是无济于事的。用资产置换、关联交易操纵利润，只能得逞于一时，最终会付出代价，甚至导致公司破产。市场对公司的评价降低时，应分析公司的行为是否出了问题并设法改进,而不应设法欺骗市场。妄图欺骗市场的人,最终会被市场抛弃。

(四) 货币时间价值原则

货币时间价值原则,是指在进行财务计量时要考虑货币时间价值因素。“货币的时间价值”是指货币经过一定时间的投资和再投资所增加的价值。

货币具有时间价值的依据是货币投入市场后其数额会随着时间的延续而不断增加。这是一种普遍的客观经济现象。要想让投资人把钱拿出来,市场必须给他们一定的报酬。

由于现在的 1 元货币比将来的 1 元货币经济价值大,因此不同时间的货币价值不能直接加减运算,需要进行折算。通常,要把不同时间的货币价值折算到“现在”时点,然后进行运算或比较。把不同时点的货币折算为“现在”时点的过程,称为“折现”,折现使用的百分率称为“折现率”,折现后的价值称为“现值”。财务估价中,广泛使用现值计量资产的价值。

第三节 财务管理目标

企业的目标就是创造价值。一般而言,企业财务管理的目标就是为企业创造价值服务。鉴于财务主要是从价值方面反映企业的商品或者服务提供过程,因而财务管理可为企业的价值创造发挥重要作用。

一、财务管理的整体目标

我国财务理论界和实务界积极探讨了能具体运用的理财目标,提出了许多不同的观点。

(一) 利润最大化

利润最大化(Profit Maximization)就是假定企业财务管理以实现利润最大化为目标。

以利润最大化作为财务管理目标,其主要原因有三点:一是人类从事生产经营活动的目的是创造更多的剩余产品,在市场经济条件下,剩余产品的多少可以用利润这个指标来衡量;二是在自由竞争的资本市场中,资本的使用权最终属于获利最多的企业;三是只有每个企业都最大限度地创造利润,整个社会的财富才可能实现最大化,从而带来社会的进步和发展。

利润最大化目标的主要优点是,企业追求利润最大化,就必须讲求经济核算,加强管理,改进技术,提高劳动生产率,降低产品成本。这些措施都有利于企业资源的合理配置,有利于企业整体经济效益的提高。

但是,以利润最大化作为财务管理目标亦存在以下缺陷:

(1) 没有考虑利润实现时间和资金时间价值。比如,今年 100 万元的利润和 10 年以后同等数量的利润其实际价值是不一样的,10 年间还会有时间价值的增加,而且这一数值会随着贴现率的不同而有所不同。

(2) 没有考虑风险问题。不同行业具有不同的风险,同等利润值在不同行业中的意义也不相同,比如,风险比较高的高科技企业和风险相对较低的制造业企业无法简单比较。

（3）没有反映创造的利润与投入的资本之间的关系。

（4）可能导致企业短期财务决策倾向，影响企业长远发展。由于利润指标通常按年计算，因此，企业决策也往往会服务于年度指标的完成或实现。

（二）股东财富最大化

股东财富最大化（Wealth Maximization）是指企业财务管理以实现股东财富最大化为目标。在上市公司，股东财富是由其所拥有的股票数量和股票市场价格两方面决定的。在股票数量一定时，股票价格达到最高，股东财富也就达到最大。

与利润最大化相比，股东财富最大化的主要优点是：

（1）考虑了风险因素，因为股价通常会对风险做出较敏感的反应。

（2）在一定程度上能避免企业短期行为，因为不仅目前的利润会影响股票价格，预期未来的利润同样会对股价产生重要影响。

（3）对上市公司而言，股东财富最大化目标比较容易量化，便于考核和奖惩。

以股东财富最大化作为财务管理目标也存在以下缺点：

（1）通常只适用于上市公司，非上市公司难以应用，因为非上市公司无法像上市公司那样随时准确获得公司股价。

（2）股价受众多因素影响，特别是企业外部的因素，有些还可能是非正常因素。股价不能完全准确反映企业财务管理状况，如有的上市公司处于破产的边缘，但由于可能存在某些机会，其股票市价可能还在走高。

（3）它强调得更多的是股东利益，而对其他相关者的利益重视不够。

（三）企业价值最大化

企业价值最大化（Value Maximization）是指企业财务管理行为以实现企业的价值最大化为目标。企业价值可以理解为企业所有者权益的市场价值，或者是企业所能创造的预计未来现金流量的现值。未来现金流量这一概念，包含了资金的时间价值和风险价值两个方面的因素。因为未来现金流量的预测包含了不确定性和风险因素，而现金流量的现值是以资金的时间价值为基础对现金流量进行折现计算得出的。

【双语链接】

- Profit Maximization：The ability for company to achieve a maximum profit with low operating expenses.
- Wealth Maximization：A process that increases the current net value of business or shareholder capital gains, with the objective of bringing in the highest possible return. The wealth maximization strategy generally involves making sound financial investment decisions which take into consideration any risk factors that would compromise or outweigh the anticipated benefits.
- Value Maximization：The process of increasing net worth through increased share prices on common stocks the investor has purchased.

以企业价值最大化作为财务管理目标,具有以下优点:

(1) 考虑了取得报酬的时间,并用时间价值的原理进行了计量。

(2) 考虑了风险与报酬的关系。

(3) 将企业长期、稳定的发展和持续的获利能力放在首位,能克服企业在追求利润上的短期行为,因为不仅目前利润会影响企业的价值,预期未来的利润对企业价值增加也会产生重大影响。

(4) 用价值代替价格,克服了过多受外界市场因素的干扰,有效地规避了企业的短期行为。

但是,以企业价值最大化作为财务管理目标也存在以下问题:

(1) 企业的价值过于理论化,不易操作。尽管对于上市公司,股票价格的变动在一定程度上揭示了企业价值的变化,但是,股价是多种因素共同作用的结果,特别是在资本市场效率低下的情况下,股票价格很难反映企业的价值。

(2) 对于非上市公司,只有对企业进行专门的评估才能确定其价值,而在评估企业的资产时,由于受评估标准和评估方式的影响,很难做到客观和准确。

近年来,随着上市公司数量的增加,以及上市公司在国民经济中地位、作用的增强,企业价值最大化目标逐渐得到了广泛认可。

(四) 相关者利益最大化

在现代企业是多边契约关系的总和的前提下,要确立科学的财务管理目标,首先就要考虑哪些利益关系会对企业发展产生影响。在市场经济中,企业的理财主体更加细化和多元化。股东作为企业所有者,在企业中承担着最大的权力、义务、风险和报酬,但是债权人、员工、企业经营者、客户、供应商和政府也为企业承担着风险。比如:

(1) 随着举债经营的企业越来越多,举债比例和规模也不断扩大,使得债权人的风险大大增加。

(2) 在社会分工细化的今天,由于简单劳动越来越少,复杂劳动越来越多,使得职工的再就业风险不断增加。

(3) 在现代企业制度下,企业经理人受所有者委托,作为代理人管理和经营企业,在激烈的市场竞争和复杂多变的形势下,代理人所承担的责任越来越大,风险也随之加大。

(4) 受市场竞争和经济全球化的影响,企业与客户以及企业与供应商之间不再是简单的买卖关系,更多的情况下是长期的伙伴关系,处于一条供应链上,并共同参与同其他供应链的竞争,因而也与企业共同承担一部分风险。

(5) 政府不管是作为出资人,还是作为监管机构,都与企业各方的利益密切相关。

综上所述,企业的利益相关者不仅包括股东,还包括债权人、企业经营者、客户、供应商、员工、政府等。因此,在确定企业财务管理目标时,不能忽视这些相关利益群体的利益。

以相关者利益最大化作为财务管理目标,具有以下优点:

(1) 有利于企业长期稳定发展。这一目标注重企业在发展过程中考虑并满足各利益相关者的利益关系。在追求长期稳定发展的过程中,站在企业的立场上进行投资研究,避免站在股东的立场上进行投资可能导致的一系列问题。

（2）体现了合作共赢的价值理念，有利于实现企业经济效益和社会效益的统一。由于兼顾了企业、股东、政府、客户等的利益，企业就不仅仅是一个单纯牟利的组织，还承担了一定的社会责任，企业在寻求其自身的发展和利益最大化过程中，由于客户及其他利益相关者的利益，就会依法经营，依法管理，正确处理各种财务关系，自觉维护和确实保障国家、集体和社会公众的合法权益。

（3）这一目标本身是一个多元化、多层次的目标体系，较好地兼顾了各利益主体的利益。这一目标可使企业各利益主体相互作用、相互协调，并在使企业利益、股东利益达到最大化的同时，也使其他利益相关者利益达到最大化，也就是将企业财富这块“蛋糕”做到最大化的同时，保证每个利益主体所得的“蛋糕”更多。

（4）体现了前瞻性和现实性的统一。比如，企业作为利益相关者之一，有其一套评价指标，如未来企业报酬贴现值，股东的评价指标可以使用股票市价，债权人可以寻求风险最小、利息最大，工人可以确保工资福利，政府可考虑社会效益等。不同的利益相关者有各自的指标，只要合理合法、互利互惠、相互协调，就可以实现所有相关者利益最大化。

因此，相关者利益最大化是企业财务管理最理想的目标。但是鉴于该目标过于理想化，且无法操作，本书后述章节仍采用企业价值最大化作为财务管理的目标。

二、财务管理的具体目标

财务管理的总体目标给出了财务管理活动的总体指导思想，要实现总体目标，则必须在实际的理财活动中树立具体目标。

（一）企业筹资管理目标

任何企业为了保证生产的正常进行和扩大再生产的需要，必须具有一定数量的资金。企业的资金可以从多种渠道、采用多种方式来筹集。不同来源的资金，其可使用时间的长短、附加条款的限制、资金成本的大小及筹资的风险都不相同。因此，企业筹资的具体目标就是：在满足生产经营需要的情况下，以较低的筹资成本和较小的筹资风险，获取同样多的资金。

（二）企业投资管理目标

企业无论对内投资还是对外投资都是为了获取利润，取得投资收益。但企业在进行投资的同时也必然会遇到投资项目可能成功或失败，投资既可能收回也可能收不回，投资可能赚较多的钱也可能只赚较少的钱的情况。所有这些都表明投资会产生投资风险。因此，企业投资的具体目标就是：以较大的资金投放，在控制投资风险的情况下获取较多的投资收益。

（三）企业营运资金管理目标

企业营运资金是指为满足企业日常营业活动的要求而垫支的资金，营运资金的周转与生产经营周期具有一致性。在一定时期内，资金周转越快，就越是可以利用相同数量的资金，生产出更多的产品，取得更多的收入，获得更多的报酬。因此，企业营运资金管理的目标就是：合理使用资金，加速资金周转，不断提高营运资金利用效果。

（四）企业利润分配管理目标

分配就是将企业取得的收入和利润在企业与相关利益集团之间进行分割。这种分割不仅涉及各利益主体的经济利益,而且涉及企业的现金流出量,从而影响企业财务的稳定和安全;同时,由于这种分割涉及各利益主体经济利益的多少,因此不同的分配方案也会影响企业的价值。具体而言,企业当期分配给投资者的利润较高,会提高企业即期的市场评价,但由于利润大部分被分配了,企业或者即期现金不够或者缺乏发展或积累资金,从而影响企业未来的市场价值。因此,企业利润分配管理的具体目标就是:合理确定利润的留成比例和分配形式,提高企业的潜在收益能力,从而提高企业的总价值。

三、不同利益主体在财务管理目标上的矛盾与协调

所有者和债权人都为企业提供了财务资源,但是他们处在企业之外,只有经营者即管理当局在企业里直接从事管理工作。所有者、经营者和债权人之间构成了企业最重要的财务关系。企业是所有者的企业,财务管理的目标也就是所有者的目标。所有者委托经营者代表他们管理企业,为实现他们的目标而努力,但经营者与所有者的目标并不完全一致。债权人把资金借给企业,与所有者的目标也不一致。公司必须协调这三方面的利益冲突,才能实现"企业价值最大化"的目标。

(一)所有者与经营者的矛盾与协调

1. 经营者的目标

在所有者和经营者分离以后,所有者的目标是使企业价值最大化,千方百计要求经营者以最大的努力去完成这个目标。经营者也是最大合理效用的追求者,其具体行为目标与委托人不一致。他们的目标是:

(1) 增加报酬,包括物质和非物质的报酬,如增加工资、奖金,提高荣誉和社会地位等。

(2) 增加闲暇时间,包括较少的工作时间、工作时间里较多的空闲和有效工作时间中较小的劳动强度等。

(3) 避免风险。经营者努力工作可能得不到应有的报酬,他们的行为和结果之间有不确定性,经营者总是力图避免这种风险,希望付出一份劳动便得到一份报酬。

2. 经营者对所有者目标的背离

经营者的目标和股东不完全一致,经营者有可能为了自身的目标而背离股东的利益。这种背离表现在两个方面:

(1) 道德风险。经营者为了自己的目标,不是尽最大努力去实现企业财务管理的目标。他们没有必要为提高股价而冒险,股价上涨的好处将归于股东,如若失败,他们的"身价"将下跌。他们不做什么错事,只是不十分卖力,以增加自己的闲暇时间。这样做,不构成法律和行政责任问题,只是道德问题,股东很难追究他们的责任。

(2) 逆向选择。经营者为了自己的目标而背离股东的目标。例如,装修豪华的办公室,购置高档汽车等;借口工作需要乱花股东的钱;或者蓄意压低股票价格,以自己的名义借款买回,导致股东财富受损。

3. 防止经营者背离所有者目标的方法

为了防止经营者背离所有者的目标,一般有两种方式:

(1) 监督。经营者背离所有者的目标,其条件是双方的信息不对称,主要是经营者了解的信息比股东多。避免"道德风险"和"逆向选择"的出路是股东获取更多的信息,对经营者进行监督,在经营者背离股东目标时,减少其各种形式的报酬,甚至解雇他们。

(2)激励。防止经营者背离股东利益的另一种方式是采用激励计划,使经营者分享企业增加的财富,鼓励他们采取符合股东最大利益的行动。支付报酬的方式和数量的大小,有多种选择。报酬过低,不足以激励经营者,股东不能获得最大利益;报酬过高,股东付出的激励成本过大,也不能实现自己的最大利益。因此,激励可以减少经营者违背股东意愿的行为,但也不能解决全部问题。

通常,股东同时采取监督和激励两种方式来协调自己和经营者的目标。监督成本、激励成本和偏离股东目标的损失之间此消彼长,相互制约。股东要权衡轻重,力求找出能使三项之和最小的解决办法,即最佳的解决办法。

(二) 所有者与债权人的矛盾与协调

当公司向债权人借入资金后,两者也形成一种委托代理关系。债权人把资金借给企业,其目标是到期时收回本金,并获得约定的利息收入;公司借款的目的是用它扩大经营,投入有风险的生产经营项目,两者的目标并不一致。

债权人事先知道借出资金是有风险的,并把这种风险的相应报酬纳入利率。通常要考虑的因素包括公司现有资产的风险、预计公司新增资产的风险、公司现有的负债比率、公司未来的资本结构等。

但是,借款合同一旦成为事实,资金划到企业,债权人就失去了控制权,股东可以通过经营者为了自身利益而伤害债权人的利益,其常用方式是:

(1) 股东不经债权人的同意,投资于比债权人预期风险更高的新项目。如果高风险的计划侥幸成功,超额的利润归股东独享;如果计划不幸失败,公司无力偿债,债权人与股东将共同承担由此造成的损失。尽管《中华人民共和国企业破产法》(以下简称《破产法》)规定,债权人先于股东分配破产财产,但多数情况下,破产财产不足以偿债。所以,对债权人来说,超额利润肯定拿不到,发生损失却有可能要分担。

(2)股东为了提高公司的利润,不征得债权人的同意而指使管理当局发行新债,致使旧债券的价值下降,使旧债权人蒙受损失。旧债券价值下降的原因是发新债后公司负债比率加大,公司破产的可能性增加,如果企业破产,旧债权人和新债权人要共同分配破产后的财产,使旧债券的风险增加、价值下降,尤其是不能转让的债券或其他借款,债权人没有出售债权来摆脱困境的出路,处境更加不利。

债权人为了防止其利益被伤害,除了寻求立法保护,如破产时优先接管、优先于股东分配剩余财产等外,通常采取以下措施:

(1)在借款合同中加入限制性条款,如规定资金的用途、规定不得发行新债或限制发行新债的数额等。

(2)发现公司有损害其债权意图时,拒绝进一步合作,不再提供新的借款或提前收回借款。

第四节 财务管理环节

财务管理环节是企业财务管理的工作步骤与一般工作程序。一般而言,企业财务管理的环节主要有:财务预测、财务决策、财务计划、财务控制、财务分析。这些管理环节互相配合,紧密联系,形成周而复始的财务管理循环过程,构成完整的财务管理工作体系。

一、财务预测

财务预测是根据企业财务活动的历史资料,考虑现实的要求和条件,对企业未来的财务活动做出较为具体的预计和测算的过程。财务预测可以测算各项生产经营方案的经济效益,为决策提供可靠的依据;可以预测财务收支的发展变化情况,以确定经营目标;可以测算各项定额和标准,为编制计划、分解计划指标服务。财务预测环节是在前一个财务管理循环的基础上进行的,它既是两个管理循环的连接点,又是财务决策环节的必要前提。

财务预测的方法主要有定性预测和定量预测两类。定性预测法,主要是利用直观材料,依靠个人的主观判断和综合分析能力,对事物未来的状况和趋势做出预测的一种方法;定量预测法,主要是根据变量之间存在的数量关系建立数学模型来进行预测的方法。

二、财务决策

财务决策是指按照财务战略目标的总体要求,利用专门的方法对各种备选方案进行比较和分析,从中选出最佳方案的过程。财务决策是财务管理的核心,在财务预测的基础上进行的财务决策,是编制财务计划、进行财务控制的基础。决策的成功与否直接关系到企业的兴衰成败。

财务决策的方法主要有两类:一类是经验判断法,是根据决策者的经验来判断选择,常用的方法有淘汰法、排队法、归类法等;另一类是定量分析方法,常用的方法有优选对比法、数学微分法、线性规划法、概率决策法等。

三、财务计划

财务计划是根据企业整体战略目标和规划,结合财务预测的结果,对财务活动进行规划,并以指标形式落实到每一计划期间的过程。财务计划主要通过指标和表格,以货币形式反映在一定的计划期内企业生产经营活动所需要的资金及其来源、财务收入和支出、财务成果及其分配的情况。

确定财务计划指标的方法一般有平衡法、因素法、比例法和定额法等。

四、财务控制

财务控制(Financial Controls)是指在生产经营活动过程中,以计划任务和各项定额为依据,利用有关信息和特定手段,对企业的财务活动施加影响或调节,以便实现计划所规定的财务目标的过程。财务控制是落实计划任务、保证计划实现的有效措施。

财务控制的方法通常有前馈控制、过程控制、反馈控制几种。

【双语链接】

Financial Controls: Management control (as exercised in planning, performance evaluation, and coordination) of financial activities aimed at achieving desired return on investment. Managers use financial statements (a budget being the primary one), operating ratios, and other financial tools to exercise financial control.

五、财务分析

财务分析是指根据企业财务报表等信息资料,采用专门方法,系统分析和评价企业财务状况、经营成果以及未来趋势的过程。借助于财务分析,可以掌握各项财务计划指标的完成情况,有利于改善财务预测、决策、计划工作;还可以总结经验,研究和掌握企业财务活动的规律性,不断改进财务管理。

财务分析的方法通常有比较分析法、比率分析法、因素分析法等。

【相关链接】

财务管理环节的特征

财务管理环节具有以下特征:(1)循环性。各个财务管理环节在每个经营周期内进行着从预测到分析周而复始的循环。(2)顺序性。每个管理环节都处在财务管理循环的一定阶段,具有一定的先后顺序,财务预测、决策、计划属于事先管理,财务控制属于事中管理,财务分析属于事后管理,管理环节的顺序不能颠倒或交叉。(3)层次性。财务管理循环中,每个环节又分为若干个工作步骤或程序。(4)专业性。列为财务管理环节的应该是财务管理本身的业务手段,在财务管理中所运用的其他管理方面的一些业务手段,一般不列为财务管理环节。

第五节 财务管理环境

企业的财务管理环境又称理财环境,是指对企业财务活动产生影响作用的企业外部条件。财务管理环境是企业财务决策难以改变的外部约束条件,企业财务决策更多的是适应它们的要求和变化。财务管理的环境涉及的范围很广,其中最重要的是法律环境、金融市场环境和经济环境。

一、法律环境

财务管理的法律环境是指企业和外部发生经济关系时所应遵守的各种法律、法规和规章。市场经济是一种法治经济,企业的一切经济活动总是在一定法律规范范围内进行的。一方面,法律提出了企业从事一切经济业务所必须遵守的规范,从而对企业的经济行为进行约束;另一方面,法律也为企业合法从事各项经济活动提供了保护。企业财务管理中应遵循的法律法规主要包括:

1. 企业组织法律规范

企业是市场经济的主体,不同组织形式的企业所适用的法律不同的。按照国际惯例,企业划分为独资企业、合伙企业和公司制企业,各国均有相应的法律来规范这三类企业的行为。包括《中华人民共和国公司法》(以下简称《公司法》)、《中华人民共和国外资企业法》、《中华人民共和国中外合资经营企业法》、《中华人民共和国中外合作经营企业法》、《中华人民共和国个人独资企业法》、《中华人民共和国合伙企业法》等。这些法律规范既是企业的组织法,又是企业的行为法。

例如,《公司法》对公司企业的设立条件、设立程序、组织机构、组织变更和终止的条件和程序等都做了规定,包括股东人数、法定资本的最低限额、资本的筹集方式等。只有按其规定的条件和程序建立的企业,才能称为"公司"。《公司法》还对公司生产经营的主要方面做出了规定,包括股票的发行和交易、债券的发行和转让、利润的分配等。公司一旦成立,其主要的活动,包括财务管理活动,都要按照《公司法》的规定来进行。因此,《公司法》是公司企业财务管理最重要的强制性规范,公司的理财活动不能违反该法律,公司的自主权不能超出该法律的限制。

不同组织形式的企业在进行财务管理时,必须熟悉其企业组织形式对财务管理的影响,从而做出相应的财务决策。

2. 税收法律规范

任何企业都有法定的纳税义务。有关税收的立法分为三类:所得税的法规、流转税的法规、其他地方税的法规。

税负是企业的一种费用,会增加企业的现金流出,对企业理财有重要影响。企业无不希望在不违反税法的前提下减少税务负担。税负的减少,只能靠精心安排和筹划投资、筹资和利润分配等财务决策,而不允许在纳税行为已经发生时去偷税漏税。

除上述法律规范外,与企业财务管理有关的其他经济法律规范还有许多,包括各种证券法律规范、结算法律规范、合同法律规范等。财务人员要熟悉这些法律规范,在守法的前提下完成财务管理的职能,实现企业的财务目标。

二、经济环境

财务管理作为一种微观管理活动,与其所处的经济管理体制、经济结构、经济发展状况、宏观经济调控政策等经济环境密切相关。

1. 经济管理体制

经济管理体制,是指在一定的社会制度下,生产关系的具体形式以及组织、管理和调节国民经济的体系、制度、方式和方法的总称。分为宏观经济管理体制和微观经济管理体制两类。宏观经济管理体制是指整个国家宏观经济的基本经济制度,而微观经济管理体制是指一国的企业体制及企业与政府、企业与所有者的关系。宏观经济体制对企业财务行为的影响主要体现在,企业必须服从和服务于宏观经济管理体制,在财务管理的目标、财务主体、财务管理的手段与方法等方面与宏观经济管理体制的要求相一致。微观经济管理体制对企业财务行为的影响与宏观经济体制相联系,主要体现在如何处理企业与政府、企业与所有者之间的财务关系上。

2. 经济结构

经济结构一般指从各个角度考察社会生产和再生产的构成,包括产业结构、地区结构、分配结构和技术结构等。经济结构对企业财务行为的影响主要体现在产业结构上。一方面,产业结构会在一定程度上影响甚至决定财务管理的性质,不同产业所要求的资金规模或投资规模不同,不同产业所要求的资本结构也不一样。另一方面,产业结构的调整和变动要求财务管理做出相应的调整和变动,否则企业日常财务运作艰难,财务目标难以实现。

3. 经济发展状况

任何国家的经济发展都不可能呈长期的快速增长之势,而总是表现为"波浪式前进,螺旋式上升"的状态。当经济发展处于繁荣时期,经济发展速度较快,市场需求旺盛,销售额大幅度上升。企业为了扩大生产,需要增加投资,与此相适应则需筹集大量的资金以满足投资扩张的需要。当经济发展处于衰退时期,经济发展速度缓慢,甚至出现负增长,企业的产量和销售量下降,投资锐减,资金时而紧缺、时而闲置,财务运做出现较大困难。另外,经济发展中的通货膨胀也会给企业财务管理带来较大的不利影响,主要表现在:资金占用额迅速增加;利率上升,企业筹资成本加大;证券价格下跌,筹资难度增加;利润虚增、资金流失。

4. 宏观经济调控政策

政府具有对宏观经济发展进行调控的职能。在一定时期,政府为了协调经济发展,往往通过计划、财税、金融等手段对国民经济总运行机制及子系统提出一些具体的政策措施。这些宏观经济调控政策对企业财务管理的影响是直接的,企业必须按国家政策办事,否则将寸步难行。例如,国家采取收缩的调控政策时,会导致企业的现金流入减少,现金流出增加,资金紧张,投资压缩;反之,当国家采取扩张的调控政策时,企业财务管理则会出现与之相反的情形。

三、金融市场环境

金融市场是指资金筹集的场所。广义的金融市场,是指一切资本流动(包括实物资本和货币资本)的场所,其交易对象为货币借贷、票据承兑和贴现、有价证券的买卖、黄金和外汇买卖、办理国内外保险、生产资料的产权交换等。狭义的金融市场一般是指有价证券市场,即股票和债券的发行和买卖市场。

(一)金融市场的分类

金融市场按照不同的标准可以有不同的分类,金融市场的类别如表 1-1 所示。

表 1-1 金融市场的分类

分类标准	分类结果
按交易的期限分类	(1)短期资金市场。短期资金市场是指期限不超过一年的资金交易市场,也叫货币市场。 (2)长期资金市场。长期资金市场是指期限在一年以上的股票和债券交易市场,也叫资本市场。
按交易的性质分类	(1)发行市场。发行市场是指从事新证券和票据等金融工具买卖的转让市场,也叫初级市场或一级市场。 (2)流通市场。流通市场是指从事已上市的旧证券或票据等金融工具买卖的转让市场,也叫次级市场或二级市场。
按交易的直接对象分类	同业拆借市场、国债市场、企业债券市场、股票市场和金融期货市场等。
按交割的时间分类	(1)现货市场。现货市场是指买卖双方成交后,当场或几天之内买方付款、卖方交出证券的交易市场。 (2)期货市场。期货市场是指买卖双方成交后,在双方约定的未来某一特定的时日才交割的交易市场。

(二)金融市场与企业财务活动

企业从事投资活动所需要的资金,除了所有者投入以外,主要从金融市场取得。金融政策的变化必然影响企业的筹资与投资。所以,金融市场环境是企业最为主要的环境因素,它对企业财务活动的影响主要有:

1. 金融市场为企业提供了良好的投资和筹资的场所

当企业需要资金时,可以在金融市场上选择合适的方式筹资,而当企业有闲置的资金时,又可以在市场上选择合适的投资方式,为其资金寻找出路。

2. 金融市场为企业的长短期资金相互转化提供了方便

企业可通过金融市场将长期资金,如股票、债券,变现转为短期资金,也可以通过金融市场购进股票、债券等,将短期资金转化为长期资金。

3. 金融市场为企业财务管理提供有意义的信息

金融市场的利率变动反映资金的供求状况,有价证券市场的行情反映投资人对企业经营状况和盈利水平的评价。这些都是企业生产经营和财务管理的重要依据。

(三)我国主要的金融机构

金融机构主要是指银行和非银行金融机构。银行是指经营存款、放款、汇兑、储蓄等金融业务,承担信用中介的金融机构,包括各种商业银行和政策性银行等。非银行金融机构主要包括保险公司、信托投资公司、证券公司、财务公司、金融资产管理公司、金融租赁公司等机构。我国主要的金融机构如表 1-2 所示。

表 1-2 我国主要的金融机构

机构名称	主要职责
中国人民银行	中国人民银行是我国的中央银行,它代表政府管理全国的金融机构和金融活动,经理国库。

续表

机构名称	主要职责
政策银行	政策银行是指由政府设立，以贯彻国家产业政策、区域发展政策为目的，不以盈利为目的的金融机构。我国目前有三家政策银行：国家开发银行、中国进出口银行、中国农业发展银行。
商业银行	商业银行是以经营存款、放款、办理转账结算为主要业务，以盈利为主要经营目标的金融企业。
非银行金融机构	我国主要的非银行金融机构有：保险公司、信托投资公司、证券公司、财务公司、金融资产管理公司、金融租赁公司等机构。

（四）金融市场利率

在金融市场上，利率是资金使用权的价格，其计算公式为：

$$利率=纯利率+通货膨胀附加率+风险附加率$$

纯利率是指没有风险和通货膨胀情况下的平均利率。在没有通货膨胀时，国库券的利率可以视为纯利率。

通货膨胀附加率是指由于持续的通货膨胀会不断降低货币的实际购买力，为补偿其购买力损失而要求提高的利率。

风险附加率包括违约风险附加率、流动性风险附加率和期限风险附加率。其中，违约风险附加率是指为了弥补因债务人无法按时还本付息而带来的风险，由债权人要求附加的利率；流动性风险附加率是指为了弥补因债务人资产流动不好而带来的风险，由债权人要求附加的利率；期限风险附加率是指为了弥补因偿债期长而带来的风险，由债权人要求附加的利率。

第六节　财务管理体制

财务管理本身并不是目的，就其本质而言是对各种财务关系的管理。企业财务管理体制就是协调企业利益相关主体之间财务关系的基本规则和制度安排，是构建企业财务管理制度的基础和框架，是构成财务管理的重要组成部分。

一、建立企业财务管理体制的基本原则和要求

（一）建立企业财务管理体制的基本原则

1. 资本权属清晰

资本权属清晰即通常所说的企业产权明晰。企业产权是投资者通过向企业注入资本以及资本增值获得的企业所有权，在账面上体现为企业的所有者权益。企业产权明晰，就是要明确所有者权益的归属。例如，公司制企业应当通过公司章程、出资证明书、发行记名或不记名股票等方式，明确其股东及出资额。企业产权明晰后，投资者“以本求利，将本负亏”也才成为可能。

企业财务管理体制作为一项基础性的企业制度安排，首先应当明晰企业的资本权属。资本权属不清晰导致的恶果，一个典型的例子就是集体企业。集体经济属于公有制经济的组成部分，根据《乡镇企业法》、《城镇集体所有制企业条例》等规定，集体企业财产属于劳动群众集体所有。但是由于集体企业发展沿革长，投资来源模糊，作为资产所有者的“集体职工”缺位甚至无法界定，产权纠纷不断，一方面导致集体资产流失严重，另一方面大大制约了集体企业的发展。

2. 财务关系明确

财务关系明确指企业与财政部门的财务隶属关系应当是清楚的。各级人民政府及其部门、机构出资的企业与财政部门的财务关系，在《通则》第七条做出了明确规定，本章前面已经说明，这里不再赘述。其他内资企业，包括集体所有制企业、私营企业和非国有控股的混合所有制企业，以及外商投资企业，一般按属地原则确定财务关系，即与企业工商注册的行政管理机关同一级次的财政部门，作为其主管财政机关。主管财政机关也可根据实际需要，授权下级财政机关行使财务管理职责。

3. 符合法人治理结构要求

企业财务管理体制是法人治理结构的重要组成内容，因此其设计应符合法人治理结构要求。法人治理结构是指明确划分投资者如股东会（包括股东）、董事会（包括董事）和经营者之间权力、责任和利益以及明确相互制衡关系的一整套制度安排。由于现代企业制度下所有权和经营权的分离，设计合理、实施有效的法人治理结构，成为确保企业有效运作、各方权益不受侵害的关键所在。

（二）企业的内部财务管理级次

企业应当按照国家有关规定建立有效的内部财务管理级次。企业法人的一个重要财务特征是独立核算，但这并不排除企业内部存在多级核算主体的可能性。相反，由于规模、分布区域、部门、产品等原因，企业往往需要在内部划分不同级次，分级进行责任主体认定。在具有分公司、事业部、项目组、多工厂（车间）等组织结构的大中型企业中，一般都采用多级次的内部财务管理体制，分级核算、逐级汇总。内部级次设置的有效性，直接决定企业财务管理的效率和有效性。衡量一个企业的内部财务管理级次是否有效，往往需要考虑以下因素：

(1) 同一级次各单位的权责是否能清楚界定。权责清晰，各单位各司其职，各负其责，才能保证体制顺利运行。

(2) 财务目标是否能够明确分解到各级次单位，是否有利于成本归集和利润核算。企业整体目标必须能够逐级分解到各单位，以便事中控制和事后的财务考核、分析。例如，某企业有三个主要产品，相应设置了三个事业部，每个事业部都有采购、广告和销售职能。企业可以将事业部作为二级核算单位，事业部中负责采购、广告、销售职能的科室作为三级核算单位。三级核算单位分别对采购成本、广告费用、销售收入和费用负责，二级核算单位对产品利润负责。

(3) 财务管理级次是否符合企业生产流程或者商业模式的需要。对制造企业来说，财务管理级次一般要结合生产流程的特点确定。对商业企业来说，则要结合商业模式确定。例如,商场一般按照卖场—楼层—商品部—柜组分级进行管理,因此,商场在划分财务管理级次时,可在商场—卖场—楼层—商品部—柜组五级单位中选择。

(4)财务管理级次设置是否在财务信息量的增加与财务信息取得成本的增加之间取得平衡。级次设置过少,会导致财务信息量不足以及财务人员负荷加重等问题,造成粗放式管理;级次设置过多,又会带来财务目标逐级分解和财务结果逐级汇总的工作量过大,企业的时间成本(反应速度减慢)和人工成本负担加重(财务人员增加)等问题。

【相关链接】

内部财务管理的级次控制

内部财务管理级次应当控制在"有效"范围,指企业能逐级实现对下属企业的有效控制,不会出现"鞭长莫及"的情况,这也是企业控制财务风险的必然要求。2006年1月1日开始施行的新《公司法》取消了原来对公司累计对外投资总额不得超过本公司净资产50%的限制,这增加了公司财务决策的自由度,不过也大大增加了公司通过对外投资转移资产或提高集团公司整体财务风险的可能性,是一把"双刃剑"。"德隆系"事件就是这样一个典型的反面例子,过长投资链条和庞大产业背后隐藏的非法融资及财务风险,一旦爆发,就会给整个集团公司带来毁灭性打击。实践证明,企业通过限制财务层级,可以有效降低上述风险。

(三)财务管理体制的一般模式

企业财务管理体制概括地说,可分为三种类型:集权型财务管理体制、分权型财务管理体制以及集权与分权相结合型财务管理体制。

1. 集权型财务管理体制

集权型财务管理体制是指企业对各所属单位的所有财务管理决策都进行集中统一,各所属单位没有财务决策权,企业总部财务部门不但参与决策和执行决策,在特定情况下还直接参与各所属单位的执行过程。

集权型财务管理体制下企业内部的主要管理权限集中于企业总部,各所属单位执行企业总部的各项指令。它的优点在于:企业内部的各项决策均由企业总部制定和部署,企业内部可充分展现其一体化管理的优势,利用企业的人才、智力、信息资源,努力降低资金成本和风险损失,使决策的统一化、制度化得到有力的保障。采用集权型财务管理体制,有利于在整个企业内部优化配置资源,有利于实行内部调拨价格,有利于内部采取避税措施及防范汇率风险,等等。它的缺点是:集权过度会使各所属单位缺乏主动性、积极性,丧失活力,也可能因为决策程序相对复杂而失去适应市场的弹性,丧失市场机会。

2. 分权型财务管理体制

分权型财务管理体制是指企业将财务决策权与管理权完全下放到各所属单位,各所属单位只需对一些决策结果报请企业总部备案即可。

分权型财务管理体制下企业内部的管理权限分散于各所属单位,各所属单位在人、财、物、供、产、销等方面有决定权。它的优点是:由于各所属单位负责人有权对影响经营成果的因素进行控制,加之身在基层了解情况,有利于针对本单位存在的问题及时做出有效决策,因地制宜地搞好各项业务,也有利于分散经营风险,促进所属单位管理人员和财务人员的成长。它的缺点是：各所属单位大都从本位利益出发安排财务活动，缺乏全局观念和整体意识，从而可能导致资金管理分散、资金成本增大、费用失控、利润分配无序。

3. 集权与分权相结合型财务管理体制

集权与分权相结合型财务管理体制，其实质就是集权下的分权，企业对各所属单位在所有重大问题的决策与处理上实行高度集权，各所属单位则对日常经营活动具有较大的自主权。

集权与分权相结合型财务管理体制意在以企业发展战略和经营目标为核心，将企业内重大决策权集中于企业总部，而赋予各所属单位自主经营权。其主要特点是：

（1）在制度上，企业内应制定统一的内部管理制度，明确财务权限及收益分配方法，各所属单位应遵照执行，并根据自身的特点加以补充。

（2）在管理上，利用企业的各项优势，对部分权限集中管理。

（3）在经营上，充分调动各所属单位的生产经营积极性。各所属单位围绕企业发展战略和经营目标，在遵守企业统一制度的前提下，可自主制定生产经营的各项决策。为避免配合失误，明确责任，凡需要由企业总部决定的事项，在规定时间内，企业总部应明确答复，否则，各所属单位有权自行处置。

正因为具有以上特点，集权与分权相结合型的财务管理体制，吸收了集权型和分权型财务管理体制各自的优点，避免了二者各自的缺点，从而具有较大的优越性。

二、企业财务决策制度

财务决策，就是企业按照既定的财务目标，通过对财务管理环境的分析，利用定性与定量的决策方法，从若干可行的备选方案中选择最优方案的过程。财务决策与财务预测、财务控制、财务分析等，一同构成财务管理的基本环节。财务决策属于事前管理，事关企业财务活动的成败甚至企业的兴衰，是财务预测的延续，也是编制财务预算的依据，处于承上启下的重要地位，贯穿财务管理的始终。财务决策制度是财务运行机制的核心组成部分，设计合理的财务决策制度能够增加企业经营活动的预见性、计划性，减少盲目性，合理、优化配置企业资源，均衡各方利益，等等。

（一）财务决策的一般程序

企业财务决策的一般程序如下：

（1）提出财务决策需求。财务决策类型可以分为经营决策分析（主要确定企业产品、生产结构等重大经营战略）、信用决策分析（主要确定企业投资对象、客户的偿债能力、支付能力、投资资金的安全性和获利性）、筹资决策分析（主要确定筹资方式、筹资规模、筹资成本）、投资决策分析（主要确定投资项目、投资方案、投资回报）、税务决策分析（主要确定企业的收入与支出情况对企业税负的影响）等。相应地，企业战略、生产、销售、财务等职能部门应当提出相关的财务决策需求。

（2）确定牵头部门。企业应有一套内部授权、审批制度，明确决策部门和权限。从归口管理和控制财务风险的角度考虑，财务决策一般应由财务部门牵头或者参与进行。

（3）论证分析。牵头部门应会同有关部门，为制定决策寻找尽可能充分的信息作为参考。收集的信息可能包括宏观经济形势信息、产业或者行业情况、企业本身的财务信息等，信息来源可能包括公开的经济数据、咨询机构提供的专业调研、企业各部门提供的数据等。根据决策类型和收集的信息，再设计各种备选方案，并对每一个方案的得失与利弊进行定性或者定量的分析和评价。

（4）方案抉择。按审批权限，将备选方案提交最终决策者，由其根据企业财务目标，选出一个方案，并落实执行的部门和责任。

（二）财务决策常用方法

财务决策常用方法可以分为定性和定量两大类。定性财务决策方法建立在经验判断、逻辑思维和逻辑推理之上，主要特点是依靠个人经验和综合分析对比进行决策；定量财务决策方法是通过分析待决策事项各项因素或属性的数量关系进行决策的方法，主要特点是建立数学模型，对各种方案将产生的财务结果进行定量计算，比较结果后做出决策。

人们对财务决策方法的认识经常存在误区，以为定量决策一定比定性决策科学，但实际上两种方法各有优劣。例如，信息量不足时，只能依靠定性决策；要求快速决策时，往往需倚重有关专家的个人判断。因此，采取哪种决策方法，应当视决策事项、决策时间、可得信息、决策成本、决策者能力等具体情况而定，并尽可能进行集体决策，才可能做出相对科学、合理的决策。

（三）财务决策回避制度

投资者、经营者在财务决策过程中，对个人利益与企业利益有冲突的关联交易事项，应当予以回避。

关联交易问题在上市公司中较为突出。目前关联交易的表决回避制度主要在上市公司的公司章程及有关部门监管要求中体现。实际上，除上市公司以外，其他企业也存在同样的问题。为了有效保护企业利益，同时兼顾非上市企业的治理结构和监督管理与上市公司的区别，只是要求在投资者、经营者个人利益与企业利益有冲突时，相关投资者或经营者在关联交易事项的决策时方需回避，避免个人利益与企业利益并无冲突时，投资者或经营者仍无法行使决策权，从而影响企业正常运营的问题。

【相关案例】

关联交易对上市公司的危害

2005年ST猴王黯然退市，中小股东损失惨重，矛头一致指向第一大股东猴王集团。在很长一段时间里，猴王集团和ST猴王的董事长、总经理甚至党委书记都是由同一个人担任，两家企业的人、财、物基本分不清，使得猴王集团在从ST猴王取现、以ST猴王名义贷款、要求ST猴王为其提供担保贷款等重大财务事项上，都可以很容易地做出决策。据查，猴王集团用这三种形式从ST猴王提走了近10亿元资金。如果ST猴王对财务事项决策实行回避制度，大股东就很难进行这方面的操纵。

三、企业财务风险管理制度

财务风险是指在企业的各项财务活动中，因企业内外部环境及各种难以预计或无法控制的因素影响，在一定时期内，企业的实际财务结果与预期财务结果发生偏离，从而使企业蒙受损失的可能性。它是从企业财务活动的全过程来界定的，因为在市场经济条件下，财务风险贯穿于企业各个财务环节，是各种风险因素在企业财务上的集中体现。但习惯上，有时财务风险也特指债务筹资风险。

（一）企业财务风险的来源

（1）筹资风险，是企业在筹资活动中，由于资金供需市场、宏观经济环境的变化或者筹资来源结构、币种结构、期限结构等因素的影响而给企业财务成果带来的不确定性。

（2）投资风险，是企业在投资活动中，由于各种难以预计或无法控制的因素使投资收益率达不到预期目标而产生的风险。

（3）现金流量风险，是企业现金流出与现金流入在时间上不一致所形成的风险。

（4）利率风险，是在一定时期内由于利率水平的变动而导致经济损失的可能性。

（5）汇率风险，是在一定时期内由于汇率变动引起企业外汇业务成果的不确定性。

（二）企业财务风险管理原则

1. 风险与收益均衡原则

高风险、高收益是市场经济的一个基本规则，企业必须为追求较高收益而承担较大的风险，或者为减少风险而接受较低的收益。在市场机会既定的情况下，对一个企业而言，风险与收益均衡意味着：一是收益相同或接近的项目，应选择风险最低的；风险相同或接近的项目，应选择收益最高的；二是收益和风险不同的若干项目，收益最高的项目不一定最好，因为其风险往往也最高，应当以企业能承受相应风险为前提，再按前两点要求选择项目。

2. 不相容职务分离原则

引发财务风险的因素除了来自外部市场，还源自企业内部。加强企业内部控制，特别是强调不相容职务相分离，能够在制度设计上有效避免决策和执行“一言堂”、“一支笔”等现象及其引发的财务风险。

（三）企业财务风险管理体制

企业财务风险管理体制包括财务风险管理的组织系统、信息系统、预警系统和监控系统四个子系统。企业风险管理组织系统的设置可以随企业规模和组织结构的不同而不同，如大型企业可以在董事会下设专门的风险管理委员会，而中小型企业可由专职人员承担风险管理的任务。财务风险管理的信息系统是在企业的风险管理过程中，以实现企业内部各部门及外部各企业之间的双向交流为目的，对风险管理信息进行收集、筛选、整理、分析、报告和反馈的专门系统。财务风险管理的预警系统是按一定的指标体系，分析企业财务活动和财务管理环境，对潜在的财务风险进行预测，并在发现财务风险信号后提醒决策者及时采取防范和化解措施。财务风险管理的监控系统，是专门对企业所承受的财务风险动态情况进行监督和跟踪控制的系统，对可能或者已经出现的财务风险及时做出反映，并采取相应的防范和化解措施。

四、企业财务分权分层管理

现代企业应该适应公司的治理结构，建立起适当的财务治理结构。财务治理结构就是规范所有者和经营者财务权限、财务责任和财务利益的制度安排。对于一个财务管理主体要建立“两权三层”的财务治理结构。

（一）“两权三层”管理的基本框架

所有者和经营者是针对同一个理财主体而言的。对于同一个理财主体来说，在所有权和经营权分离的条件下，所有者和经营者对企业财务管理具有不同的权限，要进行分权管理。这就是所谓的“两权”。所有者财务管理和经营者财务管理，按照公司的组织结构，分别由股东大会（股东会）、董事会、经理层来实施，进行财务的分层管理。这就是所谓的“三层”。

在公司制组织形式下，股东作为出资者拥有财产所有权，所以股东大会实行所有者财务管理。董事会的地位比较特殊，它与股东大会之间是一种信托托管关系。董事是股东的委托人，承担受托责任，受股东大会的信任委托，托管公司的法人财产和负责公司的经营。董事会拥有有约束的法人财产权和有约束的经营权。企业的董事大多是从股东中选举产生的，而且出资额较大的股东才能被选为董事，企业的法人代表董事长往往是出资额最大的股东。因此，董事会成员既代表出资人，又受雇于全体股东。董事会具有所有者财务管理和经营者财务管理的两种职能，董事会对企业财务管理在行使权限方面代表出资者，而在承担责任方面则代表经营者。总经理和董事会之间是委托代理关系。总经理是受雇者，是董事会的委托人，拥有企业经营管理权。总经理及企业经理层对企业财务的管理属于经营者财务管理。

“两权三层”的企业财务治理结构如图1-2所示。

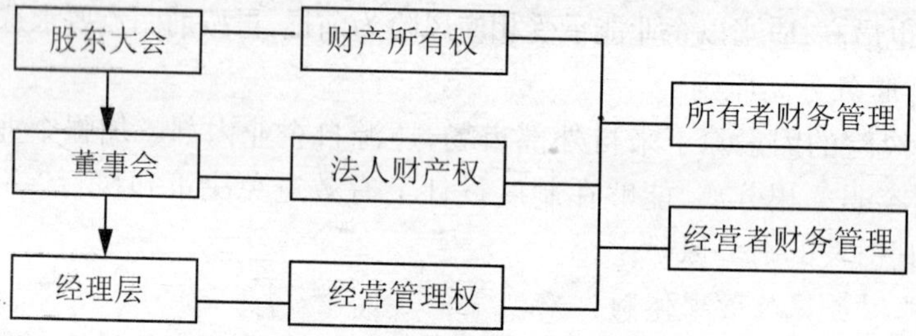

图1-2　企业财务治理结构图

（二）“两权三层”管理的内容

所有者财务管理的对象是所有者投入企业的资本，而经营者管理的对象则是企业的法人财产。

1. 出资者财务

出资者的财务决策权是通过股东大会行使的。股东大会通常着眼于企业的长远发展和主要目标，实施重大的财务战略，进行重大的财务决策。

2. 经营者财务

经营者包括董事会成员和总经理阶层，是财务决策与财务管理活动的主体。董事会着眼于企业的中、长期发展，实施具体财务战略，进行财务决策。

3. 经理层财务

财务经理人员受聘于董事会，注重日常财务管理。

股东大会、董事会及经理层财务管理的内容如表1-3所示。

表1-3　"两权三层"管理的内容

管理层	管理内容
股东大会	(1)决定公司的经营方针和投资计划；(2)审议批准年度财务预算、财务决策方案；(3)审议批准利润分配方案和亏损弥补方案；(4)对公司增加或减少注册资本做出决定；(5)对发行公司债券做出决定；(6)对公司合并、分立、解散和清算做出决定等。
董事会	(1)决定公司的经营方针和投资方案；(2)制订年度财务预算方案、决算方案；(3)制订利润分配方案和亏损弥补方案；(4)制订增加或减少注册资本的方案；(5)制订发行公司债券的方案；(6)拟订公司合并、分立、解散和清算的方案；(7)决定公司内部财务管理机构的设置；(8)聘任或者解聘经理和财务负责人等。
经理层	(1)有权聘任或者解聘财务部内部不同环节的财务负责人；(2)评价财务人员的业绩和给予必要的奖惩；(3)主持公司的财务工作，具体实施董事会有关的财务决议；(4)具体规划公司的现金流转，拟定财务内部管理机构设置方案和基本的财务管理制度。

【本章练习】

一、单项选择题

1. 下列(　　)属于企业购买商品或接受劳务形成的财务关系。

A. 企业与供应商之间的财务关系　　B. 企业与债务人之间的财务关系
C. 企业与客户之间的财务关系　　D. 企业与受资者之间的财务关系

2. 根据财务报表等有关资料、运用特定的方法，对企业财务活动过程及其结果进行分析和评价的工作是指(　　)。

A. 财务控制　　B. 财务决策　　C. 财务计划　　D. 财务分析

3. 在下列各种观点中，既能够考虑资金的时间价值和投资风险，又有利于克服管理上的片面性和短期行为的财务管理目标是(　　)。

A. 企业价值最大化　　B. 利润最大化　　C. 每股收益最大化　　D. 资本利润率最大化

4. 债权人为了防止其利益被伤害，通常采取的措施不包括(　　)。

A. 激励　　B. 规定资金的用途　　C. 提前收回借款　　D. 限制发行新债数额

5. 沉没成本是下列哪项财务管理原则的应用(　　)。

A. 双方交易原则　　B. 自利行为原则　　C. 比较优势原则　　D. 净增效益原则

二、多项选择题

1. 假定甲公司向乙公司赊销产品，并持有丙公司债券和丁公司的股票，且向戊公司支付公司债利息。假定不考虑其他条件，从甲公司的角度看，下列各项中属于本企业与债务人之间财务关系的是(　　)。

A. 甲公司与乙公司之间的关系　　B. 甲公司与丁公司之间的关系
C. 甲公司与丙公司之间的关系　　D. 甲公司与戊公司之间的关系

2. 集权与分权相结合型财务管理体制将企业内重大决策权集中于企业总部，而赋予各所属单位自主经营权。下列关于该体制特点的说法正确的有(　　)。

A. 在管理上，利用企业的各项优势，对全部权限集中管理
B. 在管理上，利用企业的各项优势，对部分权限集中管理

C. 在经营上,不能调动各所属单位的生产经营积极性

D. 在经营上,充分调动各所属单位的生产经营积极性

3. 以利润最大化作为财务管理的目标,其缺陷是(　　)。

A. 没有考虑资金时间价值　　B. 没有考虑风险因素

C. 只考虑自身收益而没有考虑社会效益　　D. 没有考虑投入资本和获利之间的关系

4. 在不存在通货膨胀的情况下,利率的组成因素包括(　　)。

A. 纯利率　　B. 违约风险收益率　　C. 流动性风险收益率　　D. 期限风险收益率

5. 公司治理结构是指明确界定(　　)职责和功能的一种企业组织结构。

A. 股东大会　　B. 监事会　　C. 董事会　　D. 经理人员

三、判断题

1. 财务控制是利用有关信息和特定手段,对企业的财务活动施加影响或调节,以便实现计划所规定的财务目标的过程,其方法通常有前馈控制和反馈控制。(　　)

2. 在一定时期内,营运资金周转额越大,资金的利用效率就越高,企业就可以生产出更多的产品,取得更多的收入,获取更多的利润。(　　)

3. 企业与投资者之间的财务关系,主要指企业以购买股票或直接投资的形式向其他企业投资所形成的经济关系。(　　)

4. 经营者和所有者的主要利益冲突,是经营者希望在创造财富的同时,能够获取更多的报酬、更多的享受;而所有者希望以较小的代价实现更多的财富。协调这一利益冲突的方式是解聘、股票期权和绩效股。(　　)

5. 企业价值最大化体现了合作共赢的价值理念,有利于实现企业经济效益和社会效益的统一。(　　)

四、简答题

1. 什么是财务管理?简述财务管理的主要内容。
2. 财务管理有哪些主要职能?
3. 利润最大化目标有哪些局限性?
4. 股东和经营者有哪些冲突?如何有效解决?
5. 股东和债权人有哪些冲突?如何有效解决?
6. 企业的社会责任及商业道德与企业的财务管理目标有何关系?
7. 金融资产有哪些特点?
8. 金融市场有哪些功能?

第二章　财务管理价值观念

【本章导航】

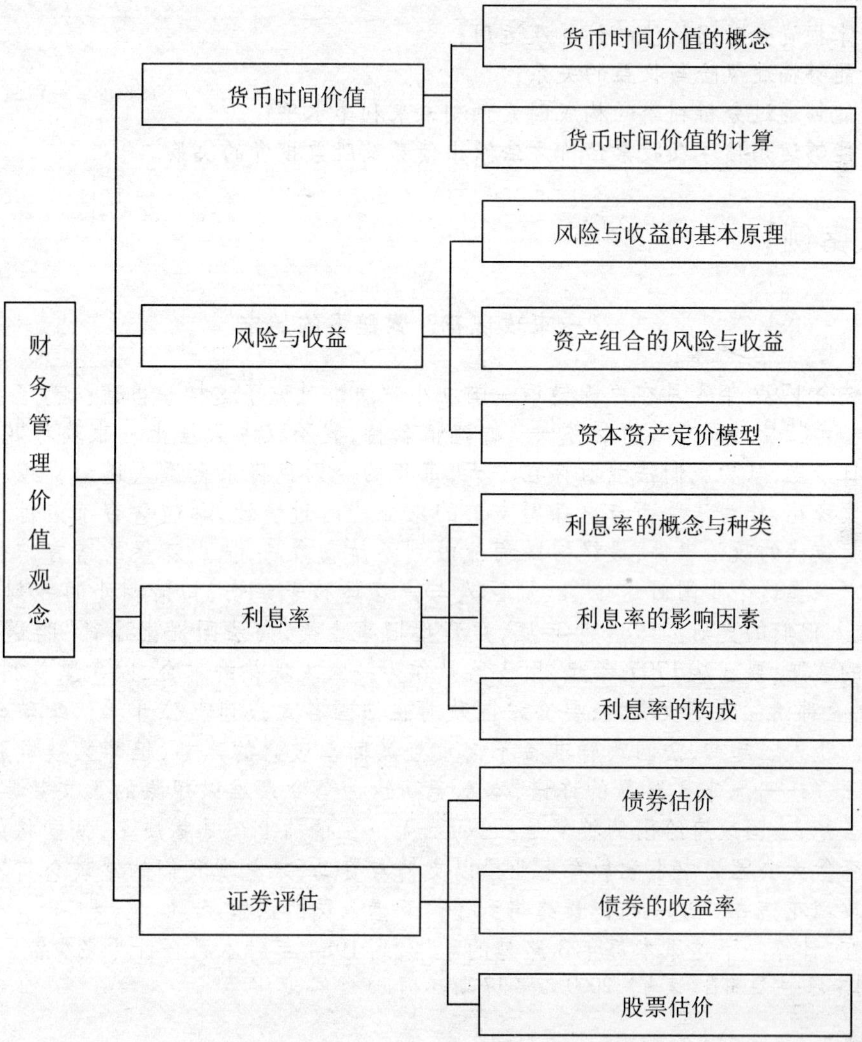

【知识目标】

1. 掌握货币时间价值的概念和实质；
2. 掌握风险报酬的概念及其种类；
3. 了解利息率的概念及其种类及利息率的构成；
4. 掌握债券及股票估价的方法。

【能力目标】

1. 掌握资金时间价值的计算及运用；
2. 能够描述风险与收益的关系；
3. 能够通过分析利率的构成因素预测未来利率水平；
4. 能够运用债券及股票估价方法做出债券及股票投资的决策。

【导入案例】

“一束玫瑰花”索赔案的始末

拿破仑1797年3月在卢森堡第一国立小学演讲时说了这样一番话：“为了答谢贵校对我——尤其是对我夫人约瑟芬——的盛情款待，我不仅今天呈上一束玫瑰花，并且在未来的日子里，只要我们法兰西存在一天，每年的今天我将亲自派人送给贵校一束价值相等的玫瑰花，作为法兰西与卢森堡友谊的象征。”时过境迁，拿破仑穷于应付连绵的战争和此起彼伏的政治事件，最终惨败而流放到圣赫勒拿岛，把卢森堡的诺言忘得一干二净。可卢森堡这个小国对这位“欧洲巨人与卢森堡孩子亲切、和谐相处的一刻”念念不忘，并载入他们的史册。1984年年底，卢森堡旧事重提，向法国提出违背“赠送玫瑰花”诺言案的索赔：要么从1797年起，用3路易作为一束玫瑰花的本金，以5厘复利（即利滚利）计息全部清偿这笔玫瑰案；要么法国政府在法国各大报刊上公开承认拿破仑是个言而无信的小人。起初，法国政府准备不惜重金赎回拿破仑的声誉，但却又被电脑算出的数字惊呆了——原来3路易的许诺，本息竟高达一个令人难以想象的天文数字。最后，经冥思苦想，法国政府给出的答复是：“以后，无论在精神上还是物质上，法国将始终不渝地对卢森堡大公园的中小学教育事业予以支持与赞助，来兑现我们的拿破仑将军那一诺千金的玫瑰花信誉。”这一措辞最终得到了卢森堡人民的谅解。

现在，计算一下这原本每年3路易的承诺，到1984年时本息合计为多少？

资料来源：主要摘自《读者》，2000年第17期。

第一节 货币时间价值

一、货币时间价值的概念

货币的时间价值（Time Value of Money），是指货币经历一定时间的生产经营活动所增加的价值。如果货币所有者把钱闲置不用或者埋入地下保存，显然不能增值，因为货币只有当做资本投入生产和流通才能增值。马克思指出："作为资本的货币本身就是目的，因为只是在这个不断更新的运动中才有价值的增值。""如果把它从流通中取出来，那它就凝固为储藏货币，即使藏到世界末日，也不会增加分毫。"[①]可见，并不是所有的货币都有时间价值，而只有把货币作为资本投入生产经营才能产生增值。货币投入生产经营过程后，随着时间的流逝不断增值。每完成一次循环，货币就增加一定的数额，周转次数越多，增值额也就越大。

【双语链接】

Time Value of Money：The idea that a dollar now is worth more than a dollar in the future, even after adjusting for inflation, because a dollar now can earn interest or other appreciation until the time the dollar in the future would be received. This theory has its base in the calculation for present value.

从量的规定性来看，货币的时间价值是没有风险和没有通货膨胀下的社会平均资金利润率。由于市场竞争，个别企业的利润转化为行业的平均利润，最后，投资于不同行业的资金会获得大体相当的投资报酬率，同时，市场经济免不了会发生通货膨胀，因此，投资报酬率或资金利润率除包含时间价值外，还包括风险报酬和通货膨胀因素。在计量货币时间价值时，后两部分不应该包括在内。

二、货币时间价值的计算

货币时间价值一般用"现值"和"终值"两个概念来表示不同时点的价值。"现值"(Present Value)是指现在的价值，又称"本金"。"终值"(Terminal Value)是指货币经过一定时间之后的价值，包括本金和时间价值，又称"本利和"。进行现值和终值的换算是建立在一定的假设基础上的，即假设没有风险和通货膨胀情况下，以利率为基础进行计算。有单利和复利两种计算方法。

【双语链接】

- Present Value：The current value of one or more future cash payments, discounted at some appropriate interest rate.
- Terminal Value：The value of any item at the end of a specified time period. Examples include the maturity value of a bond and the value of a fully depreciated asset.

(一) 一次性收付款项的终值和现值

在某一特定时点上一次性支付(或收取)，经过一段时间后再相应地一次性收取(或支付)的款项，即为一次性收付款项。这种性质的款项在日常生活中十分常见，比如存入

① 马克思，《资本论》，第1卷。

银行100元现金，年利率为复利10%，经过3年后一次性取出本利和133.10元，这里所涉及的收付款项就属于一次性收付款项。

终值又称将来值，是现在一定量现金在未来某一时点上的价值，又称本利和。在上例中，3年后的本利和为133.10元。

现值又称本金，是指未来某一时点上的一定量现金折合到现在的价值，如上例3年后的133.10元折合到现在的价值是100元，这100元即为现值。

终值与现值的计算涉及利息计算方式的选择。目前有两种利息计算方式，即单利和复利。单利方式下，每期都按初始本金计算利息，当期利息不计入下期本金，计算基础不变。复利方式下，以当期末本利和为计息基础计算下期利息，即利上加利。现代财务管理中一般用复利方式计算终值和现值，因此也有人称一次性收付款的现值和终值为复利现值和复利终值。

1. 单利的终值和现值

为便于同后面介绍的复利计算方式相比较，加深对复利的理解，这里先介绍单利有关的计算。为计算方便，先设定如下符号标示：

I 表示利息；P 表示现值；F 表示终值；i 表示每一利息期的利率（折现率）；n 表示计算利息的期数。

按照单利的计算法则，利息的计算公式为：

$$I=P\cdot i\cdot n$$

【特别提醒】

利率的表示与换算

除非特别指明，在计算利息时，给出的利率均为年利率，对于不足一年的利率，以一年等于360天来计算。

【例2-1】 某人持有一张带息票据，面额为2 000元，票面利率5%，出票日期为3月12日，到期日为6月10日（90天）。则该持有者到期可得到的利息为：

$$I=2\ 000\times 5\%\times 90/360=25(\text{元})$$

单利终值的计算可依照如下公式：

$$F=P+P\cdot i\cdot n=P(1+i\cdot n)$$

【例2-2】 设 P 为100元，i 为10%，n 为3，则单利方式下各期终值为：

$$F_1=100\times(1+10\%)=110(\text{元})$$

$$F_2=100\times(1+2\times 10\%)=120(\text{元})$$

$$F_3=100\times(1+3\times 10\%)=130(\text{元})$$

可以看出，第一期的利息为10元，到第二期，利息是10元的2倍，即20元，也就是说，第二期的利息仍按原始本金100元计算，而不按第一期的本利和110元计算。

单利现值的计算同单利终值的计算是互逆的，由终值计算现值称为折现。将单利终值计算公式变形，即得单利现值的计算公式为：

$$P=F/(1+i\cdot n)$$

【例2-3】 某人希望在5年后取得本利和1 000元，用以支付一笔款项。则在利率为

5%,单利方式计算条件下,此人现在需要存入银行多少钱?

$$P=1\,000/(1+5\times5\%)=800(\text{元})$$

2. 复利的终值和现值

(1) 复利的终值(已知现值 P,求终值 F)。货币时间价值通常是按复利计算的。复利不同于单利,它是在一定期间(如一年)按一定利率将本金所生利息加入本金再计利息,即“利滚利”。也就是说,它既涉及本金上的利息,也涉及利上所生的利息。

复利终值是指一定量的本金按复利计算若干期后的本利和。

【例 2-4】 某人将 10 000 元存放于银行,年存款利率为 6%,则经过一年时间的本利和为:

$$\begin{aligned}F&=P+P\cdot i\\&=P\cdot(1+i)\\&=10\,000\times(1+6\%)\\&=10\,600(\text{元})\end{aligned}$$

如此人并不提走现金,将 10 600 元继续存在银行,则第二年本利和为:

$$\begin{aligned}F&=[P\cdot(1+i)]\cdot(1+i)\\&=P\cdot(1+i)^2\\&=10\,000\times(1+6\%)^2\\&=11\,236(\text{元})\end{aligned}$$

同理,第三年的本利和为:

$$\begin{aligned}F&=[P\cdot(1+i)^2]\cdot(1+i)\\&=P\cdot(1+i)^3\\&=10\,000\times(1+6\%)^3\\&=11\,910(\text{元})\end{aligned}$$

第 n 年的本利和为:

$$F=P\cdot(1+i)^n$$

式中 $(1+i)^n$,通常称作“一次性收付款项终值系数”,简称“复利终值系数”,用符号 $(F/P,i,n)$ 表示。如本例 $(F/P,6\%,3)$ 表示利率为 6%、3 年期复利终值的系数。复利终值系数可以通过查阅“1 元复利终值表”直接获得。复利终值系数也可以表示为 $\text{FVIF}_{i,n}$。

通过该表可查出,$(1+6\%)^3=(\text{F/P},6\%,3)=\text{FVIF}_{6\%,3}=1.191$,即在时间价值为 6% 的情况下,现在的 1 元和 3 年后的 1.191 元在经济上是等效的,根据这个系数可以把现值换算成终值。

(2) 复利的现值(已知终值 F,求现值 P)。复利现值是复利终值的逆运算,它是指今后某一特定时间收到或付出的一笔款项,按折现率(i)所计算的现在时点价值。其计算公式为:

$$P=F\cdot(1+i)^{-n}$$

式中 $(1+i)^{-n}$,通常称作“一次性收付款项现值系数”,记作 $(P/F,i,n)$,可以直接查阅“1 元复利现值表”获得。上式也可写作 $P=F\cdot(P/F,i,n)$。复利现值系数也可以表示为 $\text{PVIF}_{i,n}$。

【例 2-5】 某人打算在 6 年后获得收益 800 万元,假设投资报酬率为 12%,问他现在应该投入多少元?

$$
\begin{aligned}
P &= F \cdot (1+i)^{-n} \\
&= 800 \times (1+12\%)^{-6} \\
&= 800(P/F,12\%,6) \\
&= 800 \times \text{PVIF}_{12\%,6} \\
&= 800 \times 0.5066 \\
&= 405.28(\text{万元})
\end{aligned}
$$

（二）普通年金的终值与现值

上面介绍了一次性收付款项，除此之外，在现实经济生活中，还存在一定时期内多次收付的款项，即系列收付款。如果每次收付的金额相等，则这样的系列收付款项便称为年金（Annuity）。简言之，年金是指一定时期内每次等额收付的系列款项，通常记作 A。

年金的形式多种多样，如保险费、折旧、租金、等额分期收款、等额分期付款以及零存整取或者整存零取储蓄等，都存在年金问题。

年金按其每次收付发生的时点不同，可分为普通年金、即付年金、递延年金和永续年金等几种。

1. 普通年金的终值

(1) 普通年金终值的计算（已知年金 A，求年金终值 F）

普通年金（Ordinary Annuity）是指一定时期内每期期末等额收付的系列款项，又称后付年金。年金终值犹如零存整取的本利和，它是一定时期内每期期末收付款项的复利终值之和。其计算办法如图 2-1 所示。

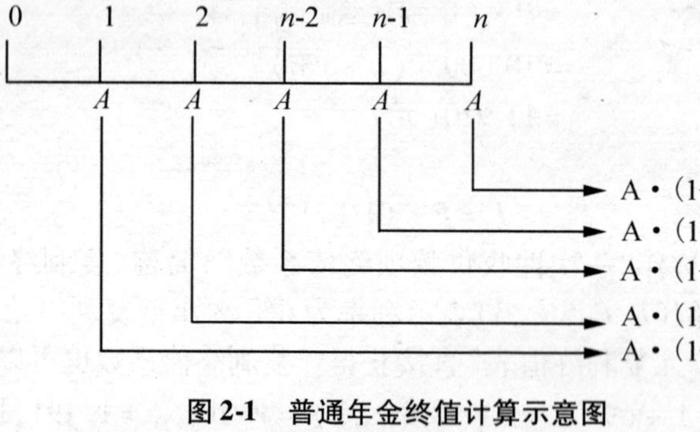

图 2-1　普通年金终值计算示意图

由图 2-1 可知，年金终值的计算公式为：

$$F = A \cdot (1+i)^0 + A \cdot (1+i)^1 + A \cdot (1+i)^2 + \cdots + A \cdot (1+i)^{n-2} + A \cdot (1+i)^{n-1} \quad (1)$$

将(1)式两边同时乘上$(1+i)$得：

$$F \cdot (1+i) = A \cdot (1+i)^1 + A \cdot (1+i)^2 + \cdots + A \cdot (1+i)^{n-1} + A \cdot (1+i)^n \quad (2)$$

将(2)式减去(1)式得：

$$F \cdot i = A \cdot (1+i)^n - A$$

$$F \cdot i = A \cdot [(1+i)^n - 1]$$

则：

$$F = A \cdot \left[\frac{(1+i)^n - 1}{i}\right]$$

式中方括号中的数值，通常称作“年金终值系数”，记作$(F/A,i,n)$，也可直接查阅“1 元年金终值表”获得。上式也可以写作 $F = A \cdot (F/A,i,n)$。年金终值系数也可以表示为 $\text{FVIFA}_{i,n}$。

【双语链接】

- Annuity：More generally，a series of payments of set size and frequency，often to a retired person.
- Ordinary Annuity：An annuity whose payments occur at the end of each period.

【例 2-6】 假设某项目在 5 年建设期内每年年末向银行借款 100 万元，借款年利率为 10%，问该项目竣工应付本息的总额是多少？

$$
\begin{aligned}
F &= 100 \times \left[\frac{(1+10\%)^5-1}{10\%}\right] \\
&= 100 \times (F/A, 10\%, 5) \\
&= 100 \times \text{FVIFA}_{10\%,5} \\
&= 100 \times 6.1051 \\
&= 610.51(\text{万元})
\end{aligned}
$$

（2）年偿债基金的计算（已知年金终值 F，求年金 A）

偿债基金是指为了在约定的未来某一时点清偿某笔债务或积聚一定数额的资金而必须分次等额提取的存款准备金。由于每次提取的等额准备金类似于年金存款，因而同样可以获得该复利计算的利息，所以债务实际上等于年金终值，每年提取的偿债基金等于年金 A。也就是说，偿债基金的计算实际上是年金终值的逆运算。其计算公式为：

$$A = F \cdot \left[\frac{i}{(1+i)^n-1}\right]$$

式中方括号中的数值称作"偿债基金系数"，记作 $(A/F, i, n)$，可直接查阅"偿债基金系数表"，或通过年金终值系数的倒数推算出来。上式也可写作：

$$A = F \cdot (A/F, i, n)$$

或，

$$A = F \cdot [1/(F/A, i, n)]$$

【例 2-7】 假设企业打算在 4 年后还清 1 000 万元债务，假设银行存款利率为 10%，问该企业每年年末应存入的金额是多少？

$$A = 1\,000 \cdot \left[\frac{10\%}{(1+10\%)^4-1}\right] = 1\,000 \times 0.2154 = 215.4(\text{万元})$$

或，

$$
\begin{aligned}
A &= 1\,000 \times [1/(F/A, 10\%, 4)] \\
&= 1\,000 \times (1/4.6410) \\
&= 215.4(\text{万元})
\end{aligned}
$$

【相关链接】

偿债基金法下的折旧额计算

有一种折旧方法，称为偿债基金法，其理论依据是"折旧的目的是保持简单再生产"。为在若干年后购置设备，并不需要每年提存设备原值与使用年限的算术平均数，由于利息不断增加，每年只需提存较少的数额即按偿债基金提取折旧，即可在使用期满时得到设备原值。偿债基金法的年折旧额，就是根据偿债基金系数乘以固定资产原值计算出来的。

2. 普通年金现值

(1) 普通年金现值的计算(已知年金 A,求年金现值 P)

年金现值是指一定时期内每期期末收付款项的复利现值之和。其计算办法如图 2-2 所示。

由图 2-2 可知,年金现值的计算公式为:

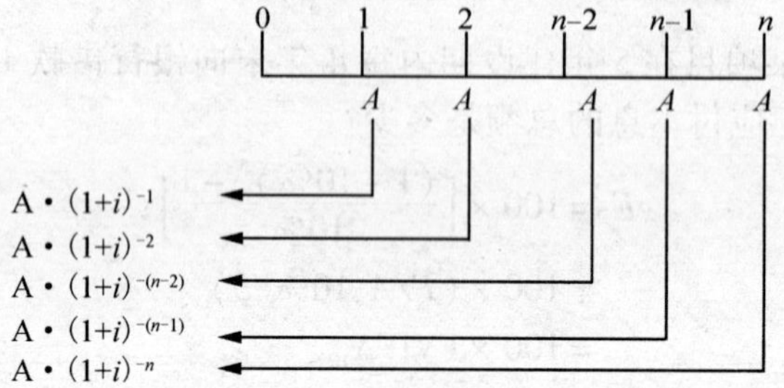

图 2-2　普通年金现值计算示意图

由图 2-2 可知,普通年金现值的计算公式为:

$$P=A\cdot(1+i)^{-1}+A\cdot(1+i)^{-2}+\cdots+A\cdot(1+i)^{-(n-1)}+A\cdot(1+i)^{-n} \quad (3)$$

将(3)式两边同时乘上$(1+i)$得:

$$P\cdot(1+i)=A+A\cdot(1+i)^{-1}+\cdots+A\cdot(1+i)^{-(n-2)}+A\cdot(1+i)^{-(n-1)} \quad (4)$$

将(4)式减去(3)式得:

$$P\cdot i=A-A\cdot(1+i)^{-n}$$

$$P\cdot i=A\cdot[1-(1+i)^{-n}]$$

则:

$$P=A\cdot\left[\frac{1-(1+i)^{-n}}{i}\right]$$

式中方括号内的数值称为"年金现值系数",记作$(P/A,i,n)$,可直接查阅"1 元年金现值表"。上式也可写作 $F=A\cdot(P/A,i,n)$。年金现值系数也可表示为 $PVIFA_{i,n}$。

【例 2-8】 租入某设备,每年年末需要支付租金 120 元,年复利率为 10%,问 5 年内应支付的租金总额的现值是多少?

$$\begin{aligned}P&=120\cdot\left[\frac{1-(1+10\%)^{-5}}{10\%}\right]\\&=120\times(P/A,10\%,5)\\&=120\times PVIFA_{10\%,5}\\&=120\times3.7908\\&\approx455(\text{元})\end{aligned}$$

(2) 年资本回收额的计算(已知年金现值 P,求年金 A)

资本回收是指在给定的年限内等额回收或清偿初始投入的资本或所欠的债务。其中未收回部分要按复利计算构成偿债的内容。年资本回收额是年金现值的逆运算。其计算公式为:

$$A=P\cdot\left[\frac{i}{1-(1+i)^{-n}}\right]$$

式中方括号内的数值称作"资本回收系数",记作$(A/P,i,n)$,可直接查阅"资本回收系数表”，或利用年金现值系数的倒数求得。上式也可写作$A=P\cdot(A/P,i,n)$，或$A=P\cdot[1/(P/A,i,n)]$。

【例 2-9】 某企业现在借的 1 000 万元的贷款，在 10 年内以年利率 12% 均匀偿还，每年应付的金额是多少？

$$A=1000\cdot\left[\frac{12\%}{1-(1+12\%)^{-10}}\right]=1000\times0.1770=177(\text{万元})$$

$$A=1000\cdot[1/(P/A,12\%,10)]=1000\times(1/5.6502)\approx177(\text{万元})$$

（三）即付年金的终值与现值

即付年金（Annuity Due）是指一定时期内每期期初等额收付的系列款项，又称先付年金。即付年金与普通年金的区别仅在于付款时间不同。

1. 即付年金终值的计算

即付年金的终值是其最后一期期末的本利和，是各期收付款项的复利终值之和。

n 期即付年金终值与 n 期普通年金终值之间的关系可以用图 2-3 加以说明。

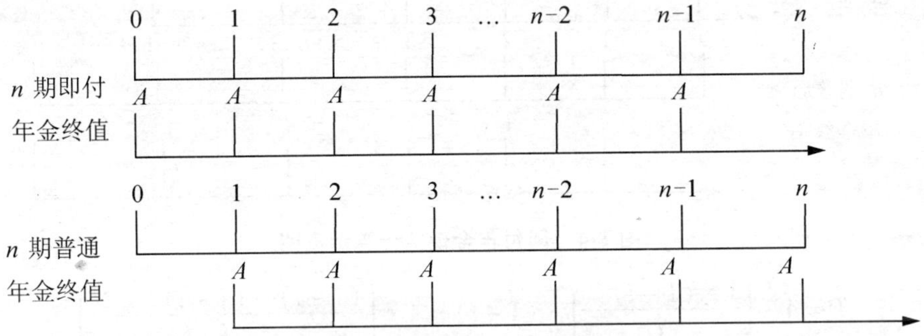

图 2-3　即付年金终值计算示意图

从图 2-3 可以看出，n 期即付年金与 n 期普通年金的付款次数相同，但由于其付款时间不同，n 期即付年金终值比 n 期普通年金的终值多计算一期利息，即：

$$F=A\cdot\left[\frac{(1+i)^n-1}{i}\right]\cdot(1+i)=A\cdot\left[\frac{(1+i)^{n+1}-(1+i)}{i}\right]$$

$$F=A\cdot\left[\frac{(1+i)^{n+1}-1}{i}-1\right]$$

因此，在 n 期普通年金终值的基础上乘以$(1+i)$就是 n 期即付年金的终值。

式中方括号内的数值称作“即付年金终值系数”，它是在普通年金终值系数的基础上，期数加 1，系数减 1 所得的结果，通常记作$[(F/A,i,n+1)-1]$。这样，通过查阅“1 元年金终值系数表”得$(n+1)$期的值，然后减去 1 便可得对应的即付年金终值系数的值。这时可用如下公式计算即付年金终值。

$$F=A\cdot[(F/A,i,n+1)-1]$$

【例 2-10】 某公司决定连续 5 年于每年年初存入 100 万元作为住房基金，银行存款利率为 10%，则该公司在第 5 年年末能一次取出本利和多少元钱？

$$
\begin{aligned}
F &= A \cdot [(F/A,i,n+1)-1] \\
&= 100 \cdot [(F/A,10\%,6)-1] \\
&= 100 \times (7.7156-1) \\
&= 671.52(\text{万元})
\end{aligned}
$$

2. 即付年金现值的计算

n 期即付年金现值与 n 期普通年金现值之间的关系，可用图 2-4 加以说明。

从图 2-4 可以看出，n 期即付年金现值与 n 期普通年金现值的期限相同，但由于其付款时间不同，n 期即付年金现值比 n 期普通年金现值多折现一期。因此，在 n 期普通年金现值的基础上乘以 $(1+i)$，便可求出 n 期即付年金的现值。

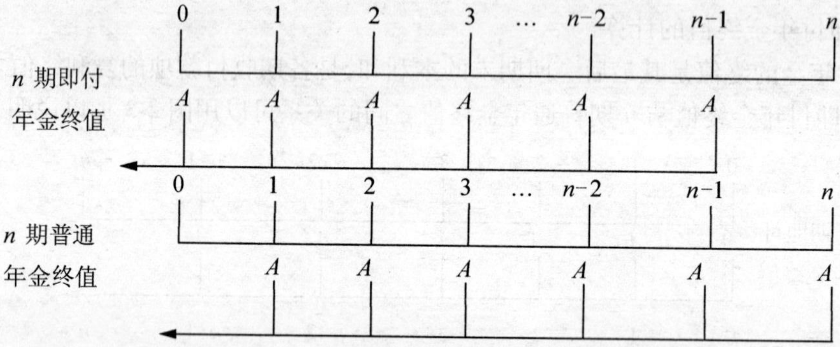

图 2-4　即付年金现值计算示意图

$$P = A \cdot \left[\frac{1-(1+i)^{-n}}{i}\right] \cdot (1+i) = A \cdot \left[\frac{(1+i)-(1+i)^{-(n-1)}}{i}\right]$$

$$P = A \cdot \left[\frac{1-(1+i)^{-(n-1)}}{i}+1\right]$$

式中方括号内的数值称作“即付年金现值系数”，它是在普通年金系数的基础上，期数减 1，系数加 1 所得的结果，通常记作 $[(P/A,i,n-1)+1]$。这样，通过查阅“1 元年金现值系数表”得 $(n-1)$ 期的值，然后加 1 便可得出对应的即付年金现值系数的值。这时可用如下公式计算即付年金的现值。

$$P = A \cdot [(P/A,i,n-1)+1]$$

（四）递延年金和永续年金的现值

1. 递延年金现值的计算

递延年金（Deferred Annuity）是指第一次收付款发生时间不在第一期期末，而是隔若干期后才开始发生的系列等额收付款项。它是普通年金的特殊形式，凡不是从第一期开始的普通年金都是递延年金。递延年金的现值是自若干时期后开始每期款项的现值之和。m 期以后的 n 期年金现值，可用图 2-5 表示。

递延年金现值的计算公式为：

$$P = A \cdot \left[\frac{1-(1+i)^{-(m+n)}}{i} - \frac{1-(1+i)^{-m}}{i}\right] = A \cdot [(P/A,i,m+n)-(P/A,i,m)] \quad (5)$$

$$P = A \cdot \left[\frac{1-(1+i)^{-n}}{i}\right] \cdot (1+i)^{-m} = A \cdot [(P/A,i,n) \cdot (P/F,i,m)] \quad (6)$$

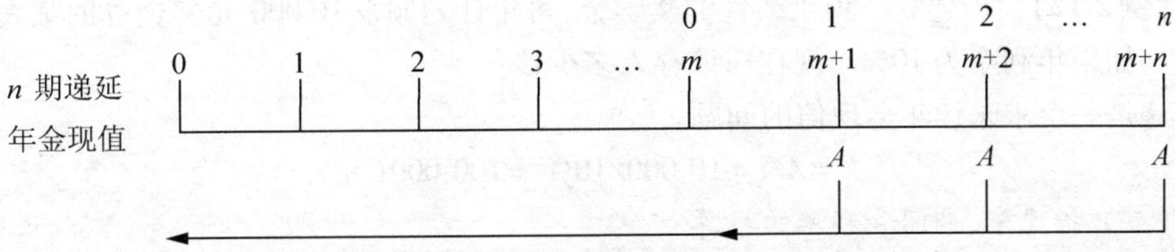

图 2-5 递延年金现值计算示意图

上述(5)式先计算出 $m+n$ 期的普通年金现值,再减去 m 期普通年金现值,即得递延年金的现值;(6)式是先将此递延年金视为 n 期普通年金,求出在第 $m+1$ 期期初的现值,然后再这算到第一期期初。

【特别提醒】

递延年金终值的计算

递延年金终值的计算同 n 期普通年金终值的计算相同,所以在此不再赘述。

递延年金现值的两种计算方法的计算结果会有少许差额,主要是因为不同方法下用到了不同的系数,每个系数都只保留到小数点后四位,但此差额不会影响到最终决策。

【例 2-11】 某人拟在年初存入一笔资金,以便能在第 6 年年末起每年取出 1 000 元,至第 10 年年末取完,在银行存款利率为 10% 的情况下,此人应在最初一次存入银行多少元钱?

$P=A\cdot[(P/A,10\%,10)-(P/A,10\%,5)]=1\ 000\times(6.1446-3.7908)\approx 2\ 354$(元)

或,

$P=A\cdot[(P/A,10\%,5)\cdot(P/F,10\%,5)]=1\ 000\times 3.7908\times 0.6209\approx 2\ 354$(元)

2. 永续年金现值计算

永续年金(Perpetual Annuity)是指无限期等额收(付)的特种年金的,可视为普通年金的特殊形式,即期限趋于无穷的普通年金。存本取息可视为永续年金的例子。此外,也可将利率较高、持续期限较长的年金视同永续年金计算其现值。

由于永续年金持续期无限,没有终止的时间,因此没有终值,只有现值。通过普通年金现值计算可推导出永续年金现值计算的公式为:

$$P=A/i$$

【双语链接】

- **Annuity Due**: An annuity whose payments occur at the beginning of each period.
- **Deferred Annuity**: Annuity in which payback does not start until a specified time in the future, such as after a certain number of years from the annuity contract date, or at a certain age of the annuitant or the beneficiary.
- **Perpetual Annuity**: Annuity derived from an asset (such as an income generating security) where the life span of the annuitant (security holder or his or her beneficiary) is of no consequence.

【例 2-12】 拟建立一项永久性的奖学金,每年计划颁发 10 000 元奖金资助某大学的学生。如果年利率为 10%,现在应该存入多少钱?

这是一个求永续年金现值的问题。

$$P = A/i = 10\ 000/10\% = 100\ 000(\text{元})$$

(五)折现率、期间和利率的推算

以上有关货币时间价值的计算是基于计息期、贴现率为已知的前提下,在现实经济中往往存在计息期、贴现率不定或者需要根据已知条件确定计息期、贴现率的情形。

1. 折现率(利息率)的推算

(1)一次性收付款项折现率的推算

对于一次性收付款项,根据其复利终值(或现值)的计算公式可得折现率的计算公式为:

$$i = (F/P)^{1/n} - 1$$

因此,若已知 F、P、n,不用查表便可直接计算出一次性收付款项的折现率(利息率)。

【例 2-13】 现存入银行 20 000 元。期望 4 年后能得到 30 000 元,存款利率是多少?

$$i = (30\ 000/20\ 000)^{1/4} - 1 = 11\%$$

(2)年金折现率的推算

永续年金折现率(利息率)i 的计算也很方便。若 P、A 已知,则根据公式 $P = A/i$,变形即得 i 的计算公式为:

$$i = A/P$$

普通年金折现率(利息率)的推算比较复杂,无法直接套用公式,而必须利用有关的系数表,有时还会牵涉到内插法的运用。下面着重对此加以介绍。

普通年金终值 F、现值 P 的计算公式分别为:

$$F = A \cdot (F/A, i, n) \quad (7)$$

$$P = A \cdot (P/A, i, n) \quad (8)$$

将(7)式、(8)式变形,得出相应的(9)式、(10)式:

$$F/A = (F/A, i, n) \quad (9)$$

$$P/A = (P/A, i, n) \quad (10)$$

从(9)式、(10)式可看出,两式右边分别为普通年金终值系数和普通年金现值系数。若 F、A、n 已知,则可利用(9)式,查普通年金终值系数表,找出系数值为 F/A 对应的 i 即可;若 P、A、n 已知,则可利用(10)式,查普通年金现值系数表,找出系数为 P/A 对应的 i 即可。若找不到完全对应的 i,则可运用内插法求得。

可见,利用(9)式或(10)式求 i 的基本原理和步骤是一致的。现以(10)式为例,即已知 P、A、n,说明求 i 的基本方法。

(1)计算出 P/A 的值,假设 $P/A = \alpha$。

(2)查普通年金现值系数表。沿着已知 n 所在的行横向查找,若恰好能找到某一系数值等于 α,则该系数值所在的列相对应的利率便为所求的 i 值。

(3)若无法找到恰好等于 α 的系数值,就应在表中 n 行上找与 α 最接近的两个左右临界系数值,设为 β_1、β_2($\beta_1 > \alpha > \beta_2$,或 $\beta_1 < \alpha < \beta_2$)。读出 β_1、β_2 所对应的临界利率,然后

进一步运用内插法。

(4) 在内插法下,假定利率 i 同相关的系数在较小范围内线性相关,因而可根据临界系数 β_1、β_2 和临界利率 i_1、i_2 计算出 i,其公式为:

$$i = i_1 + \frac{\beta_1 - \alpha}{\beta_1 - \beta_2} \cdot (i_2 - i_1)$$

【例 2-14】 某公司于第一年年初借款 20 000 元,每年年末还本息额为 4 000 元,连续 9 年还清,问借款利率为多少?

根据题意,已知 $P = 20\ 000$, $A = 4\ 000$, $n = 9$,则:

$$P/A = 20\ 000/4\ 000 = 5 = \alpha$$

即,

$$\alpha = 5 = (P/A, i, 9)$$

查 $n = 9$ 的普通年金现值系数表。在 $n = 9$ 一行上无法找到恰好为 $\alpha(\alpha = 5)$ 的系数值,于是找大于和小于 5 的临界系数值,分别为: $\beta_1 = 5.326\ 3 > 5$, $\beta_2 = 4.947\ 4 < 5$。同时读出临界利率为 $i_1 = 12\%$, $i_2 = 14\%$,则:

$$\begin{aligned} i &= i_1 + \frac{\beta_1 - \alpha}{\beta_1 - \beta_2} \cdot (i_2 - i_1) \\ &= 12\% + \left(\frac{5.3283 - 5}{5.3283 - 4.9474}\right) \cdot (14\% - 12\%) \\ &= 13.719 \end{aligned}$$

按照上述方法,若利用(9)式,则计算出 F/A 的值,设为 α,然后再查普通年金终值系数表求 i。

对于一次性收付款项,若应用查表法求 i,可先计算出 F/P 的值,设其为 α,然后查复利终值系数表;或计算出 P/F 的值,设其为 α,然后查复利现值系数表。

对于即付年金利率 i 的推算,同样可遵照上述方法。先求出 F/A 的值,令 $\alpha = F/A + 1$,然后沿 $(n+1)$ 所在的行横向在普通年金终值系数表中查找,若恰好找到等于 α,则该系数值所在列所对应的利率便为所求的 i,否则便查找临界系数值和对应的临界利率,应用内插法求出利率 i。

2. 期间的推算

期间 n 的推算,其原理和步骤同折现率(利息率) i 的推算是一样的。

现以普通年金为例,说明在 P、A 和 i 已知情况下,推算期间 n 的基本步骤。

(1) 计算出 P/A,设为 α。

(2) 查普通年金现值系数表。沿着已知 i 所在的列纵向查找,若能找到恰好等于 α 的系数值,则其对应的 n 值即为所求期间值。

(3) 若找不到恰好为 α 的系数值,则查找最为接近 α 值的上下临界系数 β_1、β_2 以及对应的临界期间 n_1、n_2,然后应用内插法求 n,公式为:

$$n = n_1 + \frac{\beta_1 - \alpha}{\beta_1 - \beta_2} \cdot (n_2 - n_1)$$

【例 2-15】 某企业拟购买一台柴油机,更新目前的汽油机。柴油机的价格较汽油机高出 2 000 元,但每年可节约燃料费用 500 元。若利率为 10%,则柴油机应至少使用多少年对企业而言才有利?

依题意,已知 $P=2\ 000, A=500, i=10\%$,则:

$$P/A=2\ 000/500=4=\alpha$$

即,

$$(P/A,10\%,n)=\alpha=4$$

查普通年金现值系数表。在 $i=10\%$ 的列上纵向查找,无法找到恰好为 $\alpha(\alpha=4)$ 的系数值,于是查找大于和小于4的临界系数值,分别为:$\beta_1=4.3553>4, \beta_2=3.7908<4$。对应的临界期间为 $n_1=6, n_2=5$,则:

$$\begin{aligned} n &= n_1+\frac{\beta_1-\alpha}{\beta_1-\beta_2}\cdot(n_2-n_1) \\ &= 6+\left(\frac{4.3553-4}{4.3553-3.7908}\right)\times(5-6) \\ &= 5.4(年) \end{aligned}$$

3. 名义利率与实际利率(有效利率)的换算

上面讨论的有关计算均假定利率为年利率,每年复利一次。但实际上,复利的计息不一定是一年,有可能是季度、月份或日。比如某些债券半年计息一次;有的抵押贷款每月计息一次;银行之间拆借资金均为每天计息一次。当每年复利次数超过一次时,这样的年利率叫做名义利率,而每年只复利一次的利率才是实际利率。

对于一年内多次复利的情况,可采取两种方法计算时间价值。

第一种方法是按如下公式将名义利率调整为实际利率(有效利率),然后按实际利率(有效利率)计算时间价值。其计算公式为:

$$i=(1+r/m)^m-1$$

式中:i 表示实际利率;r 表示名义利率;m 表示每年复利次数。

【例2-16】 某企业于年初存入10万元,在年利率为10%,半年复利一次的情况下,到第10年年末,该企业能得到的本利和为多少?

依题意得,$P=10, r=10\%, m=2, n=10$。

则:

$$i=(1+\frac{r}{m})^m-1=(1+\frac{10\%}{2})^2-1=10.25\%$$

$$F=P\cdot(1+i)^n=10\times(1+10.25\%)^{10}=26.53(万元)$$

因此,企业于第10年年末可得本利和26.53万元。

这种方法的缺点是调整后的实际利率往往带有小数点,不利于查表。

第二种方法是不计算实际利率,而是相应调整有关指标,即利率变为 r/m,期数相应变为 $m\cdot n$。

【例2-17】 利用上例中的有关数据,用第二种方法计算本利和。

$$F=P(1+\frac{r}{m})^{m\cdot n}=10\times(1+\frac{10\%}{2})^{2\times10}=10\times(F/P,5\%,20)=26.53(万元)$$

第二节 风险与收益

企业的经营活动是在风险不确定的情况下进行的,离开了风险因素就无法评价企业收益的高低,揭示风险与收益之间的关系是财务决策的基本依据。

一、风险与收益的基本原理

风险是一个非常重要的财务概念。任何决策都有风险,这使得风险概念在理财中具有普遍意义。因此,有人说"时间价值是理财的第一原则,风险价值是理财的第二原则"。

(一) 风险的概念

风险一般是指在一定条件下和一定时期内可能发生的各种结果的变动程度。在风险存在的情况下,人们只能事先估计到采取某种行动可能导致的结果,以及每种结果出现的可能性,而行动的真正结果究竟会怎么样,不能事先确定。

从财务管理角度看,风险就是企业在各项财务活动中,由于各种难以预测或无法控制的因素作用,使企业的实际收益与预计收益发生的背离。风险不仅能带来超出预期的损失,呈现其不利的一面,而且还可能带来超出预期的收益,呈现其有利的一面。

与风险相联系的另一个概念是不确定性,即人们事先只知道采取某种行动可能形成的各种结果,但不知道它们出现的概率,或者两者都不知道,只能做些粗略的估计。例如,投资于某金矿开发工程,事先只能肯定勘探开发有成功或者失败两种可能,但这两种结果出现可能性的大小事先很难预测。

一般来说,各种长期投资方案中都有一些不确定的因素,而完全的确定性投资方案是很少见的。不确定性投资方案,是指对各种情况出现的可能性不清楚,无法加以计量的投资决策。在实践中,如果对不确定性投资方案中的各种情况出现的可能性规定一些主观概率,就可以将不确定性投资方案转化为风险性的投资方案。不过需要说明的是,在财务管理中,当说到风险时,有可能指的是确切意义上的风险,但更可能指的是不确定性,对两者不做严格区分。

(二) 风险收益率的计算

1. 风险报酬(Risk Premium)的概念

对任何一个投资者来说,都宁愿要肯定的某一报酬,而不愿意要不肯定的同一报酬。在商品经济中,这种现象被称为风险反感。在风险反感普遍存在的情况下,即投资者讨厌风险,不愿意遭受损失,为什么有人又愿意冒风险去投资呢?这是因为冒风险去投资有可能获得额外的收益——风险报酬。人们总想冒较小的风险获得较大的收益,至少要使所得的收益与所冒的风险相当。一般来说,风险报酬的大小取决于投资的风险,风险越大要求的必要报酬率越高。

因此,风险报酬是指投资者由于冒风险进行投资而获得的超过资金时间价值的额外收益。

2. 风险报酬的表现形式

风险报酬的表现形式有两种:风险收益额和风险收益率。在实际工作中,通常以用相对数形式表示的风险收益率来计量风险报酬。

风险收益率是指某资产持有者因承担该资产的风险而要求的超过无风险利率的额外收益,其计算公式为:

$$风险收益率 = 必要收益率 - 无风险收益率$$

必要收益率也称最低必要报酬率或者最低要求收益率,表示投资者对某资产合理要求的最低收益率。必要收益率与认识到的风险有关,人们对资产的安全性有不同的看法,如果某公司陷入财务困难的可能性很大,也就是说投资该公司股票产生损失的可能性很大,那么,投资于该公司股票将会要求一个较高的收益率,因此该股票的必要收益率就会较高;相反,如果某项资产的风险较小,那么,对这项资产要求的必要收益率也就较小。

无风险收益率也称无风险利率,它是指可以确定可知的无风险资产的收益率,它的大小由纯粹利率(资金的时间价值)和通货膨胀率两部分组成,即:

$$无风险收益率=资金的时间价值+通货膨胀率$$

无风险资产一般满足两个条件:一是不存在违约风险;二是不存在再投资收益率的不确定性。通常情况下,用短期国库券的利率近似地代替无风险收益率。

(三) 资产收益率风险的衡量

1. 资产收益率(Return on Assets,ROA)

资产的收益是指资产的价值在一定时期的增值。资产的收益率或报酬率,是资产增值量与期初资产价值(格)的比值。该收益率包括两部分:一是利(股)息的收益率;二是资本利得的收益率。计算公式为:

$$\begin{aligned}资产收益率&=\frac{资产价格的价值(格)的增值}{期初资产价值(格)}=\frac{资产的收益额}{期初资产价值(格)}\\&=\frac{利(股)息收益}{期初资产价值(格)}+\frac{资本利得}{期初资产价值(格)}\\&=利(股)息收益率+资本利得收益率\end{aligned}$$

【双语链接】

- Risk Premium: The difference between the expected rate of return on a given risky asset and that on a less risky asset.
- Return on Assets (ROA): A measure of a company's profitability, equal to a fiscal year's earnings divided by its total assets, expressed as a percentage.

2. 资产收益率风险衡量的步骤

风险是客观存在的,并广泛影响着企业的财务和经营活动。因此,正视风险并将风险程度予以量化,是企业财务管理的一项重要工作。对资产收益率风险进行衡量的步骤如下:

(1) 确定概率分布

概率表示随机事件发生的可能性以及出现某种结果可能性大小的数值。例如,某企业进行某项投资,经预测投资收益率为10%的概率为60%,这就意味着该企业获得10%的收益率的可能性是60%。如果把这一事件所有可能的结果都列示出来,对每一结果都给予一定的概率,便可构成概率分布。

(2) 计算预期收益率

预期收益率又叫期望收益率,是指在不确定的条件下,预测的某项资产未来可能实现的收益率,其计算公式为:

$$\overline{E} = \sum_{i=1}^{n} X_i P_i$$

式中，$\overline{E}$为预期收益率；X_i 为第 i 种结果出现后的预期报酬率；P_i 为第 i 种结果出现的概率；n 为所有可能结果的数目。

(3) 计算离散程度

离散程度是指资产收益率的各种可能结果与预期收益率的偏差。衡量离散程度的指标主要有标准离差和标准离差率。

标准离差的计算公式为：

$$\sigma = \sqrt{\sum_{i=1}^{n} (X_i - \overline{E})^2 \cdot P_i}$$

式中符号含义同前。标准离差越大，风险越大；反之则风险越小。

标准离差率的计算公式为：

$$V = \frac{\sigma}{\overline{E}}$$

式中符号含义同前。同样，标准离差率越大，风险越大；反之则风险越小。标准离差率适宜于用来比较预期收益率不同的多项资产投资的风险程度。

(四) 风险收益率与标准离差率的关系

标准离差率虽然能用来评价资产收益率风险的大小，但还无法将风险与收益结合起来进行分析。假设我们面临的决策不是评价与比较两个投资项目收益率的风险水平，而是要决定是否对某一投资项目进行投资，此时就需要计算出该项目的风险收益率。因此，我们还需要一个指标（参数）将标准离差率转化为相应的风险收益率，以把该投资项目的风险与收益联系起来。这个指标就是风险价值系数。风险收益率、风险价值系数和标准离差率之间的关系可用公式表示为：

风险收益率 = 风险价值系数 × 标准离差率

资产的必要收益率 = 无风险收益率 + 风险收益率

= 无风险收益率 + 风险价值系数 × 标准离差率

风险价值系数的数学意义是指该项资产的风险收益率占该项资产的标准离差率的比率。在实际工作中，单项资产的风险价值系数是由投资者根据经验并结合其他因素加以确定的。例如，可根据以往同类项目的有关数据确定，或由企业主管投资的人员会同有关专家确定等。

(五) 投资者风险偏好

以上所讨论的方法寻求的是确定与资产相关的风险水平。然而，只了解风险水平本身是不够的，还应考虑投资者对风险的态度。如果不知道投资者对投资机会中的风险可能会做出怎样的反应，也不可能做出一个可靠的决策。因此，有必要考虑投资者对风险可能采取的态度。

根据不同人对待风险的态度不同，我们将投资者分为风险回避者、风险爱好者和风险中立者三类。

风险回避者的效用函数是边际效用递减的,也就是随着财富的增加,相同财富增加带来的效用增加逐渐减少。对于他们来说,损失1 000元财富所导致的效用损失,要多于同等数量的财富增加所带来的效用增加额。因此,这类投资者希望投资收益的可能变化偏离期望值越少越好。一个收益完全确定的投资,比一个具有相同期望值,但结果不确定的投资给风险回避者带来的效用要高。风险回避者喜欢平稳,不喜欢动荡。为了使他们能够承担风险,必须给予一定的风险报酬。

与风险回避者恰恰相反,风险爱好者的效用函数是边际效用递增的,也就是随着财富的增加,相同财富增加带来的效用增加将增加。对于他们来说,增加1 000元财富所导致的效用增加,要多于同等数量的财富减少所带来的效用损失。他们是冒险精神很强的投资者,喜欢收益的动荡甚于喜欢收益的稳定,赌徒通常就属于这类投资者。他们选择投资项目的基本原则是:当期望收益相同时,选择风险大的项目,因为这将给他们带来更大的效用。

风险中立者的效用函数是一线性函数,其边际效用是常数,也就是即使财富发生变化,相同财富增加带来的效用增加也不变。对于他们来说,增加1 000元财富所导致的效用增加,与同等数量的财富减少所带来的效用损失是相等的。他们既不回避风险,也不主动追求风险。他们进行投资决策的唯一标准是期望收益的大小,而不管其风险状况如何,因此所有期望收益相同的投资将给他们带来相同的效用。

一般的投资者都是风险回避者,他们不愿意做只有一半成功机会的赌博,尤其是作为不分享利润的经营管理者,冒险成功时报酬大多归于股东,冒险失败时他们的声望下降,职业前景受到威胁。在一般情况下,报酬率相同时人们会选择风险小的项目;风险相同时,人们会选择报酬高的项目。问题在于,有时风险大,报酬率也高,那么如何决策呢?这就要看报酬是否高到值得去冒险,以及投资者对风险的态度。

二、资产组合的风险与收益

(一) 资产组合的概念

投资者通常不是把自己的全部资金投放在单一资产上,而是同时向多项资产投资。这种同时以两个或两个以上资产作为投资对象而发生的投资,就是资产组合。如果资产组合中的资产均为有价证券,则称为证券组合。

(二) 资产组合的预期收益率

资产组合的预期收益率,由组成资产组合的各种资产的预期收益率的加权平均数构成。其权数等于各种资产项目在整个资产组合总额中所占的比例。其公式为:

$$\overline{R_p} = \sum_{i=1}^{n} W_i \overline{R_i}$$

式中,$\overline{R_p}$为资产组合的预期收益率;W_i为投资于第i项资产的资金占总投资额的比例;$\overline{R_i}$为投资于第i项资产的预期收益率;n为资产组合中不同投资项目的总数。

(三) 资产组合风险的度量

在资产组合风险分析中,通常利用协方差和相关系数两个指标来测算资产组合中任意两项资产收益率之间的变动关系。

1. 协方差

协方差是一个用于测量资产组合中某一资产相对于另一资产风险的统计指标。例如,A 股票的价格随着经济形势由衰退转向繁荣而上涨的话,B 股票此时的价格是上涨、下跌还是静止不动?协方差就是对 A、B 两只股票价格之间的这种相互关系进行度量和评价的。从本质上讲,组合内各种资产组合相互变化的方式影响着资产组合的整体方差,从而影响其风险。协方差的计算公式为:

$$\mathrm{Cov}(R_1,R_2) = \frac{1}{n}\sum_{i=1}^{n}(R_{1i}-\overline{R}_1)(R_{2i}-\overline{R}_2)$$

式中,$\mathrm{Cov}(R_1,R_2)$为投资于两种资产收益率的协方差;R_{1i}为在第 i 种投资结构下投资于第一种资产的投资收益率;$\overline{R}_1$为投资于第一种资产的预期收益率;R_{2i}为在第 i 种投资结构下投资于第二种资产的投资收益率;$\overline{R}_2$为投资于第二种资产的预期收益率;n 为不同资产组合的种类数。

协方差的计算结果可能为正值也可能为负值;它们分别显示了两项资产间收益率变动的方向。当协方差为正值时,表示两种资产的收益率呈同方向变化;协方差为负值时,表示两种资产的收益率呈相反方向变化。协方差的绝对值越大,表示这两种资产收益率的关系越密切;协方差的绝对值越小,则这两种资产收益率的关系越疏远。

2. 相关系数

由于多方面的原因,协方差的意义很难解释,至少对于应用是如此。为了使其概念更易于被接受,可以将协方差标准化,将协方差除以两项资产收益率的标准差之积,得出一个与协方差具有相同性质但却没有量化的数。我们将这个数称为这两项资产的相关系数,它介于 -1—1 之间。相关系数的计算公式为:

$$\rho_{1,2} = \frac{\mathrm{Cov}(R_1,R_2)}{\sigma_1\sigma_2}$$

式中,$\rho_{1,2}$为第一种和第二种资产收益率之间的相关系数;σ_1 和 σ_2 分别为投资于第一种资产和投资于第二种资产的收益率的标准离差。显然,从上式可以推导出协方差的另一计算公式:

$$\mathrm{Cov}(R_1,R_2) = \rho_{1,2}\sigma_1\sigma_2$$

相关系数的正负与协方差的正负相同。所以相关系数为正值时,表示两种资产收益率呈同方向变化,为负值则意味着反方向变化。就其绝对值而言,系数值的大小,与协方差的大小呈同方向变化。相关系数总是在 -1—1 之间变动,-1 代表完全负相关,1 代表完全正相关,0 则代表不相关。

3. 两项资产组合的总风险

两项资产组合的收益率方差满足以下关系式:

$$\sigma_p^2 = W_1\sigma_1 + W_2\sigma_2 + 2W_1W_2\mathrm{Cov}(R_1,R_2)$$

式中,σ_p^2 为资产组合的方差;W_1 为第一项资产在资产组合中所占的比重;σ_1 为投资于第一项资产收益率的标准离差；W_2 为第二项资产在资产组合中所占的比重；σ_2 为投资于第二项资产收益率的标准离差；$\mathrm{Cov}(R_1,R_2)$为投资于两项资产收益率的协方差。

由两项资产组合而成的资产组合收益率的标准离差 σ_p 的计算公式为：

$$\sigma_p=\sqrt{\sigma_p^2}=\sqrt{W_1\sigma_1+W_2\sigma_2+2W_1W_2\mathrm{Cov}(R_1,R_2)}$$

【例 2-18】 某企业拟分别投资于 A 资产和 B 资产，其中，投资于 A 资产的预期收益率为 8%，计划投资额为 500 万元；投资于 B 资产的预期收益率为 12%，计划投资额为 500 万元，则该资产组合的预期收益率计算如下：

$$\text{资产组合的预期收益率}(\overline{R}_p)=8\%\times\frac{500}{500+500}+12\%\times\frac{500}{500+500}=10\%$$

【例 2-19】 假定上例投资 A、B 资产预期收益率的标准离差均为 9%。要求分别计算当 A、B 两项资产的相关系数分别为 1、0.4、0.1、0、-0.1、-0.4 和 -1 时的资产组合收益率的协方差、方差和标准离差。

依题意，$W_1=50\%$，$W_2=50\%$，$\sigma_1=9\%$，$\sigma_2=9\%$，则

(1) 该资产组合收益率的协方差：

$$\mathrm{Cov}(R_1,R_2)=0.09\times0.09\times\rho_{1,2}=0.0081\rho_{1,2}$$

(2) 方差：

$$\sigma_p^2=0.5^2\times0.09^2+0.5^2\times0.09^2+2\times0.5\times0.5\times\mathrm{Cov}(R_1,R_2)$$
$$=0.00405+0.5\times\mathrm{Cov}(R_1,R_2)$$

(3) 标准离差：

$$\sigma_{\mathrm{p}}=\sqrt{\sigma_{\mathrm{p}}^2}=\sqrt{0.00405+0.5\times\mathrm{Cov}(R_1,R_2)}$$

当 $\rho_{1,2}=1$ 时：

$$\mathrm{Cov}(R_1,R_2)=0.0081\times1=0.0081$$
$$\sigma_p^2=0.00405+0.5\times0.0081=0.0081$$
$$\sigma_p=\sqrt{0.0081}=0.009$$

同理，可计算出当相关系数分别为 0.4、0.1、0、-0.1、-0.4 和 -1 时的协方差、方差和标准离差的值（计算过程略），计算结果如表 2-1 所示。

表 2-1 资产组合的相关系数与协方差、方差及标准离差的关系

相关系数 $\rho_{1,2}$	1	0.4	0.1	0	-0.1	-0.4	-1
协方差 $\mathrm{Cov}(R_1,R_2)$	0.0081	0.00324	0.00081	0	-0.00081	-0.00324	-0.0081
方差 σ_p^2	0.0081	0.00567	0.004455	0.00405	0.003645	0.002433	0
标准离差 σ_p^2	0.09	0.075299	0.066746	0.06364	0.060374	0.049295	0

不论资产组合中两项资产之间的相关系数如何，只要投资比例不变，各项资产的预期收益率不变，则该资产组合的预期收益率就不变，都是 10%。但在不同的相关系数条件下，资产组合收益率的标准离差却随之发生变化。

当相关系数为1时,两项资产收益率的变化方向与变动幅度完全相同,会一同上升或下降,不能抵消任何投资风险。此时的标准离差最大,为9%。

当相关系数为-1时,情况刚好相反,两项资产收益率的变化方向与变动幅度完全相反,表现为此增彼减,可以完全抵消全部投资风险。此时的标准离差最小,为0。

当相关系数在0—1范围内变动时,表明单项资产收益率之间是正相关关系,它们之间的正相关程度越低,其资产组合可分散的投资风险的效果就越大。如当相关系数为0.4时,标准离差约为7.53%;当相关系数为0.1时,标准离差约为6.67%。

当相关系数在-1—0范围内变动时,表明单项资产收益率之间是负相关关系,它们之间的负相关程度越低(绝对值越小),其资产组合可分散的投资风险的效果就越小。如当相关系数为-0.4时,标准离差约为4.93%;当相关系数为-0.1时,标准离差约为6.04%。

当相关系数为0时,表明单项资产收益率之间不相关,此时的标准离差约为6.36%。其资产组合可分散的投资风险的效果比正相关时的效果要大,但比负相关时的效果要小。

当相关系数分别为1、-1和-0.4时,A、B资产组合的标准离差与预期收益率之间的关系可以用图2-6来表示。

从图2-6中还可以看出,无论资产之间的相关系数大小如何,资产组合的收益率都不会低于所有单个资产中的最低收益率,资产组合的风险也不会高于所有单个资产中的最高风险。这一结论同样适用于由多项资产构成的资产组合。

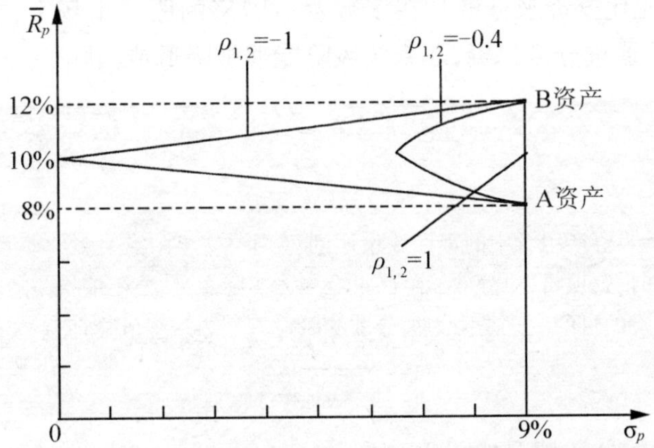

图2-6　资产组合的标准离差与预期收益率的关系示意图

（四）多项资产组合的风险及其分散化

一般来说,随着资产组合中资产个数的增加,资产组合的风险会逐渐降低,当资产的个数增加到一定程度时,资产组合的风险程度将趋于平稳,这时组合风险的降低将非常缓慢直到不再降低。

随着资产组合中资产数目的增加,由方差表示的各资产本身的风险状况对组合风险的影响逐渐减少,乃至最终消失。但由协方差表示的各资产收益率之间相互作用、共同运动所产生的风险并不能随着组合中资产个数的增大而消失,它是始终存在的。

那些只反映资产本身特性,可通过增加组合中资产的数目而最终消除的风险称为非系统风险。那些反映资产之间相互关系，共同运动，无法最终消除的风险称为系统风险。资产组合的总风险由系统风险和非系统风险两部分内容构成。

1. 资产组合的总风险

（1）系统风险。系统风险（Systematic Risk, Market Risk，也称不可分散风险）是指市场收益率整体变化所引起的市场上所有资产的收益率的变动性，它是由那些影响整个市场的风险因素引起的，因而又称为市场风险。这些风险因素包括宏观经济形势的变动、税制改革、国家经济政策变动、世界能源状况的改变、战争、自然灾害、通货膨胀等。

这类风险涉及所有企业或投资项目，不能通过多元化投资来分散。当然，尽管绝大多数企业或项目都不可避免地受到系统风险的影响，但并不意味着对所有企业或投资项目都有完全相同的影响。有的企业或投资项目可能受系统风险的影响大些，有些则可能比较小。

（2）非系统风险。非系统风险（Unsystematic Risk, Diversifiable Risk，也称可分散风险）是指由于某一种特定原因对某一特定资产收益率造成影响的可能性，即发生于个别企业的特有事项所造成的风险，所以又称为公司特有风险。

公司特有风险可进一步分为经营风险和财务风险。经营风险是指因生产经营方面的原因给企业目标带来不利影响的可能性。财务风险是指由于举债经营而给企业目标带来不利影响的可能性。

非系统风险与政治、经济和其他影响所有资产的系统因素无关，这类事件是随机发生的，可以通过多元化投资来分散。在多数发达国家的股票市场上，非系统风险占总风险的60%—75%。通过分散投资，非系统风险能够被降低或消除。

【相关链接】

风险分散的效应

经验数据显示，当资产组合中的资产数量达到20个左右时，绝大多数非系统风险可被消除，此时，如果继续增加投资项目，对分散风险已没有多大实际意义，更不能指望通过风险分散化来达到完全消除全部风险的目的。这是因为被分散的风险只是非系统风险，而系统风险是不能通过风险的分散来消除的。

资产组合风险的分散情况如图2-7所示。

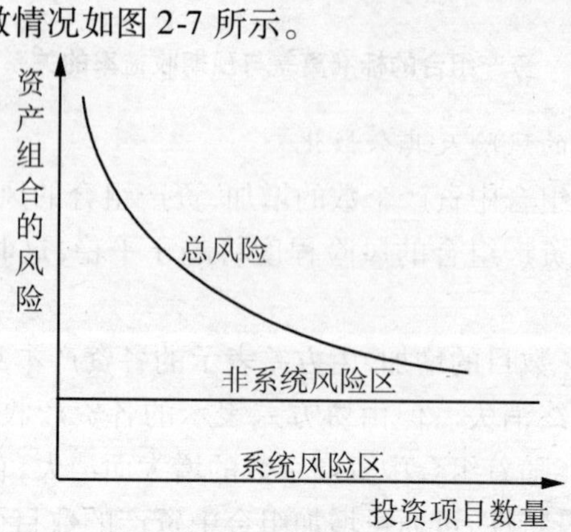

图2-7 资产组合风险分散示意图

2. β系数

β系数(Beta Coefficient)可以用来计量风险的数量。由于非系统风险可通过投资多样化效果而消除,因而β系数实质上只用于计量系统风险,它是系统风险的指数。

【双语链接】

- Systematic Risk (Market risk): That part of a security's risk that cannot be eliminated by diversification.
- Unsystematic Risk (Diversifiable risk): That part of a security's risk associated with random events; it can be eliminated by proper diversification.
- Beta Coefficient: A measure of market risk, which is the extent to which the returns on a given stock move with the stock market.

(1) 单项资产的β系数

单项资产的β系数是反映单项资产收益率与市场上全部资产的平均收益率之间变动关系的一个量化指标,即单项资产所含的系统风险对市场组合平均风险的影响程度。其计算公式为:

$$\beta=\frac{\text{某种资产的风险报酬率}}{\text{市场组合的风险报酬率}}$$

β系数还可以按以下公式计算:

$$\beta=\frac{\mathrm{Cov}(R_{\mathrm{i}},R_m)}{\sigma_m^2}$$

式中,$\mathrm{Cov}(R_{\mathrm{i}},R_m)$为单项资产$i$与市场组合的协方差(表示该资产对系统风险的影响);σ_m^2为当全部资产作为一个市场投资组合时的方差(即该市场的系统风险)。

当$\beta=1$时,表示该单项资产的收益率与市场平均收益率呈相同比例的变化,其风险情况与市场投资组合的风险情况一致,即市场收益上升10%,则该单项资产的收益也上升10%;市场收益下降10%,这种资产的收益也下降10%。如果$\beta=0.5$,说明该单项资产的收益变动幅度只有市场收益变动幅度的一半。如果$\beta=2$,说明这种资产收益变动幅度为市场收益变动幅度的两倍。总之,某一单项资产β值的大小反映了这一资产的变动与整个市场收益变动之间的倍数关系。

【相关链接】

β系数的确定

β系数的实际计算过程非常复杂,需要大量的参考数据,一般只有证券资产(如上市公司的股票)才能计算出β系数。在实际工作中,一般不由投资者自己计算β系数,而是由咨询机构定期计算并公布。因此,本书假定单项资产的β系数为已知数据。

(2) 资产组合的β系数

对于资产组合来说,其系统风险程度也可以用β系数来衡量。资产组合的β系数是所有单项资产β系数的加权平均数，权数为各种资产在组合中所占的比重。计算公式为：

$$\beta_P = \sum_{i=1}^{n} W_i \beta_i$$

式中，β_P为投资组合的β系数；W_i为第i种资产在投资组合中所占的比重；β_i为第i种投资的β系数。

从上式可以看出，资产组合的β系数受到单项资产的β系数和各种资产在组合中所占比重两个因素的影响。

三、资本资产定价模型

（一）资本资产定价模型的意义

资本资产定价模型（Capital Asset Pricing Model，CAPM）是由经济学家Harry Markowitz和William F. Sharpe于1964年提出的，他们由于在此方面做出的贡献而获得了1990年度的诺贝尔经济学奖。所谓资本资产主要指的是股票，而定价则试图解释资本市场如何决定股票收益率，进而决定股票价格。

【双语链接】

Capital Asset Pricing Model（CAPM）：A model based on the proposition that any stock's requir ed rate of return is equal to the risk-free rate of return plus a risk premium that reflects only the risk remaining after diversification.

根据风险与收益的一般关系，某资产的必要收益率是由无风险收益率和该资产的风险收益率决定的，即：

必要收益率 = 无风险收益率 + 风险收益率

资本资产定价模型的一个主要贡献就是解释了风险收益率的决定因素和度量方法，并且给出了下面的一个简单易用的表达形式：

$$R_i = R_f + \beta_i (R_m - R_f)$$

式中，R_i为第i种资产或第i种资产组合的必要收益率；R_f为无风险收益率，通常以短期国债的利率近似替代；β_i为第i种资产或第i种资产组合的系统风险系数；R_m为市场组合的平均收益率。$(R_m - R_f)$称为市场风险溢酬，它是附加在无风险收益率之上的。由于承担了市场平均风险所要求获得的补偿，反映的是市场作为整体对风险的平均“容忍”程度，也就是市场整体对风险的厌恶程度，对风险越是厌恶和回避，要求的补偿就越高，因此，市场风险溢酬的数值就越大。反之，如果市场的抗风险能力强，则对风险的厌恶和回避就不是很强烈，因此，要求的补偿就越低，所以市场风险溢酬的数值就越小。不难看出，某项资产的风险收益率是市场风险溢酬与该资产系统风险系数的乘积，即$\beta_i(R_m - R_f)$为风险收益率。在其他因素不变的情况下，风险收益率与β系数成正比，β系数越大，风险收益率就越大；反之，则越小。

（二）资本资产定价模型的有效性和局限性

资本资产定价模型最大的贡献在于，它提供了一种对风险与收益之间的实质性的表述，CAPM首次将“高收益伴随着高风险”这样一种直观认识，用简单的关系式表达出来。到目前为止，CAPM是对现实中风险与收益关系最为贴切的表述，因此长期以来，被财务人员、金融从业者以及经济学家作为处理风险问题的主要工具。

然而，将复杂的现实简化了的这一模型，必定会遗漏许多有关因素，也必定会限制在许多假设条件之下，因此也受到了一些质疑。直到现在，关于CAPM有效性的争论还在继续，拥护和批驳的辩论相当激烈和生动。人们也一直在寻找更好的理论或方法，但尚未取得突破性进展。

尽管CAPM已得到了广泛的认可，但在实际运用中，仍存在着一些明显的局限，主要表现在：(1)某些资产或企业的β值难以估计，特别是对一些缺乏历史数据的新兴行业；(2)经济环境的不确定性和不断变化，使得依据历史数据估算出的β值对未来的指导作用必然要打折扣；(3)CAPM是建立在一系列假设之上的，其中一些假设与实际情况有较大的偏差，使得CAPM的有效性受到质疑。这些假设包括市场是均衡的、市场不存在摩擦、市场参与者都是理性的、不存在交易费用、税收不影响资产的选择和交易等。

由于以上局限，资本资产定价模型只能大体描述出证券市场运动的基本状况，而不能完全确切地揭示证券市场的一切。因此，在运用这一模型时，应该更注重它所揭示的规律，而不是它所给出的具体数字。

【例2-20】 甲股票的β系数为0.5，乙股票的β系数为1.0，丙股票的β系数为1.5，丁股票的β系数为2.0，无风险利率为7%，假定同期市场上所有股票的平均收益率为12%。

要求：计算上述四种股票的必要收益率，并判断当这些股票的收益率分别达到多少时，投资者才愿意投资购买。

$R_{甲}=7\%+0.5(12\%-7\%)=9.5\%$

$R_{乙}=7\%+1.0(12\%-7\%)=12\%$

$R_{丙}=7\%+1.5(12\%-7\%)=14.5\%$

$R_{丁}=7\%+2.0(12\%-7\%)=17\%$

只有当甲股票的收益率达到或超过9.5%，乙股票的收益率达到或超过12%，丙股票的收益率达到或超过14.5%，丁股票的收益率达到或超过17%时，投资者才会愿意投资购买；否则，投资者就不会去投资。

在资本资产定价模型的理论框架下，假设市场是均衡的，资本资产定价模型还可以描述为：

$$预期收益率=必要收益率=R_f+\beta_i(R_m-R_f)$$

(三) 证券市场线

如果把资本资产定价模型公式中的β系数看做自变量(横坐标)，必要收益率R_i作为因变量(纵坐标)，无风险利率(R_f)和市场风险溢酬(R_m-R_f)作为已知系数，那么这个关系式在数学上就是一个直线方程，叫做证券市场线，简称SML。

证券市场线对任何公司、任何资产都是适用的。只要将该公司或资产的β系数代入上述直线方程中，就能得到该公司或资产的必要收益率。

证券市场线上每个点的横、纵坐标值分别代表每一项资产(或资产组合)的系统风险系数和必要收益率。因此,证券市场上任意一项资产或资产组合的系统风险系数和必要收益率都可以在证券市场线上找到对应的一点。

在证券市场线中,β 系数是对该资产或资产组合所含系统风险的度量,因此,证券市场线一个重要的说明就是"只有系统风险才有资格要求补偿"。该式没有引入非系统风险即企业特有风险,也就是说,投资者要求的补偿只是因为他们"忍受"了市场风险即系统风险的缘故,而不包括企业特有风险,因为企业特有风险可以通过资产组合被消除掉。

根据例 2-20 的计算结果绘制的证券市场线如图 2-8 所示。

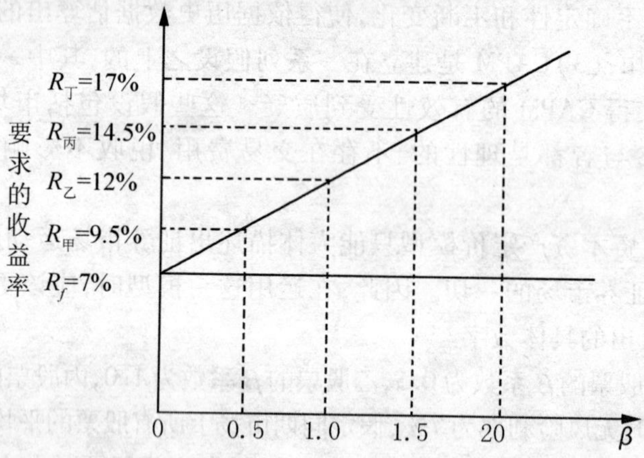

图 2-8 证券市场线

从图 2-8 可以看出风险高低与收益水平高低之间的关系,从中可以得出以下几点结论:

(1) β 系数为 0,表明此时的个别资产(或资产组合)必要收益率为无风险收益率。

(2) β 系数小于 1,表明此时的个别资产(或资产组合)必要收益率小于市场组合的平均收益率。

(3) β 系数为 1,表明此时的个别资产(或资产组合)必要收益率与市场组合的平均收益率相同。

(4) β 系数大于 1,表明此时的个别资产(或资产组合)必要收益率大于市场组合的平均收益率。

特定资产组合的 β 系数等于该组合风险收益率与市场组合的平均收益率超过无风险收益率部分的比。

第三节 利息率

利息率(Interest Rate)是衡量资金增值程度的一个重要指标,在公司理财中发挥着重要的作用,也是国家对经济实施宏观调控的重要杠杆。

一、利息率的概念与种类

利息率简称利率,是一定时期内利息额同借贷资本额的比率,即资金的增值额同投入资金价值之比率。

从资金的借贷关系角度来看,利率是借贷资金双方在发生信用关系时所使用的一种交换价格,它既是资金所有者暂时让渡资金给使用者收取的报酬,也是资金需求者使用资金所必须付出的代价。资金作为一种特殊的商品,以利率作为价格标准在资金市场上买卖,资金的融通实质上就是资源通过利率这种价格形式在市场机制的作用下实施资金再分配的过程。例如,公司拥有投资报酬率较高的投资机会,它就可以发行较高利率的证券以吸收资金;而外部投资者把过去投资的利率较低的证券卖掉,来购买这种利率较高的证券,资金就将从利率低的投资项目不断向利率高的投资项目转移。因此,在发达的市场条件下,资金从低收益项目到高收益项目的流动,是由市场机制通过作为资金价格的利率的差异作用的结果。

利率可以按不同的标志划分为多种类别,常见的利率种类有以下几种:

(一) 根据利率之间的变动关系可分为基准利率和套算利率

1. 基准利率

基准利率又称基本利率。它是指在多种利率并存的条件下起决定作用的利率。这种利率的变化将对其他利率的变化产生直接的影响。基准利率在西方通常是中央银行的再贴现利率,在我国是中国人民银行对商业银行贷款的利率。

2. 套算利率

套算利率是各金融机构根据基准利率和借贷款项的特点而换算出的利率。例如,某金融机构规定,贷款AAA级企业的利率应在基准利率的基础上加0.5%,若基准利率为8%,则AAA级企业的贷款利率为8.5%。

(二) 根据利率是否随市场资金供求关系变化而变化可分为固定利率和浮动利率

1. 固定利率

固定利率是指借贷期内固定不变的利率。这种利率对借贷双方来说,虽然可以较方便地确定成本和收益,但当存在通货膨胀时,会使债权人的利益受到损失。

2. 浮动利率

浮动利率是指在借贷期间可以调整的利率。采用浮动利率可减少债权人的损失,但计算手续繁杂,工作量较大。

(三) 根据利率变动与市场的关系可分为市场利率和官方利率

1. 市场利率

市场利率是指借贷双方在资金市场上通过资金供求关系形成的利率。

2. 官方利率

官方利率是指由政府金融管理部门或中央银行确定的利率,又称为法定利率,是国家进行宏观调控的一种手段。

二、利息率的影响因素

上述利率分类,使我们对利率的体系有了一个全面的了解,但它并没有展示影响利率变动的因素有哪些。因此,要对利率的决定做出较为全面的说明,还必须进一步考察影响利率变动的有关因素。

(一)财政政策

一个国家的财政政策对利率有较大的影响,一般来说,当财政支出大于财政收入时,政府在公开市场上借贷,以此来弥补财政收入的不足,这将导致利率上升;而扩张性的经济政策,往往扩大对信贷的需求,投资的进一步加热又会导致利率上升。

(二)货币政策

政府制定货币政策的目的就是促进经济稳定增长。调控货币供给和信贷规模,可以影响利率,进而调节经济增长。当扩大货币供给时,会导致利率下降;反之,则会造成利率上升。

(三)通货膨胀

通货膨胀是指由于国家发行过多的货币,而造成物价普遍上涨的一种现象。通货膨胀的成因比较复杂,因此,通货膨胀使得利率和货币供给之间的关系也变得相对复杂。如果货币供给量的大幅增长不是由通货膨胀引起的,那么利率不仅可能不会下降,反而会上升,造成高利率现象,以弥补货币贬值带来的损失。因此,利率水平随着通货膨胀率的上升而上升,随着通货膨胀率的下降而下降。

(四)借贷需求

企业对信贷的需求往往成为信贷利率变化的"晴雨表",每当经济步入复苏和高涨之际,企业对信贷的需求增加,利率水平开始上扬和高涨,而经济发展停滞时,企业对信贷的需求也随之减少,于是,利率水平转趋下跌。家庭对信贷的需求也影响到利率的变化,当需求增加时,利率上升,需求减弱时,利率便下跌。

(五)借贷风险

资金从投放到收回总是需要一定的时间,在借贷资金运动过程中,由于各种不确定因素的出现,可能导致各种风险,如资金不能按期完全收回的违约风险,因物价上涨而使资金贬值的风险,或更有利的投资机会出现后,已贷放出去的资金收不回来时,贷款人承受机会成本损失的风险。

一般而言,风险越大,利率要求越高。另外,经济周期变动造成的风险变化也会影响利率水平,如在经济萧条阶段,投资风险变大使利率大幅度上升。而在复苏阶段,投资风险开始减少,利率开始降低。

三、利息率的构成

考虑到影响利率的因素,一般而言,资金的利率由三个部分构成,即纯利率、通货膨胀补偿和风险报酬。其中风险报酬又包含三个具体内容,即违约风险报酬、期限风险报酬和流动性风险报酬。这样,利率构成的一般公式表达如下:

$$K = K_f + \mathrm{IP} + \mathrm{DP} + \mathrm{MP} + \mathrm{LP}$$

式中:K 表示固定收入证券的名义利率;K_f 表示实际无风险利率,亦即在零通货膨胀经济环境中,代表投资者对无风险的固定收入证券所要求的报酬率(一般以长期政府公债利率表示);IP 表示通货膨胀补偿;DP 表示违约风险报酬;MP 表示期限风险报酬;LP 表示流动性风险报酬。

实际无风险利率或称纯利率,是指没有风险和没有通货膨胀情况下的均衡点利率。影响纯利率的基本因素是资金的供求关系。因此,纯利率也并非固定不变的,而会随资金供求的变化而不断变化。美国的统计资料表明,20 世纪 80 年代的纯利率约为 2%—4%。在存在通货膨胀的情况下,由于通货膨胀会使货币的实际购买力受损,因此货币资金的供应者在通货膨胀条件下就必然要求提高利率水平,以补偿其货币购买力损失。所以,无风险证券的利率,需在纯利率之外加上通货膨胀贴水。

事实上,利率的变化往往并不严格地与通货膨胀率的变化同步,而是滞后于通货膨胀率的变化。另外,对通货膨胀率的考虑,也未必总是按照上述方式具体计算。但是,利率随着通货膨胀率的上升而上升却表现为一种规律性的现象。假设纯利率为 4%,预计下一年度的通货膨胀率为 5%,则一年无风险证券的利率应为 9%。

在利率确定过程中,除要考虑通货膨胀因素之外,同样也需要考虑风险因素,即违约风险、流动性风险、期限风险。

违约风险是指因贷款人无法按时支付利息或偿还本金而给投资者带来的风险。为了弥补违约风险,就必须提高利息率,否则投资者就不愿投资,借款人也就无法获得资金。通常,政府债券被视为无违约风险的债券,故其利率较低。企业债务的违约风险则取决于由证券发行主体和发行条件所决定的证券信用等级。信用等级越高,表明违约风险越低,从而利率也越低。在期限和流动性等因素相同的情况下,各信用等级证券的利率与国家公债利率之间的差额,即可视为违约风险报酬率。

流动性风险是指因证券资产的变现能力强弱不同所产生的风险。政府证券及信用良好的大公司发行的证券,如果业已上市交易,则通常会具有较强的变现能力,故流动性风险较小。而一些不知名的且信用能力较弱的企业所发行的证券,或未能上市交易的证券,则较难变现,故流动性风险较大。根据经验,流动性风险差异导致的利率差约为 1%—2%,即为流动性风险报酬率。

期限结构风险是指由于长期期限所产生的更多不确定性而形成的风险。为弥补债权人承担的这种风险而增加的利率,就叫做期限风险报酬率。在现象上,它表现为长期利率超过短期利率的差异。

第四节　证券评估

证券估价是财务管理中一个十分重要的基本理论问题,由于证券估价用到资金时间价值理论及风险价值理论,所以在本章讲解。本节将主要介绍债券估价和股票估价两方面的问题。

一、债券估价

债券估价具有重要的实际意义。企业运用债券形式从资本市场上筹资,必须知道它如何定价。如果定价偏低,企业会因付出更多现金而遭受损失;如果定价高昂,企业会因发行失败而遭受损失。对于已经发行在外的上市交易的债券,股价仍然有重要意义。债券的价值体现了债券投资人要求的报酬,对于经理人员来说,不知道债券如何定价就是不知道投资人的要求,也就无法使他们满意。

(一) 债券的有关概念

(1) 债券。债券是发行者为筹集资金,向债权人发行的,在约定时间支付一定比例的利息,并在到期时偿还本金的一种有价证券。

(2) 债券面值。债券面值是指设定的票面金额,它代表发行人借入并且承诺于未来某一特定日期偿付给债券持有人的金额。

(3) 债券票面利率。债券票面利率是指债券发行者预计一年内向投资者支付的利息占票面金额的比率。票面利率不同于有效年利率。有效年利率通常是指按复利计算的一年期的利率。债券的计息和付息方式有多种,可能使用单利或复利计息,利息支付金额可能半年一次、一年一次或到期日一次总付,这就使得票面利率可能不等于有效年利率。

(4) 债券的到期日。债券的到期日是指偿还本金的日期。债券一般都规定到期日,以便到期时归还本金。

(二) 债券的价值

债券的价值(Bond Valuation)是发行者按照合同规定从现在至债券到期日所支付的款项的现值。计算现值时使用的折现率,取决于当前的市场利率和现金流量的风险水平。

1. 债券估价的基本模型

典型的债券模式是固定利率、每年计算并支付利息、到期归还本金。按照这种模式,债券价值计算的基本模型是:

$$PV=\frac{I_1}{(1+i)^1}+\frac{I_2}{(1+i)^2}+\cdots+\frac{I_n}{(1+i)^n}+\frac{M}{(1+i)^n}$$

式中:PV 表示债券价值;I 表示每年的利息;M 表示到期的本金;i 表示折现率,一般采用当时的市场利率或投资的必要报酬率;n 表示债券到期前的年数。

【例 2-21】 光明公司拟于2011 年2 月1 日发行面额为1 000 元的债券,其票面利率为8%,每年2 月1 日计算并支付一次利息,并于5 年后的1 月31 日到期。同等风险投资的必要报酬率为10%,则债券的价值为:

$$\begin{aligned}PV&=\frac{80}{(1+10\%)^1}+\frac{80}{(1+10\%)^2}+\frac{80}{(1+10\%)^3}+\frac{80}{(1+10\%)^4}+\frac{80+1\,000}{(1+10\%)^5}\\&=80\times(P/A,10\%,5)+1\,000\times(P/F,10\%,5)\\&=80\times3.791+1\,000\times0.621\\&=303.28+621\\&=924.28(\text{元})\end{aligned}$$

2. 其他模型

(1) 平息债券

平息债券(Coupon Bond)是指利息在到期时间内平均支付的债券。支付的频率可能是一年一次、半年一次或每季度一次等。

平息债券价值的计算公式如下：

$$PV = \sum_{t=1}^{mn} \frac{\frac{I}{m}}{(1+\frac{i}{m})^{t}} + \frac{M}{(1+\frac{i}{m})^{mn}}$$

式中：m 表示年付利息次数；n 表示到期时间的年数；i 表示每年的折现率；I 表示年付利息；M 表示面值或到期日支付额。

【例 2-22】　某债券面值为 1 000 元，票面利率为 8%，每半年支付一次利息，5 年到期，假设年折现率为 10%。

按惯例，报价利率为按年计算的名义利率，每半年计息时按年利率的 1/2 计算，即按 4% 计算，每年支付 40 元。折现率按同样的方法处理，每半年期的折现率按 5% 确定。该债券的价值为：

$$\begin{aligned} PV &= \frac{80}{2} \times (P/A, 10\% \div 2, 5 \times 2) + 1\ 000 \times (P/F, 10\% \div 2, 5 \times 2) \\ &= 40 \times 7.7217 + 1\ 000 \times 0.6139 \\ &= 308.868 + 613.9 \\ &= 922.768(\text{元}) \end{aligned}$$

该债券的价值比每年付息一次时的价值（924.28 元）降低了。债券付息期越短价值越低的现象，仅出现在折价出售的状态。如果债券溢价出售，则情况正好相反。

（2）纯贴现债券

纯贴现债券（Pure Discount Bond，Zero Coupon Bonds）是指承诺在未来某一确定的日期做某一单笔支付的债券。

这种债券在到期日前购买人不能得到任何现金支付，因此，也称为“零息债券”。“零息债券”没有标明利息计算规则的，通常采用按年计息的复利计算规则。

纯贴现债券的价值计算公式如下：

$$PV = \frac{F}{(1+i)^n}$$

【例 2-23】　某纯贴现债券，面值 1 000 元，20 年期。假设折现率为 10%，其价值为：

$$PV = \frac{1000}{(1+10\%)^{20}} = 148.6(\text{元})$$

到期日一次还本付息债券实际上也是一种纯贴现债券，只不过到期日不是按票面额支付而是按本利和做单笔支付。

【例 2-24】　某 5 年期国库券，面值 1 000 元，票面利率 12%，单利计息，到期时一次还本付息。假设折现率为 10%（复利、按年计息），其价值为：

$$PV = \frac{1\ 000 + 1\ 000 \times 12\% \times 5}{(1+10\%)^5} = \frac{1\ 600}{1.6105} = 993.48(\text{元})$$

（3）永久债券

永久债券（Consuls，Perpetual Bond）是指没有到期日，永不停止定期支付利息的债券。英国和美国都发行过这种公债。对于永久公债，通常政府都保留了回购债券的权力。优先股实际上也是一种永久债券，如果公司的股利支付没有问题，将会持续地支付固定的优先股息。

永久债券的价值计算公式如下：

$$PV=\frac{\text{利息额}}{\text{折现率}}$$

【例 2-25】 某优先股，承诺每年支付优先股息 40 元。假设折现率为 10%，其价值为：

$$PV=\frac{40}{10\%}=400(\text{元})$$

二、债券的收益率

债券的收益水平通常用到期收益率来衡量。到期收益率是指以特定价格购买债券并持有至到期日所能获得的收益率。它是使未来现金流量现值等于债券购入价格的折现率。

计算到期收益率的方法是求解含有折现率的方程，即：

$$\text{购进价格}=\text{每年利息}\times\text{年金现值系数}+\text{面值}\times\text{复利现值系数}$$

$$P=I\cdot(P/A,i,n)+M\cdot(P/F,i,n)$$

式中：P 表示债券的价格；I 表示每年的利息；M 表示面值；n 表示到期的年数；i 表示折现率。

【例 2-26】 创新公司 2011 年 2 月 1 日用平价购买一张面额为 1 000 元的债券，其票面利率为 8%，每年 2 月 1 日计算并支付一次利息，并于 5 年后的 1 月 31 日到期。该公司持有该债券至到期日，计算其到期收益率。

$$1\,000=80\times(P/A,i,5)+1\,000\times(P/F,i,5)$$

解该方程要用"试误法"。

（1）用 $i=8\%$ 试算：

$$80\times(P/A,8\%,5)+1\,000\times(P/F,8\%,5)=80\times3.9927+1\,000\times0.6806=1\,000(\text{元})$$

可见，平价购买的每年付息一次的债券的到期收益率等于票面利率。

如果债券的价格高于面值，则情况将发生变化。例如，买价是 1 105 元，则：

$$1\,105=80\times(P/A,i,5)+1\,000\times(P/F,i,5)$$

通过前面的试算已知，$i=8\%$ 时等式右方为 1 000 元，小于 1 105 元，可判断收益率低于 8%，降低折现率进一步试算：

（2）用 $i=6\%$ 试算：

$$80\times(P/A,6\%,5)+1\,000\times(P/F,6\%,5)=80\times4.212+1\,000\times0.747=1\,083.96(\text{元})$$

由于折现结果仍小于 1 105 元，还应进一步降低折现率。

（3）用 $i=4\%$ 试算：

$$80\times(P/A,4\%,5)+1\,000\times(P/F,4\%,5)=80\times4.452+1\,000\times0.822=1\,178.16(\text{元})$$

由于折现结果高于 1 105 元，可以判断，收益率高于 4%。用插补法计算近似值：

$$i=4\%+(1\,178.16-1\,105)/(1\,178.16-1\,083.96)\times(6\%-4\%)=5.55\%$$

从此例可以看出，如果买价和面值不等，则收益率和票面利率不同。

三、股票估价

(一) 股票的有关概念

1. 股票的概念及分类

股票是股份有限公司发给股东的所有权凭证，是股东借以取得股利的一种有价证券。股票持有者即为该公司的股东，对该公司财产有要求权。

股票可以按不同的方法和标准分类：按股东所享有的权利，可分为普通股和优先股；按票面是否标明持有者姓名，可分为记名股票和不记名股票；按股票票面是否记明入股金额，可分为有面值股票和无面值股票；按能否向股份公司赎回自己的财产，可分为可赎回股票和不可赎回股票。

目前我国各公司发行的都是不可赎回的、记名的、有面值的普通股股票，只有少量公司过去按当时的规定发行过优先股股票。

2. 股票价格

股票本身是没有价值的，仅是一种凭证。它之所以有价格，可以买卖，是因为它能给持有人带来预期收益。一般来说，公司第一次发行股票时，要规定发行总额和每股金额，一旦股票发行后上市买卖，股票价格就与原来的面值分离。这时的价格主要由预期股利和当时的市场利率决定，即股利的资本化价值决定了股票价格。此外，股票价格还受整个经济环境变化和投资者心理等复杂因素的影响。

股票的价格会随着股票市场和公司经营状况的变化而升降。

3. 股利

股利是公司对股东投资的回报，它是股东所有权在分配上的体现。股利是公司税后利润的一部分。

(二) 股票的价值

股票的价值(Stock Valuation)是指股票预期能够提供的所有未来现金流量的现值。

1. 股票估价的基本模型

股票带给持有者的现金流入包括两部分：股利收入和出售时的售价。股票的内在价值由一系列的股利和将来出售股票时的现值所构成。

如果股东永远持有股票，他只获得股利，是一个永续的现金流入。这个现金流入的现值就是股票的价值：

$$V = \frac{D_1}{(1+R_S)^1} + \frac{D_2}{(1+R_S)^2} + \cdots + \frac{D_n}{(1+R_S)^n}$$

$$= \sum_{t=1}^{\infty} \frac{D_t}{(1+R_S)^t}$$

式中：D_t 表示 t 年的股利；R_S 表示折现率，一般采用资本成本率或投资的必要报酬率；t 表示折现期数。

如果投资者不打算永久地持有该股票，而是在一段时间后出售，则他的未来现金流入是几次股利和出售时的股价。因此，买入时的价格 P_0（一年的股利现值加上一年后股

价的现值)和一年后的价格 P_1(第二年股利在第二年年初的价值加上第二年年末股价在第二年年初的价值)为:

$$P_0 = \frac{D_1}{1+R_S} + \frac{P_1}{1+R_S} \quad (1)$$

$$P_1 = \frac{D_2}{1+R_S} + \frac{P_2}{1+R_S} \quad (2)$$

将(2)式代入(1)式:

$$P_0 = \frac{D_1}{1+R_S} + \left(\frac{D_2}{1+R_S} + \frac{P_2}{1+R_S}\right) \div (1+R_S)$$

$$= \frac{D_1}{(1+R_S)^1} + \frac{D_2}{(1+R_S)^2} + \frac{P_2}{(1+R_S)^2}$$

如果不断继续上述代入过程,则可得出:

$$P_0 = \sum_{t=1}^{\infty} \frac{D_t}{(1+R_S)^t} \quad (3)$$

(3)式是股票估价的基本模型。它在实际应用时,面临的主要问题是如何预计未来每年的股利,以及如何确定折现率。

股利的多少,取决于每股盈利和股利支付率两个因素。对其估计的方法是历史资料的统计分析,例如回归分析、时间序列的趋势分析等。股票评价的基本模型要求无限期地预计历年的股利(D_t),实际上不可能做到。因此应用的模型都是各种简化办法,如每年股利相同或固定比率增长等。

折现率的主要作用是把所有未来不同时间的现金流入折算为现在的价值。折算现值的比率应当是投资的必要报酬率。那么,投资的必要报酬率应当是多少呢?我们将在本章稍后再讨论这个问题。

2. 零增长股票的价值

假设未来股利不变,其支付过程是一个永续年金,则股票价值为:

$$P_0 = D \div R_S$$

【例 2-27】 每年分配股利 2 元,最低报酬率 16%,则股票价值为:

$$P_0 = 2 \div 16\% = 12.5(\text{元})$$

这就是说,该股票每年给你带来 2 元的收益,在市场利率为 16% 的条件下,它相当于 12.5 元资本的收益,所以其价值是 12.5 元。

当然,市场上的股价不一定就是 12.5 元,还要看投资人对风险的态度,所以股价可能高于或低于 12.5 元。

如果当时的市价不等于股票价值,例如市价为 12 元,每年固定股利 2 元,则其预期报酬率 $R = 2 \div 12 \times 100\% = 16.67\%$。

可见,市价低于股票价值时,预期报酬率高于最低报酬率。

3. 固定增长股票的价值

有些企业的股利是不断增长的,假设其增长率是固定的,则股票价值的估计方法如下:

假设创新公司今年的股利为 D_0，则第 t 年的股利应为：

$$D_t = D_0 \cdot (1+g)^t$$

若 $D_0 = 2, g = 10\%$，则 5 年后的每股股利应为：

$$D_5 = D_0 \cdot (1+g)^5 = 2 \times (1+10\%)^5 = 2 \times 1.6105 = 3.22(\text{元})$$

固定成长股票的股价计算公式如下：

$$P = \sum_{t=1}^{\infty} \frac{D_0 \cdot (1+g)^t}{(1+R_S)^t}$$

当 g 为常数，并且 $R_S > g$ 时，上式可简化为：

$$P = \frac{D_0 \cdot (1+g)}{R_S - g} = \frac{D_1}{R_S - g}$$

【例 2-28】　创新公司报酬率为 16%，年增长率为 12%，$D_0 = 2$ 元，$D_1 = 2 \times (1+12\%) = 2.24$ 元，则股票的内在价值为：

$$P = (2 \times 1.12)/(0.16 - 0.12) = 56(\text{元})$$

4. 非固定增长股票的价值

在现实生活中，有的公司股利的增长是不固定的。例如，在一段时间里高速增长，在另一段时间里正常固定增长或固定不变。在这种情况下，就要分段计算，才能确定股票的价值。

【例 2-29】　某投资人持有创新公司的股票，他的投资必要报酬率为 15%。预计创新公司未来 3 年股利将高速增长，增长率为 12%。公司最近支付的股利是 2 元。现计算该公司股票的内在价值。

首先，计算非正常增长期的股利现值，如表 2-2 所示。

表 2-2　非正常增长期的股利现值计算　　单位：元

年份	股利(D_t)	现值系数(15%)	现值(P_t)
1	2 × 1.2 = 2.4	0.870	2.088
2	2.4 × 1.2 = 2.88	0.756	2.177
3	2.88 × 1.2 = 3.456	0.658	2.274
	合计(3 年股利的现值)		6.539

其次，计算第三年年底的普通股内在价值：

$$P_3 = \frac{D_4}{R_S - g} = \frac{D_3 \cdot (1+g)}{R_S - g} = \frac{3.456 \times 1.12}{0.15 - 0.12} = 129.02(\text{元})$$

计算其现值：

$$\text{PVP}_3 = 129.02 \times (\text{P/F}, 15\%, 3) = 129.02 \times 0.6575 = 84.831(\text{元})$$

最后，计算股票目前的内在价值：

$$P_0 = 6.539 + 84.831 = 91.37(\text{元})$$

（三）股票的期望收益率

前面主要讨论如何估计股票的价值，以判断某种股票被市场高估或低估。现在，假设股票价格是公平的市场价格，证券市场处于均衡状态；在任一时点证券价格都能完全反映有关该公司的任何可获得的公开信息，而且证券价格对新信息能迅速做出反应。在这种假设条件下，股票的期望收益率等于其必要的收益率。

根据固定增长股利模型，我们知道：

$$P_0 = D_1/(R-g)$$

如果把公式移项整理，求 R，可以得到：

$$R = D_1/P_0 + g$$

这个公式告诉我们，股票的总收益率可以分为两个部分：(1)股利收益率(D_1/P_0)。它是根据预期现金股利除以当前股价计算出来的。(2)股利增长率(g)。由于股利的增长速度也就是股价的增长速度，因此 g 可以解释为股价增长率或资本利得收益率。g 的数值可以根据公司的可持续增长率估计。

P_0是股票市场形成的价格，只要能预计出下一期的股利，就可以估计出股东预期报酬率，在有效市场中它就是与该股票风险相适应的必要报酬率。

【例 2-30】 某股票的价格为 20 元，预计下一期的股利是 1 元，该股利将以大约 10% 的速度持续增长。该股票的期望报酬率为：

$$R = 1/20 + 10\% = 15\%$$

如果用 15% 作为必要报酬率，则一年后的股价为：

$$\begin{aligned} P_1 &= D_1 \times (1+g)/(R-g) \\ &= 1 \times (1+10\%)/(15\% - 10\%) \\ &= 22(\text{元}) \end{aligned}$$

如果你现在用 20 元购买该股票，年末你将收到 1 元股利，并且得到 2 元(22－20)的资本利得：

$$\begin{aligned} \text{总报酬率} &= \text{股利收益率} + \text{资本利得收益率} \\ &= 1/20 + 2/20 \\ &= 5\% + 10\% \\ &= 15\% \end{aligned}$$

这个例子使我们验证了股票期望报酬率模型的正确性。该模型可以用来计算特定公司风险情况下股东要求的必要报酬率，也就是公司的权益资本成本。这就是说，股东期望或者说要求公司赚取 15% 的收益。如果股东的要求大于 15%，他就不会进行这种投资；如果股东的要求小于 15%，就会争购该股票，使得价格升上去。既然股东们接受了 20 元的价格，就表明他们要求的是 15% 的报酬率。

【本章练习】

一、单项选择题

1. 某人分期购买一套住房，每年年末支付 50 000 元，分 10 次付清，假设年利率为 3%，则该项分期付款相当于现在一次性支付(　　)元。

A. 469 161　　B. 387 736　　C. 426 510　　D. 504 057

2. 某人退休时有现金10万元，拟选择一项回报比较稳定的投资，希望每个季度能收入2 000元补贴生活。那么，该项投资的实际报酬率应为（　　）。

A. 2%　　B. 8%　　C. 24%　　D. 10.04%

3. 当股票投资期望收益率等于无风险投资收益率时，β系数应（　　）。

A. 大于1　　B. 等于1　　C. 小于1　　D. 等于0

4. 某种股票为固定成长股票，股利年增长率为6%，预计第一年的股利为8元/股，无风险收益率为10%，市场上所有股票的平均收益率为16%，而该股票的β系数为1.3，则该股票的内在价值为（　　）元。

A. 65.53　　B. 67.8　　C. 55.63　　D. 71.86

5. 某种债券面值1 000元，票面利率为8%，期限为3年，每年年末支付一次利息，甲公司准备对这种债券进行投资，已知市场利率为10%，则该债券的价值为（　　）元。

A. 1 045　　B. 871.06　　C. 950.25　　D. 968.22

二、多项选择题

1. 下列有关证券组合投资风险的表述中，正确的有（　　）。

A. 证券组合的风险不仅与组合中每个证券的报酬率标准差有关，而且与各证券之间报酬率的协方差有关

B. 持有多种彼此不完全正相关的证券可以降低风险

C. 资本市场反映了持有不同比例无风险资产与市场组合情况下风险和报酬的权衡关系

D. 投资机会集曲线描述了不同投资比例组合的风险与报酬之间的权衡关系

2. 下列关于β值和标准差的表述中，正确的有（　　）。

A. β值测度系统风险，而标准差测度非系统风险

B. β值测度系统风险，而标准差测度整体风险

C. β值测度财务风险，而标准差测度经营风险

D. β值只反映市场风险，而标准差还反映特有风险

3. 关于投资者要求的投资报酬率，下列说法中正确的有（　　）。

A. 风险程度越高，要求的报酬率越低

B. 无风险报酬率越高，要求的报酬率越高

C. 无风险报酬率越低，要求的报酬率越高

D. 风险程度、无风险报酬率越高，要求的报酬率越高

4. 如果组合中包括了全部股票，则投资人（　　）。

A. 只承担市场风险　　B. 只承担特有风险

C. 只承担非系统风险　　D. 只承担系统风险

5. 下列各项中正确的有（　　）。

A. 复利终值系数与复利现值系数互为倒数

B. 普通年金终值系数与偿债基金系数互为倒数

C. 普通年金终值系数与即付年金现值系数互为倒数

D. 普通年金现值系数与年资本回收额系数互为倒数

三、判断题

1. 若年复利期数大于1，则有效利率大于名义利率。（　　）

2. 标准离差率反映风险的大小，可以用来比较各种不同投资方案的风险程度。（　　）

3. 市场风险是指那些影响所有公司的因素引起的风险，也叫可分散风险。（　　）

4. 某股票的β值反映该股票收益率变动与整个股票市场收益率变动之间的相关程度。（　　）

5. 如果市场是有效的，债券的内在价值应该高于票面价值。（　　）

四、计算分析题

1. A企业2009年7月1日购买某公司2008年1月1日发行的面值10万元，票面利率8%，期限5年，每半年付息一次的债券，若此时市场利率为10%，计算该债券价值。

要求：

(1)若该债券此时的市价为94 000元，是否值得购买？

(2) 如果按债券价格购入该债券，此时购买债券的到期实际收益率是多少？

2. 已知：某投资人持有L公司的股票，预期投资最低报酬率为15%。假设预计该公司未来3年股利将高速增长，增长率为20%。在此之后转为正常增长，增长率为12%。公司最近支付的股利是2元/股。

要求：

(1)计算非正常增长期的股利现值；

(2) 计算正常增长期的股利现值；

(3) 计算股票目前的内在价值。

3. 甲公司持有A、B、C三种股票，在由上述股票组成的证券投资组合中，各股票所占的比重分别为10%、40%和60%，其β系数分别为2.0、1.0和0.5。市场收益率为15%，无风险收益率为10%。A股票当前每股市价为12元，刚收到上一年度派发的每股1.2元的现金股利，预计股利以后每年将增长8%。

要求：

(1)计算甲公司证券组合的β系数；

(2) 计算甲公司证券组合的必要收益率；

(3) 计算投资A股票的必要收益率；

(4) 计算A股票的预期收益率。

五、简述题

1. 什么是货币时间价值？货币时间价值在公司财务管理中有何作用？

2. 什么是年金？年金有哪些分类？

3. 预付年金现值系数与普通年金现值系数的关系是什么？

4. 什么是名义利率和实际利率（有效利率）？为什么名义利率和实际利率（有效利率）会有差别？如何将名义利率调整为实际利率（有效利率）？

5. 单项资产与投资组合预期收益率和风险如何衡量？

6. 什么是资本资产定价模型？β系数的含义是什么？

7. 什么是债券的价值？什么是债券的到期收益率？

8. 什么是股票的价值？什么是股票的期望收益率？

第二篇　资金活动管理

第三章　筹资基础管理

【本章导航】

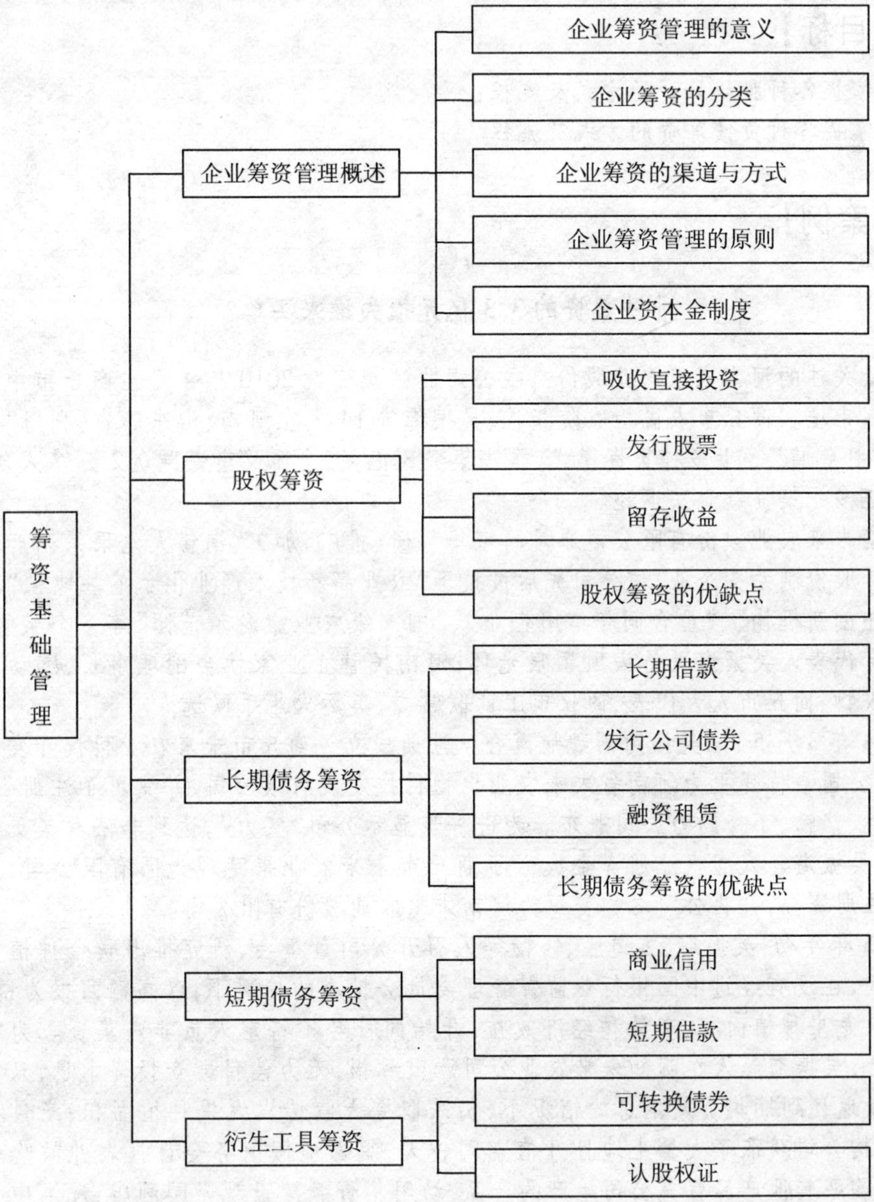

【知识目标】

1. 了解企业筹资的概念、动机、分类和原则；

2. 熟悉企业筹资的渠道、方式及资本金制度；

3. 了解可转换债券和认股权证两种衍生工具筹资的基本内容；

4. 掌握吸收直接投资、发行股票、留存收益等股权筹资的基本内容；

5. 掌握长期借款、发行公司债券、融资租赁等长期债务筹资和商业信用、短期借款等短期债务筹资的基本内容。

【能力目标】

1. 掌握各种股权筹资的方式及流程；

2. 掌握各种负债筹资的方式及流程。

【导入案例】

非法集资的3.3亿元损失谁来买单？

备受关注的河南未来农业股份有限公司非法集资案2010年4月在商丘市中级人民法院开庭审理。商丘市人民检察院指控，吴振海等14人在河南、山东等省，利用“联合种植”、“委托销售”等十多种集资模式，非法集资8亿多元，涉及集资群众2万多人次，并造成3.4亿多元集资款无法返还。

河南未来农业股份有限公司原是一家集科研、推广、加工、销售火龙果系列产品于一体的民营股份制龙头企业，该公司先后被授予“农业高新技术产业化示范基地”、“农产品加工企业创新机构”、“重合同守信用企业”、“国家级农业旅游示范园”等多个荣誉称号。企业法定代表人吴振海更是头顶耀眼光环：河南民营企业家协会副理事长、感动商丘十大新闻人物、商丘市人大代表、商丘市工商联常委、奥运火炬手候选人。

2004年3月5日，吴振海同魏旭霞合伙注册成立了商丘市未来农业科技开发有限公司，后将公司名称变更为河南省未来农业生物科技发展有限公司，并变更了注册资金，增加方道胜、修畅、丁秀勤为公司股东。为进一步显示公司“实力”，达到非法募集更多资金的目的，吴振海等人虚报注册资金成立了商丘市未来农业果蔬观光园有限公司，后又虚假变更注册资金，并将公司名称变更为河南未来农业股份有限公司。

2005年年初，吴振海、方道胜、修畅等人召开公司董事会，研究推出联合种植火龙果集资方式，在没有经过中国银行业监督管理委员会批准的情况下，以高额回报为诱饵，虚假宣传火龙果种植面积、产量和经济效益，开始向社会不特定人员非法集资。为吸收更多的资金，吴振海等人在明知未来农业公司严重亏损，无力偿付群众投资本息，只能以后期集资款返还到期集资款本息的情况下，仍采取夸大宣传火龙果种植面积、产量和经济效益，虚构公司获取了大量土地且升值空间较大，编造虚假财务会计报表并鼓吹公司即将上市，购买其他产品冒充公司生产的产品，动用集资款建设观光园酒店、洗浴中心招揽人气等手段，制造未来农业公司实力雄厚、规模庞大、经营效益良好的假象，以高额回报为诱饵，相继推出“观光园入股”、“销售状元”等十余种集资模式，向社会不特定人员进行非法集资；并在山东、江西、安徽、河南等地设立40余个分公司、办事处、服务中心等下设机构，向机构负责人提取10%左右的高额服务费、管理费，以骗取群众集资款。

经法院核查，未来农业公司先后在河南、山东、安徽、江西等地非法集资7.8亿多元，用于生产经营的仅有8 000余万元。截至案发，尚欠6 645人的集资款共3.3亿多元。

案发后，侦查机关共冻结银行账户157个，冻结赃款865万多元，扣押现金468万多元，扣押车辆20部，查封房产23套，扣押“未来农业”观光园、“未来农业”闫集基地等全部涉案资产。

2010年7月8日上午，商丘市中级人民法院、睢阳区人民法院分别对该案做出一审判决：该案共涉及42名被告人，非法集资、吸收公众存款7.8亿多元。其中吴振海等14名被告人以非法集资罪分别被判处死缓、无期徒刑、三至十五年有期徒刑；于永平、丁盛等28名被告人以非法吸收公众存款罪分别被判处有期徒刑五年、四年、三年至缓刑。

由此可以看出，企业筹资必将涉及两方的利益。对于筹资者，赖以生存的物质基础是资金，企业的健康发展应该建立在合法经营的基础之上，否则将会受到法律的严惩；对于投资者，获得丰厚的资金回报是投资的归宿，而法律、风险意识的匮乏，最终只能自食其果。如何按法定途径筹集企业所需资金将在本章做阐述。

资料来源：主要摘自大河网、中国法院网，原地址：http://www.chinanews.com/fz/2010/07-09/2392399.shtml；http://news.dahe.cn/2010/07-10/100401551.html。

第一节　企业筹资管理概述

在市场经济发展的最初阶段，商品生产者使用的都是自己的本金，由于原始积累十分有限，企业发展缓慢。随着经济的发展，人们逐渐意识到“借鸡下蛋”的妙处，即以一部分本金为基础，再借入别人闲置不用的资金，许诺他们将来归还本金的同时另外加付一笔令人满意的利息；或者许诺他人参与分红而吸收其资金等。企业筹资的管理因此应运而生。

一、企业筹资管理的意义

（一）企业筹资的概念

企业筹资是指企业为了满足其经营活动、投资活动、资本结构调整等需要，通过一定的渠道、采取适当的方式，获取所需资金的一种行为。

资金是企业的血液，是企业设立、生存和发展的物质基础，是企业开展生产经营业务活动的基本前提。任何一个企业，为了形成生产经营能力、保证生产经营正常运行，必须拥有一定数量的资金。

（二）企业筹资的动机

企业筹资的动机是企业进行筹资活动的基本出发点。企业筹资的基本目的，是为了自身的生存与发展。企业具体的筹资活动通常受特定的动机所驱使。由于企业经营对资金需求的复杂性,企业筹资的具体动机是多种多样的,为了有效地从事筹资活动,应当首先对此有所了解。概括起来,企业筹资的动机,主要有以下几种类型:

1. 扩张性筹资动机

扩张性筹资动机是指企业因扩大生产经营规模或追加对外投资而产生的筹集资金的动机。企业自筹建完成开始营业之后,生产经营规模就确定下来,此时一般已具备了维持现有规模的资金量。但是,随着企业的生产经营活动日趋活跃,以及市场经济的发展,尤其是应付激烈竞争的需要和对经济效益无限追求的心理,以及受到不安于现状、不断强经营实力的心理驱使,就会产生扩大生产经营规模的现实需要。这时,原有规模下的资金量就难以满足需要,唯一的办法就是尽快重新筹措资金。具有良好发展前景、处于成长时期的企业通常会产生这种筹资动机。

2. 偿债性筹资动机

偿债性筹资动机是指企业为了偿还某些债务而产生的筹资动机,包括调整性偿债筹资动机和恶化性偿债筹资动机两种。

(1) 调整性偿债筹资动机是指当企业原有债务结构不合理,或者某种债务成本过高,而又有新的较低债务成本的债务来源出现时,出于调整债务结构使之更加合理的需要而增加举债筹资的动机。

(2) 恶化性偿债筹资动机是指企业由于现有的支付能力已不足以偿付到期旧债,不得不借新债还旧债,产生恶化性偿债筹资的动机。

3. 混合性筹资动机

混合性筹资动机是指企业因同时需要长期资金和现金而形成的筹资动机。通过混合性筹资,企业既可以扩大自己的资金规模,又可以偿还部分旧债,即在这种筹资中混合了扩张性筹资和偿债性筹资两种筹资动机。

(三) 企业筹资的意义

筹资活动是企业一项重要的财务活动。如果说企业的财务活动是以现金收支为主的资金流转活动,那么筹资活动则是资金运转的起点。筹资的意义主要有以下两个方面:

1. 满足经营运转的资金需要

企业筹资,能够为企业生产经营活动的正常开展提供财务保障。筹集资金,作为企业资金周转运动的起点,决定着企业资金运动的规模和生产经营发展的程度。企业新建时,要按照企业战略所确定的生产经营规模核定长期资本和流动资金的需要量;在企业日常生产经营活动运行期间,需要维持一定数额的资金,以满足营业活动的正常波动需求。这些都需要筹措相应数额的资金,来满足生产经营活动的需要。

2. 满足投资发展的资金需要

企业在成长时期,往往因扩大生产经营规模或对外投资需要大量资金。企业生产经营规模的扩大有两种形式,一种是新建厂房、增加设备,这是外延式的扩大再生产;另一种是引进技术、改进设备,提高固定资产的生产能力,培训工人,提高劳动生产率,这是内涵式的扩大再生产。不管是外延式的扩大再生产还是内涵式的扩大再生产,都会发生扩张性的筹资动机。同时,企业由于战略发展和资本经营的需要,还会积极开拓有发展前途的投资领域,以联营投资、股权投资和债权投资等形式对外投资。经营规模扩张和对外产权投资,往往会产生大额的资金需求。

二、企业筹资的分类

企业在进行筹资时,应当分析、比较不同类型的筹资,以便合理地确定筹资组合。按照不同的标准进行分类,企业筹资有不同的类型,详见图3-1。

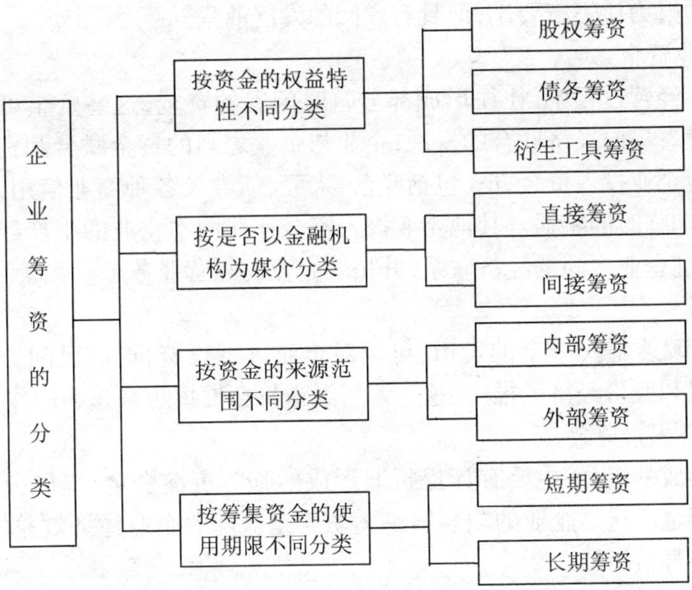

图3-1　企业筹资的分类

三、企业筹资的渠道与方式

(一) 企业筹资的渠道

筹资渠道是指企业筹措资金来源的方向和通道,它体现着企业可利用资金的源泉和流量。筹资渠道是企业筹资的客观条件,为企业筹资提供了各种可能性。

不同的国家有不同的资金供应渠道,即使在同一个国家,在不同的历史时期,其资金供应渠道也不相同。在经济体制改革以前,我国多数企业的资金来源主要是政府财政资金,经济体制改革以后,企业的资金来源渠道发生了巨大变化。目前,企业筹资的渠道主要有以下几种:

1. 国家财政资金

国家对企业的投资,历来是国有企业包括国有独资公司的主要资金来源。国家按照投资规划对国有企业进行投资,可以以拨款方式向企业投入,也可以以基建贷款的形式向企业投入,然后再以减债增资的形式转变为企业的资本金。国家财政资金具有广阔的源泉和稳固的基础,今后仍然是国有企业筹集资金的重要渠道。

2. 银行信贷资金

银行对企业的各种贷款,是各类企业重要的资金来源。银行一般分商业性银行和政策性银行。前者可以为各类企业提供商业性贷款,后者主要为特定企业提供政策性贷款。银行信贷资金有居民储蓄、单位存款等经常性的资金源泉,贷款方式多种多样,可以适应各类企业的多种资金需要。

3. 非银行金融机构资金

非银行金融机构主要有信托投资公司、租赁公司、保险公司、证券公司、企业集团的财务公司等。这些金融机构可以为一些企业直接提供部分资金或为企业筹资提供服务。这种筹资渠道的财力比银行要小,但具有广阔的发展前景。

4. 其他企业资金

企业在生产经营过程中,往往形成部分暂时闲置的资金,这些资金可在企业之间相互调剂使用。随着横向经济联合的发展,企业与企业之间的资金联合和资金融通也有了广泛发展。其他企业投入资金方式包括联营、入股、债券及各种商业信用,既有长期稳定的联合,又有短期临时的融通。其他企业投入资金往往同本企业的生产经营活动有密切联系,有利于促进企业之间的经济联系,开拓本企业的经营业务。

5. 民间资金

企业职工和城乡居民节余的货币,可以对企业进行投资,形成民间资金渠道。随着证券市场的发展和股份经济的推广,这一筹资渠道将会发挥越来越大的作用。

6. 企业自身积累资金

企业内部形成的资金,主要有计提折旧形成的临时沉淀资金、提取公积金和未分配利润而形成的资金。这是企业的"自动化"筹资渠道。随着企业经济效益的提高,企业自留资金的数额将日益增加。

7. 外商资金

外商资金是外国投资者以及我国香港、澳门、台湾地区投资者投入的资金,这是引进外资以及外商投资企业的主要资金来源。吸收外资,不仅可以满足我国建设资金的需要,而且能够引进先进技术和管理经验,促进我国技术的进步和产品水平的提高。为了加快我国现代化建设,有必要进一步开拓外资渠道,积极吸引外商投资。

(二) 企业筹资的方式

筹资方式是指企业取得资金所采取的具体方法和形式。筹资方式不仅受到筹资渠道的制约,还会受到企业内外其他各种因素的制约。随着中国市场经济的不断发展和完善、资金市场的日趋活跃、筹资渠道的逐渐增多,企业可采用的筹资方式也将会越来越多元化。认识筹资方式的种类和每种筹资方式的特性,有利于企业选择适宜的筹资方式和进行筹资组合。目前,企业可供选择的筹资方式主要有以下几种:

1. 吸收直接投资

吸收直接投资是指企业以协议等形式吸收国家、其他企业、个人和外商等直接投入的资金,形成企业资本金的一种筹资方式。吸收直接投资不以股票为媒介,适用于非股份制企业,它是非股份制企业筹措自有资本的一种基本方式。

2. 发行股票

发行股票是指股份有限公司经国家批准以发行股票的形式向国家、其他企业和个人筹集资金,形成企业资本金的一种筹资方式。发行股票是股份公司筹措自有资本的基本方式。

3. 银行借款

银行借款是指企业向银行申请贷款，通过银行信贷形式筹集资金。它也是企业筹措资金的一种重要方式。

4. 发行债券

发行债券是指企业以发行各种债券的形式筹集资金。它是企业筹措资金的又一种重要方式。

5. 商业信用

商业信用(Trade Credit)是指企业在商品交易中以延期付款或预收货款进行购销活动而形成的借贷关系，是企业之间的直接信用。它是企业筹集短期资金的一种方式。

6. 融资租赁

融资租赁是指租赁公司按承租单位要求出资购买设备，在较长的合同期内提供给承租单位使用的融资信用业务，它是以融通资金为主要目的的租赁。

(三) 企业筹资渠道与筹资方式的配合

如果说筹资渠道是客观存在的，那么筹资方式就是企业的主观选择。企业筹资的渠道和方式既有联系，又相互区别。同一渠道的资金可以采取不同的筹资方式取得，而同一筹资方式又往往适用于不同的筹资渠道。企业进行筹资，必须实现两者的合理选择和有机结合，如表 3-1 所示。

表 3-1 企业筹资渠道与筹资方式的配合

筹资方式 / 筹资渠道	吸收直接投资	发行股票	留存收益	发行债券	银行借款	商业信用	融资租赁
国家财政资金	√	√					
银行信贷资金					√		
非银行金融机构资金	√	√		√	√		√
其他企业资金	√	√		√		√	√
民间资金	√	√		√			
企业自身积累资金			√				
外商资金	√	√			√	√	

四、企业筹资管理的原则

企业筹资管理的基本要求，是在严格遵守国家法律法规的基础上，分析影响筹资的各种因素，权衡资金的性质、数量、成本和风险，合理选择筹资方式，提高筹集效果。

1. 遵循国家法律法规，合法筹措资金

不论是直接筹资还是间接筹资，企业最终都通过筹资行为向社会获取资金。企业的筹资活动不仅为自身的生产经营提供资金来源，而且也会影响投资者的经济利益，影响社会经济秩序。企业的筹资行为和筹资活动必须遵循国家的相关法律法规，依法履行法律法规和投资合同约定的责任，合法合规筹资，依法信息披露，维护各方的合法权益。

2. 分析生产经营情况，正确预测资金需要量

企业筹集资金，首先要合理预测资金的需要量。筹资规模与资金需要量应当匹配一

致，既要避免因筹资不足，影响生产经营的正常进行，又要防止筹资过多，造成资金闲置。

3. 合理安排筹资时间，适时取得资金

企业筹集资金，还需要合理预测确定资金需要的时间。要根据资金需求的具体情况，合理安排资金的筹集时间，适时获取所需资金。使筹资与用资在时间上相衔接，既避免过早筹集资金形成的资金投放前闲置，又防止取得资金的时间滞后，错过资金投放的最佳时间。

4. 了解各种筹资渠道，选择资金来源

企业所筹集的资金都要付出资本成本的代价，不同的筹资渠道和筹资方式所取得的资金，其资本成本各有差异。企业应当在考虑筹资难易程度的基础上，针对不同来源资金的成本进行分析，尽可能选择经济、可行的筹资渠道与方式，力求降低筹资成本。

5. 研究各种筹资方式，优化资本结构

企业筹资要综合考虑股权资金与债务资金的关系、长期资金与短期资金的关系、内部筹资与外部筹资的关系，合理安排资本结构，保持适当偿债能力，防范企业财务危机，提高筹资效益。

五、企业资本金制度

资本金制度是国家就企业资本金的筹集、管理以及所有者的责权利等方面所做的法律规范。资本金是企业权益资本的主要部分，是企业长期稳定拥有的基本资金，此外，一定数额的资本金也是企业取得债务资本的必要保证。

（一）资本金的本质特征

设立企业必须有法定的资本金。资本金，是指企业在工商行政管理部门登记的注册资金（Registered Capital），是投资者用以进行企业生产经营、承担民事责任而投入的资金。资本金在不同类型的企业中的表现形式有所不同，股份有限公司的资本金被称为股本，股份有限公司以外的一般企业的资本金被称为实收资本。

从性质上看，资本金是投资者创建企业所投入的资本，是原始启动资金；从功能上看，资本金是投资者用以享有权益和承担责任的资金，有限责任公司和股份有限公司以其资本金为限对所负债务承担有限责任；从法律地位上看，资本金要在工商行政管理部门办理注册登记，投资者只能按所投入的资本金而不是所投入的实际资本数额享有权益和承担责任，已注册的资本金如果追加或减少，必须办理变更登记；从时效上看，除了企业清算、减资、转让回购股权等特殊情形外，投资者不得随意从企业收回资本金，企业可以无限期地占用投资者的出资。

【双语链接】

- Registered Capital：The maximum value of securities that a company can legally issue. This number is specified in the memorandum of association（or articles of incorporation in the US）when a company is incorporated，but can be changed later with shareholders' approval.
- Registered capital may be divided into (1) Issued capital：par value of the shares actually issued. (2) Paid up capital：money received from the shareholders in exchange for shares. (3) Uncalled capital：money remaining unpaid by the shareholders for the shares they have bought. Also called authorized capital，authorized stock，nominal capital，nominal share capital.

（二）资本金的筹集

我国法律法规对资本金筹集的最低限额、出资方式、缴纳期限、评估等问题进行了相关规定，详见表3-2。

表3-2　资本金筹集的基本规定

<table>
<tr><th>项目</th><th colspan="2">基本规定</th><th>特别提醒</th></tr>
<tr><td rowspan="4">资本金的最低限额</td><td>股份有限公司</td><td>人民币500万元</td><td rowspan="9">（1）货币出资方式：全体投资者的货币出资金额不得低于公司注册资本的30%。
（2）资本金缴纳的期限：我国《公司法》规定，资本金的缴纳采用折中资本制，资本金可以分期缴纳，但首次出资额不得低于法定的注册资本最低限额。股份有限公司和有限责任公司的股东首次出资额不得低于注册资本的20%，其余部分由股东自公司成立之日起两年内缴足，投资公司可以在5年内缴足。而对于一人有限责任公司，股东应当一次足额缴纳公司章程规定的注册资本额。</td></tr>
<tr><td>上市的股份有限公司</td><td>人民币3 000万元</td></tr>
<tr><td>有限责任公司</td><td>人民币3万元</td></tr>
<tr><td>一人有限责任公司</td><td>人民币10万元</td></tr>
<tr><td>资本金的出资方式</td><td colspan="2">货币资产和实物、知识产权、土地使用权等可以依法转让的非货币资产。</td></tr>
<tr><td rowspan="3">资本金缴纳的期限</td><td>实收资本制</td><td>企业成立时一次筹足资本金总额，实收资本与注册资本数额一致，否则企业不能成立。</td></tr>
<tr><td>授权资本制</td><td>企业成立时只要筹集了第一期资本即可成立，其余部分由董事会在企业成立后进行筹集，企业成立时的实收资本与注册资本可能不相一致。</td></tr>
<tr><td>折中资本制</td><td>企业成立时不一定一次筹足资本金总额，类似于授权资本制，但规定了首期出资的数额或比例及最后一期缴清资本的期限。</td></tr>
<tr><td>资本金的评估</td><td colspan="2">吸收实物、无形资产等非货币资产筹集资本金的，应按照评估确认的金额或者按合同、协议约定的金额计价。</td></tr>
</table>

（三）资本金的管理原则

企业资本金的管理，应当遵循资本保全这一基本原则。实现资本保全的具体要求，可分为资本确定、资本充实和资本维持三部分内容。

1. 资本确定原则

资本确定，是指企业设立时资本金数额的确定。企业设立时，必须明确规定企业的资本总额以及各投资者认缴的数额。如果投资者没有足够认缴资本总额，企业就不能成立。为了强化资本确定的原则，法律规定由工商行政管理机构进行企业注册资本的登记管理。这是保护债权人利益、明晰企业产权的根本需要。根据《公司法》等法律法规的规定，一方面，投资者以认缴的资本为限对公司承担责任；另一方面，投资者以实际缴纳的资本为依据行使表决权和分取红利。

2. 资本充实原则

资本充实，是指资本金的筹集应当及时、足额。企业筹集资本金的数额、方式、期限均要在投资合同或协议中约定,并在企业章程中加以规定,以确保企业能够及时、足额筹得资本金。

【相关链接】

向投资者出具出资证明书

《企业财务通则》规定,企业获准工商登记(即正式成立)后30日内,应依据验资报告向投资者出具出资证明书等凭证,以此为依据确定投资者的合法权益,界定其应承担的责任。特别是占有国有资本的企业需要按照国家有关规定申请国有资产产权登记,取得企业国有资产产权登记证,但这并不免除企业向投资者出具出资证明书的义务,因为前者仅是国有资产管理的行政手段。

对企业登记注册的资本金,投资者应在法律法规和财务制度规定的期限内缴足。如果投资者未按规定出资,即为投资者违约,企业和其他投资者可以依法追究其责任,国家有关部门还将按照有关规定对违约者进行处罚。投资者在出资中的违约责任有两种情况:一是个别投资者单方违约,企业和其他投资者可以按企业章程的规定,要求违约方支付延迟出资的利息、赔偿经济损失;二是投资各方均违约或外资企业不按规定出资,则由工商行政管理部门进行处罚。

企业筹集的注册资本,必须进行验资,以保证出资的真实可信。对验资的要求,一是依法委托法定的验资机构,二是验资机构要按照规定出具验资报告,三是验资机构依法承担提供验资虚假或重大遗漏报告的法律责任,因出具的验资证明不实给公司债权人造成损失的,除能够证明自己没有过错的外,在其证明不实的金额范围内承担赔偿责任。

3. 资本维持原则

资本维持,是指企业在持续经营期间有义务保持资本金的完整性。企业除由股东大会或投资者会议做出增减资本决议并按法定程序办理之外,不得任意增减资本总额。

企业筹集的实收资本,在持续经营期间可以由投资者依照相关法律法规以及企业章程的规定转让或者减少,投资者不得抽逃或者变相抽回出资。除《公司法》等有关法律法规另有规定外,企业不得回购本企业发行的股份。在下列四种情况下,股份公司可以回购本公司股份:减少公司注册资本;与持有本公司股份的其他公司合并;将股份奖励给本公司职工;股东因对股东大会做出的公司合并、分立决议持有异议而要求公司收购其股份。

股份公司依法回购股份,应当符合法定要求和条件,并经股东大会决议。对于奖励给本公司职工而回购本公司股份的,不得超过本公司已发行股份总额的5%;用于收购的资金应当从公司的税后利润中支出;所收购的股份应当在1年内转让给职工。

第二节　股权筹资

前已述及,股权筹资形成企业的股权资金,也称为权益资本,是企业最基本的筹资方式。股权筹资又包括吸收直接投资、发行股票和留存收益等三种筹资方式，本节将详细阐述其基本内容。

一、吸收直接投资

吸收直接投资，是指企业按照"共同投资、共同经营、共担风险、共享收益"的原则，直接吸收国家、法人、个人和外商投入资金的一种筹资方式。吸收直接投资是非股份制企业筹集权益资本的基本方式，采用吸收直接投资的企业，资本不分为等额股份，无须公开发行股票。吸收直接投资实际出资额，注册资本部分形成实收资本；超过注册资本的部分属于资本溢价，形成资本公积。

（一）吸收直接投资的种类

按照投资主体不同，可以将吸收直接投资分为吸收国家投资、吸收法人投资、吸收外商直接投资和吸收社会公众投资，详见表3-3。

表3-3　吸收直接投资的种类

种类	含义	特点
吸收国家投资	国家投资是指有权代表国家投资的政府部门或机构，以国有资产投入公司，这种情况下形成的资本称为国有资本。	（1）产权归属国家； （2）资金的运用和处置受国家约束较大； （3）在国有公司中采用比较广泛。
吸收法人投资	法人投资是指法人单位以其依法可支配的资产投入公司，这种情况下形成的资本称为法人资本。	（1）发生在法人单位之间； （2）以参与公司利润分配或控制为目的； （3）出资方式灵活多样。
吸收外商直接投资	企业可以通过合资经营或合作经营的方式吸收外商直接投资。	与其他国家的投资者共同投资，创办中外合资或者中外合作经营企业。
吸收社会公众投资	社会公众投资是指社会个人或本公司职工以个人合法财产投入公司，这种情况下形成的资本称为个人资本。	（1）参加投资的人员较多； （2）每人投资的数额相对较少； （3）以参与公司利润分配为基本目的。

（二）吸收直接投资的出资方式

吸收直接投资，既可以货币资产出资，也可以实物资产、土地使用权、工业产权等非货币资产出资。吸收直接投资的出资方式，详见表3-4。

表3-4　吸收直接投资的出资方式

出资方式	含义	符合条件
以货币资产出资	指投资者以货币资金所进行的投资。	前已述及，公司全体股东或者发起人的货币出资金额不得低于公司注册资本的30%。
以实物资产出资	指投资者以房屋、建筑物、设备等固定资产和材料、燃料、商品产品等流动资产进行的投资。	（1）适合企业生产、经营、研发等活动的需要； （2）技术性能良好； （3）作价公平合理。

（续表）

出资方式	含义	符合条件
以土地使用权出资	指土地经营者对依法取得的土地在一定期限内有进行建筑、生产经营或其他活动的权利。	(1) 适合企业科研、生产、经营、研发等活动的需要； (2) 地理、交通条件适宜； (3) 作价公平合理。
以工业产权出资	指投资者以专有技术、商标权、专利权、非专利技术等无形资产所进行的投资。	(1) 有助于企业研究、开发和生产出新的高科技产品； (2) 有助于企业提高生产效率，改进产品质量； (3) 有助于企业降低生产消耗、能源消耗等各种消耗； (4) 作价公平合理。

（三）吸收直接投资的程序

吸收直接投资，一般应遵循如下程序，详见图3-2。

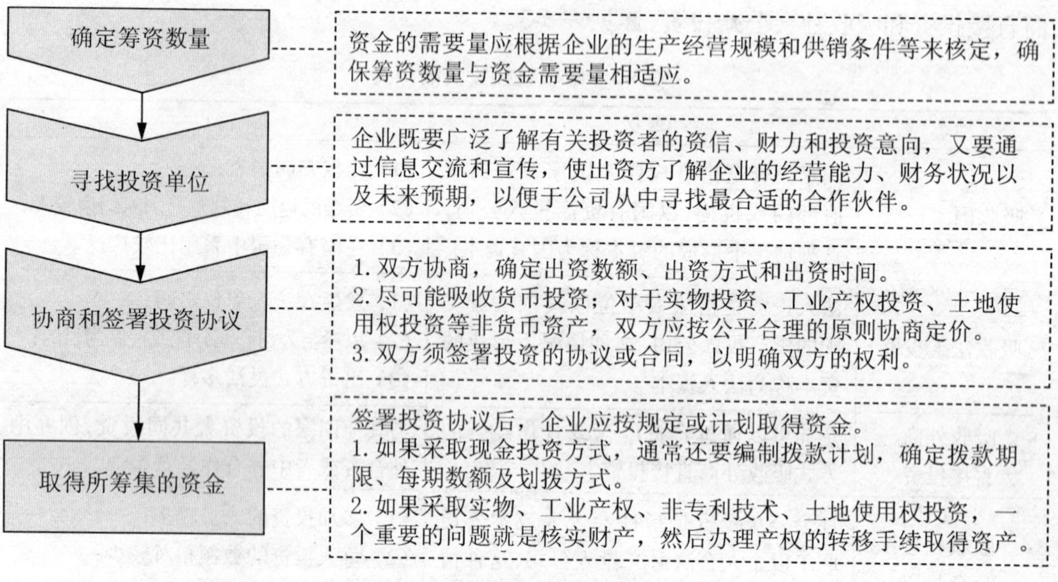

图3-2　吸收直接投资的程序

（四）吸收直接投资的特点

吸收直接投资是我国企业筹资最早采用的一种方式，也是我国国有企业、集体企业、联营企业、合资企业和有限责任公司普遍采用的筹资方式。

1. 吸收直接投资的优点

(1) 有利于增强企业信誉。吸收直接投资所筹集的资金属于企业的自有资金，与借入资金相比较，能增强企业的信誉和负债能力，对扩大企业经营规模、壮大企业实力具有重要作用。

(2) 有利于企业尽快形成生产能力。吸收直接投资不仅可以筹取现金，而且能够直接获得所需的先进设备和先进技术，与仅筹取现金的筹资方式相比，有利于企业尽快形成生产经营能力，尽快开拓市场。

(3) 有利于降低财务风险。吸收直接投资可以根据企业的经营状况向投资者支付报酬,企业经营状况好,就向投资者多支付一些报酬,企业经营状况不好,就可以向投资者少支付一些报酬或不支付报酬,比较灵活,因此财务风险比较小。

2. 吸收直接投资的缺点

(1) 资金成本较高。因为向投资者支付的报酬是根据其出资的数额和企业经营状况的好坏来确定的,所以采用吸收直接投资方式筹集资金所需负担的资金成本较高,特别是企业经营状况较好,盈利较多时更是如此。

(2) 不利于产权流动。吸收直接投资由于没有证券作为媒介,产权关系有时不清晰,也不便于进行产权交易。

(3) 企业控制权容易分散。采用吸收直接投资方式筹集资金,投资者一般都要求获得与投资数量相适应的经营管理权,这是接受外来投资的代价之一。如果外部投资者的投资较多,则投资者会有相当大的管理权,甚至会对企业实行完全控制,这是吸收直接投资的不利因素。

二、发行股票

股票(Stocks)是股份有限公司为筹措股权资本而发行的有价证券,是公司签发的证明股东持有公司股份的凭证。股票作为一种所有权凭证,代表着股东对发行公司净资产的所有权。股票只能由股份有限公司发行。

(一) 股票的特征与分类

1. 股票的特点

(1) 永久性。公司发行股票所筹集的资金属于公司的长期自有资金,没有期限,不需归还。换言之,股东在购买股票之后,一般情况下不能要求发行企业退还股金。

(2) 流通性。股票作为一种有价证券,在资本市场上可以自由转让、买卖和流通,也可以继承、赠送或作为抵押品。股票特别是上市公司发行的股票具有很强的变现能力,流动性很强。

(3) 风险性。由于股票的永久性,股东成了企业风险的主要承担者。风险的表现形式有:股票价格的波动性、红利的不确定性、破产清算时股东处于剩余财产分配的最后顺序等。

(4) 参与性。股东作为股份公司的所有者,拥有参与企业管理的权利,包括重大决策权、经营者选择权、财务监控权、公司经营的建议和质询权等。此外,股东还有承担有限责任、遵守公司章程等义务。

2. 股东的权利

股东最基本的权利是按投入公司的股份额,依法享有公司收益获取权、公司重大决策参与权和选择公司管理者的权利,并以其所持股份为限对公司承担责任。

(1) 公司管理权。股东对公司的管理权主要体现在重大决策参与权、经营者选择权、财务监控权、公司经营的建议和质询权、股东大会召集权等方面。

(2) 收益分享权。股东有权通过股利方式获取公司的税后利润,利润分配方案由董事会提出并经过股东大会批准。

(3) 股份转让权。股东有权将其所持有的股票出售或转让。

(4) 优先认股权。原有股东拥有优先认购本公司增发股票的权利。

(5) 剩余财产要求权。当公司解散、清算时,股东有对清偿债务、清偿优先股股东以后的剩余财产索取的权利。

3. 股票的种类

按照不同的分类标准,股票有不同的种类。有关股票的种类,如表 3-5 所示。

表 3-5 股票的种类

分类标准	股票种类	主要说明
股东的权利和义务	普通股股票	简称普通股,是公司发行的代表着股东享有平等的权利、义务,不加特别限制的,股利不固定的股票。普通股是最基本的股票,股份有限公司通常情况下只发行普通股。
	优先股股票	简称优先股,是公司发行的相对于普通股具有一定优先权的股票。优先股股东在股东大会上无表决权,在参与公司经营管理上受到一定限制,仅对涉及优先股权利的问题有表决权。
票面有无记名	记名股票	记名股票是在股票票面上记载有股东姓名或将名称记入公司股东名册的股票。
	无记名股票	无记名股票不登记股东名称,公司只记载股票数量、编号及发行日期。
发行对象和上市地点	A 股	A 股即人民币普通股票,由我国境内公司发行,境内上市交易,它以人民币标明面值,以人民币认购和交易。
	B 股	B 股即人民币特种股票,由我国境内公司发行,境内上市交易,它以人民币标明面值,以外币认购和交易。
	H 股	H 股是注册地在内地、上市在香港的股票。
	N 股	N 股是注册地在内地、上市在纽约的股票。
	S 股	S 股是注册地在内地、上市在新加坡的股票。

(二) 股份有限公司的设立、发行股票和上市交易

1. 股份有限公司的设立

我国《公司法》规定,设立股份有限公司,应当有 2 人以上 200 人以下为发起人,其中须有半数以上的发起人在中国境内有住所。股份有限公司的设立,可以采取发起设立或者募集设立的方式。

(1) 发起设立,是指由发起人认购公司应发行的全部股份而设立公司。以发起设立方式设立股份有限公司的,公司全体发起人的首次出资额不得低于注册资本的 20%,其余部分由发起人自公司成立之日起 2 年内缴足(投资公司可以在 5 年内缴足)。

(2) 募集设立,是指由发起人认购公司应发行股份的一部分,其余股份向社会公开募集或者向特定对象募集而设立公司。以募集设立方式设立股份有限公司的,发起人认购的股份不得少于公司股份总数的 35%;法律、行政法规另有规定的,从其规定。

2. 股份有限公司首次发行股票的一般程序

我国《公司法》规定,股份有限公司首次发行股票,应遵循一定的程序,详见图 3-3。

3. 股票上市交易

(1) 股票上市的目的

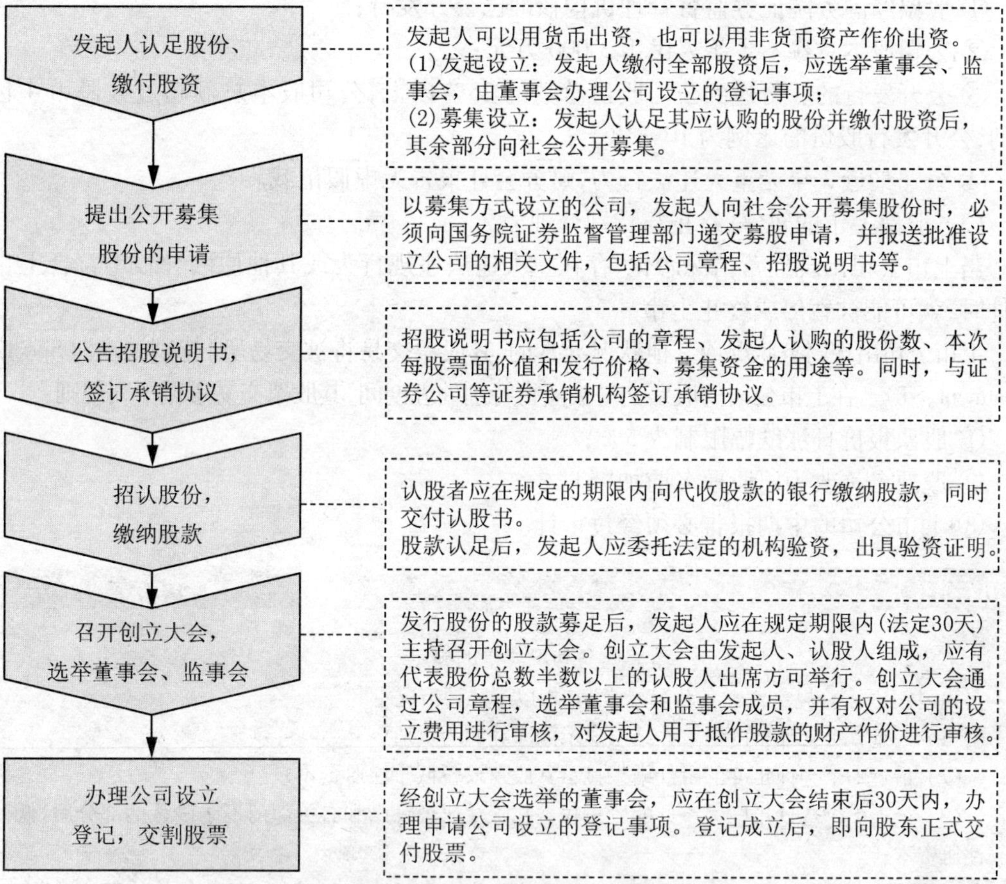

图 3-3　股份有限公司首次发行股票的一般程序

股票上市的目的是多方面的，主要包括：

① 便于筹措新资金。证券市场是资本商品的买卖市场，证券市场上有众多的资金供应者。同时，股票上市经过了政府机构的审查批准并接受严格的管理，执行股票上市和信息披露的规定，容易吸引社会资本投资者。公司上市后，还可以通过增发、配股、发行可转换债券等方式进行再融资。

② 促进股权流通和转让。股票上市后便于投资者购买，提高了股权的流动性和股票的变现力，便于投资者认购和交易。

③ 促进股权分散化。上市公司拥有众多的股东，加之上市股票的流通性强，能够避免公司的股权集中，分散公司的控制权，有利于公司治理结构的完善。

④ 便于确定公司价值。股票上市后，公司股价有市价可循，便于确定公司的价值。对于上市公司来说，即时的股票交易行情，就是对公司价值的市场评价。同时，市场行情也能够为公司收购兼并等资本运作提供询价基础。

（2）股票上市的条件

公司公开发行的股票进入证券交易所交易，必须受严格的条件限制。我国《证券法》规定，股份有限公司申请股票上市，应当符合下列条件：

① 股票经国务院证券监督管理机构核准已公开发行；

② 公司股本总额不少于人民币 3 000 万元；

③ 公开发行的股份达到公司股份总数的 25% 以上，公司股本总额超过人民币 4 亿元的，公开发行股份的比例为 10% 以上；

④ 公司最近 3 年无重大违法行为，财务会计报告无虚假记载。

（3）股票上市的暂停、终止与特别处理

当上市公司出现经营情况恶化、存在重大违法违规行为或其他原因导致不符合上市条件时，就可能被暂停或终止上市。

上市公司出现财务状况或其他状况异常的，其股票交易将被交易所“特别处理”（Special Treatment，ST）。在上市公司的股票交易被实行特别处理期间，其股票交易遵循下列规则：

① 股票报价日涨跌幅限制为 5%；

② 股票名称改为原股票名前加“ST”；

③ 上市公司的中期报告必须经过审计。

【相关链接】

财务状况异常的界定

我国《公司法》规定，“财务状况异常”是指以下几种情况：

（1）最近 2 个会计年度的审计结果显示的净利润为负值；

（2）最近 1 个会计年度的审计结果显示其股东权益低于注册资本；

（3）最近 1 个会计年度经审计的股东权益扣除注册会计师和有关部门不予确认的部分后，低于注册资本；

（4）注册会计师对最近 1 个会计年度的财产报告出具无法表示意见或否定意见的审计报告；

（5）最近一份经审计的财务报告对上年度利润进行调整，导致连续 2 个会计年度亏损；

（6）经交易所或中国证监会认定为财务状况异常的。

“其他状况异常”是指自然灾害、重大事故等导致生产经营活动基本中止，公司涉及的可能赔偿金额超过公司净资产的诉讼等情况。

（三）上市公司的股票发行

上市的股份有限公司在证券市场上发行股票，包括公开发行和非公开发行两种类型。公开发行股票又分为首次上市公开发行股票和上市公开发行股票。非公开发行即向特定投资者发行，也叫定向发行。

1. 首次上市公开发行股票

首次上市公开发行股票（Initial Public Offering，IPO），是指股份有限公司对社会公开发行股票并上市流通和交易。实施 IPO 的公司，应当符合中国证监颁布的《首次公开发行股票并上市管理办法》规定的相关条件，并经中国证监会核准。

实施 IPO 的基本程序，如图 3-4 所示。

2. 上市公开发行股票

上市公开发行股票，是指股份有限公司已经上市后，通过证券交易所在证券市场上

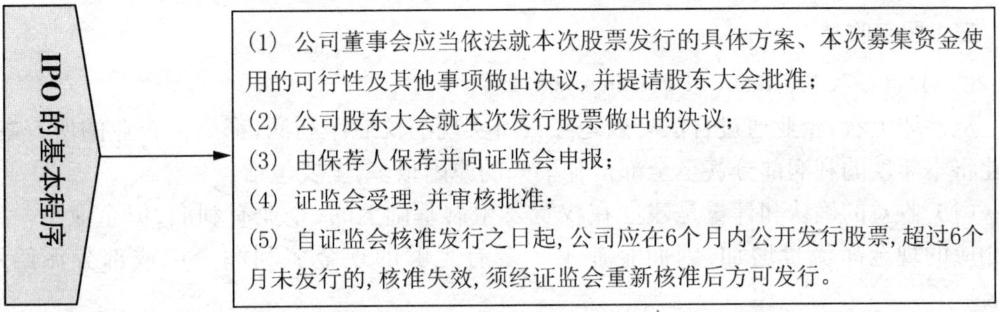

图 3-4　实施 IPO 的基本程序

对社会公开发行股票。上市公司公开发行股票,包括增发和配股两种方式。其中,增发是指增资发行,即上市公司向社会公众发售股票的再融资方式,而配股是指上市公司向原有股东配售发行股票的再融资方式。增发和配股也应符合证监会规定的条件,并经过证监会的核准。

3. 非公开发行股票

上市公司非公开发行股票,是指上市公司采用非公开方式,向特定对象发行股票的行为,也叫定向募集增发。其目的往往是引入该机构的特定能力,如管理、渠道等。定向增发的对象可以是老股东,也可以是新投资者。总之,定向增发完成之后,公司的股权结构往往会发生较大变化,甚至发生控股权变更的情况。

(四) 发行股票的筹资特点

1. 发行股票筹资的优点

(1) 所有权与经营权相分离,分散公司控制权,有利于公司自主管理、自主经营。普通股筹资的股东众多,公司的日常经营管理事务主要由公司的董事会和经理层负责。

(2) 没有固定的股息负担,资本成本较低。公司有盈利,并认为适于分配时才分派股利;公司盈利较少,或者虽有盈利但现金短缺或有更好的投资机会,也可以少支付或不支付股利。相对于吸收直接投资来说,普通股筹资的资本成本较低。

(3) 能提高公司的社会声誉。普通股筹资使得股东大众化,由此给公司带来了广泛的社会影响,特别是上市公司,其股票的流通性强,有利于市场确认公司的价值。

(4) 促进股权流通和转让。普通股筹资以股票作为媒介的方式便于股权的流通和转让,便于吸收新的投资者。

2. 发行股票筹资的缺点

(1) 筹资费用较高。一般来说股票筹资的成本要大于债务资金,股票投资者要求有较高的报酬,而且股利要从税后利润中支付,而债务资金的利息可以在税前扣除。

(2) 不易尽快形成生产能力。普通股筹资吸收的一般都是货币资金,还需要通过购置和建造形成生产经营能力。

(3) 公司控制权分散,容易被经理人控制。同时,流通性强的股票交易,也容易被恶意收购。

三、留存收益

（一）留存收益（Retained Earnings）的性质

从性质上看，企业通过合法有效地经营所实现的税后净利润，都属于企业的所有者。企业将本年度的利润部分甚至全部留存下来的原因很多，主要包括：

（1）收益的确认和计量是建立在权责发生制基础上的，企业有利润，但企业不一定有相应的现金净流量增加，因而企业不一定有足够的现金将利润全部或部分派给所有者。

（2）法律法规从保护债权人利益和要求企业可持续发展等角度出发，限制企业将利润全部分配出去。《公司法》规定，企业每年的税后利润，必须提取 10% 的法定盈余公积金。

（3）企业基于自身扩大再生产和筹资的需求，也会将一部分利润留存下来。

（二）留存收益的筹资途径

1. 提取盈余公积金

盈余公积金，是指有指定用途的留存净利润。盈余公积金是从当期企业净利润中提取的积累资金，其提取基数是本年度的净利润。盈余公积金主要用于企业未来的经营发展，经投资者审议后也可用于转增股本（实收资本）和弥补以前年度经营亏损，但不得用于以后年度的对外利润分配。

2. 未分配利润

未分配利润，是指未限定用途的留存净利润。未分配利润有两层含义：第一，这部分净利润本年没有分配给公司的股东投资者；第二，这部分净利润未指定用途，可以用于企业未来的经营发展、转增资本（实收资本）、弥补以前年度的经营亏损及以后年度的利润分配。

（三）利用留存收益的筹资特点

1. 留存收益筹资的优点

（1）不用发生筹资费用。企业从外界筹集长期资本，与普通股筹资相比较，留存收益筹资不需要发生筹资费用，资本成本较低。

（2）维持公司的控制权分布。利用留存收益筹资，不用对外发行新股或吸收新投资者，由此增加的权益资本不会改变公司的股权结构，不会稀释原有股东的控制权。

2. 留存收益筹资的缺点

留存收益的最大数额是企业到期的净利润和以前年度未分配利润之和，不像外部筹资一次性可以筹集大量资金。如果企业发生亏损，那么当年就没有利润留存。另外，股东和投资者从自身期望出发，往往希望企业每年发放一定的利润，保持一定的利润分配比例。

四、股权筹资的优缺点

（一）股权筹资的优点

1. 股权筹资是企业稳定的资本基础

股权资本没有固定的到期日，无须偿还，是企业的永久性资本，除非企业清算时才有可能予以偿还。这对于保障企业对资本的最低需求,促进企业长期持续稳定经营具有重要意义。

2. 股权筹资是企业良好的信誉基础

股权资本作为企业最基本的资本,代表了公司的资本实力,是企业与其他单位组织开展经营业务,进行业务活动的信誉基础。同时,股权资本也是其他方式筹资的基础,尤其可为债务筹资,包括银行借款、发行公司债券等提供信用保障。

3. 企业财务风险较小

股权资本不用在企业正常运营期内偿还,不存在还本付息的财务风险。相对于债务资本而言,股权资本筹资限制少,资本使用上也无特别限制。另外,企业可以根据其经营状况和业绩的好坏,决定向投资者支付报酬的多少,资本成本负担比较灵活。

(二) 股权筹资的缺点

1. 资本成本负担较重

由于投资者投资于股权特别是投资于股票的风险较高,因此投资者或股东相应要求得到较高的报酬率。企业长期不派发利润和股利,将会影响企业的市场价值。从企业成本开支的角度来看,股利、红利从税后利润中支付,而使用债务资本的资本成本允许税前扣除。此外,普通股的发行、上市等方面的费用也十分庞大。

2. 容易分散企业的控制权

由于引进了新的投资者或出售了新的股票,必然会导致企业控制权结构的改变,分散企业的控制权。控制权的频繁变更,势必要影响企业管理层的人事变动和决策效率,影响企业的正常经营。

3. 信息沟通与披露成本较大

投资者或股东作为企业的所有者,有了解企业经营业务、财务状况、经营成果等的权利。企业需要通过各种渠道和方式加强与投资者的关系管理,保障投资者的权益。特别是上市公司,其股东众多而分散,只能通过公司的公开信息披露了解公司状况,这就需要公司花更多的精力,有些还需要设置专门的部门,用于公司的信息披露和投资者关系管理。

第三节　长期债务筹资

债务筹资主要是企业通过向银行借款、向社会发行公司债券、融资租赁以及赊购商品或劳务等方式筹集和取得的资金。其中,长期债务筹资主要包括长期借款、发行公司债券、融资租赁。

一、长期借款

长期借款(Long-term Loan)是指企业向银行或其他非银行金融机构借入的、使用期限超过一年的借款,主要用于满足固定资产购建和长期流动资金占用的需要。

（一）长期借款的种类

按照不同的分类标准，长期借款有不同的种类，如表3-6所示。

表3-6　长期借款的种类

分类标准	种类	含义
提供贷款的机构	政策性银行贷款	指执行国家政策性贷款业务的银行（如国家开发银行、中国进出口信贷银行、中国农业发展银行等）向企业发放的贷款，通常为长期贷款。
	商业银行贷款	指由各商业银行（如中国工商银行、中国建设银行、中国农业银行、中国银行等）向工商企业提供的贷款，用以满足企业生产经营的资金需要，包括短期贷款和长期贷款。
	其他金融机构贷款	指其他金融机构（如信托投资公司、财务公司、保险公司等）提供的贷款。与商业银行贷款比较，一般来说期限要长，要求的利率较高，对借款企业的信用要求和担保的选择比较严格。
机构对贷款有无担保要求	信用贷款	指以借款人的信誉或保证人的信用为依据而获得的贷款。由于风险较高，银行通常要收取较高的利息，往往还附加一定的限制条件。
	担保贷款	指由借款人或第三方依法提供担保而获得的贷款，包括保证贷款、抵押贷款和质押贷款。

（二）长期借款的程序

长期借款筹资，应遵循一定的程序，详见图3-5。

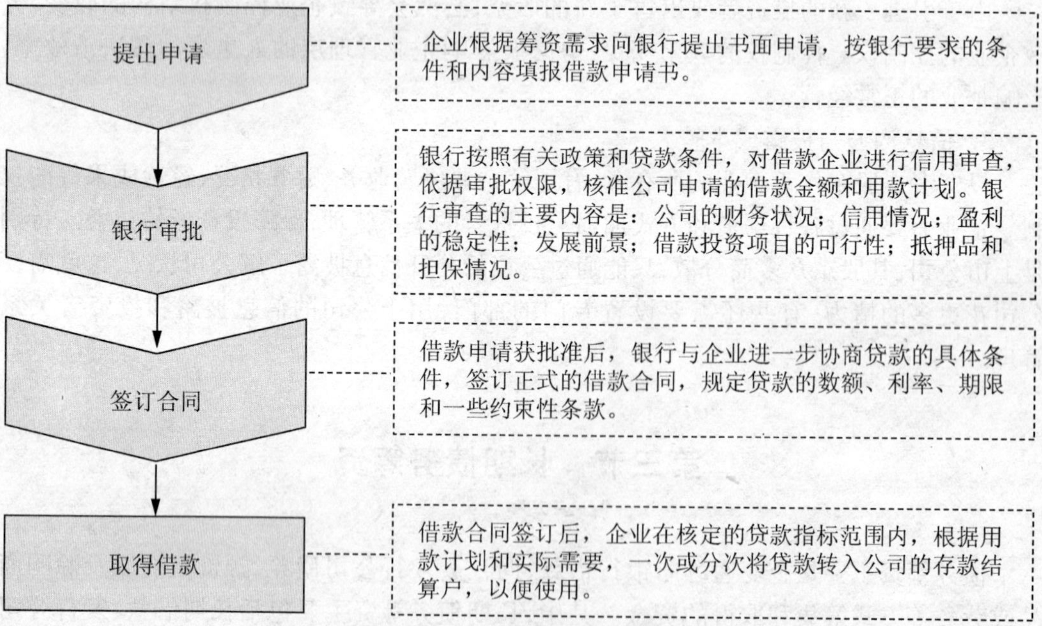

图3-5　长期借款的程序

（三）长期借款的保护性条款

由于银行等金融机构提供的长期贷款金额高、期限长、风险大，除借款合同的基本条款之外，债权人通常还在借款合同中附加各种保护性条款，以确保企业按要求使用借款和按时足额偿还借款。保护性条款一般有三大类，如表3-7所示。

表 3-7　长期借款的保护性条款

种类	具体内容	备注
例行性保护条款	(1) 要求定期向提供贷款的金融机构提交财务报表,以使债权人随时掌握公司的财务状况和经营成果。 (2) 不准在正常情况下出售较多的非产成品存货,以保持企业正常的生产经营能力。 (3) 如期清偿应缴纳税金和其他到期债务,以防被罚款而造成不必要的现金流失。 (4) 不准以资产做其他承诺的担保或抵押。 (5) 不准贴现应收票据或出售应收账款,以避免或有负债等。	这类条款作为例行常规,在大多数借款合同中都会出现。
一般性保护条款	(1) 保持企业的资产流动性。要求企业需持有一定最低限度的货币资金及其他流动资产,以保持企业资产的流动性和偿债能力,一般规定了企业必须保持的最低营运资金数额和最低流动比率数值。 (2) 限制企业非经营性支出。如限制支付现金股利、购入股票和职工加薪的数额规模,以减少企业资金的过度外流。 (3) 限制企业资本支出的规模。控制企业资产结构中的长期性资产的比例,以减少公司日后不得不变卖固定资产以偿还贷款的可能性。 (4) 限制公司再举债规模。目的是防止其他债权人取得对公司资产的优先索偿权。 (5) 限制公司的长期投资。如规定公司不准投资于短期内不能收回资金的项目,不能未经银行等债权人同意而与其他公司合并等。	一般性保护条款是对企业资产的流动性及偿债能力等方面的要求条款,这类条款应用于大多数借款合同。
特殊性保护条款	(1) 要求公司的主要领导人购买人身保险; (2) 借款的用途不得改变,违约惩罚条款,等等。	这类条款是针对某些特殊情况而出现在部分借款合同中的条款,只有在特殊情况下才能生效。

(四) 长期借款的筹资特点

1. 长期借款筹资的优点

(1) 筹资速度快。与发行债券、融资租赁等债权筹资方式相比,银行借款的程序相对简单,所花时间较短,公司可以迅速获得所需资金。

(2) 资本成本较低。利用银行借款筹资,比发行债券和融资租赁的利息负担要低。而且,无须支付证券发行费用、租赁手续费用等筹资费用。

(3) 筹资弹性较大。在借款之前,公司根据当时的资本需求与银行等贷款机构直接商定贷款的时间、数量和条件。在借款期间,若公司的财务状况发生某些变化,也可与债权人再协商,变更借款数量、时间和条件,或提前偿还本息。因此,借款筹资对公司具有较大的灵活性,特别是短期借款更是如此。

2. 长期借款筹资的缺点

（1）限制条款多。与债券筹资相比较，银行借款合同对借款用途有明确规定，通过借款的保护性条款，对公司资本支出额度、再筹资、股利支付等行为有严格的约束，以后公司的生产经营活动和财务政策必将受到一定程度的影响。

（2）筹资数额有限。银行借款的数额往往受到贷款机构资本实力的制约，不可能像发行债券、股票那样一次筹集到大笔资金，无法满足公司大规模筹资的需要。

二、发行公司债券

企业债券（Bond）又称公司债券，是企业依照法定程序发行的、约定在一定期限内还本付息的有价证券。债券是持有人拥有公司债权的书面证书，它代表持券人同发债公司之间的债权债务关系。

（一）发行公司债券的条件与种类

1. 发行公司债券的条件

在我国，根据《公司法》的规定，股份有限公司、国有独资公司和两个以上的国有公司或者两个以上的国有投资主体投资设立的有限责任公司，具有发行债券的资格。

根据《证券法》的规定，公开发行公司债券，应当符合下列条件：

（1）股份有限公司的净资产不低于人民币 3 000 万元，有限责任公司的净资产不低于人民币 6 000 万元；

（2）累计债券余额不超过公司净资产的 40%；

（3）最近 3 年平均可分配利润足以支付公司债券 1 年的利息；

（4）筹集的资金投向符合国家产业政策；

（5）债券的利率不超过国务院限定的利率水平；

（6）国务院规定的其他条件。

公开发行公司债券筹集的资金，必须用于核准的用途，不得用于弥补亏损和非生产性支出。

2. 公司债券的种类

按照不同的标准分类，公司债券有不同的种类，如表 3-8 所示。

表 3-8　公司债券的种类

分类标准	种类	含义
是否记名	记名债券	应当在公司债券存根簿上载明债券持有人的姓名及住所、债券持有人取得债券的日期及债券的编号等债券持有人的信息。
	无记名债券	应当在公司债券存根簿上载明债券总额、利率、偿还期限和方式、发行日期及债券的编号。
是否能够转换成公司股权	可转换债券	指债券持有者可以在规定的时间内按规定的价格转换为发债公司股票的债券。
	不可转换债券	是指不能转换为发债公司股票的债券。

（续表）

分类标准	种类	含义
有无特定财产担保	担保债券	指以抵押方式担保发行人按期还本付息的债券，主要是指抵押债券。抵押债券按其抵押品的不同，又分为不动产抵押债券、动产抵押债券和证券信托抵押债券。
	信用债券	又称“无担保债券”，是仅凭公司自身的信用发行的、没有抵押品做抵押担保的债券。

（二）发行公司债券的程序

发行公司债券的程序，如图3-6所示。

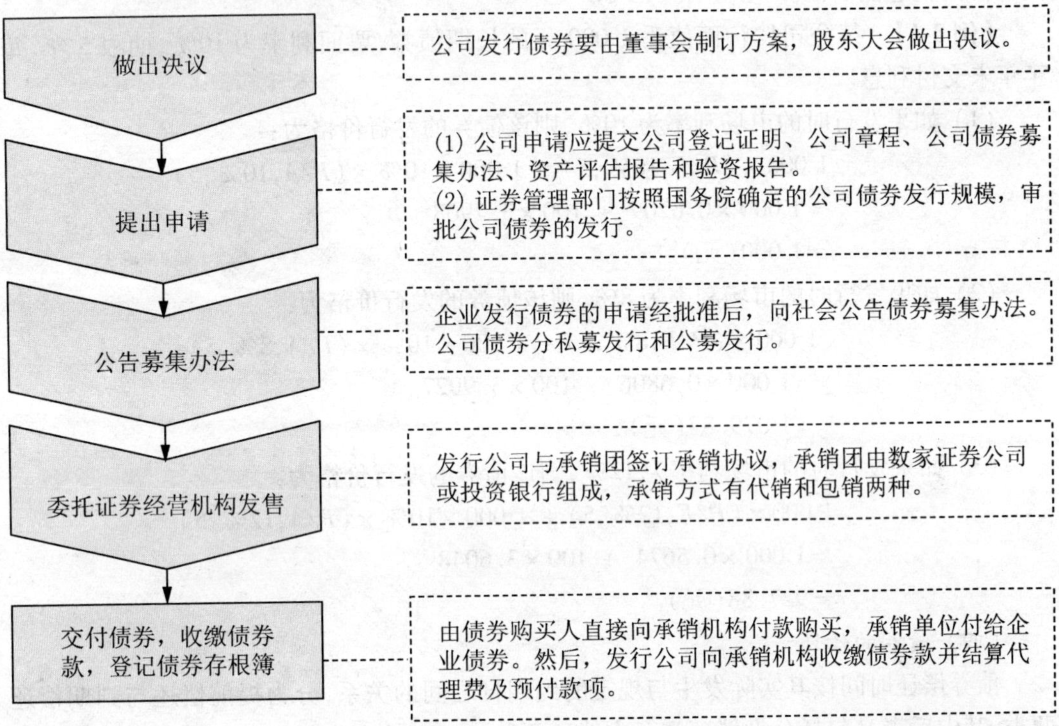

图3-6　发行公司债券的程序

（三）债券的发行价格

从资金时间价值来考虑，债券的发行价格由两部分组成：债券到期还本面额的现值和债券各期利息的年金现值。计算公式为：

$$债券售价 = \frac{债券面值}{(1+市场利率)^n} + \sum_{t=1}^{n} \frac{债券面值 \times 票面利率}{(1+市场利率)^t}$$

根据上述计算公式，可以确定债券发行价格的影响因素有：

1. 债券面值

债券面值即债券票面上标出的金额，企业可根据不同认购者的需要，使债券面值多样化，既有大额面值，也有小额面值。债券面值越大，债券的发行价格越高。

2. 票面利率

票面利率可分为固定利率和浮动利率两种。一般来说,企业应根据自身资信情况、公司承受能力、利率变化趋势、债券期限的长短等决定选择何种利率形式与利率的高低。债券的票面利率越高,债券的发行价格越高。

3. 市场利率

市场利率是衡量债券票面利率高低的参照系,也是债券价格按面值发行还是溢价或折价发行的决定因素。市场利率越高,债券的发行价格越低。

4. 债券期限

债券的期限越长,债券投资者的风险就越大,要求的债券投资收益率就越高,债券的发行价格就越低。

【例3-1】 某公司发行面值为1 000元的长期债券,票面利率为10%,期限5年,每年年末支付利息。

(1) 如果发行时的市场利率为10%,则该债券的发行价格为:

$$1\,000\times(P/F,10\%,5)+1\,000\times10\%\times(P/A,10\%,5)$$
$$=1\,000\times0.6209+100\times3.7908$$
$$\approx1\,000(\text{元})$$

(2) 如果发行时的市场利率为8%,则该债券的发行价格为:

$$1\,000\times(P/F,8\%,5)+1\,000\times10\%\times(P/A,8\%,5)$$
$$=1\,000\times0.6806+100\times3.9927$$
$$=1\,079.87(\text{元})$$

(3) 如果发行时的市场利率为12%,则该债券的发行价格为:

$$1\,000\times(P/F,12\%,5)+1\,000\times10\%\times(P/A,12\%,5)$$
$$=1\,000\times0.5674+100\times3.6048$$
$$=927.88(\text{元})$$

(四) 债券的偿还

债券偿还时间按其实际发生与规定的到期日之间的关系,分为提前偿还与到期偿还两类,其中后者又包括分批偿还和一次偿还两种。

1. 提前偿还

提前偿还又称提前赎回或收回,是指在债券尚未到期之前就予以偿还。只有在公司发行债券的契约中明确规定了有关允许提前偿还的条款,公司才可以进行此项操作。提前偿还所支付的价格通常要高于债券的面值,并随到期日的临近而逐渐下降。具有提前偿还条款的债券可使公司筹资有较大的弹性。当公司资金有结余时,可提前赎回债券;当预测利率下降时,也可提前赎回债券,而后以较低的利率来发行新债券。

2. 到期偿还

(1) 分批偿还

如果一个公司在发行同一种债券的当时就为不同编号或不同发行对象的债券规定了不同的到期日,这种债券就是分批偿还债券。因为各批债券的到期日不同,它们各自的发行价格和票面利率也可能不相同，从而导致发行费较高；但由于这种债券便于投资人挑选最合适的到期日，因而便于发行。

（2）一次偿还

到期一次偿还的债券是最为常见的。

（五）发行公司债券的筹资特点

1. 发行公司债券筹资的优点

（1）一次筹资数额大。利用发行公司债券筹资，能够筹集大额的资金，满足公司大规模筹资的需要。这是在银行借款、融资租赁等债权筹资方式中，企业选择发行公司债券筹资的主要原因，也能够适应大型公司经营规模的需要。

（2）提高公司的社会声誉。公司债券的发行主体，有严格的资格限制。发行公司债券，往往是股份有限公司和有实力的有限责任公司所为。通过发行公司债券，一方面筹集了大量资金，另一方面也扩大了公司的社会影响。

（3）筹集资金的使用限制条件少。与银行借款相比，债券筹资筹集资金的使用具有相对的灵活性和自主性，特别是发行债券所筹集的大额资金，能够也主要用于流动性较差的公司长期资产。从资金使用的性质来看，银行借款一般期限短、额度小，主要用途为增加适量存货、增加小型设备等；反之，期限较长、额度较大，用于公司扩展、增加大型固定资产和基本建设投资的需求多采用发行债券方式。

（4）能够锁定资本成本的负担。尽管公司债券的利息比银行借款高，但公司债券的期限长、利率相对固定。在预计市场利率持续上升的金融市场环境下，发行公司债券筹资，能够锁定资本成本。

2. 发行公司债券筹资的缺点

（1）发行资格要求高，手续复杂。发行公司债券，实际上是公司面向社会负债，债权人是社会公众，因此国家为了保护投资者利益，维护社会经济秩序，对发债公司的资格有严格的限制。从申报、审批、承销到取得资金，需要经过众多环节和较长时间。

（2）资本成本较高。相对于银行借款筹资，发行债券的利息负担和筹资费用都比较高。而且债券不能像银行借款一样进行债务展期，加上大额的本金和较高的利息，在固定的到期日，将会对公司现金流量产生巨大的财务压力。

三、融资租赁

租赁（Lease），是指通过签订资产出让合同的方式，使用资产的一方（承租方）通过支付租金，向出让资产的一方（出租方）取得资产使用权的一种交易行为。在这项交易中，承租方通过得到所需资产的使用权，完成了筹集资金的行为。

（一）租赁的特征与分类

1. 租赁的基本特征

（1）所有权与使用权相分离。租赁资产的所有权与使用权分离是租赁的主要特点之一。银行信用虽然也是所有权与使用权相分离，但载体是货币资金，租赁则是资金与实物相结合基础上的分离。

（2）融资与融物相结合。租赁是以商品形态与货币形态相结合提供的信用活动，出租人在向企业出租资产的同时,解决了企业的资金需求,具有信用和贸易双重性质。它不同于一般的借钱还钱、借物还物的信用形式,而是借物还钱,并以分期支付租金的方式来体现。租赁的这一特点将银行信贷和财产信贷融合在一起,成为企业融资的一种新形式。

(3) 租金的分期回流。在租金的偿还方式上,租金与银行信用到期还本付息不一样,采取了分期回流的方式。出租方的资金一次投入,分期收回。对于承租方而言,通过租赁可以提前获得资产的使用价值,分期支付租金便于分期规划未来的现金流出量。

2. 租赁的分类

从租赁的目的分,租赁可以分为经营租赁(Operating Lease)和融资租赁(Leveraged Lease),其含义和特点如表3-9所示。

表3-9 租赁的分类

租赁的分类	含义	特点
经营租赁	由租赁公司向承租单位在短期内提供设备,并提供维修、保养、人员培训等的一种服务性业务,又称服务性租赁。	(1)出租的设备一般由租赁公司根据市场需要选定,然后再寻找承租企业。 (2)租赁期较短,短于资产的有效使用期,在合理的限制条件内承租企业可以中途解约。 (3)租赁设备的维修、保养由租赁公司负责。 (4)租赁期满或合同中止以后,出租资产由租赁公司收回。经营租赁比较适用于租用技术过时较快的生产设备。
融资租赁	由租赁公司按承租单位要求出资购买设备,在较长的合同期内提供给承租单位使用的融资信用业务,它是以融通资金为主要目的的租赁。	(1)出租的设备由承租企业提出要求购买,或者由承租企业直接从制造商或销售商那里选定。 (2)租赁期较长,接近于资产的有效使用期,在租赁期间双方无权取消合同。 (3)由承租企业负责设备的维修、保养。 (4)租赁期满,按事先约定的方法处理设备,包括退还租赁公司,或继续租赁,或企业留购。通常采用企业留购的办法,即以很少的"名义价格"(相当于设备残值)买下设备。

【双语链接】

- **Lease**:A written agreement under which a property owner allows a tenant to use the property for a specified period of time and rent.
- **Leveraged Lease**:A lease in which the lessor puts up some of the money required to purchase the asset and borrows the rest from a lender. The lender is given a mortgage on the asset and an assignment of the lease and lease payments. The lessee makes payments to the lessor, who makes payments to the lender.
- **Operating Lease**:A lease for which the lessee acquires the property for only a small portion of its useful life. An operating lease is commonly used to acquire equipment on a short-term basis. Any lease that is not a capital lease is an operating lease.

（二）融资租赁的基本程序与形式

1. 融资租赁的基本程序

融资租赁应遵循一定的程序，如图 3-7 所示。

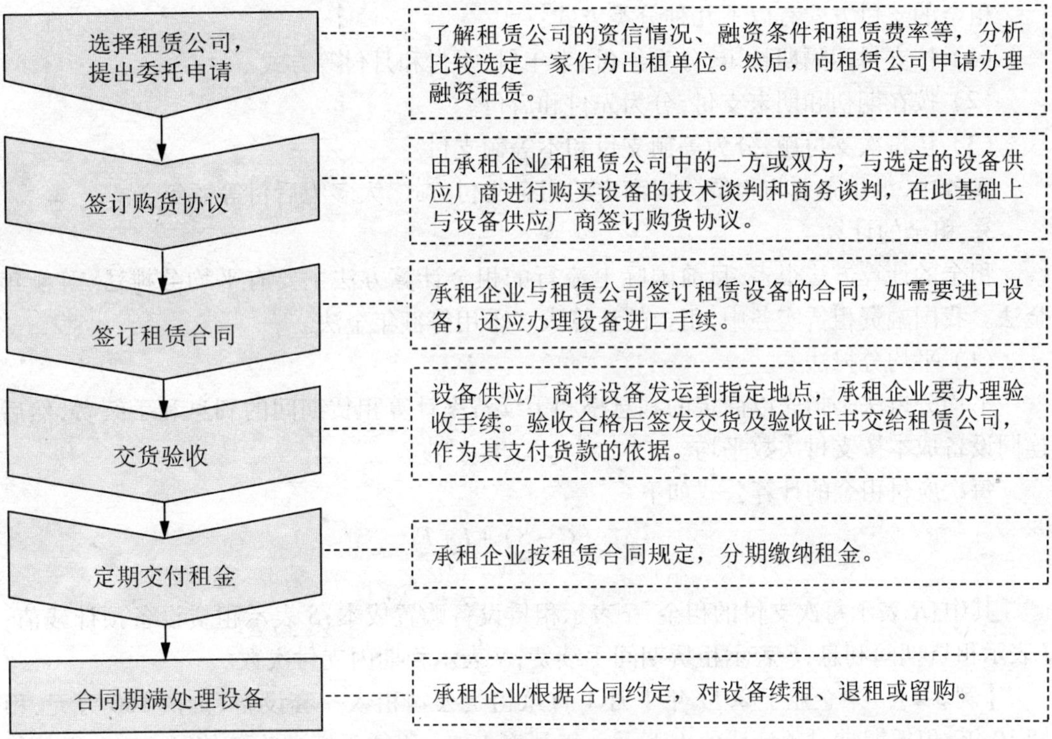

图 3-7　融资租赁的基本程序

2. 融资租赁的基本形式

融资租赁的基本形式，主要有以下几种：

（1）直接租赁。直接租赁是指承租方提出租赁申请时，出租方按照其要求选购，然后再出租给承租方。

（2）售后回租。售后回租是指承租方由于急需资金等各种原因，将自己的资产售给出租方，然后以租赁的形式从出租方原封不动地租回资产的使用权。

（3）杠杆租赁。杠杆租赁是指由出租人（租赁公司或商业银行）本身拿出部分资金，然后加上贷款人提供的资金，以便购买承租人所欲使用的资产，并交由承租人使用；而承租人使用租赁资产后，应定期支付租赁费用。通常出租人仅提供其中 20%—40% 的资金，贷款人则提供 60%—80% 的资金。

（三）融资租赁租金的计算

1. 租金的构成

融资租赁每期租金的多少，取决于以下几项因素：

（1）设备原价及预计残值，包括设备买价、运输费、安装调试费、保险费等，以及该设备租赁期满后，出售可得的市价。

(2) 利息,指租赁公司为承租企业购置设备垫付资金所应支付的利息。

(3) 租赁手续费,指租赁公司承办租赁设备所发生的业务费用和必要的利润。

2. 租金的支付方式

租金的支付方式有以下几种分类方式:

(1) 按支付间隔期长短,分为年付、半年付、季付和月付等方式。

(2) 按在期初和期末支付,分为先付和后付。

(3) 按每次支付额,分为等额支付和不等额支付。

实务中,承租企业与租赁公司商定的租金支付方式,大多为后付等额年金。

3. 租金的计算

租金的计算方法很多,目前国际上流行的租金计算方法主要有平均分摊法、等额年金法。我国融资租赁实务中,租金的计算大多采用等额年金法。

(1) 平均分摊法

平均分摊法是指先以商定的利息率和手续费率计算租赁期间的利息和手续费,然后连同设备成本按支付次数平均。

每次应付租金的计算公式如下:

$$R=\frac{(C-S)+I+F}{N}$$

其中:R 表示每次支付的租金;C 表示租赁设备购置成本;S 表示租赁设备预计残值;I 表示租赁期间利息;F 表示租赁期间手续费;N 表示租期内支付次数。

【例 3-2】 某企业于 2011 年 1 月 1 日从租赁公司租入一套设备,价值 100 万元,租期 10 年,租赁期满时预计残值 1 万元。年利率 10%,租赁手续费为价格的 3%。租金每年年末支付一次,则按平均分摊法计算每次支付租金的数额如下:

$$R=\frac{(100-1)+[100\times(1+10\%)^{10}-100]+100\times3\%}{10}=26.14\text{(万元)}$$

(2) 等额年金法

等额年金法是指运用年金现值的计算原理计算每期应付租金的方法。根据后付年金现值的计算公式,经推导可得到后付等额租金方式下每年年末支付租金的公式:

$$R=\frac{\mathrm{PVR}_n}{\mathrm{PVIFR}_{i,n}}$$

其中:R 表示每年支付的租金;PVR_n 表示等额租金现值;$\mathrm{PVIFR}_{i,n}$ 表示等额租金现值系数;n 表示支付租金期数;i 表示租费率。

【例 3-3】 根据【例 3-2】资料,假设设备残值归承租企业,租赁费为 10%,则承租企业每年年末支付的租金计算如下:

$$\begin{aligned}R&=\frac{1\,000\,000-10\,000\times(P/F,10\%,10)}{(P/A,10\%,10)}\\&=\frac{1\,000\,000-10\,000\times0.3855}{6.1446}\\&=162\,117\text{(元)}\end{aligned}$$

为了便于有计划地安排租金的支付，承租企业可编制租金摊销计划表。根据本例的有关资料编制租金摊销计划表如表3-10所示。

表3-10　租金摊销计划表

单位：元

日期	支付租金 (1)	应计租费 (2)=(4)×10%	本金减少 (3)=(1)-(2)	应还本金 (4)
2011.01.01				1 000 000
2011.12.31	162 117	100 000	62 117	937 883
2012.12.31	162 117	93 788	68 329	869 554
2013.12.31	162 117	86 955	75 162	794 392
2014.12.31	162 117	79 439	82 678	711 714
2015.12.31	162 117	71 171	90 946	620 768
2016.12.31	162 117	62 077	100 040	520 728
2017.12.31	162 117	52 073	110 044	410 684
2018.12.31	162 117	41 068	121 049	289 635
2019.12.31	162 117	28 964	133 153	156 482
2020.12.31	162 117	15 635	146 482	10 000
合计	1 621 170	631 170	990 000	—

（四）融资租赁的筹资特点

1．融资租赁筹资的优点

（1）在资金缺乏情况下，能迅速获得所需资产。融资租赁集“融资”与“融物”于一身，融资租赁使企业在资金短缺的情况下引进设备成为可能，特别是对中小企业、新创企业而言，融资租赁是一条重要的融资途径。有时，大型企业对于大型设备、工具等固定资产的购置，也需要通过融资租赁方式来解决巨额资金的需要。如商业航空公司的飞机，大多是通过融资租赁方式取得的。

（2）财务风险小，财务优势明显。融资租赁与购买的一次性支出相比，能够避免一次性支付的负担，而且租金支出是未来的、分期的，企业无须一次筹集大量资金偿还。还款时，租金可以通过项目本身产生的收益来支付，是一种基于未来的“借鸡生蛋、卖蛋还钱”的筹资方式。

（3）融资租赁筹资的限制条件较少。企业运用股票、债券、长期借款等筹资方式，都受到相当多的资格条件的限制，如足够的抵押品、银行贷款的信用标准、发行债券的政府管制等。相比之下，租赁筹资的限制条件很少。

（4）租赁能延长资金融通的期限。通常为购买设备而贷款的借款期限比该资产的物理寿命要短得多，而租赁的融资期限却可接近其全部使用寿命期限，并且其金额随设备价款金额而定，无融资额度的限制。

（5）免遭设备陈旧过时的风险。随着科学技术的不断进步，设备陈旧过时的风险很高，而多数租赁协议规定此种风险由出租人承担，承租企业可免受这种风险。

2．融资租赁筹资的缺点

其缺点是资本成本高。租金通常比举借银行借款或发行债券所负担的利息高得多,租金总额通常要高于设备价值的30%。尽管与借款方式相比,融资租赁能够避免到期一次性集中偿还的财务压力,但高额的固定租金也给各期的经营带来了分期的负担。

四、长期债务筹资的优缺点

(一) 长期债务筹资的优点

(1) 筹资速度较快。与股权筹资相比,债务筹资如银行借款、融资租赁等,不需要经过复杂的审批手续和证券发行程序,可以迅速地获得资金。

(2) 筹资弹性大。发行股票等股权筹资,一方面需要经过严格的政府审批;另一方面从企业的角度出发,由于股权不能退还,股权资本在未来永久性地给企业带来了资本成本的负担。利用债务筹资,可以根据企业的经营情况和财务状况,灵活商定债务条件,控制筹资数量,安排取得资金的时间。

(3) 资本成本负担较轻。一般来说,债务筹资的资本成本要低于股权筹资。其一是取得资金的手续费用等筹资费用较低;其二是利息、租金等用资费用比股权资本要低;其三是利息等资本成本可以在税前支付。

(4) 可以利用财务杠杆。债务筹资不改变公司的控制权,因而股东不会出于控制权稀释原因反对负债。债权人从企业那里只能获得固定的利息或租金,不能参加公司剩余收益的分配。当企业的资本报酬率高于债务利率时,会增加普通股股东的每股收益,提高净资产报酬率,提升企业价值。

(5) 稳定公司的控制权。债权人无权参加企业的经营管理,利用债务筹资不会改变和分散股东对公司的控制权

(二) 长期债务筹资的缺点

(1) 不能形成企业稳定的资本基础。债务资本有固定的到期日,到期需要偿还,只能作为企业的补充性资本来源。再加上债务往往需要进行信用评级,没有信用基础的企业和新创企业,往往难以取得足够的债务资本。现有债务资本在企业的资本结构中达到一定比例后,往往由于财务风险升高而不容易再取得新的债务资金。

(2) 财务风险较大。债务资本有固定的到期日,有固定的利息负担,抵押、质押等担保方式取得的债务,资本使用上可能会有特别的限制。这些都要求企业必须有一定的偿债能力,要保持资产流动性及其资产报酬水平,作为债务清偿的保障,对企业的财务状况提出了更高的要求,否则会给企业带来财务危机,甚至导致企业破产。

(3) 筹资数额有限。债务筹资的数额往往受到贷款机构资本实力的制约,不可能像发行债券股票那样一次筹集到大笔资本,无法满足公司大规模筹资的需要。

第四节 短期债务筹资

短期债务筹资主要包括商业信用和短期借款。

一、商业信用

商业信用是指企业在商品或劳务交易中,以延期付款或预收货款方式进行购销活动而形成的借贷关系,是企业之间的直接信用行为,也是企业短期资金的重要来源。

商业信用产生于企业生产经营的商品、劳务交易之中,是一种“自动性筹资”。商业信用的具体形式包括应付账款、应计未付款和预收账款等。

(一)应付账款

应付账款(Account Payable)是指买卖双方发生商品交易后,卖方允许买方在购货后的一定时期内支付货款的一种形式。利用应付账款,卖方主要是为了促销,买方延期付款等于向卖方借用资金购进商品,可在一定程度上满足或缓解短期资金的需求。

1. 放弃现金折扣的信用成本

倘若买方企业购买货物后在卖方规定的折扣期内付款,可以获得免费信用,这种情况下企业没有因为取得延期付款信用而付出代价。因此,放弃现金折扣的信用成本,实际上是企业在规定的折扣期后付款而导致的隐性成本。计算公式为:

$$\text{放弃现金折扣的信用成本}=\frac{\text{折扣百分比}}{1-\text{折扣百分比}}\times\frac{360}{\text{信用期}-\text{折扣期}}$$

【例 3-4】 某企业按“3/10,n/30”的付款条件购入货物 100 万元。如果企业在 10 天以后付款,便放弃了现金折扣 3 万元(100×3%),信用额为 97 万元(100-3),则:

$$\text{放弃现金折扣的信用成本}=\frac{3\%}{1-3\%}\times\frac{360}{30-10}=55.67\%$$

放弃现金折扣的信用成本与折扣百分比大小、折扣期长短和付款期长短有关系,与货款额和折扣额没有关系。如果企业在放弃折扣的情况下,推迟付款的时间越长,其信用成本便会越小,但展期信用的结果是企业信誉恶化导致信用度的严重下降,日后可能招致更加苛刻的信用条件。

2. 放弃现金折扣的信用决策

企业放弃应付账款现金折扣的原因,可能是企业资金暂时的缺乏,也可能是基于将应付的账款用于临时性短期投资,以获得更高的投资收益。如果企业将应付账款额用于短期投资,所获得的投资报酬率高于放弃折扣的信用成本率,则应当放弃现金折扣。

【例 3-5】 公司采购一批材料,供应商报价为 10 万元,付款条件为(3/10,2.5/30,1.8/50,n/90)。目前企业用于支付账款的资金需要在 90 天时才能周转回来,在 90 天内付款,只能通过银行借款解决。如果银行利率为 10%,确定公司材料采购款的付款时间和价格。

根据放弃折扣的信用成本率计算公式,10 天付款方案,放弃折扣的信用成本率为 13.92%;30 天付款方案,放弃折扣的信用成本率为 15.38%;50 天付款方案,放弃折扣的信用成本率为 16.50%。由于各种方案放弃折扣的信用成本率均高于借款利息率,因此初步结论是要取得现金折扣,借入银行借款以偿还货款。不同付款方案的决策,如表 3-11 所示。

表3-11　不同付款方案的决策　　单位:元

付款方案	现金折扣	借款本金	借款期限	借款利息	净收益
10天付款	3 000	97 000	80天	2 155.56	844.44
30天付款	2 500	97 500	60天	1 625	875
50天付款	1 800	98 200	40天	1 091.11	708.89

由表3-11的计算结果可以看出,第30天付款是最佳方案,其净收益最大。

(二) 应计未付款

应计未付款(Accrued Payables)是企业在生产经营和利润分配过程中已经计提但尚未以货币支付的款项。主要包括应付职工薪酬、应交税费、应付股利等。以应付职工薪酬为例,企业通常以半月或月为单位支付工资,在应付职工薪酬已计但未付的这段时间,就会形成应计未付款。它相当于职工给企业的一个信用。应交税费、应付股利也有类似的性质。应计未付款随着企业规模的扩大而增加,企业使用这些自然形成的资金无须付出任何代价。但企业不是总能控制这些款项,因为其支付是有一定时间的,企业不能总拖欠这些款项。所以,企业尽管可以充分利用应计未付款,但并不能控制这些账目的水平。

(三) 预收账款

预收账款(Unearned Revenue),是指销货单位按照合同和协议规定,在发出货物之前向购货单位预先收取部分或全部货款的信用行为。购买单位对于紧俏商品往往乐于采用这种方式购货;销货方对于生产周期长、造价较高的商品,往往采用预收货款方式销货,以缓和本企业资金占用过多的矛盾。

(四) 商业信用的筹资特点

1. 商业信用筹资的优点

(1) 商业信用容易获得。商业信用的载体是商品购销行为,企业总有一批既有供需关系又有相互信用基础的客户,所以对大多数企业而言,应付账款和预收账款是自然的、持续的信贷形式。商业信用的提供方一般不会对企业的经营状况和风险做严格的考量,企业无须办理像银行借款那样复杂的手续便可取得商业信用,有利于应对企业生产经营之急需。

(2) 企业有较大的机动权。企业能够根据需要,选择决定筹资的金额大小和期限长短,同样要比银行借款等其他方式灵活得多。甚至如果在期限内不能付款或交货时,一般还可以通过与客户的协商,请求延长时限。

(3) 企业一般不用提供担保。通常,商业信用筹资不需要第三方担保,也不会要求筹资企业用资产进行担保。这样,在出现逾期付款或交货的情况时,也可以避免像银行借款那样面临抵押资产被处置的风险,企业的生产经营能力在相当长的一段时间内不会受到限制。

2. 商业信用筹资的缺点

(1) 商业信用筹资成本高。尽管商业信用的筹资成本是一种机会成本,但由于商业信用筹资属于临时性筹资,其筹资成本比银行信用要高。

(2) 容易恶化企业的信用水平。商业信用的期限短,还款压力大,对企业现金流量管理的要求很高。如果长期和经常性地拖欠账款,会造成企业的信誉恶化。

(3) 受外部环境影响较大。商业信用筹资受外部环境影响较大,稳定性较差,即使不考虑机会成本,也是不能无限利用的。一是受商品市场的影响,如当求大于供时卖方可能停止提供信用。二是受资金市场的影响,当市场资金供应紧张或有更好的投资方向时,商业信用筹资就可能遇到障碍。

二、短期借款

短期借款是一种基于银行信用而进行的筹资,它是企业向银行或其他金融机构借入的期限在一年以内的借款,主要用于弥补企业流动资金的不足。

(一) 短期借款的种类

按照不同的分类标准,短期借款的种类不同,具体如图 3-8 所示。

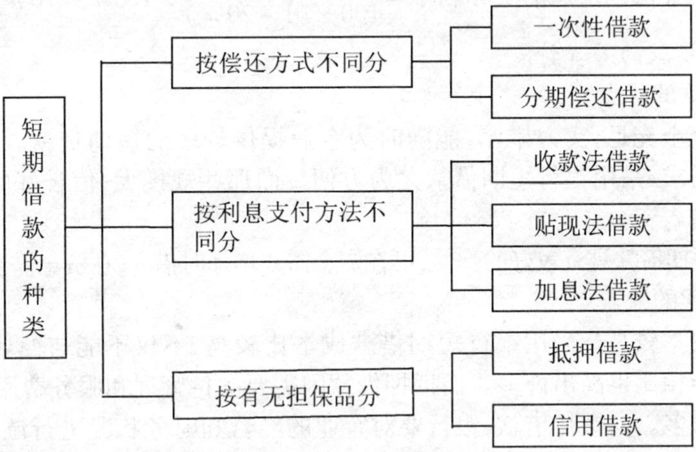

图 3-8 短期借款的种类

(二) 短期借款的信用条件

按照国际通行的做法,企业向银行借款通常需要附带一些信用条件,主要包括信用额度、周转信用协议和补偿性余额等。

1. 信用额度

信用额度即贷款限额,是指借款企业与银行之间以正式或非正式协议规定的企业借款的最高限额。通常在信用额度内,企业可以随时按需要向银行申请借款,如果借款企业没有按规定用途使用贷款或财务状况恶化,银行可以拒绝继续提供剩余贷款且不承担法律责任。

2. 周转信用协议

周转信用协议是指银行具有法律义务地承诺提供不超过某一最高限额的贷款协议。在协议的有效期内,只要企业借款总额未超过最高限额,银行必须满足企业任何时候提出的借款要求。企业享用周转协议,通常要对贷款限额的未使用部分付给银行一笔承诺费用。承诺费用一般按未使用的信用额度的一定比率计算。

【例 3-6】 甲公司与银行商定的周转信用额为 2 000 万元,借款年利率为 10%,承诺费率为 0.5%,借款企业年度内使用了 1 400 万元,余额为 600 万元,则:

甲企业应向银行支付的承诺费 $=600\times0.5\%=3$(万元)

$$\text{该项借款的实际利率}=\frac{1\,400\times10\%+3}{1\,400}\times100\%=10.21\%$$

3. 补偿性余额

补偿性余额是指银行要求借款企业在银行中保持按贷款限额或实际借用额一定百分比(通常为10%—20%)计算的最低存款余额。补偿性余额有助于银行降低贷款风险,补偿其可能遭受的风险;但是对借款企业来说,补偿性余额则提高了借款的实际利率,加重了企业负担。

【例3-7】 企业按年利率8%向银行借款100万元,银行要求保留20%的补偿性余额,企业实际可以运用的借款只有80万元,则:

$$\text{该项借款的补偿性余额的实际利率}=\frac{100\times8\%}{100\times(1-20\%)}\times100\%=10\%$$

(三) 短期借款的筹资特点

1. 短期借款的优点

(1) 银行资金充足,实力雄厚,能随时为企业提供较多的短期贷款。对于季节性和临时性的资金需求,采用银行短期借款尤为方便。而那些规模大、信誉好的大企业,更可以较低的利率借入资金。

(2) 银行短期借款具有较好的弹性,可在资金需要增加时借入,在资金需要减少时还款。

2. 短期借款的缺点

(1) 资金成本较高。采用银行短期借款成本比较高,不仅不能与商业信用相比,就是与短期融资券相比也高出许多。而抵押借款因需要支付管理和服务费用,成本更高。

(2) 限制较多。向银行借款,银行要对企业的经营和财务状况进行调查以后才能决定是否贷款,有些银行还要对企业有一定的控制权,要企业把流动比率、负债比率维持在一定的范围之内,这些都会构成对企业的限制。

第五节 衍生工具筹资

衍生工具筹资主要包括兼具股权与债务特性的混合融资和其他衍生工具融资。我国上市公司目前最常见的主要有可转换债券、认股权证。

一、可转换债券

可转换债券(Convertible Bond)是一种混合型证券,是公司普通债券与证券期权的组合体。可转换债券的持有人在一定期限内,可以按照事先规定的价格或者转换比例,自由地选择是否将债券转换为公司普通股。

按照转股权是否与可转换债券分离,可转换债券可以分为两类:一类是一般可转换债券,其转股权与债券不可分离,持有者直接按照债券面额和约定的转股价格,在约定的期限内将债券转换为股票;一类是可分离交易的可转换债券,这类债券在发行时附有认股权证,是认股权证和公司债券的组合,又被称为"可分离的附认股权证的公司债",发行上市后公司债券和认股权证各自独立流通、交易。认股权证的持有者认购股票时，需要按照认购价（行权价）出资购买股票。

（一）可转换债券的基本性质

（1）证券期权性。可转换债券给予了债券持有者未来的选择权，在事先约定的期限内，投资者可以选择将债券转换为普通股票，也可以放弃转换权利，持有至债券到期还本付息。由于可转换债券持有人具有在未来按一定的价格购买股票的权利，因此可转换债券实质上是一种未来的买入期权。

（2）资本转换性。可转换债券在正常持有期，属于债权性质；转换成股票后，属于股权性质。在债券的转换期间，持有人没有将其转换为股票，发行企业到期必须无条件地支付本金和利息。转换成股票后，债券持有人成为企业的股权投资者。资本双重性的转换，取决于投资者是否行权。

（3）赎回与回售。可转换债券一般都会有赎回条款，发债公司在可转换债券转换前，可以按一定条件赎回债券。通常，公司股票价格在一段时期内连续高于转股价格达到某一幅度时，公司会按事先约定的价格买回未转股的可转换公司债券。同样，可转换债券一般也会有回售条款，公司股票价格在一段时期内连续低于转股价格达到某一幅度时，债券持有人可按事先约定的价格将所持债券回卖给发行公司。

（二）可转换债券的基本要素

可转换债券的基本要素是指构成可转换债券基本特征的必要因素，它们代表了可转换债券与一般债券的区别，如表 3-12 所示。

表 3-12 可转换债券的基本要素

基本要素	含义
标的股票	可转换债券可转换成的公司股票，一般为发行公司自己的普通股票，也可以是其他公司的股票，如该公司的上市子公司的股票。
票面利率	可转换债券的票面利率一般会低于普通债券的票面利率，有时甚至还低于同期银行存款利率。
转换价格	转换价格是指可转换债券在转换期间据以转换为普通股的折算价格，即将可转换债券转换为普通股的每股普通股的价格。
转换比率	转换比率是指每一份可转换债券在既定的转换价格下能转换为普通股股票的数量。在债券面值和转换价格确定的前提下，转换比率 $=\frac{\text{债券面值}}{\text{转换价格}}$。
转换期	转换期指的是可转换债券持有人能够行使转换权的有效期限。
赎回条款	赎回条款是指发债公司按事先约定的价格买回未转股债券的条件规定，赎回一般发生在公司股票价格在一段时期内连续高于转股价格达到某一幅度时。
回售条款	回售条款是指债券持有人有权按照事前约定的价格将债券卖回给发债公司的条件规定。回售一般发生在公司股票价格在一段时期内连续低于转股价格达到某一幅度时。
强制性转换调整条款	强制性转换调整条款是指在某些条件具备之后，债券持有人必须将可转换债券转换为股票，无权要求偿还债权本金的规定。

（三）可转换债券的发行条件

（1）最近3年连续盈利，且最近3年净资产收益率平均在10%以上；属于能源、原材料、基础设施类的公司可以略低，但是不得低于7%。

（2）可转换债券发行后，公司资产负债率不高于70%。

（3）累计债券余额不超过公司净资产额的40%。

（4）上市公司发行可转换债券，还应当符合关于公开发行股票的条件。

（四）可转换债券的筹资特点

1. 可转换债券筹资的优点

（1）筹资灵活性。可转换债券将传统的债务筹资功能和股票筹资功能结合起来，筹资性质和时间上具有灵活性。债券发行企业先以债务方式取得资金，到了债券转换期，如果股票市价较高，债券持有人将会按约定的价格转换为股票，避免了企业还本付息的负担。如果公司股票长期低迷，投资者不愿意将债券转换为股票，企业即时还本付息清偿债务，也能避免未来长期的股权资本成本负担。

（2）资本成本较低。可转换债券的利率低于同一条件下普通债券的利率，降低了公司的筹资成本；此外，在可转换债券转换为普通股时，公司无须另外支付筹资费用，又节约了股票的筹资成本。

（3）筹资效率高。可转换债券在发行时，规定的转换价格往往高于当时本公司的股票价格。如果这些债券将来都转换成了股权，这相当于在债券发行之际，就以高于当时股票市价的价格新发行了股票，以较少的股份代价筹集了更多的股权资金。因此，在公司发行新股时机不佳时，可以先发行可转换债券，以期将来变相发行普通股。

2. 可转换债券筹资的缺点

（1）存在回售的财务压力。若可转换债券发行后，公司股价长期低迷，在设计有回售条款的情况下，投资者集中在一段时间内将债券回售给发行公司，加大了公司的财务支付压力。

（2）股价大幅度上扬风险。如果债券转换时公司股票价格大幅度上扬，公司只能以较低的固定转换价格换出股票，这会降低公司的股权筹资额。

（3）存在不转换的财务压力。如果在转换期内公司股价恶化，持券者到期不会转股，会造成公司集中兑付债券本息的财务压力。

二、认股权证

认股权证的全称为股票认购授权证，是一种由上市公司发行的证明文件，持有人有权在一定时间内以约定价格认购该公司发行的一定数量的股票。

广义的权证（Warrant），是一种持有人有权于某一特定期间或到期日，按约定的价格，认购或沽出一定数量的标的资产的期权。按买或卖的不同权利，权证可分为认购权证和认沽权证，又称看涨权证和看跌权证。

（一）认股权证的基本性质

1. 证券期权性

认股权证本质上是一种股票期权，属于衍生金融工具，具有实现融资和股票期权激励的双重功能。但认股权证本身是一种认购普通股的期权,它没有普通股的红利收入,也没有普通股相应的投票权。

2. 认股权证是一种投资工具

投资者可以通过购买认股权证获得市场价与认购价之间的股票差价收益,因此它是一种具有内在价值的投资工具。

(二) 认股权证的种类

1. 美式认股权证与欧式认股权证

美式认股权证,指权证持有人在到期日前,可以随时提出履约要求,买进约定数量的标的股票。而欧式认股权证,则是指权证持有人只能于到期日当天,才可买进标的股票。

无论认股证是欧式还是美式,投资者均可在到期日前在市场出售转让其持有的认股权证。事实上,只有小部分权证持有人会选择行权,大部分投资者均会在到期前沽出权证。

2. 长期认股权证与短期认股权证

短期认股权证的认股期限一般在90天以内。认股权证期限超过90天的,为长期认股权证。

(三) 认股权证的筹资特点

(1) 认股权证是一种融资促进工具,它能促使公司在规定的期限内完成股票发行计划,顺利实现融资。

(2) 认股权证筹资有助于改善上市公司的治理结构。采用认股权证进行融资,融资的实现是缓期分批实现的,上市公司及其大股东的利益和投资者是否在到期之前执行认股权证密切相关,因此,在认股权证有效期间,上市公司管理层及其大股东任何有损公司价值的行为,都可能降低上市公司的股价,从而降低投资者执行认股权证的可能性,这将损害上市公司管理层及其大股东的利益。因此,认股权证将有效约束上市公司的败德行为,并激励它们更加努力地提升上市公司的市场价值。

(3) 作为激励机制的认股权证有利于推进上市公司的股权激励机制。认股权证是常用的员工激励工具,通过给予管理者和重要员工一定的认股权证,可以把管理者和员工的利益与企业价值成长紧密联系在一起,建立一个通过提升企业价值来实现管理者与员工自身财富增值的利益驱动机制。

【本章练习】

一、单项选择题

1. 下列各项属于企业短期资金来源的是(   )。

A. 银行借款　　B. 商业信用　　C. 发行债券　　D. 发行股票

2. 下列权利中,不属于普通股股东权利的是(   )。

A. 公司管理权　　B. 收益分享权

C. 优先认股权　　D. 优先分配剩余财产权

3. 关于留存收益,下列说法不正确的是(   )。

A. 留存收益是企业资金的一种重要来源

B. 利用留存收益是企业将利润转化为股东对企业追加投资的过程

C. 由于留存收益筹资不用发生筹资费用,所以留存收益筹资是没有成本的

D. 在没有筹资费用的情况下,留存收益的成本计算与普通股是一样的

4. 某企业购入一批设备,对方开出的信用条件为“2/10,n/30”,则放弃现金折扣的成本为(　　)。

A. 36.73%　　B. 37.63%　　C. 36.4%　　D. 35.6%

5. 相对于股票筹资,银行借款这种筹资方式的缺点是(　　)。

A. 筹资速度慢　　B. 财务风险高　　C. 分散控制权　　D. 筹资成本高

二、多项选择题

1. 股权筹资的缺点主要有(　　)。

A. 资本成本负担较重　　B. 财务风险比较大

C. 容易分散公司控制权　　D. 信息沟通与披露成本较大

2. 相对于借款购置设备而言,融资租赁设备的主要优点有(　　)。

A. 能够迅速获得资产　　B. 资金成本较低

C. 到期还本负担重　　D. 免遭设备陈旧过时的风险

3. 与股权筹资相比,债务筹资的优点有(　　)。

A. 筹资弹性大　　B. 资本成本负担较轻

C. 可以利用财务杠杆　　D. 稳定公司的控制权

4. 决定债券发行价格的因素主要有(　　)。

A. 面值　　B. 票面利率　　C. 折现率　　D. 发行主体

5. 下列各项中,与放弃现金折扣成本呈同向变动关系的是(　　)。

A. 延期付款天数　　B. 折扣期　　C. 信用期　　D. 折扣率

三、判断题

1. 从时效来看,资本金在任何时候均不得从企业收回,企业可以无限期地占用投资者的出资。(　　)

2. 吸收直接投资是企业按照“共同投资、共同经营、共担风险、共享收益”的原则,直接吸收国家、法人、个人和外商投入资金的一种筹资方式。其中,以实物资产出资是吸收直接投资中最重要的出资方式。(　　)

3. 相对于银行借款筹资而言,发行公司债券的筹资风险大。(　　)

4. 我国《公司法》规定,公司全体股东或者发起人的货币出资金额不得低于公司注册资本的30%。(　　)

5. 商业信用筹资属于自然性融资,与商品买卖同时进行,商业信用筹资没有实际成本。(　　)

四、简答题

1. 什么是筹资?简述企业筹资的动机及原则。

2. 简述企业的筹资渠道与筹资方式,应该如何实现两者的最佳配合?

3. 比较发行股票、发行债券筹资的优缺点。

4. 简述租赁筹资的类型及租金的确定方法。

5. 什么是商业信用?如何进行商业信用的筹资管理?

第四章　筹资风险管理

【本章导航】

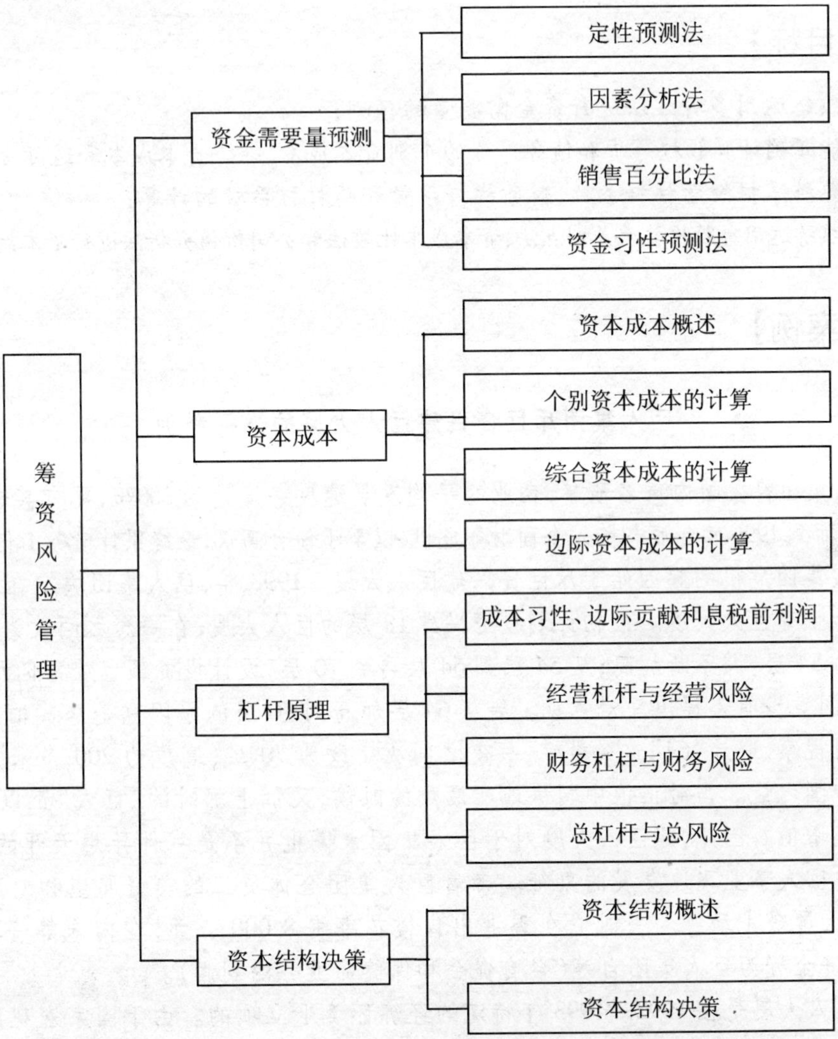

【知识目标】

1. 熟悉资金需要量的主要预测方法;
2. 掌握各种资本成本的计算原理;
3. 熟悉财务管理中的杠杆效应;
4. 掌握企业筹资风险的内容与衡量方式;
5. 正确理解最佳资本结构的含义及决策方法的原理。

【能力目标】

1. 熟练运用多种方法进行资金需要量的预测;
2. 能正确计算股权筹资和债务筹资的个别资本成本、综合资本成本和边际资本成本;
3. 熟练掌握经营杠杆系数、财务杠杆系数和总杠杆系数的计算;
4. 熟练运用每股收益无差别点法、资本成本比较法和公司价值分析法进行资本结构决策。

【导入案例】

巨人集团斥巨资兴建巨人大厦的惨痛教训

巨人集团曾在国内声名显赫,企业的平均发展速度一度达到300%,更有甚者,说达到500%,然而到1996年年底却陷入全面财务危机,以至于债台高筑,最终累计债务1亿多元。

巨人集团危机的起因始于斥巨资兴建巨人大厦。1993年,巨人集团决定在珠海市中心繁华地带建巨人大厦。最初计划投资兴建18层的巨人大厦,在一念之间改为38层,后来又改为54层,并不断加高,从54层到64层再到70层,设计投资额也从2亿元到12亿元,这中间竟没有人提出反对意见。要从64层加高到70层的原因竟是总裁怕中央领导人来公司视察,避讳“64”这个数字,一夜之间决定改为70层(高度为200多米),建成后将成为中国之最。当时正值中国房地产最热的时候,又加上那时的“巨人”正以每年400倍的速度增值。因此,建巨人大厦对于巨人集团来说也并不是一件异想天开的事,建成后将成为巨人事业飞速发展的象征。带着巨人集团全体员工的美好愿望和对明天的憧憬,巨人大厦破土动工。当时它在香港出售楼花筹资8 000万元,在内地筹资4 000万元,其余资金皆为巨人集团自筹(自有资金和保健品业务的利润)。

建巨人大厦是在1992—1993年特定的经济环境下立项的。由于国家宏观调整使中国房地产市场骤然降温,当时巨人大厦刚刚破土动工,预售楼花很少有人问津。由此可以看出,巨人集团对漫长的经济调整和房地产市场风险估计不足,没有做好充分的调查、论证。另外,巨人大厦后来又因水灾和重大技术难题,延误了11个月的工期。还有,巨人大厦自始至终都没有得到过一分钱的贷款,当时公司过于相信自己的实力,认为不需要银行贷款,自己能够解决资金问题,大厦终因资金链断裂没能盖起来。

当时巨人集团的全部债务近2亿元，其中银行只有1 000多万元，债权人主要是小型投资者和小型加工厂，公司的债务结构严重不合理。

由此可见，资金筹措不当毁了一个企业的大好前程。怎样有效地规避企业在筹资中面临的风险，也是财务管理的重要环节之一。资金需要量预测、资本成本计算、财务风险的衡量、资本结构的决策将是本章关注的重点。

资料来源：主要摘自百度网，原地址：http://zhidao.baidu.com/question/28445849.html；http://zhidao.baidu.com/question/51720979.html；http://zhidao.baidu.com/question/155213812.html。

第一节　资金需要量预测

企业筹集资金要以需定筹，必须科学合理地进行预测。筹资数量预测的基本目的，是保证筹集的资金既能满足生产经营的需要，又不会产生资金多余而闲置。预测资金需要量的主要方法有定性预测法、因素分析法、销售百分比法和资金习性预测法。

一、定性预测法

定性预测法是指利用有关材料，依靠预测者的个人经验，对企业未来资金的需要量做出预测的方法。它的预测过程是：先由熟悉生产经营情况和财务情况的专家，根据过去积累的经验进行分析判断，提出预测的初步意见，然后再通过召开座谈会或发出各种征询意见表格等形式，对上述预测的初步意见进行补充，得出最终的预测结果。

定性预测法在企业缺乏基本资料的情况下不失为一种有价值的预测方法，但是它缺乏客观依据，容易受预测人员主观判断的影响，因而预测的准确性较差。

二、因素分析法

因素分析法又称分析调整法，是以有关项目基期年度的平均资金需要量为基础，根据预测年度的生产经营任务和资金周转加速的要求，进行分析调整，来预测资金需要量的一种方法。

因素分析法的计算公式如下：

资金需要量 =（基期资金平均占用额 − 不合理资金占用额）×（1 ± 预测期销售增减额）×（1 ± 预测期资金周转速度变动率）

因素分析法计算简便，容易掌握，但预测结果不太精确。它通常用于品种繁多、规格复杂、资金用量小的项目。

【例4-1】　甲企业上年度资金平均占用额为3 500万元，经分析，其中不合理部分500万元，预计本年度销售增长10%，资金周转加速3%。则：

预测年度资金需要量 =（3 500 − 500）×（1 + 10%）×（1 + 3%）= 3 399（万元）

三、销售百分比法

销售百分比法是指假设收入、费用、资产、负债与销售收入存在稳定的百分比关系，并根据预计销售额和相应的百分比预计资产、负债和所有者权益变动,然后利用会计等式确定融资需求的一种方法。

（一）销售百分比法的基本步骤

销售百分比法的基本步骤,如图 4-1 所示。

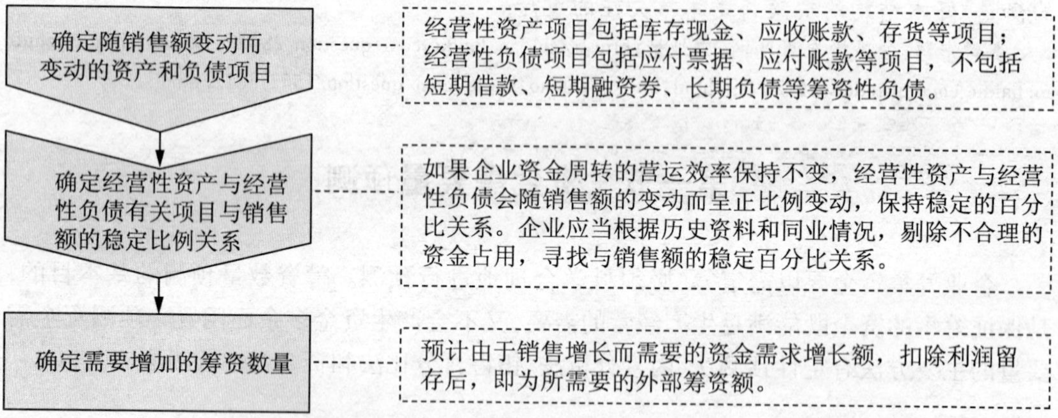

图 4-1　销售百分比法的基本步骤

（二）销售百分比法的计算公式

销售百分比法的计算公式为:

$$外部融资需求量 = \frac{A}{S_1} \times \Delta S - \frac{B}{S_1} \times \Delta S - P \times E \times S_2$$

其中:A 表示随销售而变化的敏感性资产;B 表示随销售而变化的敏感性负债;S_1 表示基期销售额;S_2 表示预测期销售额;ΔS 表示销售变动额;P 表示销售净利率;E 表示利润留存率;A/S_1 表示敏感资产与销售额的关系百分比;B/S_2 表示敏感负债与销售额的关系百分比。

销售百分比法的优点,是能为筹资管理提供短期预计的财务报表,以适应外部筹资的需要,且易于使用。但在有关因素发生变动的情况下,必须相应地调整原有的销售百分比。

【例 4-2】　百乐公司 2010 年 12 月 31 日的简要资产负债表如表 4-1 所示。假定百乐公司 2010 年销售额为 5 000 万元,销售净利率为 8%,利润留存率为 35%。2011 年销售额预计增长 15%,公司有足够的生产能力,无须追加固定资产投资。

表 4-1　百乐公司资产负债表

2010 年 12 月 31 日　　单位:万元

资　产	金　额	与销售关系(%)	负债与权益	金　额	与销售关系(%)
货币资金	500	10	短期借款	2 500	N
应收账款	1 500	30	应付票据	1 000	20
存　　货	3 000	60	应付账款	500	10
固定资产	3 000	N	应付债券	1 000	N

（续表）

资　产	金　额	与销售关系（%）	负债与权益	金　额	与销售关系（%）
			实收资本	2 000	N
			留存收益	1 000	N
合　计	8 000	100	合　计	8 000	30

2011 年外部融资需求的计算过程，如图 4-2 所示。

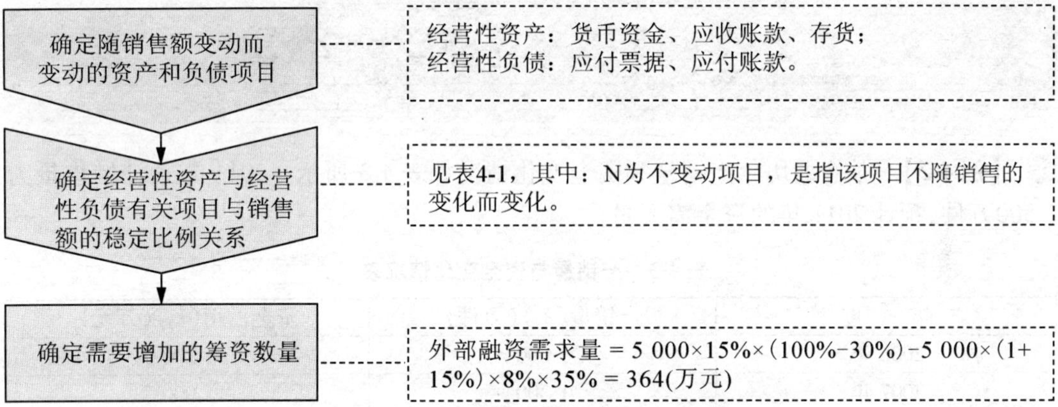

图 4-2　2011 年外部融资需求的计算过程

四、资金习性预测法

资金习性预测法，是根据资金习性预测未来资金需要量的一种方法。所谓资金习性，是指资金的变动同产销量变动之间的依存关系。按照资金同产销量之间的依存关系，可以把资金区分为不变资金、变动资金和半变动资金，具体如表 4-2 所示。

表 4-2　按资金同产销量之间的依存关系对资金的划分

资金划分	含义	举例
不变资金	指在一定的产销量范围内，不受产销量变动的影响而保持固定不变的那部分资金。	为维持营业而占用的最低数额的现金，包括原材料的保险储备，必要的成品储备，厂房、机器设备等固定资产占用的资金。
变动资金	指随产销量的变动而成同比例变动的那部分资金。	包括直接构成产品实体的原材料、外购件等占用的资金。 另外，在最低储备以外的现金、存货、应收账款等也具有变动资金的性质。
半变动资金	指虽然受产销量变化的影响，但不成同比例变动的资金。	一些辅助材料上占用的资金。

（一）根据资金占用总额与产销量的关系预测

这种方式是根据历史上企业资金占用总额与产销量之间的关系，把资金分为不变和变动两部分，然后结合预计的销售量来预测资金需要量。

设产销量为自变量 X，资金占用为因变量 Y，它们之间的关系可用下式表示：

$$Y = a + bX$$

其中：a 表示不变资金；b 表示单位产销量所需变动资金。

【特别说明】

上述公式中 a 和 b 的计算，可以用回归直线方程求出，公式为：

$$a = \frac{\sum x_i^2 \sum y_i - \sum x_i \sum x_i y_i}{n\sum x_i^2 - (\sum x_i)^2}, \quad b = \frac{n\sum x_i y_i - \sum x_i \sum y_i}{n\sum x_i^2 - (\sum x_i)^2}$$

【例 4-3】 某企业历年产销量和资金变化情况如表 4-3 所示。2011 年预计销售量为 1 500万件，预计 2011 年的资金需要量。

表 4-3　产销量与资金变化情况表

年　度	产销量(X_i)(万件)	资金占用(Y_i)(万元)
2006 年	1 600	1 200
2007 年	1 300	900
2008 年	1 400	1 000
2009 年	1 550	1 150
2010 年	1 610	1 260

根据表 4-3，整理得到表 4-4。

表 4-4　资金需要量预测表(按总额预测)

年　度	产销量 X_i(万件)	资金占用 Y_i(万元)	X_iY_i	X_i^2
2006 年	1 600	1 200	1 920 000	2 560 000
2007 年	1 300	900	1 170 000	1 690 000
2008 年	1 400	1 000	1 400 000	1 960 000
2009 年	1 550	1 150	1 782 500	2 402 500
2010 年	1 610	1 260	2 028 600	2 592 100
合计 $n=5$	$\sum X_i = 7\,460$	$\sum Y_i = 5\,510$	$\sum X_iY_i = 8\,301\,100$	$\sum X_i^2 = 11\,204\,600$

根据上述公式，解得：

$$a = \frac{11\,204\,600 \times 5\,510 - 7\,460 \times 8\,301\,100}{5 \times 11\,204\,600 - 7\,460^2} = -508.51(\text{万元})$$

$$b = \frac{5 \times 8\,301\,100 - 7\,460 \times 5\,510}{5 \times 11\,204\,600 - 7\,460^2} = 1.08$$

$$Y = -508.51 + 1.08X$$

把 2011 年预计销售量 1 500 万件代入上式得出：

$$2011年资金需要量 = -508.51 + 1.08 \times 1\,500 = 1\,111.49（万元）$$

（二）采用逐项分析法预测

这种方式是根据各资金占用项目（如现金、存货、应收账款、固定资产）同产销量之间的关系，把各项目的资金都分成变动和不变两部分，然后汇总在一起，求出企业变动资金总额和不变资金总额，进而来预测资金需要量。

【例 4-4】 某企业历年现金占用与销售额之间的关系如表 4-5 所示。

表 4-5　现金与销售额变化情况表　　单位：万元

年　度	销售收入（X_i）	现金占用（Y_i）
2006 年	2 000	110
2007 年	2 400	130
2008 年	2 600	140
2009 年	2 800	150
2010 年	3 000	160

根据以上资料，采用适当的方法来计算不变资金和变动资金的数额。此处假定采用高低点法求 a 和 b 的值。

$$b = \frac{最高收入期的资金占用量 - 最低收入期的资金占用量}{最高销售收入 - 最低销售收入}$$

$$= \frac{160 - 110}{3\,000 - 2\,000}$$

$$= 0.05$$

将 b = 0.05 代入 2010 年 $Y = a + bX$，得：

$$a = 160 - 0.05 \times 3\,000 = 10（万元）$$

存货、应收账款、流动负债、固定资产等也可根据历史资料做这样的划分，然后汇总列于表 4-6 中。

表 4-6　资金需要量预测表（分享预测）

项　目	年度不变资金（a）	每 1 元销售收入所需变动资金（b）
流动资产		
货币资金	10	0.05
应收账款	60	0.14
存货	100	0.22
小计	170	0.41
减：流动负债		
应付账款及应付费用	80	0.11
净资金占用	90	0.30
固定资产		
厂房、设备	510	0
所需资金合计	600	0.30

根据表4-6的资料,得出预测模型为:

$$Y=600+0.30X$$

如果2011年的预计销售额为3 500万元,则:

$$2011\text{ 年的资金需要量}=600+0.30\times3\ 500=1\ 650(\text{万元})$$

第二节　资本成本

企业的筹资管理,不仅要合理选择筹资方式,而且还要科学安排资本结构。资本结构优化是企业筹资管理的基本目标,也会对企业的生产经营安排产生制约性的影响。资本成本是衡量资本结构优化程度的标准,也是对投资获得经济效益的最低要求。企业筹得的资本付诸使用以后,只有投资报酬率高于资本成本,才能表明所筹集的资本取得了较好的经济效益。

一、资本成本概述

(一) 资本成本的含义

1. 资本成本的概念

资本成本(Capital Cost)是指企业为筹集和使用资本而付出的代价。从广义上来看,企业筹集和使用的资金包括短期资金和长期资金。从狭义上来看,资金仅指长期资金,即资本。所以,资本成本是指企业获得和使用长期资金付出的代价。

资本成本是资本所有权与资本使用权分离的结果。对出资者而言,由于让渡了资本使用权,必须要求取得一定的补偿,资本成本表现为让渡资本使用权所带来的投资报酬。对筹资者而言,由于取得了资本使用权,必须支付一定代价,资本成本表现为占用资本使用权所付出的代价。

【双语链接】

Capital Cost: One-time setup cost of a plant or project, after which there will only be recurring operational or running costs.

2. 资本成本的构成

(1) 筹资费用。筹资费用是指企业在资本筹措过程中为获得资本而付出的代价,如向银行支付的借款手续费,因发行股票、公司债券而支付的发行费等。通常在资本筹集时一次性发生,在资本使用过程中不再发生,因此,视为筹资数额的一项扣除。

(2) 用资费用。用资费用是指企业在资本使用过程中因占用资本而付出的代价,如向银行等债权人支付的利息,向股东支付的股利等。用资费用是因为占用了他人资金而必须支付的费用,是资本成本的主要内容。

(二) 资本成本的形式

1. 个别资本成本

个别资本成本是指单一融资方式的资本成本,包括银行借款资本成本、公司债券资本成本、融资租赁资本成本、普通股资本成本和留存收益成本等。

2. 综合资本成本

综合资本成本是指企业全部长期资金的总成本，通常是以各种资本占全部资本的比重为权数，对各项个别资本成本进行加权平均确定的，亦称为加权平均资本成本。

3. 边际资本成本

边际资本成本是指企业追加筹资的成本。

（三）资本成本的作用

1. 资本成本是比较筹资方式、选择筹资方案的依据

各种资本的资本成本率，是比较、评价各种筹资方式的依据。在评价各种筹资方式时，一般会考虑的因素包括对企业控制权的影响、对投资者吸引力的大小、融资的难易和风险、资本成本的高低等，而资本成本是其中的重要因素。在其他条件相同时，企业筹资应选择资本成本最低的方式。

2. 平均资本成本是衡量资本结构是否合理的依据

企业财务管理目标是企业价值最大化，企业价值是企业资产带来的未来经济利益的现值。计算现值时采用的贴现率通常会选择企业的平均资本成本，当平均资本成本率最小时，企业价值最大，此时的资本结构是企业理想的最佳资本结构。

3. 资本成本是评价投资项目可行性的主要标准

资本成本通常用相对数表示，它是企业对投入资本所要求的报酬率（或收益率），即最低必要报酬率。任何投资项目，如果它预期的投资报酬率超过该项目使用资金的资本成本率，则该项目在经济上就是可行的。因此，资本成本率是企业用以确定项目要求达到的投资报酬率的最低标准。

4. 资本成本是评价企业整体业绩的重要依据

一定时期企业资本成本的高低，不仅反映企业筹资管理的水平，还可作为评价企业整体经营业绩的标准。企业的生产经营活动，实际上就是所筹集资本经过投放后形成的资产营运，企业的总资产报酬率应高于其平均资本成本率，才能带来剩余收益。

（四）影响资本成本的因素

1. 总体经济环境

总体经济环境和状态决定企业所处的国民经济发展状况和水平，以及预期的通货膨胀。总体经济环境变化的影响，反映在无风险报酬率上，如果国民经济保持健康、稳定、持续增长，整个社会经济的资金供给和需求相对均衡且通货膨胀水平低，资金所有者投资的风险小，预期报酬率低，筹资的资本成本相应就比较低。相反，如果国民经济不景气或者经济过热，通货膨胀持续居高不下，投资者投资风险大，预期报酬率高，筹资的资本成本就高。

2. 资本市场条件

资本市场效率表现为资本市场上的资本商品的市场流动性。资本商品的流动性高，表现为容易变现且变现时价格波动较小。如果资本市场缺乏效率，证券的市场流动性低，投资者投资风险大，要求的预期报酬率高，那么通过资本市场筹集的资本其资本成本就比较高。

3. 企业经营状况和融资状况

企业内部经营风险是企业投资决策的结果，表现为资产报酬率的不确定性；企业融

资状况导致的财务风险是企业筹资决策的结果,表现为股东权益资本报酬率的不确定性。两者共同构成企业总体风险,如果企业经营风险高,财务风险大,则企业总体风险水平高,投资者要求的预期报酬率高,企业筹资的资本成本相应就大。

4. 企业对筹资规模和时限的需求

在一定时期内,国民经济体系中资金供给总量是一定的,资本是一种稀缺资源。因此企业一次性需要筹集的资金规模越大、占用资金时限越长,资本成本就越高。当然,融资规模、时限与资本成本的正向相关性并非线性关系。一般来说,融资规模在一定限度内,并不引起资本成本的明显变化,当融资规模突破一定限度时,才引起资本成本的明显变化。

二、个别资本成本的计算

个别资本成本是指单一融资方式的资本成本,一般用相对数来表示。

(一) 资本成本计算的基本模式

资本成本计算的基本模式包括一般模式和折现模式。

1. 一般模式

为了便于分析比较,资本成本通常不考虑时间价值的一般通用模型计算,用相对数即资本成本率表达。计算时,将初期的筹资费用作为筹资额的一项扣除,扣除筹资费用后的筹资额称为筹资净额,通用的计算公式是:

$$\text{资本成本率}=\frac{\text{年资金占用费}}{\text{筹资总额}-\text{筹资费用}}=\frac{\text{年资金占用费}}{\text{筹资总额}\times(1-\text{筹资费用率})}$$

2. 折现模式

对于金额大、时间超过一年的长期资本,更准确一些的资本成本计算方式是采用折现模式,即将债务未来还本付息或股权未来股利分红的折现值与目前筹资净额相等时的折现率作为资本成本率,即:

由: 筹资净额现值 - 未来资本清偿额现金流量现值 = 0

得: 资本成本率 = 所采用的折现率

(二) 长期债务筹资资本成本的计算

长期债务筹资方式包括长期借款、发行公司债券、融资租赁等,其资本成本的计算,如表 4-7 所示。

表 4-7 长期债务筹资资本成本的计算

筹资方式	资本成本的计算公式
长期借款	$K_l=\frac{\text{年利率}\times(1-\text{所得税税率})}{1-\text{手续费率}}\times 100\%=\frac{i(1-T)}{1-f}\times 100\%$
发行公司债券	$K_b=\frac{\text{年利息}\times(1-\text{所得税税率})}{\text{债券筹资总额}\times(1-\text{手续费率})}\times 100\%=\frac{I(1-T)}{L(1-f)}\times 100\%$
融资租赁	融资租赁各期的租金中,包含有本金每期的偿还和各期手续费用(即租赁公司的各期利润),其资本成本率只能按贴现模式计算

【例 4-5】 甲公司从银行取得一笔长期借款 1 000 万元,手续费为 0.1%,年利率为 6%,期限为 5 年,每年付息一次,到期一次还本。企业所得税税率为 25%。此笔借款的资本成本计算如下:

$$K_l=\frac{1\ 000\times6\%\times(1-25\%)}{1\ 000\times(1-0.1\%)}\times100\%=4.5\%$$

【例 4-6】　乙公司拟发行面值为 5 000 元、期限为 3 年、票面利率为 6% 的债券，每年付息一次，到期还本。发行费用为发行价格的 3%，企业所得税税率为 25%。则该债券的资本成本计算如下：

$$K_b=\frac{5\ 000\times6\%\times(1-25\%)}{5\ 000\times(1-3\%)}\times100\%=4.64\%$$

如果乙公司按溢价 5 500 元发行，则该债券的资本成本计算如下：

$$K_b=\frac{5\ 000\times6\%\times(1-25\%)}{5\ 500\times(1-3\%)}\times100\%=4.22\%$$

如果乙公司按折价 4 500 元发行，则该债券的资本成本计算如下：

$$K_b=\frac{5\ 000\times6\%\times(1-25\%)}{4\ 500\times(1-3\%)}\times100\%=5.15\%$$

（三）股权筹资资本成本的计算

股权筹资的方式包括吸收直接投资、发行股票和留存收益等，其资本成本的计算，如表 4-8 所示。

表 4-8　股权筹资资本成本的计算

<table>
<tr><th>筹资方式</th><th colspan="3">资本成本的计算公式</th></tr>
<tr><td>发行优先股股票</td><td colspan="3">$K_p=\frac{D}{P\times(1-f)}$
式中，D 表示优先股股利，P 表示发行价格，f 表示筹资费用率。</td></tr>
<tr><td rowspan="3">发行普通股股票</td><td rowspan="2">股利折现模型</td><td>固定股利政策</td><td>$K_c=\frac{D}{P(1-f)}$
式中，D 表示普通股股利，P 表示发行价格，f 表示筹资费用率。</td></tr>
<tr><td>固定增长股利政策</td><td>$K_c=\frac{D_1}{P(1-f)}+G$
式中，D_1 表示第一年股利，P 表示发行价格，f 表示筹资费用率，G 表示股利增长率。</td></tr>
<tr><td colspan="2">资本资产定价模型</td><td>$K_c=R_f+\beta(R_m-R_f)$
式中，R_f 表示无风险报酬率，R_m 表示市场报酬率。</td></tr>
<tr><td>留存收益</td><td colspan="3">$K=\frac{D_1}{P}+G$
式中，D_1 表示第一年股利，P 表示发行价格，G 表示股利增长率。</td></tr>
</table>

【例 4-7】　某公司发行总面值为 150 万元的优先股股票。其实际发行所得为 180 万

元，合约规定优先股股利率为每年15%，筹资费用率为发行价的5.5%。则优先股的资本成本计算如下：

$$K_p = \frac{150 \times 15\%}{180 \times (1 - 5.5\%)} \times 100\% = 13.23\%$$

【例4-8】 丙公司发行面值为1元的普通股200万股，筹资总额为600万元，筹资费用率为3%，已知第一年的每股股利为0.20元，以后各年按6%的比率增长，则该普通股股票的资本成本计算如下：

$$K_c = \frac{200 \times 0.20 \times (1 + 6\%)}{600 \times (1 - 3\%)} \times 100\% + 6\% = 13.29\%$$

【特别提醒】

留存收益的资本成本率计算

留存收益的资本成本率，表现为股东追加投资要求的报酬率，其计算与普通股成本相同，也分为股利增长模型法和资本资产定价模型法，不同点在于留存收益资本成本不考虑筹资费用。

三、综合资本成本的计算

综合资本成本(Composite Cost of Capital)是指企业全部长期资金的总成本，通常是以各种资本占全部资本的比重为权数，对各项个别资本成本率进行加权平均而得到的总资本成本率。计算公式为：

$$K_\omega = \sum_{j=1}^{n} K_j W_j$$

其中：K_ω 表示综合资本成本；K_j 表示第 j 种个别资本成本；W_j 表示第 j 种个别资本在全部资本中的比重。

综合资本成本的计算，存在着权数价值的选择问题，即各项个别资本按什么权数来确定资本比重。通常，可供选择的价值形式有账面价值、市场价值、目标价值等，如表4-9所示。

表4-9 综合资本成本中权数的价值形式

价值形式	含义	优点	缺点
账面价值权数	即以各项个别资本的会计报表账面价值为基础来计算资本权数，确定各类资本占总资本的比重。	资料容易取得，可以直接从资产负债表中得到，而且计算结果比较稳定。	当债券和股票的市价与账面价值差距较大时，导致按账面价值计算出来的资本成本，不能反映目前从资本市场上筹集资本的现时机会成本，不适合评价现时的资本结构。
市场价值权数	即以各项个别资本的现行市价为基础来计算资本权数，确定各类资本占总资本的比重。	能够反映现时的资本成本水平，有利于进行资本结构决策。	现行市价处于经常变动之中，不容易取得，而且现行市价反映的只是现时的资本结构，不适用于未来的筹资决策。

（续表）

价值形式	含义	优点	缺点
目标价值权数	即以各项个别资本预计的未来价值为基础来确定资本权数，确定各类资本占总资本的比重。	目标价值是目标资本结构要求下的产物，是公司筹措和使用资金对资本结构的一种要求。对于公司筹措新资金，需要反映期望的资本结构来说，目标价值是有益的，适用于未来的筹资决策。	目标价值的确定难免具有主观性。

【特别提醒】

目标价值权数的确定

可以选择未来的市场价值，也可以选择未来的账面价值。选择未来的市场价值，与资本市场现状联系比较紧密，能够与现时的资本市场环境状况结合起来，目标价值权数的确定一般以现时市场价值为依据。但市场价值波动频繁，可行方案是选用市场价值的历史平均值，如 30 日、60 日、120 日均价等。

【例 4-9】 某企业共有资本 2 000 万元，其中长期借款 200 万元，资本成本为 5.61%；公司债券 500 万元，资本成本为 6.81%；优先股 300 万元，资本成本为 9.56%；普通股 400 万元，资本成本为 13.98%；留存收益 600 万元，资本成本为 13%。则该企业的加权平均资本成本的计算，如表 4-10 所示。

表 4-10　加权平均资本成本的计算

筹资方式	资本成本（%）	资本数额（万元）	所占比重（%）	加权平均资本成本（%）
长期借款	5.61	200	10	0.5610
公司债券	6.81	500	25	1.7025
优先股	9.56	300	15	1.4340
普通股	13.98	400	20	2.7960
留存收益	13.00	600	30	3.9000
合计	—	2 000	100	10.3935

四、边际资本成本的计算

边际资本成本（Marginal Cost of Capital）是企业追加筹资的成本。企业的个别资本成本和综合资本成本，是企业过去筹集的单项资本的成本和目前使用的全部资本的成本。然而，企业在追加筹资时，不能仅仅考虑目前所使用资本的成本，还要考虑新筹集资金的成本，即边际资本成本。边际资本成本，是企业进行追加筹资的决策依据。筹资方案组合时，边际资本成本的权数采用目标价值权数。

【双语链接】

Marginal Cost of Capital: A way of determining the cost of obtaining just one more dollar of capital. Some methods may be more costly than other methods when considering how to raise additional funds.

【例 4-10】 某公司拥有长期资金 400 万元,其中:长期借款 160 万元,其资本成本为 8%;普通股 240 万元,其资本成本为 12%。由于扩大经营规模的需要,拟新筹资金 200 万元。经分析,认为筹集新资金后仍应保持目前的资本结构,如表 4-11 所示。

表 4-11　资本成本表

资本种类	目标资本结构(W_j)	新筹资额	资本成本(r_j)
长期借款	40%	20 万元以内 20 万元以上	8% 10%
普通股	60%	60 万元以内 60 万元以上	12% 14%

边际资本成本的计算步骤:

(1) 计算筹资突破点

筹资突破点是指在保持某资本成本的条件下,可以筹集到的资本总限度。

$$筹资突破点=\frac{可用某一特定资本成本筹集到的某种资本额}{该种资本在资本结构中所占的比重}$$

长期借款:

在资本成本为 8% 时,筹资限额为 20 万元,则其筹资突破点为:$\frac{20}{40\%}=50$(万元)。

普通股:

在资本成本为 12% 时,筹资限额为 60 万元,则其筹资突破点为:$\frac{60}{60\%}=100$(万元)。

(2) 划分可能的筹资总额范围

根据长期借款和普通股的个别筹资突破点,可以确定可能的筹资总额范围为:0—50 万元,50 万—100 万元,100 万元以上。

(3) 计算边际资本成本

$$边际资本成本(MCC)=\sum W_jR_j$$

边际资本成本的计算如表 4-12 所示。

表 4-12　边际资本成本的计算

筹资总额范围(万元)	筹资方式	目标资本结构(W_j)	个别资本成本(R_j)	$W_j R_j$ (%)	边际资本成本(MCC)
0—50	长期借款 普通股	40% 60%	8% 12%	3.2 7.2	10.4%

（续表）

筹资总额范围(万元)	筹资方式	目标资本结构(W_j)	个别资本成本(R_j)	W_jR_j (%)	边际资本成本(MCC)
50—100	长期借款 普通股	40% 60%	10% 12%	4.0 7.2	11.2%
100以上	长期借款 普通股	40% 60%	10% 14%	4.0 8.4	12.4%

第三节　杠杆原理

财务管理中存在着类似于物理学中的杠杆效应，表现为：由于特定固定支出或费用的存在，导致当某一财务变量以较小幅度变动时，另一相关变量会以较大幅度变动。财务管理中的杠杆效应，包括经营杠杆、财务杠杆和总杠杆三种效应形式。杠杆效应既可以产生杠杆利益，也可能带来杠杆风险。

一、成本习性、边际贡献和息税前利润

（一）成本习性

1. 成本习性的概念

成本习性（Cost Behavior），是指成本总额与业务量之间在数量上的依存关系。

【双语链接】

Cost Behavior：The reaction of expenses to alterations in the amount of some business activity. For example, the cost behavior for aspects of automobile ownership can be variable like gas usage for operating a car, fixed like parking costs or mixed like the depreciation on the car observed over time.

2. 成本习性的分类

按照成本习性划分，成本可以分为变动成本、固定资产和混合成本，其含义和特点，如表4-13所示。

表4-13　成本按其习性的分类

按照成本习性的分类	含义	特点
变动成本	指在特定的业务量范围内，成本总额随业务量总数成正比例增减变动关系的成本。	就单位业务量的变动成本而言，则是固定的。
固定成本	指成本总额在一定时期和一定业务量范围内，不受业务量增减变动影响而固定不变的成本。	就单位业务量的固定成本而言，则与业务量的增减成反比例的变动。

续表

按照成本习性的分类	含义	特点
混合成本	指同时兼有变动成本和固定成本两种不同性质的成本。	其发生额受业务量变动的影响,但其变动的幅度并不同业务量的变动保持严格的比例关系。

(二) 总成本习性模型、边际贡献和息税前利润

1. 总成本习性模型

总成本习性是指总成本与固定成本、变动成本和产量的关系。其模型为:

$$Y = a + bx$$

其中:Y 表示总成本;a 表示固定成本;b 表示单位变动成本;x 表示产量。

2. 边际贡献

边际贡献(Contribution Margin)是指销售收入减去变动成本后的差额。其公式为:

$$CM = px - bx = (p - b)x = cm \cdot x$$

其中:CM 表示边际贡献;p 表示销售价格;b 表示单位变动成本;x 表示产销量;cm 表示单位边际贡献。

3. 息税前利润

息税前利润(Earnings Before Interest and Taxes,EBIT)是指企业支付利息和缴纳所得税之前的利润。其公式为:

$$EBIT = px - bx - a = (p - b)x - a = CM - a$$

其中:EBIT 表示息税前利润。

二、经营杠杆与经营风险

(一) 经营杠杆

经营杠杆(Operating Leverage),是指由于固定性经营成本的存在,而使得企业的资产报酬(息税前利润)变动率大于业务量变动率的现象。经营杠杆反映了资产报酬的波动性,用以评价企业的经营风险。

(二) 经营杠杆系数

企业经营杠杆的利用程度通常是用经营杠杆系数(Degree of Operating Leverage,DOL)来衡量的。它是息税前利润的变动率与销售量的变动率之比,计算公式为:

$$DOL = \frac{\text{息税前利润的变动率}}{\text{销售量的变动率}} = \frac{\frac{\Delta EBIT}{EBIT_0}}{\frac{\Delta Q}{Q_0}}$$

其中:DOL 表示经营杠杆系数;ΔEBIT 表示息税前利润变动额;$EBIT_0$ 表示基期的息税前利润;ΔQ 表示产销业务量变动值;Q_0 表示基期的销售量。

为了便于计算,将上式进行整理简化为:

$$DOL = \frac{CM_0}{EBIT_0} = \frac{EBIT_0 + a_0}{EBIT_0}$$

其中:CM_0 表示基期的边际贡献;a_0 表示基期的固定成本。

【例 4-11】 某企业只生产一种产品,企业总固定成本为 20 万元,其单位售价和单位变动成本分别是 240 元、150 元。试计算销售量为 5 000 件时的经营杠杆系数。

$$DOL = \frac{5\ 000 \times (240 - 150)}{5\ 000 \times (240 - 150) - 200\ 000} = 1.8$$

(三)经营风险

1. 经营风险的含义

经营风险(Operational Risk)是指企业由于生产经营上的原因而导致的资产报酬波动的风险。引起企业经营风险的主要原因是市场需求和生产成本等因素的不确定性,经营杠杆本身并不是资产报酬不确定的根源,只是资产报酬波动的表现。

2. 影响经营风险的因素

影响经营风险的因素主要包括:

(1) 产品需求变化。市场对产品的需求越稳定,产品需求弹性越小,经营风险越小。

(2) 市场竞争程度。市场竞争能力越强,拥有的市场份额越大,经营风险就越小。

(3) 产品售价的变化。产品售价变化越大,经营风险越大。

(4) 产品成本的稳定性。产品成本变动越大,经营风险越大。

(5) 经营杠杆。固定成本所占比重越大,由于经营杠杆的作用,经营风险就越大。

3. 经营杠杆与经营风险的关系

经营杠杆并非影响经营风险的唯一因素,但经营杠杆放大了市场和生产等因素变化对利润波动的影响。经营杠杆系数越高,表明资产报酬等利润波动程度越大,经营风险也就越大。

根据经营杠杆系数的计算公式,有:

$$DOL = \frac{EBIT_0 + a_0}{EBIT_0} = 1 + \frac{a_0}{EBIT_0}$$

上式表明,在企业不发生经营性亏损、息税前利润为正的前提下,经营杠杆系数最低为 1,不会为负数;只要有固定性经营成本存在,经营杠杆系数总是大于 1。

三、财务杠杆与财务风险

(一)财务杠杆

财务杠杆(Financial Leverage),是指由于固定性资本成本的存在,而使得企业的普通股收益(或每股收益)变动率大于息税前利润变动率的现象。财务杠杆反映了股权资本报酬的波动性,用以评价企业的财务风险。

(二)财务杠杆系数

只要企业融资方式中存在固定性资本成本,就存在财务杠杆效应。如固定利息、固定融资租赁费等的存在,都会产生财务杠杆效应。在同一固定的资本成本支付水平上,不同的息税前利润水平,对固定的资本成本的承受负担是不一样的,其财务杠杆效应的大小是不一致的。测算财务杠杆效应的大小,常用的指标为财务杠杆系数。财务杠杆系数(Degree of Financial Leverage,DFL),是每股收益变动率与息税前利润变动率的倍数,计算公式为:

$$DFL=\frac{\text{每股收益的变动率}}{\text{息税前利润的变动率}}=\frac{\frac{\Delta EPS}{EPS_0}}{\frac{\Delta EBIT}{EBIT_0}}$$

其中:DFL 表示财务杠杆系数;ΔEPS 表示每股收益的变动额;EPS_0 表示基期的每股收益;ΔEBIT 表示息税前利润的变动额;$EBIT_0$ 表示基期的息税前利润。

上式经整理,财务杠杆系数的计算也可以简化为:

$$DFL=\frac{EBIT_0}{EBIT_0-I_0}$$

其中:I_0 表示基期的利息。

假如利息为0,那财务杠杆系数就是1,没有财务杠杆作用,每股收益变动率等于息税前利润变动率。运用上期资料计算出的财务杠杆系数,是本期的财务杠杆系数。

【双语链接】

Financial Leverage: The degree to which an investor or business is utilizing borrowed money. Companies that are highly leveraged may be at risk of bankruptcy if they are unable to make payments on their debt; they may also be unable to find new lenders in the future. Financial leverage is not always bad, however, it can increase the shareholders' return on investment and often there is tax advantages associated with borrowing. Also called leverage.

【例4-12】 某企业的长期资产总额为100万元,债务资本占总资本的40%,债务资本的利率为10%,当企业销售额为80万元,税息前利润为20万元时,财务杠杆系数为多少?

$$DFL=\frac{20}{20-100\times40\%\times10\%}=1.25$$

(三) 财务风险

1. 财务风险的含义

财务风险(Financial Risk)是指企业由于筹资原因产生的资本成本负担而导致的普通股收益波动的风险。引起企业财务风险的主要原因是资产报酬的不利变化和资本成本的固定负担。

2. 财务风险的影响因素

财务风险的影响因素,主要包括:

(1) 资本供求的变化。企业通过资本市场取得的资金越多,融资越顺利,财务风险就越小。

(2) 利率水平的变动。市场利率水平越稳定,企业的财务风险就越小。

(3) 获利能力的变化。企业的获利能力越高,负债的风险就越小。

(4) 资本结构的变化。负债比率越高,财务杠杆水平越高,财务风险就越大。

3. 财务杠杆与财务风险的关系

由于财务杠杆的作用,当企业的息税前利润下降时,企业仍然需要支付固定的资本成本,导致普通股剩余收益以更快的速度下降。财务杠杆放大了资产报酬变化对普通股收益的影响,财务杠杆系数越高,表明普通股收益的波动程度越大,财务风险也就越大。只要有固定性资本成本存在,财务杠杆系数总是大于1。

四、总杠杆与总风险

(一) 总杠杆

经营杠杆和财务杠杆可以独自发挥作用,也可以综合发挥作用,总杠杆(Total Leverage)是用来反映两者之间共同作用结果的,即权益资本报酬与产销业务量之间的变动关系。固定性经营成本的存在,产生经营杠杆效应,导致产销业务量变动对息税前利润变动有放大作用;同样,固定性资本成本的存在,产生财务杠杆效应,导致息税前利润变动对普通股收益变动有放大作用。两种杠杆共同作用,将导致产销业务量变动引起普通股每股收益更大的变动。

总杠杆,是指由于固定经营成本和固定资本成本的存在,导致普通股每股收益变动率大于产销业务量变动率的现象。

(二) 总杠杆系数

只要企业同时存在固定性经营成本和固定性资本成本,就存在总杠杆效应。产销量变动通过息税前利润的变动,传导至普通股收益,使得每股收益发生更大的变动。用总杠杆系数(Degree of Total Leverage,DTL)表示总杠杆效应程度,可见,总杠杆系数是经营杠杆系数和财务杠杆系数的乘积,是普通股每股收益变动率相当于产销量变动率的倍数,计算公式为:

$$\mathrm{DTL}=\frac{\text{每股收益的变动率}}{\text{销售量的变动率}}=\frac{\dfrac{\Delta \mathrm{EPS}}{\mathrm{EPS}_0}}{\dfrac{\Delta Q}{Q_0}}$$

上式经整理,总杠杆系数的计算也可以简化为:

$$\mathrm{DTL}=\mathrm{DOL}\times \mathrm{DFL}=\frac{\mathrm{CM}_0}{\mathrm{CM}_0-\mathrm{a}_0-\mathrm{I}_0}$$

【例 4-13】 某公司本年年末只经营一种产品,单位售价为200元,单位变动成本为150万元,固定成本总额为40万元,债务筹资的年利息总额为30万元,年产品销售数量为50 000台。计算该公司的总杠杆系数。

$$\mathrm{DTL}=\frac{50\ 000\times(200-150)}{50\ 000\times(200-150)-400\ 000-300\ 000}=1.39$$

(三) 总杠杆与总风险的关系

公司总风险包括企业的经营风险和财务风险。总杠杆系数反映了经营杠杆和财务杠杆之间的关系,用以评价企业的整体风险水平。在总杠杆系数一定的情况下,经营杠杆系数与财务杠杆系数此消彼长。

一般来说,固定资产比重较大的资本密集型企业,经营杠杆系数高,经营风险大,企业筹资主要依靠权益资本,以保持较小的财务杠杆系数和财务风险;变动成本比重较大的劳动密集型企业，经营杠杆系数低，经营风险小，企业筹资主要依靠债务资本，保持较大的财务杠杆系数和财务风险。

一般来说，在企业初创阶段，产品市场占有率低，产销业务量小，经营杠杆系数大，此时企业筹资主要依靠权益资本，在较低程度上使用财务杠杆；在企业扩张成熟期，产品市场占有率高，产销业务量大，经营杠杆系数小，此时，企业资本结构中可扩大债务资本，在较高程度上使用财务杠杆。

第四节　资本结构决策

资本结构及其管理是企业筹资管理的核心问题。企业应综合考虑有关影响因素，运用适当的方法确定最佳资本结构，提升企业价值。如果企业现有资本结构不合理，应通过筹资活动优化调整资本结构，使其趋于科学合理。

一、资本结构概述

（一）资本结构的概念

资本结构(Capital Structure)是指企业资本总额中各种资本的构成及其比例关系。筹资管理中，资本结构有广义和狭义之分。广义的资本结构包括全部债务与股东权益的构成比率；狭义的资本结构则指长期负债与股东权益资本构成比率。狭义资本结构下，短期债务作为营运资金来管理。本书所指的资本结构通常仅是狭义的资本结构。

【双语链接】

Capital Structure：Framework of different types of financing employed by a firm to acquire resources necessary for its operations and growth. Commonly, it comprises of stockholders' investments (equity capital) and long-term loans (loan capital), but, unlike financial structure, does not include short-term loans (such as overdraft) and liabilities (such as trade credit). Also called capitalization structure.

（二）最佳资本结构

所谓最佳资本结构，是指在一定条件下使企业加权平均资本成本最低、企业价值最大的资本结构。

不同的资本结构会给企业带来不同的后果。企业利用债务资本进行举债经营具有双重作用，既可以发挥财务杠杆效应，也可能带来财务风险。因此企业必须权衡财务风险和资本成本的关系，确定最佳的资本结构。评价企业资本结构最佳状态的标准应该是能够提高股权收益或降低资本成本，最终目的是提升企业价值。股权收益，表现为净资产报酬率或普通股每股收益；资本成本，表现为企业的平均资本成本率。根据资本结构理论，当公司平均资本成本最低时，公司价值最大。

从理论上讲，最佳资本结构是存在的，但由于企业内部条件和外部环境的经常性变化,动态地保持最佳资本结构十分困难。因此,在实践中目标资本结构通常是企业结合自身实际进行适度负债经营所确立的资本结构。

(三) 影响资本结构的因素

资本结构是一个产权结构问题,是社会资本在企业经济组织形式中的资源配置结果。资本结构的变化,将直接影响社会资本所有者的利益。影响资本结构的因素主要包括:

1. 企业经营状况的稳定性和成长率

企业产销业务量的稳定程度对资本结构有重要影响:如果产销业务量稳定,企业可较多地负担固定的财务费用;如果产销业务量和盈余有周期性,则负担固定的财务费用将承担较大的财务风险。经营发展能力表现为未来产销业务量的增长率,如果产销业务量能够以较高的水平增长,企业可以采用高负债的资本结构,以提升权益资本的报酬。

2. 企业的财务状况和信用等级

企业财务状况良好,信用等级高,债权人愿意向企业提供信用,企业容易获得债务资本。相反,如果企业财务情况欠佳,信用等级不高,债权人投资风险大,这样会降低企业获得信用的能力,加大债务资本筹资的资本成本。

3. 企业资产结构

资产结构是企业筹集资本后进行资源配置和使用后的资金占用结构,包括长短期资产构成和比例,以及长短期资产内部的构成和比例。资产结构对企业资本结构的影响主要包括:拥有大量固定资产的企业主要通过长期负债和发行股票筹集资金,拥有较多流动资产的企业更多地依赖流动负债筹集资金;资产适用于抵押贷款的企业负债较多,以技术研发为主的企业则负债较少。

4. 企业投资人和管理当局的态度

从企业所有者的角度看,如果企业股权分散,企业可能更多地采用权益资本筹资以分散企业风险。如果企业为少数股东控制,股东通常重视企业控股权问题,为防止控股权稀释,企业一般尽量避免普通股筹资,而是采用优先股或债务资本筹资。从企业管理当局的角度看,高负债资本结构的财务风险高,一旦经营失败或出现财务危机,管理当局将面临市场接管的威胁或者被董事会解聘。因此,稳健的管理当局偏好于选择低负债比例的资本结构。

5. 行业特征和企业发展周期

不同行业资本结构差异很大。产品市场稳定的成熟产业经营风险低,因此可提高债务资本比重,发挥财务杠杆作用。高新技术企业的产品、技术、市场尚不成熟,经营风险高,因此可降低债务资本比重,控制财务杠杆风险。在同一企业的不同发展阶段,资本结构的安排也不同。企业初创阶段,经营风险高,在资本结构安排上应控制负债比例;企业发展成熟阶段,产品产销业务量稳定和持续增长,经营风险低,可适度增加债务资本比重,发挥财务杠杆效应;企业收缩阶段,产品市场占有率下降,经营风险逐步加大,应逐步降低债务资本比重,保证经营现金流量能够偿付到期债务,保持企业持续经营能力,减少破产风险。

6. 经济环境的税务政策和货币政策

资本结构决策必然要研究理财环境因素,特别是宏观经济状况。政府调控经济的手段包括财政税收政策和货币金融政策,当所得税税率较高时,债务资本的抵税作用大,企业可以充分利用这种作用来提高企业价值。货币金融政策影响资本供给,从而影响利率水平的变动,当国家执行紧缩的货币政策时,市场利率较高,企业债务资本成本增大。

二、资本结构决策

资本结构决策,要求企业权衡负债的低资本成本和高财务风险的关系,确定合理的资本结构。资本结构决策的目标,是降低加权平均资本成本或提高普通股每股收益。

(一) 每股收益无差别点

1. 概念

所谓每股收益无差别点,是指不同筹资方式下每股收益都相等时的息税前利润和业务量水平。根据每股收益无差别点,可以分析判断在什么样的息税前利润水平或产销业务量水平前提下,适于采用何种筹资组合方式,进而确定企业的资本结构安排。

2. 计算公式

$$\frac{(\overline{\mathrm{EBIT}}-I_1)(1-T)}{N_1}=\frac{(\overline{\mathrm{EBIT}}-I_2)(1-T)}{N_2}$$

$$\overline{\mathrm{EBIT}}=\frac{I_1\cdot N_2-I_2\cdot N_1}{N_2-N_1}$$

其中:$\overline{\mathrm{EBIT}}$表示息税前利润平衡点,即每股收益无差别点;I_1、I_2 表示两种筹资方式下的债务利息;N_1、N_2 表示两种筹资方式下普通股股数;T 表示所得税税率。

3. 判断标准

当预期息税前利润或业务量水平大于每股收益无差别点时,应当选择财务杠杆效应较大的筹资方案,反之亦然。如图 4-3 所示,$O(\mathrm{EBIT}_0,\mathrm{EPS}_0)$是每股收益无差别点,在该点上负债筹资和权益筹资无差别;当 $\mathrm{EBIT} > \mathrm{EBIT}_0$时,应当选择负债筹资;当 $\mathrm{EBIT} < \mathrm{EBIT}_0$时,应当选择权益筹资。

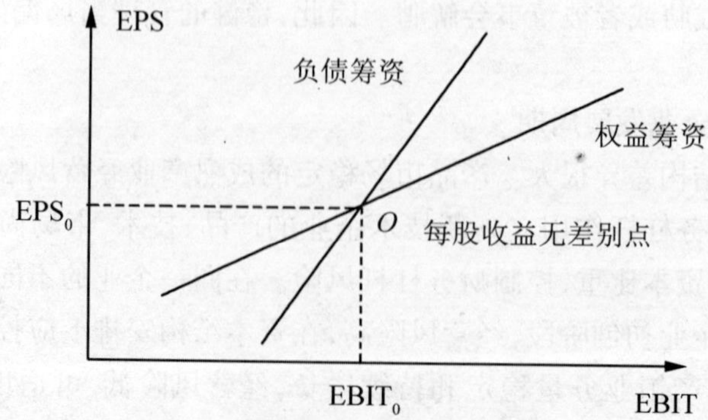

图 4-3 每股收益无差别点示意图

【例 4-14】 光华公司目前资本结构为:总资本 1 500 万元,其中债务资本 500 万元

（年利息50万元）；普通股资本1 000万元（1 000万股，面值1元，市价5元）。企业由于有一个较好的新投资项目，需要追加筹资500万元，有两种筹资方案：

（1）向银行取得长期借款500万元，利息率15%；

（2）增发普通股100万股，每股发行价5元。

追加筹资后销售额可望达到1 500万元，变动成本率60%，固定成本为300万元，所得税税率25%，不考虑筹资费用因素。

要求：计算两种方案的每股收益无差别点。

根据上述数据，代入每股收益无差别点公式：

$$\frac{(\overline{EBIT}-50)\times(1-25\%)}{1\ 000+100}=\frac{(\overline{EBIT}-50-500\times15\%)\times(1-25\%)}{1\ 000}$$

解得：

$$\overline{EBIT}=750（万元）$$

追加筹资后：

$$EBIT=1\ 500\times(1-60\%)-300=300（万元）$$

由于小于每股收益无差别点750万元，应当采用财务风险较小的方案（2），即增发普通股方案。

（二）资本成本比较法

资本成本比较法是指在适度财务风险的条件下，测算可供选择的不同资本结构或筹资组合方案的综合资本成本率，并以此为标准相互比较确定最佳资本结构的方法。

企业的筹资可分为创立初期的初始筹资和发展过程中的追加筹资两种情况。与此相对应，企业的资本结构决策可以分为初始筹资的资本结构决策和追加筹资的资本结构决策。

1. 初始筹资的资本结构决策

在初始筹资的资本结构决策中，首先测算各方案筹资方式的筹资额占筹资总额的比例及综合资本成本；其次，比较各个筹资组合方案的综合资本成本率并做出选择。

【例4-15】　某公司在初创时资本总额1 000万元，有如下三个筹资组合方案可供选择，有关资料如表4-14所示。

表4-14　三个初始筹资方案的有关资料　　单位：万元

筹资方式	筹资方案Ⅰ		筹资方案Ⅱ		筹资方案Ⅲ	
	筹资额	资金成本（%）	筹资额	资金成本（%）	筹资额	资金成本（%）
长期借款	80	6	100	6.5	160	7.0
债　券	200	7	300	8.0	240	7.5
优先股	120	12	200	12.0	100	12.0
普通股	600	15	400	15.0	500	15.0
合　计	1 000	—	1 000	—	1 000	—

三种筹资方案的加权平均资本成本的计算，如表4-15所示，方案Ⅱ的加权平均资本成本最低，应该选择此方案。

表 4-15　三种筹资方案的加权平均资本成本

方案	各种筹资方式的比重				加权平均资本成本
	长期借款	债券	优先股	普通股	
Ⅰ	$\frac{80}{1\,000}=0.08$	$\frac{200}{1\,000}=0.2$	$\frac{120}{1\,000}=0.12$	$\frac{600}{1\,000}=0.6$	$0.08\times6\%+0.2\times7\%+0.12\times12\%+0.6\times15\%=12.36\%$
Ⅱ	$\frac{100}{1\,000}=0.1$	$\frac{300}{1\,000}=0.3$	$\frac{200}{1\,000}=0.2$	$\frac{400}{1\,000}=0.4$	$0.1\times6.5\%+0.3\times8\%+0.2\times12\%+0.4\times15\%=11.45\%$
Ⅲ	$\frac{160}{1\,000}=0.16$	$\frac{240}{1\,000}=0.24$	$\frac{100}{1\,000}=0.1$	$\frac{500}{1\,000}=0.5$	$0.16\times7\%+0.24\times7.5\%+0.1\times12\%+0.5\times15\%=11.62\%$

2. 追加筹资的资本结构决策

按照最佳资本结构的要求，在适度财务风险的前提下，公司选择追加筹资组合方案可用两种方法：

(1) 直接测算各备选追加筹资方案的边际资本成本率，从中比较选择最佳筹资组合方案。

(2) 分别将各备选追加筹资方案与原有最佳资本结构汇总，测算比较各个追加筹资方案下汇总资本结构的综合资本成本率，从中比较选择最佳筹资方案。

【例 4-16】　某企业现有两个追加筹资方案可供选择，有关资料如表 4-16 所示。

表 4-16　两个追加筹资方案的有关资料　　单位：万元

筹资方式	追加筹资方案甲		追加筹资方案乙	
	追加筹资额	资本成本(%)	追加筹资额	资本成本(%)
长期借款	150	7.0	180	7.5
优先股	60	13.0	60	13.0
普通股	90	16.0	60	16.0
合　计	300	—	300	—

方案甲：边际资本成本 $=\frac{150}{300}\times7.0\%+\frac{60}{300}\times13.0\%+\frac{90}{300}\times16.0\%=10.9\%$

方案乙：边际资本成本 $=\frac{180}{300}\times7.5\%+\frac{60}{300}\times13.0\%+\frac{60}{300}\times16.0\%=10.3\%$

两个追加筹资方案相比，方案乙的边际资本成本低于方案甲，因此追加筹资方案乙优于方案甲。

资本成本比较法的测算原理容易理解，测算过程简单。但是，以资本成本率最低为决策标准，没有具体测算财务风险因素，其决策目标实质上是利润最大化而不是公司价值最大化。资本成本比较法一般适用于资本规模较小、资本结构较为简单的非股份制企业。

(三) 公司价值分析法

公司价值分析法，是在考虑市场风险的基础上，以公司市场价值为标准，进行资本结构优化,即能够提升公司价值的资本结构,就是合理的资本结构。

公司价值分析法主要用于对现有资本结构进行调整,适用于资本规模较大的上市公司资本结构优化分析。同时,在公司价值最大的资本结构下,公司的平均资本成本率也是最低的。

假设 V 表示公司价值,B 表示债务资本价值,S 表示权益资本价值。公司价值应该等于资本的市场价值,即:$V=S+B$。

为简化分析,假设公司各期的 EBIT 保持不变,债务资本的市场价值等于其面值,权益资本的市场价值可通过下式计算:

$$S=\frac{(\text{EBIT}-1)(1-T)}{K_s}$$

且:

$$K_s=R_s=R_f+\beta(R_m-R_f)$$

此时:

$$K_\omega=K_b\frac{B}{V}(1-T)+K_s\frac{S}{V}$$

【例 4-17】 某公司息税前利润为 500 万元,资本总额账面价值 1 200 万元。假设无风险报酬率为 5%,证券市场平均报酬率为 11%,所得税税率为 25%。经测算,不同债务水平下的权益资本成本率和债务资本成本率如表 4-17 所示。

表 4-17　不同债务水平下的债务资本成本率和权益资本成本率

债务市场价值 B(万元)	税前债务利息率 K_b	股票 β 系数	权益资本成本率 R_s
0		1.50	14.00%
200	8.0%	1.60	14.60%
400	8.5%	1.70	15.20%
600	9.0%	1.80	15.80%
800	10.0%	2.00	17.00%
1 000	12.0%	2.30	18.80%
1 200	15.0%	2.70	21.20%

根据表 4-17 中的资料,可计算出不同资本结构下的企业总价值和综合资本成本,如表 4-18 所示。

表 4-18　公司价值和平均资本成本率　　单位:万元

债务市场价值	股票市场价值	公司总价值	债务税后资本成本	普通股资本成本	平均资本成本
0	2 679	2 679	0.00%	14.00%	14.00%
200	2 486	2 686	6.00%	14.60%	13.96%
400	2 299	2 699	6.38%	15.20%	13.89%
600	2 117	2 717	6.75%	15.80%	13.80%
800	1 853	2 653	7.50%	17.00%	14.14%
1 000	1 516	2 516	9.00%	18.80%	14.90%
1 200	1 132	2 332	11.25%	21.20%	16.08%

注:平均资本成本是按照债务和股票市场价值的比例对资本成本进行加权平均的。

可以看出,在没有债务资本的情况下,公司的总价值等于股票的账面价值。当公司增加一部分债务时,财务杠杆开始发挥作用,股票市场价值大于其账面价值,公司总价值上升,平均资本成本率下降。在债务达到600万元时,公司总价值最高,平均资本成本率最低。债务超过600万元后,随着利息率的不断上升,财务杠杆作用逐步减弱甚至呈现副作用,公司总价值下降,平均资本成本率上升。因此,债务为600万元时的资本结构是该公司的最优资本结构。

【本章练习】

一、单项选择题

1. ABC公司2010年的经营杠杆系数为3,产销量的计划增长率为10%,假定其他因素不变,则该年普通股每股息税前利润增长率为(　　)。

A. 30%　　B. 25%　　C. 20%　　D. 10%

2. 若企业2009年的经营性资产为500万元,经营性负债为200万元,销售收入为1 000万元。经营性资产、经营性负债占销售收入的百分比不变,销售净利率为10%,股利支付率为40%,预计2010年销售收入增加50%,则需要从外部筹集的资金是(　　)万元。

A. 90　　B. 60　　C. 110　　D. 80

3. 某公司普通股目前的股价为10元/股,筹资费率为4%,股利固定增长率为3%,所得税税率为25%,预计下次支付的每股股利为2元,则该企业利用留存收益的资本成本为(　　)。

A. 23%　　B. 18%　　C. 24.46%　　D. 23.6%

4. 某企业某年的财务杠杆系数为2.5,息税前利润(EBIT)的计划增长率为10%,假定其他因素不变,则该年普通股每股收益(EPS)的增长率为(　　)。

A. 4%　　B. 5%　　C. 20%　　D. 25%

5. 已知某企业目标资本结构中长期债务的比重为40%,债务资金的增加额为0—20 000元,其年利息率维持10%不变,则该企业与此相关的筹资总额分界点为(　　)元。

A. 8 000　　B. 10 000　　C. 50 000　　D. 200 000

二、多项选择题

1. 下列各项中会直接影响企业平均资本成本的有(　　)。

A. 个别资本成本　　B. 各种资本在资本总额中占的比重

C. 筹资规模　　D. 企业的经营杠杆

2. 下列关于财务风险的说法正确的有(　　)。

A. 财务风险是由于经理经营不善引起的

B. 财务杠杆放大了资产报酬变化对普通股收益的影响,财务杠杆系数越高,财务风险越大

C. 只要存在固定性资本成本,就存在财务杠杆效应

D. 在其他因素一定的情况下,固定财务费用越高,财务杠杆系数越大

3. 假设总杠杆系数大于零,则下列各项中可以降低总杠杆系数的有(　　)。

A. 降低固定经营成本　　B. 减少固定利息

C. 提高产销量　　D. 提高单价

4. 下列说法正确的有(　　)。

A. 评价企业资本结构最佳状态的标准是能够提高股权收益或降低资本成本

B. 评价企业资本结构的最终目的是提高企业价值

C. 最佳资本结构是使企业平均资本成本最低、企业价值最大的资本结构

D. 资本结构优化的目标是降低财务风险

5. 企业最佳资本结构的确定方法包括(　　)。

A. 每股利润无差别点法　　B. 因素分析法

C. 比较资金成本法　　D. 公司价值分析法

三、判断题

1. 经营杠杆能够扩大市场和生产等不确定性因素对利润波动的影响。(　　)

2. 当息税前利润大于零、单位边际贡献和固定性经营成本不变时,除非固定性经营成本为零或业务量无穷大,否则息税前利润的变动率一定大于产销变动率。(　　)

3. 当销售量大于盈亏临界点的销售量时,经营杠杆系数为负值,越接近盈亏临界点,经营杠杆系数的绝对值越大。(　　)

4. 在不考虑手续费的情况下,银行借款的资金成本可以简化为:银行借款利率×(1－所得税税率)。(　　)

5. 留存收益成本的计算与普通股成本基本相同,但不用考虑筹资费用。(　　)

四、计算题

1. 甲公司2009年年末长期资本账面价值的有关资料显示为:长期借款200万元;长期债券680万元;留存收益320万元;普通股800万元(100万股),当期普通股的每股市价是10元。个别资本成本分别为4%、5%、6%、8%。

要求:

(1) 按账面价值计算企业的平均资本成本;

(2) 按市场价值计算企业的平均资本成本。

2. 已知甲、乙两个企业的相关资料如下:

资料一　甲企业历史上现金占用与销售收入之间的关系如表1所示。

表1　甲企业现金与销售收入变化情况表　　单位:万元

年度	销售收入	现金占用
2003	10 200	680
2004	10 000	700
2005	10 800	690
2006	11 100	710
2007	11 500	730
2008	12 000	750

资料二　乙企业2008年12月31日资产负债表(简表)如表2所示。

表2　乙企业资产负债表(简表)

2008年12月31日　　单位:万元

资产		负债和所有者权益	
现金	750	应付费用	1 500
应收账款	2 250	应付账款	750
存货	4 500	短期借款	2 750
固定资产净值	4 500	公司债券	2 500
		实收资本	3 000
		留存收益	1 500
资产合计	12 000	负债和所有者权益合计	12 000

该企业2009年的相关预测数据为:销售收入20 000万元,新增留存收益100万元;不变现金总额1 000万元,每万元销售收入占用变动现金0.05万元,其他与销售收入变化有关的资产负债表项目预测数据如表3所示。

表3　现金与销售收入变化情况表　　单位:万元

年度	年度不变资金(a)	每元销售收入所需变动资金(b)
应收账款	570	0.14
存货	1500	0.25
固定资产净值	4500	0
应付费用	300	0.1
应付账款	390	0.03

要求:

(1) 根据资料一,运用高低点法测算甲企业的下列指标:

① 每万元销售收入占用变动现金;

② 销售收入占用不变现金总额。

(2) 根据资料二,为乙企业完成下列任务:

① 按步骤建立总资产需求模型;

② 测算2009年资金需求总量;

③ 测算2009年外部筹资量。

3. DL公司2008年度的销售收入为1 000万元,利息费用60万元,实现净利润105万元,2008年发行在外普通股加权平均股数为200万股,不存在优先股。2009年公司为了使销售收入达到1 500万元,需要增加资金300万元。这些资金有两种筹集方案。

方案1:通过增加借款取得,利息率为10%;

方案2:通过增发普通股股票取得,预计发行价格为10元/股。

假设固定生产经营成本可以维持在2008年200万元/年的水平,变动成本率也可以维持2008年的水平,如果不增加借款,则2009年的利息费用为70万元,该公司所得税税率为25%,不考虑筹资费用。

要求:计算每股收益无差别点时的销售收入并据此确定筹资方案。

五、综合题

1. 某公司年销售额1 000万元,变动成本率60%,全部固定成本和费用120万元,平均总资产2 500万元,资产负债率40%,负债的平均利息率8%,假设所得税税率为25%。该公司拟改变经营计划,追加投资200万元,每年固定成本增加20万元,可以使销售额增加20%,并使变动成本率下降至55%。该公司以提高权益净利率(净利润/平均所有者权益)同时降低总杠杆系数作为改进经营计划的标准。

要求:

(1) 计算目前情况的权益净利率和总杠杆系数;

(2) 所需资金以追加实收资本取得,计算权益净利率和总杠杆系数,判断应否改变经营计划;

(3) 所需资金以12%的利率借入,计算权益净利率和总杠杆系数,判断应否改变经营计划;

(4) 如果应该改变经营计划,计算改变计划之后的经营杠杆系数。

2. A公司是一个生产和销售通信器材的股份公司。假设该公司适用的所得税税率为30%。对于下一年的预算出现三种意见。

方案1:维持目前的生产和财务政策。预计销售20 000件,售价为200元/件,单位变动成本为120元,固定成本为100万元。公司的资本结构为:500万元负债(利息率5%),普通股50万股。

方案2:更新设备并用负债筹资。预计更新设备需投资200万元,生产和销售量不会变化,但单位变动成本将降低至100元/件,固定成本将增加至120万元。借款筹资200万元,预计新增借款的利率为6%。

方案3:更新设备并用股权筹资。更新设备的情况与方案2相同,不同的只是用普通股筹资。预计新股发行价为每股20元,需要发行10万股,以筹集200万元资金。

要求:

(1) 计算三个方案下的每股收益和总杠杆系数;

(2) 计算三个方案下每股收益为零的销售量(以"件"为单位,四舍五入取整数);

(3) 根据上述结果分析:哪个方案的风险最大?哪个方案的报酬最高?如果公司销售量下降至15 000件,方案2和方案3哪个更好一些?请分别说明理由。

第五章　投资管理

【本章导航】

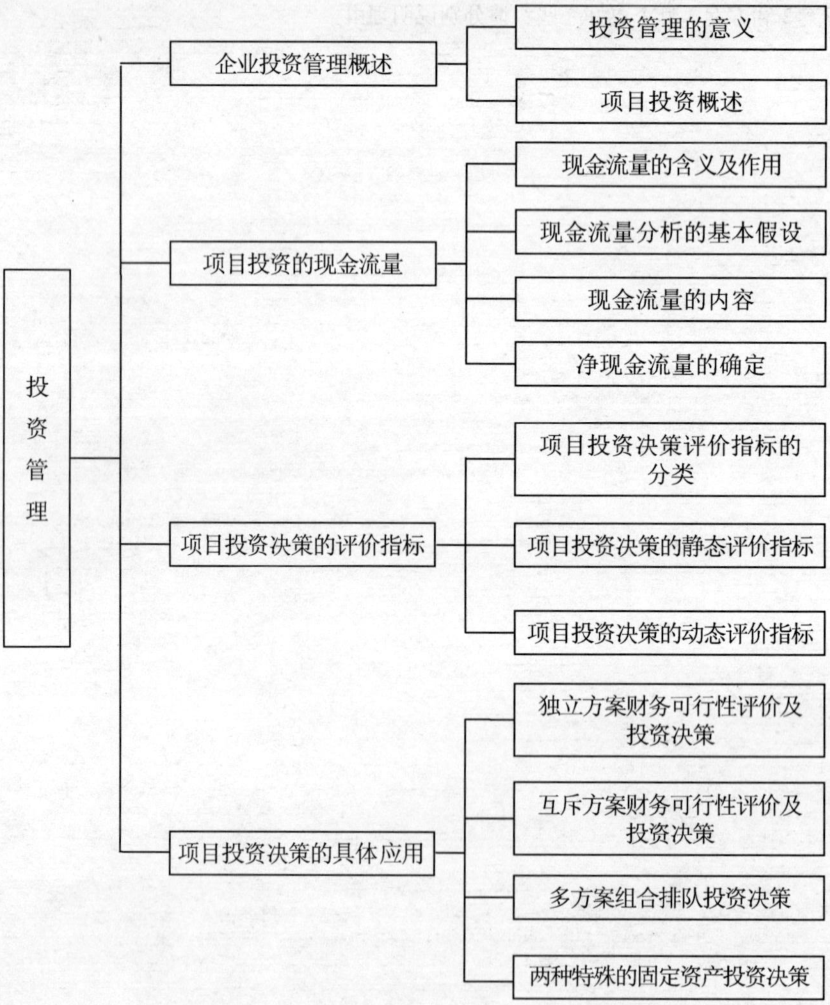

【知识目标】

1. 了解投资的概念和种类；
2. 了解现金流量评价的意义；
3. 熟悉现金流量分析的基本假设；
4. 正确理解项目投资的概念、特点及财务评价指标的分类；
5. 掌握项目计算期的构成、投资的内容及资金的投入方式；
6. 掌握现金流量的内容、净现金流量的确定。

【能力目标】

1. 熟悉项目投资的基本程序；
2. 熟练掌握项目投资各项静态和动态评价指标的计算；
3. 熟练运用项目投资的决策方法，对企业投资进行决策。

【导入案例】

福州长乐国际机场缘何成为国内重点建设项目的负面典型？

福州长乐国际机场是20世纪90年代初以福建省、福州市两级政府为主要投资方新建的大型基建项目。长乐国际机场与福州市区相距约50公里（车程需要60分钟以上），1997年正式通航，是当时国内已建成的最大的现代化大型国际机场，占地面积1万多亩。飞行区等级达到民航最高等级4E级，能起降目前世界上最大的波音747—400型飞机，满足直飞东南亚、北美等地区远距离航程的要求。

2002年，审计署审计长李金华向媒体宣称："长乐国际机场由于建设规模过度超前，目前旅客量和货邮量只达到设计规模的1/3左右，航站楼和机场生活区大量闲置，运营4年半累计亏损达11亿元。"

长乐国际机场的建设，从选址到通航，从亏损到重组，在当地一直都是个相当敏感的话题。机场的规划设计原由中国民航设计院负责，最后确定由新加坡雅思柏机场设计公司负责。设计方案远远超出了国家批准的指标，航站楼原为8万平方米，实建13万平方米。原计划投资17亿元，后增加到27亿元，加上银行利息就达到32.28亿。灯光、联络系统等进口设备的标准、数量也一再突破。从德国进口的十几个登机桥才用了七八个，剩下的都放在仓库中。

机场在1992年正式立项时，省、市两级政府共筹资4亿元左右，至1997年工程竣工得到了银行贷款及发放债券等总计23.5亿元。机场通航之后，客货运量不足的现状突出，为此，两级政府又决定建设一条高速路专用线，全长21公里、投资约12亿元，后因资金缺口被叫停。机场运营后，沉重的银行贷款把它拖进了债务的海洋，债务积重难返，亏损越来越大。投资项目暴露出种种问题，作为省、市两级的决策者难辞其咎，长乐国际机场被戏称为"政府的业绩工程"。

1998年，朱镕基在福建视察时曾讲道："福建没必要在长乐建国际机场。厦门有机场了，一个省何必搞两个国际机场呢？这样会有客源吗？发达国家建机场也没有这么密集。法兰克福有了国际机场，波恩就不建了，有高速公路就行了嘛。"

长乐国际机场的问题引起了北京高层的关注,2002 年 11 月下旬,国务院有关领导指示国家计委、审计署成立联合调查组对长乐国际机场项目进行了为期两个月的审计。

审计人员在对已经进口的货库集装区设备的去向进行追查时发现,长乐国际机场在运营后效益差的情况下,不仅未及时处置设备,仍盲目决策投资近 3 000 万元建设货库,进一步加大了项目亏损。

审计组最终全面查清了福州长乐国际机场亏损的直接原因:一是项目决策不科学,可行性研究中市场预期论证不充分,基础数据采集不科学,预测结果过于乐观;二是项目建设规模过度超前,大量举债加大运营成本;三是项目建设管理比较混乱,未严格执行基建程序,资金损失和资产闲置浪费;四是机构运营后体制不顺,管理不到位,业务经营不理想等。

2002 年 11 月国家审计署对其重点审计之后,把它作为国内重点建设项目的负面典型,定性为"决策失误造成重大国有资产损失"。

资料来源:主要摘自《南风窗》,2004 年 1 月。

第一节　企业投资管理概述

一、投资管理的意义

(一) 投资的概念

投资(Investment),是指特定经济主体(包括国家、企业和个人)为了在未来可预见的时期内获得收益或使资金增值,在一定时期向一定领域的标的物投放足够数额的资金或实物等货币等价物的经济行为。从特定企业角度看,投资就是企业为获取收益而向一定对象投放资金的经济行为。

(二) 投资的种类

按照不同的标准进行分类,投资有不同的内容,具体如表 5-1 所示。本章主要讲述项目投资的相关内容。

表 5-1　投资的种类

分类标准	内容	含义
按投资的方向分类	对内投资	把资本投放在企业内部,以购置生产经营用资产,获取自己经营利润的投资,也称"项目投资"。
	对外投资	以货币、财产物资、无形资产或购买股票、债券的形式向外单位投资。
按与生产经营的关系分类	直接投资	将资本投放于生产经营性资产(开厂,设店),以获取经营利润为目的的投资。
	间接投资	将资本投放于证券等金融资产,以获取股利或利息为目的的投资。
按投入的领域不同分类	生产性投资	将资金投向物质生产领域。
	非生产性投资	将资金投向非物质生产领域。
按决策角度分类	独立方案投资	只有一个方案,是否投资该项目的决策。
	互斥方案投资	在两个以上的方案中,只能选择其中一个方案的投资决策。

（续表）

分类标准	内容	含义
按回收期间分类	短期投资	又称流动资产投资，是指在一年内能收回的投资，主要指对货币资金、应收账款、存货、短期有价证券的投资。
	长期投资	是指一年以上才能收回的投资，主要指对厂房、机器设备等固定资产的投资，也包括对无形资产和长期有价证券的投资。
按投资的风险程度分类	确定性投资	投资风险很小，投资的收益可以比较准确地预测的投资。
	风险性投资	投资风险较大，投资的收益很难准确地预测的投资。

（三）投资管理的意义

投资风险，是企业在投资活动中，由于各种难以预计或无法控制的因素使投资收益率达不到预期目标而产生的风险。

不同的投资项目，对企业价值和财务风险的影响程度也不同。如果投资决策不科学、投资所形成的资产结构不合理，那么投资项目往往不能达到预期效益，影响企业的盈利水平和偿债能力，从而产生财务风险。巨额固定资产和无形资产投资带来的风险尤其突出，兴盛一时的巨人集团、河南红高粱快餐连锁就是因为这类投资风险失控而走向衰败的。

二、项目投资概述

（一）项目投资的概念

项目投资（Project Investment），是一种以特定项目为对象，直接与新建项目或更新改造项目有关的长期投资行为，主要包括新建项目和更新改造项目。

1. 新建项目

是以新建生产能力为目的的外延式扩大再生产。新建项目按涉及内容又细分为单纯固定资产投资项目和完整工业投资项目。

（1）单纯固定资产投资项目（简称固定资产投资），其特点在于：在投资中只包括为取得固定资产而发生的垫支资本投入，而不涉及周转资本的投入。

（2）完整工业投资项目，其特点在于：在投资中不仅包括固定资产投资，而且涉及流动资金投资，甚至包括无形资产等其他长期资产投资。

2. 更新改造项目

是以恢复或改善生产能力为目的的内涵扩大再生产。

项目投资的种类，如图 5-1 所示。

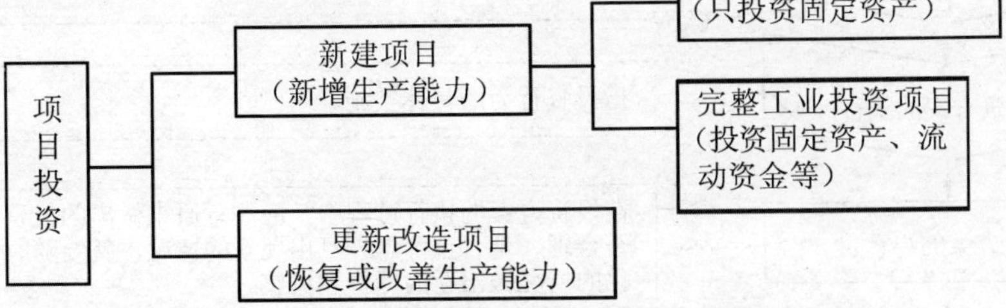

图 5-1 项目投资的种类

因此,不能将项目投资简单地等同于固定资产投资。

项目投资对企业的生产和发展具有重要意义。项目投资是企业开展正常生产经营活动的必要前提;是推动企业生产和发展的重要基础;是提高产品质量,降低产品成本不可缺少的条件;是增加企业市场竞争能力的重要手段。

(二) 项目投资的特点

与其他形式的投资相比,项目投资具有以下特点:

1. 影响期限长

固定资产一般使用时间较长,能在非常长的时间内多次参加企业的生产经营活动,但仍然保持物质形态。固定资产的投资决策一旦做出,将在很长时间内影响到企业的经营成果和财务状况。

2. 变现能力差

固定资产主要是一些厂房和设备等,往往是该企业从事经营活动的必要劳动资料和劳动工具,特别是设备类,换到其他企业不一定能适用。因此,一旦投资决策完成,要想改变用途或出售是比较困难的。

3. 次数少、金额大

与流动资产相比,固定资产投资并不经常发生,一般要间隔几年才投资一次,但每次投资的金额都比较大。

4. 投资风险高

在对投资机会做决策时,企业假定投资是在既定的状况下进行的。然而市场状况瞬息万变,企业稍有不慎就有可能达不到预期的效果,投资风险高。

(三) 项目投资的程序

由于项目投资具有很大的风险,一旦决策失误,会严重影响公司的财务状况和现金流量,甚至导致公司破产,因此,公司决策者必须在认真调查的基础上,依照特定的程序,运用科学的方法,对每一项投资做出可行性分析,以确保投资决策的正确性和合理性。

项目投资的程序,如图 5-2 所示。

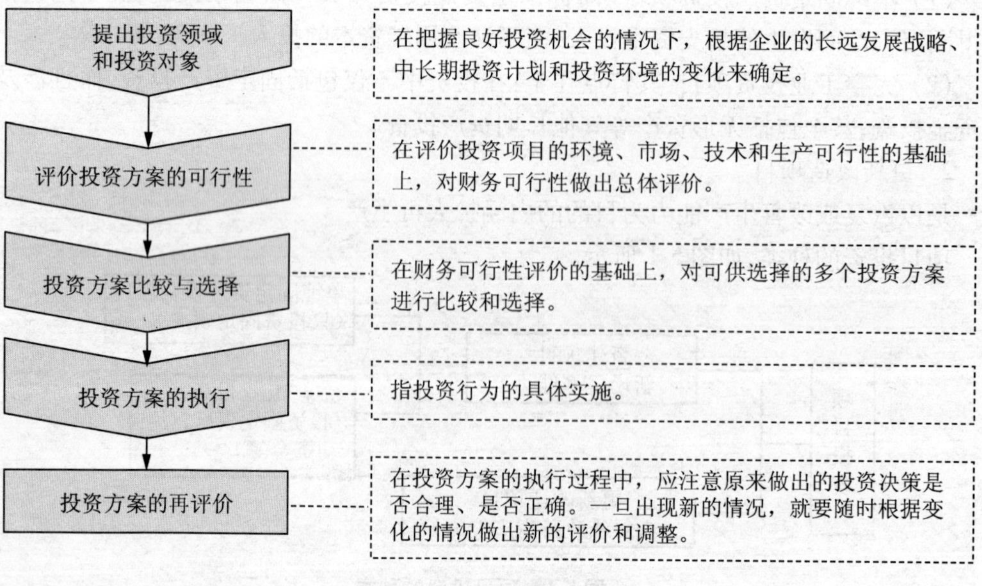

图 5-2　项目投资的程序

(四) 项目计算期的构成

项目计算期是指投资项目从投资建设开始到最终清理结束整个过程的全部时间,包括建设期和运营期。用公式表示为:

$$项目计算期(n)=建设期(s)+运营期(p)$$

(1) 建设期(记为 s,$s\geqslant 0$)。建设期是指项目资金从正式投入(建设起点)开始到项目建成投产(投产日)为止所需要的时间。

(2) 运营期(记为 p)。运营期是指从投产日到终结点之间的时间间隔,又包括试产期和达产期。

项目计算期的构成示意图,如图 5-3 所示。

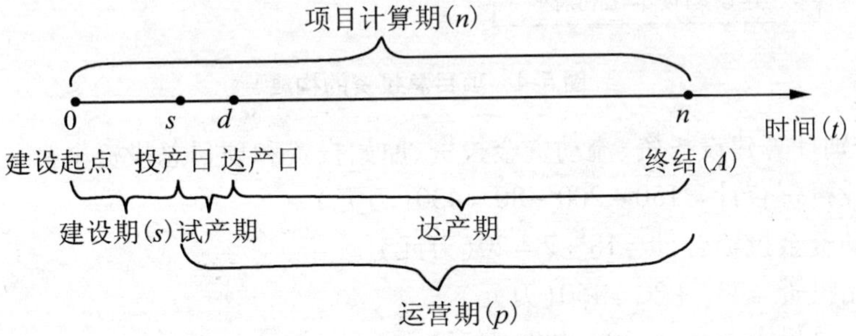

图 5-3　项目计算期示意图

【例 5-1】 A 企业拟投资新建一个项目,在建设起点开始投资,历经两年后投产,试产期为 1 年,主要固定资产的预计使用寿命为 10 年。

要求:分别计算该项目的建设期、运营期、达产期、项目计算期。

(1) 建设期 = 2(年)

(2) 运营期 = 10(年)

(3) 达产期 = 10 − 1 = 9(年)

(4) 项目计算期 = 2 + 10 = 12(年)

(五) 项目投资的内容

项目总投资包括原始投资和建设期资本化利息,是反映项目投资总体规模的价值指标。原始投资(又称初始投资),等于企业为使该项目完全达到设计生产能力、开展正常经营而投入的全部现实资金,包括建设投资和流动资产投资两项内容。建设投资,是指在建设期内按一定生产经营规模和建设内容进行的投资,具体包括固定资产投资、无形资产投资和其他资产投资三项内容。项目总投资的内容,如图 5-4 所示。

【例 5-2】 某企业拟新建一条生产线项目,建设期为 2 年,运营期为 15 年,全部建设投资分别安排在建设起点、建设期第二年年初和建设期末分三次投入,投资额分别为 150 万元、200 万元和 80 万元;全部流动资金投资安排在建设期末和投产后第一年年末分两次投入,投资额分别为 18 万元和 2 万元。根据项目筹资方案的安排,建设期资本化借款利息为 30 万元。

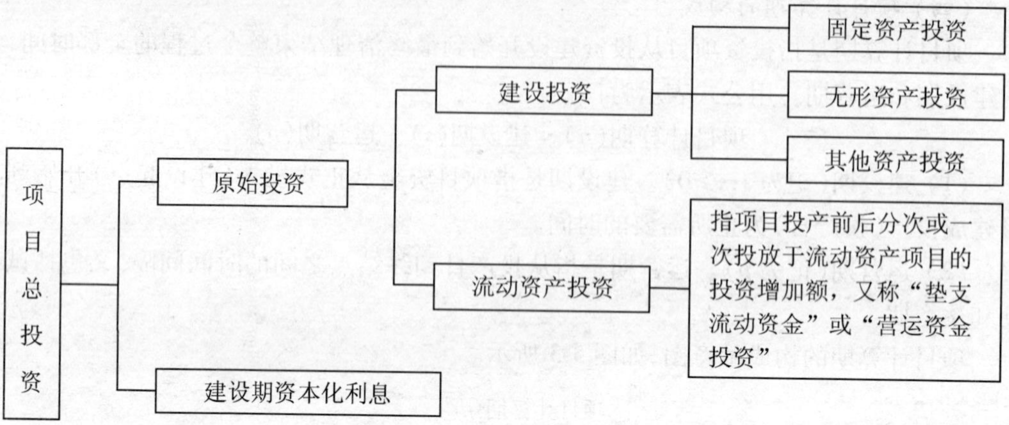

图 5-4　项目总投资的构成

要求：分别计算建设投资、流动资金投资、原始投资和项目总投资金额。

（1）建设投资合计 = 150 + 200 + 80 = 430（万元）

（2）流动资金投资合计 = 18 + 2 = 20（万元）

（3）原始投资 = 430 + 20 = 450（万元）

（4）项目总投资 = 450 + 30 = 480（万元）

（六）项目投资资金的投入方式

项目投资资金的投入方式有一次投入和分次投入两种形式。一次投入方式是指投资行为集中一次发生在项目计算期第一个年度的年初或年末；如果投资行为涉及两个或两个以上年度，或虽然只涉及一个年度但同时在该年的年初和年末发生，则属于分次投入方式。

第二节　项目投资的现金流量

一、现金流量的含义及作用

现金流量（Cash Flow）是指投资项目在整个期间（包括建设期和运营期）内所产生的现金流入和现金流出的总称。这里的“现金”是广义的，包括各种货币资金以及项目需要投入企业所拥有的非货币资源的变现价值。

财务管理中以现金流量作为项目投资的重要价值信息，主要出于以下考虑：

（1）现金流量信息所揭示的未来期间现实货币资金收支，可以序时动态地反映项目投资的流向与回收之间的投入产出关系，使决策者处于投资主体的立场上，便于更完整、准确、全面地评价具体投资项目的经济效益。

（2）利用现金流量指标代替利润指标作为反映项目效益的信息，可以摆脱在贯彻财务会计的权责发生制时必然面临的困境。

（3）利用现金流量信息，排除了非现金收付内部周转的资本运动形式，从而简化了有关投资决策评价指标的计算过程。

(4) 由于现金流量信息与项目计算期的各个时点密切结合,有助于在计算投资决策评价指标时,应用资金时间价值的形式进行动态投资效果的综合评价。

二、现金流量分析的基本假设

确定项目的现金流量,是在收付实现制的基础上,预计并反映现实货币资本在项目计算期内未来各年中的收支情况。但是确定现金流量存在一定的困难,如相关因素的不确定性。因此,有必要做出相关的基本假设,具体内容如表 5-2 所示。

表 5-2 现金流量分析的基本假设

基本假设	含义
财务可行性假设	假设项目已经具备国民经济可行性和技术可行性,确定现金流量就是为了进行项目的财务可行性研究。
项目投资类型假设	假设投资项目只包括单纯固定资产投资项目、完整工业投资项目和更新改造投资项目。
全投资假设	假定在确定投资项目的现金流量时,只考虑全部投资的运动情况,而不具体区分自有资金和借入资金等具体形式的现金流量,即使实际存在借入资金也将其作为自有资金看待。
时点指标假设	建设投资在建设期内有关年度的年初或年末发生,流动资金投资在期初发生,经营期内各年的收入、成本、折旧、摊销、利润、税金等项目的确认均在年末发生,项目最终报废或清理均发生在终结点,但更新改造项目除外。
建设期与运营期不重叠假设	假设先投资建设,后运营,两者不同时进行。
经营期与折旧年限一致假设	折旧年限与经营年限相同。
确定性假设	假设与项目现金流量有关的价格、产销量、成本水平、所得税等因素均为已知常数。

三、现金流量的内容

在进行项目投资决策时,首要环节就是估计投资项目的预算现金流量。现金流量按流向可以分为现金流入量和现金流出量。

(一) 现金流入量

现金流入量是指投资项目实施后在项目计算期内所引起的企业现金流入的增加额,简称现金流入,包括:

1. 营业收入

营业收入是指项目投产后每年实现的全部营业收入。为简化核算,假定正常经营年度内,每期发生的赊销额与回收的应收账款大致相等。营业收入是运营期主要的现金流入量项目。

2. 固定资产的余值

固定资产的余值是指投资项目的固定资产在终结报废清理时的残值收入,或中途转让时的变价收入。

3. 回收流动资金

回收流动资金是指投资项目在项目计算期结束时,收回原来投放在各种流动资产上的营运资金。

固定资产的余值和回收流动资金统称为回收额。

4. 其他现金流入量

其他现金流入量是指以上三项指标以外的现金流入量项目。

(二) 现金流出量

现金流出量是指投资项目实施后,在项目计算期内所引起的企业现金流出的增加额,简称现金流出,包括:

1. 建设投资(含更新改造投资)

建设投资是指在建设期内按一定生产经营规模和建设内容进行的投资,具体包括固定资产投资、无形资产投资和其他资产投资三项内容。建设投资是建设期发生的主要现金流出量。

2. 垫支的流动资金

垫支的流动资金是指投资项目建成投产后为开展正常经营活动而投放在流动资产(存货、应收账款等)上的营运资金。

3. 付现成本(或经营成本)

付现成本(Outlay Cost)是指在经营期内为满足正常生产经营而需用现金支付的成本,它是生产经营期内最主要的现金流出量。

$$\begin{aligned}付现成本 &= 变动成本 + 付现的固定成本\\ &= 总成本 - 折旧额(及摊销额)\end{aligned}$$

4. 所得税税额

所得税税额是指投资项目建成投产后因应纳税所得额增加而增加的所得税。

5. 其他现金流出量

其他现金流出量是指不包括在以上内容中的现金流出项目。

四、净现金流量的确定

(一) 净现金流量概述

净现金流量(Net Cash Flow,NCF),是指在项目计算期内由每年现金流入量与同年现金流出量之间的差额所形成的序列指标。一定期间的现金流入量大于现金流出量时,净现金流量为正值;反之,净现金流量为负值。无论在运营期还是建设期内都存在净现金

流量;建设期内的净现金流量一般小于或等于零,运营期内的净现金流量则多为正值。净现金流量用公式表示如下:

净现金流量 = 现金流入量 - 现金流出量

即: $NCF_t = CI_t - CO_t \quad (t = 0, 1, 2, \ldots, n)$

其中,NCF_t 表示第 t 年的净现金流量;CI_t 表示第 t 年的现金流入量;CO_t 表示第 t 年的现金流出量。

(二) 净现金流量分阶段的计算

由于一个项目从准备投资到投资结束,经历了项目准备和建设期、生产经营期及项目终止期三个阶段,因此投资项目净现金流量包括建设期净现金流量、运营期净现金流量和项目终结点净现金流量。

1. 建设期净现金流量

建设期净现金流量,是指开始投资时发生的现金净流量,包括固定资产投资、无形资产投资和其他资产投资等建设投资、流动资产投资和原有固定资产的变价收入。建设期净现金流量,一般为现金流出量,用负数表示。用公式表示为:

建设期净现金流量 = -该年发生的投资额

2. 运营期净现金流量

运营期净现金流量,是指投资项目完成后,在整个寿命期内,正常生产经营过程中的净现金流量。根据是否考虑企业所得税,可以分为运营期税前净现金流量和运营期税后净现金流量。

(1) 运营期税前净现金流量

运营期税前净现金流量 = 营业收入 - 付现成本
= 营业收入 - (总成本 - 折旧)
= 税前利润 + 折旧

(2) 运营期税后净现金流量

运营期税后净现金流量 = 营业收入 - 付现成本 - 所得税
= 营业收入 - (总成本 - 折旧) - 所得税
= 税后利润 + 折旧

或, 运营期税后净现金流量
= 营业收入 - 付现成本 - 所得税
= 营业收入 - 付现成本 - (营业收入 - 付现成本 - 折旧) × 所得税税率
= 营业收入 × (1 - 所得税税率) - 付现成本 × (1 - 所得税税率) + 折旧 × 所得税税率

3. 终结点净现金流量

终结点净现金流量,是指项目经济寿命终结时发生的现金净流量,包括固定资产变价收入或者支出;原垫支的净流动资金回收额。根据是否考虑企业所得税,可以分为终结点税前净现金流量和终结点税后净现金流量。

(1) 终结点税前净现金流量

终结点税前净现金流量

= 营业收入 - 付现成本 + 回收额

= 税前利润 + 折旧 + 回收垫支流动资金 + 回收固定资产残值

(2) 终结点税后净现金流量

终结点税后净现金流量

= 营业收入 - 付现成本 - 折旧 + 回收额

= 净利润 + 折旧 + 回收垫支流动资金 + 回收固定资产残值

= 营业收入 ×(1 - 所得税税率) - 付现成本 ×(1 - 所得税税率) + 折旧 × 所得税税率 + 回收垫支流动资金 + 回收固定资产残值

【特别提醒】

现金流量分析中应注意的问题

在确定项目投资的现金流量时,应遵循的基本原则是:只有增量现金流量才是与投资项目相关的现金流量。所谓增量现金流量,是指由于接受或放弃某个投资项目所引起的现金变动部分。由于采纳某个投资方案引起的现金流入增加额,才是该方案的现金流入;同理,某个投资方案引起的现金流出增加额,才是该方案的现金流出。为了正确计算投资项目的增量现金流量,要注意以下几个问题:

(1) 沉没成本。沉没成本是过去发生的支出,而不是新增成本。这一成本是由于过去的决策所引起的,对企业当前的投资决策不产生任何影响。

(2) 机会成本。在投资决策中,如果选择了某一投资项目,就会放弃其他投资项目,其他投资机会可能取得的收益就是本项目的机会成本。它不是实际发生的支出或费用,而是一种潜在的放弃的收益。在投资决策过程中考虑机会成本,有利于全面分析所面临的各个投资机会,以便选择经济上最为有利的投资项目。

(3) 公司其他部分的影响。一个项目建成后,该项目会对公司的其他部门和产品产生影响,这些影响所引起的现金流量变化应计入项目现金流量。

(4) 对净营运资金的影响。一个新项目投产后,存货和应收账款等流动资产的需求随之增加,同时应付账款等流动负债也会增加。这些与项目相关的新增流动资产与流动负债的差额即净营运资金应计入项目现金流量。

【例 5-3】 甲企业拟建一条生产线项目,建设期为 2 年,运营期为 10 年,全部建设投资分别安排在建设起点和建设期末分两次等额投入,共投资 220 万元,全部流动资金投资安排在建设期末投入,投资额为 10 万元。投产后每年的税前利润为 70 万元。固定资产残值收入 20 万元,所得税税率 25%。

要求:计算该项目投资各年所得税前净现金流量和所得税后净现金流量。

项目计算期 = 建设期 + 运营期 = 2 + 10 = 12(年)

项目计算期内各点上的现金流量分析如图 5-5 所示。

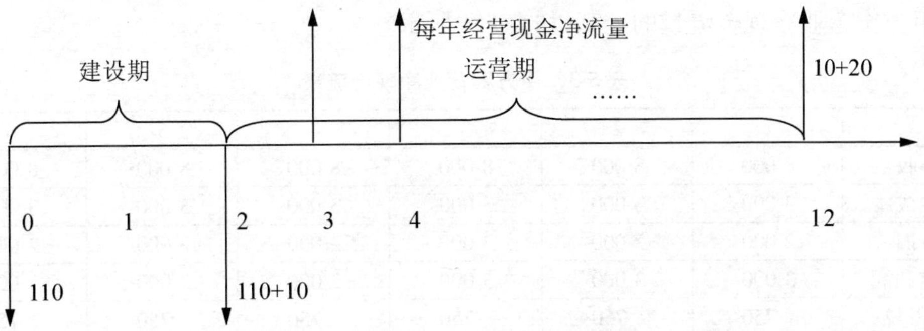

图 5-5 项目计算期内现金流量分析

固定资产原值 = 220（万元）

年折旧 = (220 − 20)/10 = 20（万元）

各年所得税前净现金流量：

NCF_0 = − 建设投资 = −110（万元）

NCF_1 = 0（万元）

NCF_2 = −（建设投资 + 流动资金投资）= −110 − 10 = −120（万元）

$NCF_{3—11}$ = 税前利润 + 折旧 = 70 + 20 = 90（万元）

NCF_{12} = 税前利润 + 折旧 + 回收垫支流动资金 + 回收固定资产残值
= 70 + 20 + 10 + 20
= 120（万元）

各年所得税后净现金流量：

NCF_0 = − 建设投资 = −110（万元）

NCF_1 = 0（万元）

NCF_2 = −（建设投资 + 流动资金投资）= −110 − 10 = −120（万元）

$NCF_{3—11}$ = 税后利润 + 折旧 = 70 × (1 − 25%) + 20 = 72.5（万元）

NCF_{12} = 税后利润 + 折旧 + 回收垫支流动资金 + 回收固定资产残值
= 70 × (1 − 25%) + 20 + 10 + 20
= 102.5（万元）

【例 5-4】 某公司计划投资一条生产线，有甲、乙两个投资方案可供选择。其中：

(1) 甲方案需要投资 12 000 元，项目寿命期为 6 年，期满无残值。6 年中每年可为公司增加销售收入 8 000 元，付现成本 3 000 元。

(2) 乙方案需要投资 15 000 元，项目寿命期也为 6 年，期满有 3 000 元残值。6 年中每年可为公司增加销售收入 10 000 元，付现成本第 1 年为 4 000 元，以后随着设备陈旧，逐年增加维修费 500 元；项目建成时需垫支流动资金 3 000 元，项目终结时收回。

要求：确定该项目各年的现金流量（假设公司所得税税率为 25%，按直线法计提折旧）。

(1) 计算各方案的折旧额

甲方案每年折旧额 = 12 000/6 = 2 000（元）

乙方案每年折旧额 = (15 000 − 3 000)/6 = 2 000（元）

(2) 计算各方案营业净现金流量

甲方案营业净现金流量的计算,如表 5-3 所示。

表 5-3　甲方案营业净现金流量　　单位:元

	1	2	3	4	5	6
销售收入	8 000	8 000	8 000	8 000	8 000	8 000
付现成本	3 000	3 000	3 000	3 000	3 000	3 000
折旧	2 000	2 000	2 000	2 000	2 000	2 000
税前利润	3 000	3 000	3 000	3 000	3 000	3 000
所得税	750	750	750	750	750	750
税后净利	2 250	2 250	2 250	2 250	2 250	2 250
现金流量	4 250	4 250	4 250	4 250	4 250	4 250

乙方案营业净现金流量的计算,如表 5-4 所示。

表 5-4　乙方案营业净现金流量　　单位:元

	1	2	3	4	5	6
销售收入	10 000	10 000	10 000	10 000	10 000	10 000
付现成本	4 000	4 500	5 000	5 500	6 000	6 500
折旧	2 000	2 000	2 000	2 000	2 000	2 000
税前利润	4 000	3 500	3 000	2 500	2 000	1 500
所得税	1 000	875	750	625	500	375
税后净利	3 000	2 625	2 250	1 875	1 500	1 125
现金流量	5 000	4 625	4 250	3 875	3 500	3 125

(3) 计算各方案投资项目净现金流量

甲、乙方案投资项目净现金流量的计算,如表 5-5 所示。

表 5-5　各方案投资项目净现金流量　　单位:元

	0	1	2	3	4	5	6
甲方案							
固定资产投资	-12 000						
营业现金流量		4 250	4 250	4 250	4 250	4 250	4 250
现金流量合计	-12 000	4 250	4 250	4 250	4 250	4 250	4 250
乙方案							
固定资产投资	-15 000						
营运资金垫支	-3 000						
营业现金流量		5 000	4 625	4 250	3 875	3 500	3 125
固定资产残值							3 000
营运资金回收							3 000
现金流量合计	-18 000	5 000	4 625	4 250	3 875	3 500	9 125

【例 5-5】 某企业拟更新一套尚可使用 5 年的旧设备。旧设备原价 180 000 元,账

面净值100 000元,期满残值10 000元,目前旧设备变价净收入80 000元。旧设备每年营业收入200 000元,付现成本160 000元。新设备投资总额350 000元,可用5年,使用新设备后每年可增加营业收入80 000元,并降低付现成本20 000元,期满残值50 000元。

要求:计算新旧方案的各年现金净流量和更新方案的各年差量现金流量。

(1) 继续使用旧设备的各年现金净流量

$NCF_0 = -80\ 000$(元)

$NCF_{2-4} = 200\ 000 - 160\ 000 = 40\ 000$(元)

$NCF_5 = 40\ 000 + 10\ 000 = 50\ 000$(元)

(2) 采用新设备的各年现金净流量

$NCF_0 = -350\ 000$(元)

$NCF_{2-4} = (200\ 000 + 80\ 000) - (160\ 000 - 20\ 000) = 140\ 000$(元)

$NCF_5 = 140\ 000 + 50\ 000 = 190\ 000$(元)

(3) 更新方案的各年差量现金净流量

$\Delta NCF_0 = -350\ 000 - (-80\ 000) = -270\ 000$(元)

$\Delta NCF_{2-4} = 140\ 000 - 40\ 000 = 100\ 000$(元)

$\Delta NCF_5 = 190\ 000 - 50\ 000 = 140\ 000$(元)

第三节 项目投资决策的评价指标

为了客观、科学地分析评价各种投资方案是否可行,一般应使用不同的指标,从不同的侧面或角度反映投资方案的内涵。项目投资决策评价指标是衡量和比较投资项目可行性并据以进行方案决策的定量化标准与尺度,它由一系列综合反映投资效益、投入产出关系的量化指标构成。

一、项目投资决策评价指标的分类

项目投资决策评价指标是用来衡量投资方案优劣的标准,主要有会计收益率、投资回收期、净现值、现值指数和内部收益率等指标。这些指标可以按照不同的标准进行分类,如表5-6所示。

表5-6 项目投资决策的评价指标分类

分类标准	种类	具体指标
是否考虑资金时间价值	静态评价指标	静态投资回收期、总投资收益率
	动态评价指标	净现值、净现值率、内部收益率
指标性质不同	正指标	除静态投资回收期以外的其他指标
	反指标	静态投资回收期

（续表）

分类标准	种类	具体指标
指标在决策中的重要性	主要指标	净现值、内部收益率等
	次要指标	静态投资回收期
	辅助指标	投资报酬率

本书按照是否考虑资金时间价值，分别讲解项目投资决策的静态评价指标和动态评价指标。

二、项目投资决策的静态评价指标

项目投资的静态评价指标，也称为“非贴现指标”，是指不考虑资金时间价值的决策方法，包括静态投资回收期和总投资收益率。

（一）静态投资回收期

静态投资回收期（Payback Period，PP），是指以投资项目经营净现金流量抵偿原始总投资所需要的全部时间。它有“包括建设期的投资回收期（记作 PP）”和“不包括建设期的投资回收期（记作 PP′）”两种形式。

【双语链接】

Payback Period：The amount of time taken to break even on an investment. Since this method ignores the time value of money and cash flows after the payback period, it can provide only a partial picture of whether the investment is worthwhile.

确定静态投资回收期指标可分别采取公式法和列表法。

1. 公式法

当项目运营期内前若干年内每年的净现金流量相等，这些年内的净现金流量之和大于或等于建设期发生的原始投资合计时，可以采用公式法。静态投资回收期有两种，分别是不包括建设期的投资回收期和包括建设期的投资回收期。其计算公式分别为：

$$\text{不包括建设期的投资回收期}(PP')=\frac{\text{建设期发生的原始投资合计}}{\text{运营期内前若干年每年相等的净现金流量}}$$

包括建设期的投资回收期（PP）= 不包括建设期的投资回收期 + 建设期 = $PP'+S$

【例 5-6】 某投资项目的所得税前净现金流量如下：$NCF_0=-2\ 000$ 万元，$NCF_1=0$，$NCF_{2-10}=400$ 万元，$NCF_{11}=500$ 万元。

要求：根据上述资料，计算该投资项目的静态投资回收期。

$$PP'=\frac{2\ 000}{400}=5(\text{年})$$

$$PP=PP'+S=5+1=6(\text{年})$$

2. 列表法

所谓列表法是指通过列表计算“累计净现金流量”的方式，来确定包括建设期的投资回收期,进而再推算出不包括建设期的投资回收期的方法。因为不论在什么情况下,都可以通过这种方法来确定静态投资回收期,所以这种方法又称为一般方法。

该法的原理是:按照回收期的定义,包括建设期的静态投资回收期满足以下关系式,即:

$$\sum_{t=0}^{PP} NCF_t = 0$$

这表明在财务现金流量表的"累计净现金流量"一栏中,包括建设期的投资回收期恰好是累计净现金流量为零的年限。

【例 5-7】 阳光公司准备购入设备以扩大生产能力,需投资 2 000 万元,使用期为 5 年,各年净现金流量为:$NCF_0 = -2\ 000$ 万元,$NCF_1 = 0$,$NCF_2 = 700$ 万元,$NCF_3 = 600$ 万元,$NCF_4 = 500$ 万元,$NCF_5 = 400$ 万元,$NCF_6 = 300$ 万元。

该项目的累计净现金流计算结果,如表 5-7 所示。

表 5-7　净现金流量计算表　　单位:万元

年序	0	1	2	3	4	5	6
初始投资	-2 000	0					
NCF_t			700	600	500	400	300
累计 NCF	-2 000	-2 000	-1 300	-700	-200	+200	+500

$$PP = 4 + (200/400) = 4.5(年)$$

$$PP' = 4.5 - 1 = 3.5(年)$$

对于独立方案,静态投资回收期小于等于期望的静态投资回收期时,该方案可行;否则,该方案不可行。对于互斥方案,应该在可行方案中选择静态投资回收期最短的备选方案。

静态投资回收期计算简便,并且容易为决策者正确理解,操作也简单。但是静态投资回收期法没有考虑资金时间价值和投资的风险价值,没有考虑投资回收期以后的现金流量。

(二) 总投资收益率

总投资收益率,又称"投资报酬率"(Return on Investment, ROI),是指达产期正常年份的年息税前利润或运营期年均息税前利润占项目总投资的百分比。其计算公式为:

$$ROI = \frac{年息税前利润或年均息税前利润}{项目总投资} \times 100\%$$

对于独立方案,当总投资收益率大于等于企业目标收益率时,该方案可行;否则,该方案不可行。对于互斥方案,应该从可行方案中选择总投资收益率最高的方案。

【双语链接】

Return on Investment (ROI): A measure of a corporation's profitability, equal to a fiscal year's income divided by common stock and preferred stock equity plus long-term debt. ROI measures how effectively the firm uses its capital to generate profit; the higher the ROI, the better.

【例 5-8】 某公司需投资 2 000 万元,使用期为 5 年,各年息税前利润分别为 500 万元、450万元、550万元、560万元、600万元。要求:计算总投资收益率,并判断是否可行。假设企业目标收益率为20%。

$$ROI = \frac{(500+450+550+560+600) \div 5}{2\ 000} \times 100\% = 26.6\%$$

因为总投资收益率26.6%大于企业目标收益率20%,所以该方案可行。

总投资收益率法计算简单,易于理解和掌握,资料也易于收集,因为它应用的是财务会计报表上的数据,但是它没有考虑时间价值,不能正确反映建设期的长短及投资方式不同和回收额的有无等条件对项目的影响,分子、分母的计算口径的可比性差,无法直接利用净现金流量信息。

三、项目投资决策的动态评价指标

项目投资决策的动态评价指标,也称为“贴现指标”,是指考虑资金时间价值的决策方法,包括净现值、净现值率、现值指数、内部收益率。

(一) 净现值

净现值(Net Present Value, NPV),是指在项目计算期内,按设定折现率或基准收益率计算的各年净现金流量现值的代数和。

【双语链接】

Net Present Value :The present value of an investment's future net cash flows minus the initial investment. If positive, the investment should be made (unless an even better investment exists), otherwise it should not.

净现值的计算公式为:

$$NPV = \sum_{t=0}^{n} [NCF_t \times (P/F, i, t)]$$

其中:n表示项目计算期;NCF_t表示第t年的净现金流量;$(P/F,i,t)$表示第t年、利率为i的复利现值系数。

【特别提醒】

确定折现率(i)的标准

在确定折现率时,通常可以按照以下标准:(1)以投资项目的资金成本作为折现率;(2)以投资的机会成本作为贴现率;(3)根据不同阶段采用不同的贴现率;(4)以行业平均收益率作为项目贴现率。

净现值指标的决策标准是:如果投资方案的净现值大于或等于零,那么该方案为可行方案;如果投资方案的净现值小于零,那么该方案为不可行方案;如果几个方案的投资额相同,项目计算期相等且净现值均大于零,那么净现值最大的方案为最优方案。所以,净现值大于或等于零是项目可行的必要条件。

1. 投资为一次性投入,建设期为0,投产后各年的净现金流量为年金,终结期无残值或有残值时,净现值的计算公式为:

$$NPV = NCF_0 + \sum NCF_{1-n} \times (P/A,i,n) + 残值 \times (P/F,i,n)$$

【例 5-9】 根据【例 5-4】的资料,试计算甲方案的净现值,假设折现率为 10%。

(1) 甲方案的净现金流量(计算过程见【例 5-4】)

$$NCF_0 = -12\ 000(元)$$

$$NCF_{1-6} = 4\ 250(元)$$

(2) 甲方案的净现值

$$\begin{aligned} NPV_{甲} &= 4\ 250 \times (P/A,10\%,6) - 12\ 000 \\ &= 4\ 250 \times 4.3553 - 12\ 000 \\ &= 6\ 510.025(元) \end{aligned}$$

2. 投资为一次性投入,建设期为0,投产后各年的净现金流量不同,终结期无残值或有残值时,净现值的计算公式为:

$$NPV = NCF_0 + NCF_1 \times (P/F,i,1) + NCF_2 \times (P/F,i,2) + \cdots + (NCF_n + 残值) \times (P/F,i,n)$$

【例 5-10】 根据【例 5-4】的资料,试计算乙方案的净现值,假设折现率为 10%。

乙方案净现值的计算过程,如表 5-8 所示。

表 5-8 乙方案净现值的计算过程 单位:元

时点	各时点 NCF	复利现值系数	现值
0	-18 000	1	-18 000
1	5 000	0.9091	4 545.5
2	4 625	0.8264	3 822.1
3	4 250	0.7513	3 193.025
4	3 875	0.6830	2 646.625
5	3 500	0.6209	2 173.15
6	9 125	0.5645	5 151.0625
合计	—	—	3 531.4625

综合【例 5-9】和【例 5-10】来看,甲、乙两项方案投资的净现值为正数,说明这两个方案的报酬率超过 10%。如果企业的资本成本率或要求的报酬率是 10%,那么这两个方案是有利的,因而是可以接受的。甲方案和乙方案相比,甲方案更好些。

3. 投资为分次性投入,建设期为 s 年,运营期为 P,投产后各年的净现金流量为年金(即递延年金形式),终结期无残值或有残值时,净现值的计算公式为:

$$\begin{aligned} NPV = {} & NCF_0 + NCF_1 \times (P/F,i,1) + NCF_2 \times (P/F,i,2) + \cdots + NCF_s \times (P/F,i,s) + \\ & NCF_{s+1} \times [(P/A,i,s+p) - (P/A,i,s)] + 残值 \times (P/F,i,s+p) \end{aligned}$$

【例 5-11】 根据【例 5-3】的资料，计算该项目的净现值。假设考虑所得税影响，折现率为 12%。

(1) 该项目的所得税后净现金流量(计算过程见【例 5-3】)

$NCF_0 = -110$(万元)；$NCF_1 = 0$；$NCF_2 = -120$(万元)；$NCF_{3-11} = 72.5$(万元)；$NCF_{12} = 102.5$(万元)。

(2) 该项目的净现值

$$
\begin{aligned}
NPV &= -110 - 120 \times (P/F, 12\%, 2) + 72.5 \times [(P/A, 12\%, 11) - (P/A, 12\%, 2)] \\
&\quad + 102.5 \times (P/F, 12\%, 12) \\
&= -110 - 120 \times 0.7972 + 72.5 \times (5.9377 - 1.6901) + 102.5 \times 0.2567 \\
&= 128.5988(\text{万元})
\end{aligned}
$$

4. 投资为分次性投入，建设期为 s 年，投产后各年的净现金流量不同，终结期无残值或有残值时，净现值的计算公式为：

$$NPV = \sum (\text{项目计算期内各点的净现金流量} \times \text{各年的复利现值系数})$$

【例 5-12】 某投资项目投资总额为 100 000 元，建设期为 2 年，分别在建设期年末平均投入，经营期 5 年，每年净现金流量分别为 30 000 元、34 000 元、38 000 元、42 000 元和46 000元。假设折现率为 10%，请计算该项目的净现值。

(1) 各点的净现金流量

$NCF_0 = 0$；$NCF_1 = -50\ 000$(元)；$NCF_2 = -50\ 000$(元)；$NCF_3 = 30\ 000$(元)；$NCF_4 = 34\ 000$(元)；$NCF_5 = 38\ 000$(元)；$NCF_6 = 42\ 000$(元)；$NCF_7 = 46\ 000$(元)。

(2) 该项目的净现值

该项目净现值的计算过程，如表 5-9 所示。

表 5-9 净现值的计算过程 单位：元

时点	各时点 NCF	复利现值系数	现值
0	0	1	0
1	-50 000	0.9091	-45 455
2	-50 000	0.8264	-41 320
3	30 000	0.7513	22 539
4	34 000	0.6830	23 222
5	38 000	0.6209	23 594.2
6	42 000	0.5645	23 709
7	46 000	0.5132	23 607.2
合计	—	—	29 896.4

净现值是一个贴现的绝对值正指标，综合考虑了资金的时间价值和风险价值，考虑

了项目计算期的全部现金流量；但是，它只能说明投资项目的报酬率高于或低于预定的报酬率，而不能确定投资项目本身的收益率，而且净现值本身是一个绝对数，不利于不同投资规模的比较。

(二) 净现值率

净现值率(Net Present Value Rate, NPVR)，是投资项目的净现值占原始投资现值之和的比率。其计算公式为：

$$NPVR=\frac{项目的净现值}{原始投资的现值合计}$$

净现值率大于零，表明项目的报酬率高于折现率，存在额外收益；净现值等于零，表明项目的报酬率等于折现率，收益只能抵补资本成本；净现值率小于零，表明项目的报酬率小于折现率，收益不能补偿资本成本。所以，对于独立方案，净现值率大于或等于零时，该方案可行；否则不可行。对于互斥方案，应在净现值率大于或等于零的方案中，选择净现值率最大的方案。

【例 5-13】 根据【例 5-9】、【例 5-10】的资料，试计算甲、乙两个方案的净现值率。

$NPVR_{甲}=6\ 510.025/12\ 000=54.25\%$

$NPVR_{乙}=3\ 531.4625/18\ 000=19.62\%$

因为甲方案的净现值率大于乙方案的净现值率，所以应选择甲方案。

净现值率可从动态角度反映项目投资的资金投入与产出关系，比其他动态指标容易计算；但是，无法直接反映投资项目的实际收益率。

(三) 现值指数

现值指数(Profitability Index, PI)，又称获利能力指数，是指项目投产后按一定折现率计算的在运营期内各年净现金流量的现值合计与原始投资现值合计的比值，其计算公式为：

$$PI=\sum 运营期各年净现金流量现值/原始投资现值=NPVR+1$$

对于独立方案，现值指数大于等于 1 时，该方案可行；否则不可行。对于互斥方案，应在现值指数大于 1 的项目中，选择现值指数最大的项目。

【例 5-14】 根据【例 5-9】、【例 5-10】的资料，试计算甲、乙两个方案的现值指数。

$PI_{甲}=(6\ 510.025+12\ 000)/12\ 000=1.5425$

$PI_{乙}=(3\ 531.4625+18\ 000)/18\ 000=1.1962$

因为甲方案的现值指数大于乙方案的现值指数，所以应当选择甲方案。

现值指数考虑了资金的时间价值和投资风险，考虑了项目计算期的全部现金流量，有利于在初始投资额不同的投资方案之间进行优先排序；但是，它不能揭示方案本身可能达到的实际报酬率，而且折现率没有统一的标准。

(四) 内部收益率

内部收益率(Internal Rate of Return, IRR)，又称内含报酬率，是指净现值等于零时的贴现率，它反映的是项目未来预计的现金流相对于当前投资所体现的收益水平，即：

$$NPV=\sum_{t=1}^{n}\frac{NCF_t}{(1+IRR)^t}-NINV=0$$

【双语链接】

Internal Rate of Return (IRR): The rate of return that would make the present value of future cash flows plus the final market value of an investment or business opportunity equal the current market price of the investment or opportunity. The internal rate of return is an important calculation used frequently to determine if a given investment is worthwhile. An investment is generally considered worthwhile if the internal rate of return is greater than the return of an average similar investment opportunity, or if it is greater than the cost of capital of the opportunity. Also called dollar-weighted rate of return.

由于投资及项目建成后各年现金净流量的情况不同，具体计算方法主要有年金计算法和逐步测试法。

1. 年金计算法

初始投资在建设起点一次性投入，建设期为0，期末无残值，项目建成后各年现金净流量相等，此时可采用简便的计算方法——年金法计算。基本计算步骤如下：

（1）求出使得净现值为零的年金现值系数$(P/A,\mathrm{IRR},n)=I/\mathrm{NCF}$；

（2）查年金现值系数表；

（3）表中有对应数字，则对应的利率就是内含收益率；

（4）表中没有对应数字，则用内插法求出内含收益率。

【例5-15】 某投资方案，初始投资额为100万元，于建设起点一次性投资，建设期为0，运营期5年，每年的现金净流量均为33万元。试计算该方案的内含收益率。

（1）$33\times(P/A,\mathrm{IRR},5)=100$，求得：$(P/A,\mathrm{IRR},5)=3.0303$。

（2）查5年的年金现值系数表，得知：$(P/A,18\%,5)=3.1272$，$(P/A,20\%,5)=2.9906$。

（3）利用内插法：$(\mathrm{IRR}-18\%)/(20\%-18\%)=(3.1272-3.0303)/(3.1272-2.9906)$，求得：$\mathrm{IRR}=19.42\%$。

2. 逐步测试法

如果投资项目的现金净流量不属于年金，即原始投资可能是一次性投入，也可以分次投入，但每年的现金净流量不等，内含收益率可采用逐步测试的方法确定。基本计算步骤如下：

（1）设定一个折现率i_1，计算净现值NPV_1；

（2）如果$\mathrm{NPV}_1=0$，则$\mathrm{IRR}=i_1$；如果$\mathrm{NPV}_1>0$，则提高设定的折现率，直至NPV出现负值为止；

（3）利用最为接近零的两个正负净现值NPV_m和NPV_{m+1}及相应的折现率i_m和i_{m+1}，利用内插法计算内含收益率。

【例5-16】 某投资项目中，原始投资额为25 000元，项目寿命期为5年，项目建成后，各年的现金净流量分别为5 000元、6 000元、8 000元、10 000元、12 000元。试计算该项目的内含收益率。

(1) 按16%的贴现率测算净现值(见表5-10)。

表5-10　贴现率为16%时净现值的计算过程　　单位:元

时点	各时点NCF	复利现值系数	现值
0	-25 000	1	-25 000
1	5 000	0.8621	4 310.5
2	6 000	0.7432	4 459.2
3	8 000	0.6407	5 125.6
4	10 000	0.5523	5 523
5	12 000	0.4761	5 713.2
合计	—	—	131.5

由于按16%计算的净现值是正数,因此需要再找一个更大的利率来计算净现值。

(2) 按17%的贴现率测算净现值(见表5-11)。

表5-11　贴现率为17%时净现值的计算过程　　单位:元

时点	各时点NCF	复利现值系数	现值
0	-25 000	1	-25 000
1	5 000	0.8547	4 273.5
2	6 000	0.7305	4 383
3	8 000	0.6244	4 995.2
4	10 000	0.5337	5 337
5	12 000	0.4561	5 473.2
合计	—	—	-538.1

现已确定内含收益率为16%—17%,可用插入法求出具体数值。

$$(IRR-16\%)/(17\%-16\%)=131.5/(131.5+538.1)$$

求得:　　$IRR=16.20\%$

对于独立方案,内部收益率大于等于资本成本或必要报酬率时,该方案可行;否则不可行。对于互斥方案,在可行方案中选择内部收益率最大的投资项目。

内部收益率考虑了资金时间价值,反映了投资项目的真实报酬率,考虑了项目计算期的全部现金流量;但是,该方法计算过程比较复杂,而且当为非常规方案时,该方法失效。

(五) NPV、NPVR、PI、IRR指标之间的关系

净现值NPV、净现值率NPVR、现值指数PI和内含报酬率IRR之间的数量关系如下:

当NPV>0时,NPVR>0,PI>1,IRR>基准收益率;

当NPV=0时,NPVR=0,PI=1,IRR=基准收益率;

当NPV<0时,NPVR<0,PI<1,IRR<基准收益率。

这些指标的计算结果都受到建设期和运营期的长短、投资金额及方式,以及各年净现金流量的影响。所不同的是净现值(NPV)为绝对数指标,其余为相对数指标,计算净

现值、净现值率和现值指数所依据的折现率(i)都是事先已知的,而内含报酬率(IRR)的计算本身与折现率(i)的高低无关,只是采用这一指标的决策标准是将所测算的内含报酬率与其折现率进行对比,当 IRR$\geq i$ 时该方案是可行的。

第四节　项目投资决策的具体应用

项目投资决策的关键,就是合理选择适当的决策方法,利用投资决策评价指标作为决策的标准,做出最终的投资决策。

一、独立方案财务可行性评价及投资决策

在项目投资决策中,独立方案是指一组互相分离、互不排斥、各不相关的方案,即选择某一方案并不排斥选择另一方案。

独立方案分为完全具备、完全不具备、基本具备和基本不具备财务可行性四种,其判断条件有所不同。

(一)判断完全具备财务可行性的条件

如果某一投资项目的评价指标同时满足以下条件,则可以判定该投资项目无论从哪个方面看都具备财务可行性,应当接受此投资方案。这些条件是:

(1)主要指标:NPV≥ 0,NPVR≥ 0,PI≥ 1,IRR$\geq i$;

(2)次要指标:PP$\leq n/2$;

(3)辅助指标:ROI$\geq i$。

(二)判断完全不具备财务可行性的条件

如果某一投资项目的评价指标同时发生以下情况,则可以断定该投资项目无论从哪个方面看都不具备财务可行性,此时应当放弃该投资项目。这些条件是:

(1)主要指标:NPV<0,NPVR<0,PI<1,IRR$<i$;

(2)次要指标:PP$>n/2$;

(3)辅助指标:ROI$<i$。

(三)判断基本具备财务可行性的条件

在评价过程中,如果主要指标处于可行区间,次要指标、辅助指标处于不可行区间,则可以判定该项目基本上具有财务可行性,应当接受此投资方案。这些条件是:

(1)主要指标:NPV≥ 0,NPVR≥ 0,PI≥ 1,IRR$\geq i$;

(2)次要指标:PP$>n/2$;

(3)辅助指标:ROI$<i$。

(四)判断基本不具备财务可行性的条件

在评价过程中,如果主要指标处于不可行区间,次要指标、辅助指标处于可行区间,则可以判定该项目基本上不具有财务可行性,此时应当放弃该投资项目。这些条件是:

(1)主要指标:NPV<0,NPVR<0,PI<1,IRR$<i$;

(2)次要指标:PP$\leq n/2$;

(3)辅助指标:ROI$\geq i$。

【例 5-17】 某固定资产投资项目只有一个方案，其原始投资为 1 000 万元，项目计算期为 11 年（其中生产经营期为 10 年），基准投资收益率为 9.5%，行业基准折现率为 10%。有关投资决策评价指标如下：ROI = 10%，PP = 6 年，PP′ = 5 年，NPV = 162.65 万元，NPVR = 17.04%，IRR = 12.73%。

要求：评价该项目的财务可行性。

由于 NPV = 162.65 > 0，NPVR > 0，IRR = 12.73% > 10%，ROI = 10% > 9.5%，PP′ = 5 年 = 10/2，PP = 6 年 > 11/2。

所以，该项目基本具备财务可行性。

【特别提醒】

一组完全独立方案存在的前提条件

（1）投资资金来源无限制；（2）投资资金无优先使用的排列；（3）各投资方案所需的人力、物力均能得到满足；（4）不考虑地区、行业之间的相互关系及其影响；（5）每一投资方案是否可行，仅取决于本方案的经济效益，与其他方案无关。

二、互斥方案财务可行性评价及投资决策

互斥方案是指一组方案相互关联、相互排斥，方案组中各方案彼此可以相互替代，且采纳方案组中的某一方案，必然会排斥另一方案的选择，方案组中各方案之间具有排他性。

1. 净现值法

所谓净现值法，是指通过比较所有已具备财务可行性投资方案的净现值指标的大小来选择最优方案的方法。该法适用于原始投资相同且项目计算期相等的多方案比较决策。净现值最大的方案为最优方案。

【例 5-18】 某投资项目需要原始投资 500 万元，有甲、乙、丙三个互相排斥的方案可供选择。其净现值分别为 778.9 万元、560 万元、660 万元。根据上述资料，按净现值法做出决策。

因为甲、乙、丙三个备选方案的 NPV 均大于零，所以这三个方案均具有财务可行性。按净现值法进行比较决策，甲方案最优，丙方案次之，乙方案最差。

2. 净现值率法

所谓净现值率法，是指通过比较所有已具备财务可行性投资方案的净现值率指标的大小来选择最优方案的方法。该法适用于项目计算期相等但原始投资不同的多个互斥方案的比较决策。净现值率最大的方案为最优方案。

【例 5-19】 A 项目与 B 项目为互斥方案，它们的项目计算期相同。A 项目原始投资的现值为 200 万元，净现值为 30 万元；B 项目原始投资的现值为 150 万元，净现值为 24 万元。

A 项目的净现值率 = 30/200 = 0.15

B 项目的净现值率 = 24/150 = 0.16

在净现值法下，A 项目优于 B 项目；在净现值率法下，B 项目优于 A 项目。由于两个项目的原始投资额不相同，导致两种方法的决策结论相互矛盾。

3. 差额投资内部收益率法

所谓差额投资内部收益率法，是指在两个原始投资额不同方案的差量净现金流量（记作 ΔNCF）的基础上，计算出差额内部收益率（记作 ΔIRR），并将其与基准折现率进行比较，进而判断方案孰优孰劣的方法。该法适用于原始投资不相同，但项目计算期相同的多方案比较决策。

当差额内部收益率指标大于或等于基准收益率或设定折现率时，原始投资额大的方案较优；反之，则投资少的方案为优。

【例 5-20】 A 项目原始投资的现值为 150 万元，项目计算期第 1—10 年的净现金流量为 29.29 万元；B 项目的原始投资额为 100 万元，项目计算期第 1—10 年的净现金流量为 20.18 万元。假定基准折现率为 10%。根据上述资料，按差额投资内部收益率法进行投资决策。

（1）计算差量净现金流量

$$\Delta NCF_0 = -(150-100) = -50（万元）$$

$$\Delta NCF_{1-10} = 29.29-20.18 = 9.11（万元）$$

（2）计算差额内部收益率

$$(\Delta P_A/A,\ \Delta IRR,\ 10) = 50/9.11 = 5.4885$$

因为：$(\Delta P_A/A,\ 12\%,\ 10) = 5.6502 > 5.4885$

$(\Delta P_A/A,\ 14\%,\ 10) = 5.2161 < 5.4885$

所以：$12\% < \Delta IRR < 14\%$，应用内插法：

$$\Delta IRR = 12\% + (5.6502-5.4885)/(5.6502-5.2161) \times (14\%-12\%) \approx 12.74\%$$

（3）做出决策

因为：$\Delta IRR = 12.74\% > 10\%$

所以：应当投资 A 项目

【相关链接】

差额投资内部收益率法的原理

假定有 A 和 B 两个项目计算期相同的投资方案，A 方案的投资额大，B 方案的投资额小。我们可以把 A 方案看成两个方案之和。第一个方案是 B 方案，即把 A 方案的投资用于 B 方案；第二个方案是 C 方案，用于 C 方案投资的是 A 方案投资额与 B 方案投资额之差。因为把 A 方案的投资用于 B 方案会因此节约一定的投资，可以作为 C 方案的投资资金来源。

C 方案的净现金流量等于 A 方案的净现金流量减去 B 方案的净现金流量而形成的差量净现金流量 ΔNCF。根据 ΔNCF 计算出来的差额内部收益率 ΔIRR，其实质就是 C 方案的内部收益率。

在这种情况下，A 方案等于 B 方案与 C 方案之和；A 方案与 B 方案的比较，相当于 B 方案与 C 方案之和与 B 方案的比较，如果差额内部收益率 ΔIRR 小于基准折现率，则 C 方案不具有财务可行性，这就意味着 B 方案优于 A 方案。

差额投资内部收益率 ΔIRR 的计算过程和计算技巧同内部收益率 IRR 完全一样，只是所依据的是 ΔNCF。

4. 年等额净回收额法

所谓年等额净回收额法,是指通过比较所有投资方案的年等额净回收额(记作 NA)指标的大小来选择最优方案的决策方法。该法适用于原始投资不相同特别是项目计算期不同的多方案比较决策。年等额净回收额最大的方案为最优方案。

某方案的年等额净回收额等于该方案净现值与相关回收系数(或年金现值系数倒数)的乘积。计算公式为:

$$\text{某方案年等额净回收额}=\text{该方案净现值}\times\text{回收系数}$$

或,

$$=\text{该方案净现值}\times\frac{1}{\text{年金现值系数}}$$

【例 5-21】 某企业拟投资建设一条新生产线。现有三个方案可供选择:A 方案的原始投资为 1 250 万元,项目计算期为 11 年,净现值为 958.7 万元;B 方案的原始投资为 1 100 万元,项目计算期为 10 年,净现值为 920 万元;C 方案的净现值为 -12.5 万元。行业基准折现率为 10%。根据上述资料,按年等额净回收额法做出最终投资决策的程序如下:

(1) 判断各方案的财务可行性

因为: A 方案和 B 方案的净现值大于零

所以: 这两个方案具有财务可行性

因为: C 方案的净现值小于零

所以: 该方案不具有财务可行性

(2) 计算各个具有财务可行性方案的年等额净回收额

A 方案的年等额净回收额 = A 方案的净现值/(P/A,10%,11)

= 958.7/6.4951

≈ 147.60(万元)

B 方案的年等额净回收额 = B 方案的净现值/(P/A,10%,10)

= 920/6.1446

≈ 149.72(万元)

(3) 比较各方案的年等额净回收额,做出决策

因为: 149.72 > 147.60

所以: B 方案优于 A 方案

三、多方案组合排队投资决策

(一) 组合或排队方案决策的含义

如果一组方案既不属于相互独立,又不属于相互排斥,而是可以实现任意组合或排队,则这些方案被称为组合或排队方案,其中又包括先决方案、互补方案和不完全互斥方案等形式。在这种决策中,除了要求首先评价所有方案的财务可行性外,在接下来的决策中需要反复衡量和比较不同组合条件下的有关评价指标的大小,从而做出最终决策。

组合或排队方案的决策,分为两种情况:

(1) 在资金总量不受限制的情况下,可按每一项目的净现值大小排队,确定优先考虑的项目顺序;

(2) 在资金总量受到限制时,则需要按照净现值率或现值指数的大小,结合净现值进行各种组合排队,从中选出能使 $\sum NPV$ 最大的最优组合。

(二) 组合或排队方案决策的程序

组合或排队方案的决策过程,遵循下面的程序:

(1) 以各方案的净现值率高低为序,逐项计算累计投资额,并与限定投资总额进行比较;

(2) 当截止到某项投资项目(假定为第 j 项)的累计投资额恰好达到限定的投资总额时,则第 1 项至第 j 项项目的组合为最优组合;

(3) 若在排序过程中未能直接找到最优组合,则必须按下列方法进行必要的修正:

① 当排序中发现第 j 项的累计投资额首次超过限定投资总额,而删除该项后,按顺延的项目计算的累计投资额却小于或等于限定投资额时,可将第 j 项与第 $j+1$ 项交换位置,继续计算累计投资额。这种交换可连续进行。

② 当排序中发现第 j 项的累计投资额首次超过限定投资总额,又无法与下一项进行交换,第 $j-1$ 项的原始投资大于第 j 项的原始投资时,可将第 j 项与第 $j-1$ 项交换位置,继续计算累计投资额。这种交换亦可连续进行。

③ 若经过反复交换,已不能再进行交换,仍未找到能使累计投资额恰好等于限定投资额的项目组合时,可按最后一次交换的项目组合作为最优组合。

【例 5-22】 目前有五个投资方案,如表 5-12 所示。

表 5-12 各投资方案的相关指标

项目	原始投资	净现值	净现值率	内部收益率
A	300	120	0.4	18%
B	200	40	0.2	21%
C	200	100	0.5	40%
D	100	22	0.22	19%
E	100	30	0.3	35%

要求:做出以下相关条件下的组合投资决策:

(1) 投资总额不受限制;

(2) 投资总额分别为 200 万元、300 万元、400 万元、450 万元、500 万元、600 万元、700 万元、800 万元和 900 万元。

根据各方案的净现值率大小排序,并计算累计原始投资额和累计净现值,如表 5-13 所示。

表 5-13 各方案按净现值率大小的排序 单位:万元

顺序	项目	原始投资	累计原始投资	净现值	累计净现值
1	C	200	200	100	100
2	A	300	500	120	220
3	E	100	600	30	250
4	D	10C	700	22	272
5	B	200	900	40	312

(1) 当投资总额不受限制或限额大于等于 900 万元时,最优组合方案为:A+C+B+E+D。

(2) 当限制投资总额为 200 万元时,只能上 C 项目,可获 100 万元净现值,因为它比另一组合 D + E 的净现值合计 52 万元多。

（3）当限制投资总额为 300 万元时，最优投资组合为：C + E。因为 A 和 E 可进行交换，可获 130 万元净现值，大于其他组合：A、C + D、E + B 和 D + B。

（4）当限制投资总额为 400 万元时，最优投资组合为：C + E + D。这里 A 与 E、D 分别进行交换，可获 152 万元净现值，大于其他组合：A + E、A + D、C + B和 E + D + B。

（5）当限制投资总额分别为 500 万元、600 万元和 700 万元时，最优投资组合分别为：C + A、C + A + E、C + A + E + D。

（6）当限制投资总额为 800 万元时，最优投资组合为：C + A + E + B。这里 D 与 B 交换一次，获得 290 万元净现值，大于 C + A + E + D 组合的净现值。

（7）当限制投资总额为 450 万元时，最优投资组合为：C + E + D。此时累计投资总额为 400 万元，小于 450 万元，但获得的净现值仍然比其他组合多。

四、两种特殊的固定资产投资决策

（一）固定资产更新决策

与新建项目相比，固定资产更新决策最大的难点在于不容易估算项目的净现金流量。固定资产更新决策利用差额投资内部收益率法，当更新改造项目的差额内部收益率指标大于或等于基准折现率（或设定折现率）时，应当进行更新；反之，就不应当进行更新。

【特别提醒】

估算固定资产更新项目的净现金流量时应注意的问题

（1）项目计算期不取决于新设备的使用年限，而是由旧设备可继续使用的年限决定；

（2）需要考虑在建设起点旧设备可能发生的变价净收入，并以此作为估计继续使用旧设备至期满时净残值的依据；

（3）由于以旧换新决策相当于在使用新设备投资和继续使用旧设备两个原始投资不同的备选方案中做出比较与选择，因此，所估算出来的是增量净现金流量（ΔNCF）；

（4）在此类项目中，所得税后净现金流量比所得税前净现金流量更有意义。

【例 5-23】 某企业打算变卖一套尚可使用 5 年的旧设备，另购置一套新设备来替换它。取得新设备的投资额为 200 000 元；旧设备的折余价值为 90 000 元，其变价净收入为 75 000 元；则第 5 年年末新设备与继续使用旧设备的预计净残值相等。新旧设备的替换将在年内完成（即更新设备的建设期为零）。使用新设备可使企业在第 1 年增加营业收入 60 000 元，增加经营成本 30 000 元；第 2—5 年内每年增加营业收入 75 000 元，增加经营成本 40 000 元。设备采用直线法计提折旧。适用的企业所得税税率为 25%。行业基准折现率分别为 8% 和 12%。根据上述资料，计算该项目差量净现金流量和差额内部收益率，并分别据以做出更新决策如下：

（1）依题意计算以下指标

① 更新设备比继续使用旧设备增加的投资额

= 新设备的投资 - 旧设备的变价净收入

= 200 000 - 75 000

= 125 000（元）

② 运营期第 1—5 年每年因更新改造而增加的折旧

=125 000/5

=25 000(元)

③ 运营期第 1 年不包括财务费用的总成本费用的变动额

=该年增加的经营成本+该年增加的折旧

=30 000+25 000

=55 000(元)

④ 运营期第 2—5 年每年不包括财务费用的总成本费用的变动额

=40 000+25 000

=65 000(元)

⑤ 因旧设备提前报废发生的处理固定资产净损失

=旧固定资产折余价值-变价净收入

=90 000-75 000

=15 000(元)

⑥ 因旧固定资产提前报废发生净损失而抵减的所得税税额

=旧固定资产清理净损失×适用的企业所得税税率

=15 000×25%

=3 750(元)

⑦ 运营期第 1 年息税前利润的变动额

=60 000-55 000

=5 000(元)

⑧ 运营期第 2—5 年每年息税前利润的变动额

=75 000-65 000

=10 000(元)

⑨ 建设期差量净现金流量

ΔNCF_0 =-(该年发生的新固定资产投资-旧固定资产变价净收入)

=-(200 000-75 000)

=-125 000(元)

⑩ 运营期差量所得税后净现金流量

ΔNCF_1 =该年因更新改造而增加的息税前利润×(1-所得税税率)+该年因更新改造而增加的折旧+因旧固定资产提前报废发生净损失而抵减的所得税税额

=5 000×(1-25%)+25 000+3 750

=32 500(元)

ΔNCF_{2-5} =该年因更新改造而增加的息税前利润×(1-所得税税率)+该年因更新改造而增加的折旧+该年回收新固定资产净残值超过假定继续使用的旧固定资产净残值之差额

=10 000×(1-25%)+25 000

=32 500(元)

(2) 根据 ΔNCF 计算 ΔIRR

$(P/A, \Delta IRR, 5) = 125\ 000/32\ 500 = 3.8462$

因为：　$(P/A, 9\%, 5) = 3.8897 > 3.8462$

　　　　$(P/A, 10\%, 5) = 3.7908 < 3.8462$

所以：　$9\% < \Delta IRR < 10\%$

应用内插法：

$\Delta IRR = 9\% + (3.8897 - 3.8462)/(3.8897 - 3.7908) \times (10\% - 9\%) \approx 9.44\%$

(3) 比较决策

①当行业基准折现率为 8% 时

因为：　$\Delta IRR = 9.44\% > 8\%$

所以：　应当更新设备

②当行业基准折现率为 12% 时

因为：　$\Delta IRR = 9.44\% < 12\%$

所以：　不应当更新设备

【特别提醒】

关于“因旧固定资产提前报废应抵减的所得税税额”计算

在计算运营期第一年所得税后净现金流量的公式中，该年“因更新改造而增加的息税前利润”不应当包括“因旧固定资产提前报废发生的净损失”。之所以要单独计算“因旧固定资产提前报废发生净损失而抵减的所得税税额”，是因为更新改造不仅会影响到本项目自身，还会影响到企业的总体所得税水平，从而形成了“抵税效应”(Tax Shield)。如果将“因旧固定资产提前报废发生的净损失”计入“因更新改造而增加的息税前利润”，就会歪曲这种效应的计量结果。

(二) 购买或经营租赁固定资产的决策

如果企业所需用的固定资产既可以购买，也可以采用经营租赁的方式取得，就需要按照一定的方法对这两种取得方式进行决策。有两种决策方法可以考虑，第一种方法是分别计算两个方案的差量净现金流量，然后按差额投资内部收益率法进行决策；第二种方法是直接比较两个方案的折现总费用的大小，然后选择折现总费用低的方案。

【例 5-24】 某企业急需一台不需要安装的设备，设备投入使用后，每年可增加的营业收入与营业税金及附加的差额为 80 000 元，增加经营成本 52 000 元。市场上该设备的购买价(不含税)为 100 000 元，折旧年限为 10 年，预计净残值为 10 000 元。若从租赁公司按经营租赁的方式租入同样的设备，只需每年年末支付 10 000 元租金，可连续租用 10 年。假定基准折现率为 10%，适用的企业所得税税率为 25%。

根据上述资料，分析计算如下：

1. 差额投资内部收益率法

(1) 购买设备的相关指标计算

① 购买设备的投资 = 100 000(元)

② 购买设备每年增加的折旧额 = (100 000 − 10 000)/10 = 9 000(元)

③ 购买设备每年增加的营业利润

= (每年增加的营业收入 − 每年增加的营业税金及附加) − (每年增加的经营成本 + 购买设备每年增加的折旧额)

$=80\ 000-(52\ 000+9\ 000)$

$=19\ 000$(元)

④ 购买设备每年增加的净利润

=购买设备每年增加的营业利润×(1－所得税税率)

$=19\ 000\times(1-25\%)$

$=14\ 250$(元)

⑤ 购买设备方案的所得税后的净现金流量

NCF_0 =－购买固定资产的投资

$=-100\ 000$(元)

NCF_{1-9} =购买设备每年增加的净利润+购买设备每年增加的折旧额

$=14\ 250+9\ 000$

$=23\ 250$(元)

NCF_{10} =购买设备该年增加的净利润+购买设备该年增加的折旧额+购买设备该年回收的固定资产余值

$=14\ 250+9\ 000+10\ 000$

$=33\ 250$(元)

(2) 租入设备的相关指标计算

① 租入固定资产的投资=0

② 租入设备每年增加的折旧=0

③ 租入设备每年增加的营业利润

=每年增加的营业收入－(每年增加的经营成本+租入设备每年增加的租金)

$=80\ 000-(52\ 000+10\ 000)$

$=18\ 000$(元)

④ 租入设备每年增加的净利润

=租入设备每年增加的营业利润×(1－所得税税率)

$=18\ 000\times(1-25\%)$

$=13\ 500$(元)

⑤ 租入设备方案的所得税后的净现金流量

NCF_0 =－租入固定资产的投资=0

NCF_{1-10} =租入设备每年增加的净利润+租入设备每年增加的折旧额

$=13\ 500+0$

$=13\ 500$(元)

⑥ 购买和租入设备差额净现金流量

$\Delta NCF_0=-(80\ 000-0)=-80\ 000$(元)

$\Delta NCF_{1-9}=23\ 250-13\ 500=9\ 750$(元)

$\Delta NCF_{10}=33\ 250-13\ 500=19\ 750$(元)

当 $\Delta IRR=5\%$ 时，$\Delta NPV=1\ 425.575$(元)

当 $\Delta IRR = 6\%$ 时，$\Delta NPV = -2\ 655.025$（元）

按插入函数法计算得：

$\Delta IRR = 5\% + 1\ 425.575/(1\ 425.575 + 2\ 655.025) \times (6\% - 5\%) = 5.35\%$

（3）做出决策

因为：$\Delta IRR = 5.35\% < 10\%$

所以：不应当购买设备，而应租入设备

2. 折现总费用比较法

无论是购买设备还是租赁设备，每年增加的营业收入、增加的营业税金及附加和增加的经营成本都不变，可以不予考虑。

（1）计算购买设备的折现总费用

① 购买设备的投资现值 = 80 000（元）

② 购买设备每年增加折旧额而抵减所得税额的现值合计

$= 9\ 000 \times 25\% \times (P/A, 10\%, 10)$

$= 2\ 250 \times 6.1446$

$= 13\ 825.35$（元）

③ 购买设备回收固定资产余值的现值

$= 10\ 000 \times (P/F, 10\%, 10)$

$= 10\ 000 \times 0.3855$

$= 3\ 855$（元）

④ 购买设备的折现总费用合计

$= 80\ 000 - 13\ 825.35 - 3\ 855$

$= 62\ 319.65$（元）

（2）计算租入设备的折现总费用

① 租入设备每年增加租金的现值合计

$= 10\ 000 \times (P/A, 10\%, 10)$

$= 61\ 446$（元）

② 租入设备每年增加租金而抵减所得税额的现值合计

$= 10\ 000 \times 25\% \times (P/A, 10\%, 10)$

$= 2\ 500 \times 6.1446$

$\approx 15\ 361.5$（元）

③ 租入设备的折现总费用合计

$= 61\ 446 - 15\ 361.5$

$= 46\ 084.5$（元）

（3）做出决策

因为：购买设备的折现总费用合计 62 319.65 元 > 租入设备的折现总费用合计 46 084.5元

所以：不应当购买设备，而应租入设备

【实战体验】

2011年9月7日，上海康耐特光学股份有限公司对外公布了“关于投资建设1.60和1.67高折射树脂镜片生产项目的可行性分析报告”，现将全文内容整理如下：

一、项目概况

本项目建设地点为上海康耐特光学股份有限公司（以下简称“公司”）上海川沙厂区，拟在原有车间新建三条生产线：1.60高折射树脂镜片生产线、1.67高折射树脂镜片生产线和加硬镀膜生产线，这三条生产线部分设备可以通用。项目达产后公司将实现年产1.60高折射树脂镜片200万副、1.67高折射树脂镜片100万副的产能。

本项目预计总投资3 000万元人民币，其中厂房装修321万元，采购设备1 564万元，铺底流动资金1 115万元。项目达产后预计可实现年销售收入9 450万元，净利润1 847.48万元。

二、项目实施的必要性

1. 优化公司产品结构，符合公司战略目标

国内以平光、单光镜片为主的1.499和1.56系列基础树脂镜片生产企业众多，行业内部竞争非常激烈，产品质量良莠不齐。尽管公司产品质量处于国际领先水平，经营业绩稳步提高，但为实现公司未来的可持续发展，投资建设本项目，扩大1.60和1.67高折射树脂镜片的生产规模，将进一步优化公司产品结构，提高公司产品整体档次，符合公司整体发展战略。

2. 提高综合毛利率水平，提升公司盈利能力

1.60和1.67高折射树脂镜片属高附加值镜片，对生产工艺和技术、设备的精密性、操作人员的技术水平均有较高要求，目前国内完全掌握此类镜片生产技术的企业为数不多，而市场需求逐年增长，产品毛利率远远高于1.499和1.56系列中基础镜片的毛利率。公司通过投资建设本项目，将有利于提升公司产品的综合毛利率，提高公司的整体盈利能力。

3. 强化公司核心竞争力，巩固公司行业领先地位

公司从事树脂镜片的研发、生产与销售已超过10年，在树脂镜片生产领域已有相当的技术和工艺积累，凭借稳定的产品质量和出色的售后服务，公司已成为国内镜片生产行业的知名企业，产品出口排名行业前列。公司主要产品均获得美国FDA及欧盟CE认证，生产与销售规模逐年扩大。本项目建成投产后将进一步强化公司的核心竞争力，巩固并扩大公司在高附加值树脂镜片生产领域的领先地位。

三、项目实施的可行性

1. 市场容量与需求分析

折射率是镜片性能的重要参数，是镜片对入射的光的透射光角度和入射光角度的正弦之比。在相同度数下，折射率越高，镜片越薄，质地越轻，佩戴起来更为美观，价格也更高。1.60折射率镜片厚度约为1.56折射率镜片厚度的75%，1.67折射率镜片则更为轻薄。

随着科技的进步和消费者对眼睛保护意识的增强，消费者在注重眼镜的品质和功能的同时，越来越重视眼镜的装饰功能，也更加重视眼镜的科技含量。钛、钛合金、记忆金属镜架，渐进多焦点、非球面及高折射率的镜片也被越来越多的消费者认识和接受，消费需求逐渐上升。

根据依视路在其2009年年度报告中公布的市场数据:1988年1.60折射率的树脂镜片销量占全球镜片销量的比重不到1%,1.67和1.74折射率的树脂镜片尚未在市场出现;2008年1.60折射率的树脂镜片销量增长至全球的7%,1.67和1.74折射率的树脂镜片销量增至全球的4%。高折射率的树脂镜片销量逐渐上升,且增长速度逐渐加快。

2. 生产技术及生产工艺储备已完成

公司自成立以来一直专注于热固型树脂镜片的研发与生产,在基础镜片领域拥有丰富的生产管理经验。通过借鉴国外先进的制造技术和自身长期的研发积累,公司已申请了《超薄型高折射率光学树脂镜片的制造工艺》、《高折射率光学树脂材料的制备方法》等发明专利及实用新型专利。为了更好地掌握并改进生产技术,公司利用现有设备进行了1.60和1.67高折射树脂镜片的研发及试生产,产品投放市场后已得到了客户的认可。

3. 及时掌握国际生产技术与市场需求的动态

由于偏振光及光致变色树脂镜片的生产技术和研发处于不断的更新换代之中,为保证本项目能够成功实施,公司必须紧随国际先进的生产与研发动态。公司产品主要销往美国、德国、西班牙、新加坡等六十多个国家和地区,可及时掌握国际市场需求的变化趋势,改进生产工艺,从而确保公司产品能够及时与国际需求接轨。

4. 成熟稳定的销售网络

经过十多年的精心经营,公司凭借稳定可靠的产品质量和完善的售后服务,积累了大批优质客户,树立了良好的声誉。目前公司1.60和1.67高折射树脂镜片主要销往美国、中国、韩国、泰国、意大利、加拿大等十多个国家,与多名客户形成了稳定的合作关系。

四、项目的具体实施方案

1. 选址

本项目无须征地,利用公司现有厂房进行建设,拟占用川沙厂区二号车间第一层生产厂房,面积约2 800平方米。

2. 设备配置

本项目计划从国内外购置镀膜机、固化炉等64套(台)设备,主要设备如表1所示。

表1　主要设备明细表

设备名称	数量	设备名称	数量
普卢泰镀膜机	4	模具预清洗机	1
莱宝镀膜机	2	循环制冷固化炉	20
6槽预清洗机	1	30千克配料、浇料罐	10
清洗加硬全套设备	2	10匹冰水机	6
加硬二次固化炉	2	罗茨真空泵	1
焦度计	4	二次固化炉	5
14槽镜片清洗机	1	66平方米冷库	1
Ro纯水设备	1	精密过滤器	3

3. 人员配置、招聘及培训

根据项目实施计划，公司将分三年招聘员工200名，具体招聘计划如表2所示。

表2　招聘计划

项　目	2012年	2013年	2014年	合计
1.60和1.67高折射树脂	100人	50人	50人	200人

注：1.60、1.67和加硬镀膜三条生产线在同一个车间，且部分工艺流程接近，部分设备可以共用，所以员工可以在三条生产线互相调换、轮岗。

4. 主要原辅材料的供应

(1) 1.60和1.67高折射树脂镜片主要原材料MR-7、MR-8全部由国外进口，主要从日本或者韩国进口。

(2) 1.60和1.67高折射树脂镜片所需辅助材料基本都由国内供应商提供，公司与供应商均保持了长期良好的合作关系，相关材料供应充足，可保证公司生产需要。

5. 水电等能源配套设施

本项目位于上海市川沙工业园区，水、电等相关能源配套设施完备，能够满足本项目的需求。

6. 投资概算

本项目投资总额为3 000万元，具体估算如表3所示。

表3　投资概算明细表

项目名称		投资额(万元)
厂房装修费	生产车间吊顶、隔断、净化	168
	防静电环氧树脂地坪	20
	车间排风系统	15
	车间电气、电缆	35
	车间监控、通信、网络系统	8
	中央空调系统	40
	空调	35
	小计	321
生产线及其他设备		1 564
铺底流动资金	模具、镜片存货	605
	原辅材料	412
	现金	98
	小计	1 115
投资总额		3 000

7. 项目的实施进度

本项目自2011年9月开始建设，建设期约为6个月，预计2012年投产，如表4所示。

表4 1.60 和 1.67 高折射树脂镜片生产项目实施进度表

项目	实施时间
车间装修	2011 年 9 月
工程	2011 年 10 月
采购设备	2011 年 11 月
设备安装	2011 年 12 月
员工培训	2012 年 1 月
投入运营	2012 年 2 月

五、项目经济效益分析

1. 主要假设及依据

(1) 本项目经过 3 年达产，其中投产当年产量达到 30%，第 2 年达到 60%，第 3 年达到 100%。

(2) 产品产销率为 70%，产品销售价格不变。

(3) 产品成本按《企业会计准则》、公司现有的相关数据及变化趋势确定。

(4) 固定资产折旧采用直线折旧法，其中机械设备折旧年限为 10 年，残值率为 5%；电子设备折旧年限为 5 年，残值率为 5%。

(5) 所得税税率为 15%，其他税种不计。

(6) 法定盈余公积金按净利润的 10% 计算。

(7) 贴现率(必要报酬率)按 10% 计算。

(8) 项目的财务评价计算期为 10 年。

2. 盈利能力预测

本项目总投资 3 000 万元，各年营业收入、总成本费用、利润及相关盈利能力指标预测如表 5 所示。

表5 分析指标预测表

项目	第 1 年	第 2 年	第 3—10 年	
营业收入(万元)	2 835.00	5 670.00	9 450.00	
总成本费用(万元)	2 409.75	4 592.70	7 276.50	
利润总额(万元)	425.25	1 077.30	2 173.50	
净利润(万元)	361.46	915.71	1 847.48	
净现值(贴现率 = 10%)(万元)				6 251
税后内部收益率(%)				39.23
投资回收期(静态)(年)				2.92

注：本项目是在公司原有厂房内建设生产线，不涉及购置土地、建造厂房等事项，因此本项目效益分析未考虑土地和厂房的初始投资及以后年度摊销和折旧。

六、项目风险分析

1. 产能扩张不能及时消化的风险

本项目投产后，主要生产1.60和1.67高折射树脂镜片。虽然该产品有巨大的市场需求为本项目的成功实施提供有力的保障，同时公司依据自己在技术、营销、品牌、客户等方面的优势制定了详细的营销策略，但是若市场容量增长低于预期或公司营销网络体系未能按计划迅速扩大，可能会带来产能扩张不能及时消化的风险。

2. 产品价格下降的风险

1.60和1.67高折射树脂镜片相比大众、基础镜片有较高的毛利率，必然会吸引更多的资本投入，在未来几年，可能会有更多的企业参与1.60和1.67高折射树脂镜片的研发、生产，竞争的加剧会影响公司1.60和1.67高折射树脂镜片的价格。

七、报告结论

综合以上分析，本项目成功实施后，将会进一步优化公司产品结构，巩固和提升公司高端镜片生产实力和市场地位，增强公司竞争优势。本投资项目有良好的投资收益预期，能够创造较好的股东价值，建议公司尽快实施该项目。

资料来源：http://www.zhicheng.com/xg/xg/detail/cyb/300061/19.html。

要求：

（1）熟悉投资项目可行性分析报告的内容、结构；

（2）熟悉投资项目可行性分析报告中项目经济效益分析的假设及依据；

（3）判断经济效益分析的准确性、完整性；

（4）提出该投资项目可行性分析报告的修改建议。

【本章练习】

一、单项选择题

1. 下列指标中，属于静态相对量正指标的是（　　）。

A. 静态投资回收期　B. 投资报酬率　C. 净现值率　D. 内部收益率

2. 某企业新建生产线项目，需要在建设期投入形成固定资产的费用为500万元；支付50万元购买一项专利权，支付10万元购买一项非专利技术；投入开办费5万元，预备费10万元，该项目的建设期为1年，建设期资本化利息为30万元。则该项目建设投资、固定资产原值分别是（　　）。

A. 560万元，575万元　B. 575万元，540万元

C. 575万元，510万元　D. 510万元，575万元

3. 如果某投资项目的相关评价指标满足以下关系：NPV < 0，NPVR < 0，IRR < i_c，ROI > i，则可以得出的结论是（　　）。

A. 该项目完全具备财务可行性　B. 该项目基本不具备财务可行性

C. 该项目基本具备财务可行性　D. 该项目完全不具备财务可行性

4. 估算固定资产更新项目的净现金流量时需要注意的问题不包括（　　）。

A. 项目的计算期不取决于新设备的使用年限，而是由旧设备可继续使用的年限决定的

B. 需要考虑在建设起点旧设备可能发生的变价净收入，并以此作为估计继续使用旧设备至期满时的净残值的依据

C. 由于以旧换新决策相当于在使用新设备投资和继续使用旧设备两个原始投资不同的备选方案中做出比较与选择,因此,所估算出来的是增量净现金流量

D. 在此类项目中,所得税后净现金流量同所得税前净现金流量具有相同的意义

5. 关于项目投资,下列说法不正确的是( )。

A. 投资内容独特,投资数额多,变现能力差

B. 是以特定建设项目为投资对象的长期投资行为

C. 影响时间可以短于一年或者一个营业周期

D. 每个项目都至少涉及一项形成固定资产的投资

二、多项选择题

1. 下列关于静态投资回收期指标的说法正确的有( )。

A. 能够直观地反映项目总投资的返本期限　　B. 便于理解

C. 没有考虑资金时间价值因素　　D. 不能正确反映投资方式不同对项目的影响

2. 下列关于总投资收益率指标的表述,正确的有( )。

A. 考虑了资金时间价值　　B. 分子和分母的计算口径不一致

C. 无法直接利用净现金流量信息　　D. 指标中的分母考虑了建设期资本化利息

3. 以下不属于单纯固定资产投资的现金流出量的是( )。

A. 流动资产投资　　B. 无形资产投资　　C. 其他资产投资　　D. 流动资金投资

4. 下列说法中属于净现值指标的优点的有( )。

A. 考虑了资金时间价值

B. 能够利用项目计算期的全部净现金流量信息

C. 考虑了投资风险

D. 可从动态的角度反映投资项目的实际投资收益率水平

5. 已知某投资项目于建设起点投入资金 500 万元,建设期为 1 年,采用插入函数法得到的净现值为 100 万元,内部收益率为 10%,则下列说法正确的有( )。

A. 实际净现值等于 100 万元　　B. 实际净现值大于 100 万元

C. 实际内部收益率小于 10%　　D. 实际内部收益率等于 10%

三、判断题

1. 根据"所得税后净现金流量 = 所得税前净现金流量 - 所得税"可知:所得税前净现金流量 = 所得税后净现金流量 + 所得税,所以,如果所得税发生变化,则所得税前净现金流量也会发生变化。( )

2. 某项目的全部投资于建设起点一次投入,建设期为 0 年,计算期为 8 年,投产后每年净现金流量相等,该项目的静态投资回收期为 5.335 年,则该项目的(P/A,IRR,8)数值为 5.335。( )

3. 按指标在决策中的重要性分类,可分为主要指标、次要指标和辅助指标。总投资收益率为次要指标,静态投资回收期为辅助指标。( )

4. 评价投资项目的财务可行性时,如果总投资收益率的评价结论与净现值率指标的评价结论发生矛盾,应当以总投资收益率指标的结论为准。( )

5. 已知某投资项目的原始投资 500 万元于建设起点一次投入,如果该项目的净现值率为 2,则该项目的净现值为 250 万元。( )

四、计算题

某企业需要新建一条生产线,预计投产后第 1 年的外购原材料、燃料和动力费为 50 万元,职工薪酬为 40 万元,其他费用为 5 万元,年折旧费为 10 万元,无形资产摊销费为 5 万元,开办费摊销为 3 万元;第 2—9 年每年外购原材料、燃料和动力费为 70 万元,职工薪酬为 50 万元,其他费用为 20 万元,每年折

旧费为10万元，无形资产摊销费为5万元；第10—15年每年不包括财务费用的总成本费用为200万元，其中，每年外购原材料、燃料和动力费为100万元，每年折旧费为10万元，无形资产摊销费为0万元。该项目预计投产后第1年的营业收入为200万元，第2—9年的营业收入为300万元，第10—15年的营业收入为400万元，适用的增值税税率为17%，城建税税率为7%，教育费附加率为3%。该企业不需要缴纳营业税和消费税。

要求：根据上述资料估算该项目的下列指标：

（1）投产后各年的经营成本；

（2）投产后1—10年每年不包括财务费用的总成本费用；

（3）投产后各年的应交增值税；

（4）投产后各年的营业税金及附加。

五、综合题

1. 已知某企业拟投资三个项目，其相关资料如下：

（1）甲方案的税后净现金流量为：$NCF_0 = -1000$ 万元，$NCF_1 = 0$ 万元，$NCF_{2-6} = 250$ 万元。

（2）乙方案的资料如下：项目原始投资1 000万元，其中：固定资产投资650万元，流动资金投资100万元，其余为无形资产投资。该项目建设期为2年，经营期为10年。除流动资金投资在第2年年末投入外，其余投资均于建设起点一次投入。固定资产的寿命期为10年，按直线法折旧，期满有50万元的净残值；无形资产投资从投产年份起分10年摊销完毕；流动资金于终结点一次收回。预计项目投产后，每年发生的相关营业收入为800万元，每年预计外购原材料、燃料和动力费100万元，职工薪酬120万元，其他费用50万元。企业适用的增值税税率为17%，城建税税率为7%，教育费附加率为3%。该企业不缴纳营业税和消费税。

（3）丙方案的现金流量资料如下表所示：

单位：万元

T	0	1	2	3	4	5	6—10	11	合计
原始投资	500	500	0	0	0	0	0	0	1 000
息税前利润×（1－所得税税率）	0	0	172	172	172	182	182	182	1 790
年折旧、摊销额	0	0	78	78	78	72	72	72	738
回收额	0	0	0	0	0	0	0	280	280
税后净现金流量						（A）			（B）
累计税后净现金流量					（C）				

该企业所得税税率为25%，设定折现率为10%。假设三个方案利息费用均为零。

要求：

（1）指出甲方案项目计算期。

（2）计算乙方案的下列指标：

① 投产后各年的经营成本；

② 投产后各年不包括财务费用的总成本费用（不含营业税金及附加）；

③ 投产后各年应交增值税和各年的营业税金及附加；

④ 投产后各年的息税前利润；

⑤ 各年所得税后净现金流量。

（3）根据上表的数据，写出表中用字母表示的丙方案相关税后净现金流量和累计税后净现金流量，并指出该方案的资金投入方式。

(4) 计算甲、乙、丙方案的静态投资回收期(所得税后)。

(5) 计算甲、乙两个方案的净现值(假设行业基准折现率为10%),并据此评价甲、乙两方案的财务可行性。

(6) 假定丙方案的年等额净回收额为100万元。用年等额净回收额法为企业做出项目投资的决策。

2. 甲企业打算在2010年年末购置一套不需要安装的新设备,以替换一套尚可使用5年、折余价值为50 000元、变价净收入为20 000元的旧设备。取得新设备的投资额为175 000元。到2015年年末,新设备的预计净残值超过继续使用旧设备的预计净残值5 000元。使用新设备可使企业在5年内,第1年增加息税前利润14 000元,第2—4年每年增加息前税后利润18 000元,第5年增加息前税后利润13 000元。新旧设备均采用直线法计提折旧。假设全部资金来源均为自有资金,适用的企业所得税税率为25%,折旧方法和预计净残值的估计均与税法的规定相同,投资人要求的最低报酬率为12%。

要求:

(1) 计算更新设备比继续使用旧设备增加的投资额;

(2) 计算运营期因更新设备而每年增加的折旧;

(3) 计算因旧设备提前报废发生的处理固定资产净损失;

(4) 计算运营期第1年因旧设备提前报废发生净损失而抵减的所得税税额;

(5) 计算建设期起点的差量净现金流量 ΔNCF_0;

(6) 计算运营期第1年的差量净现金流量 ΔNCF_1;

(7) 计算运营期第2—4年每年的差量净现金流量 ΔNCF_{2-4};

(8) 计算运营期第5年的差量净现金流量 ΔNCF_5;

(9) 计算差额投资内部收益率,并决定是否应该替换旧设备。

第六章　营运资金管理

【本章导航】

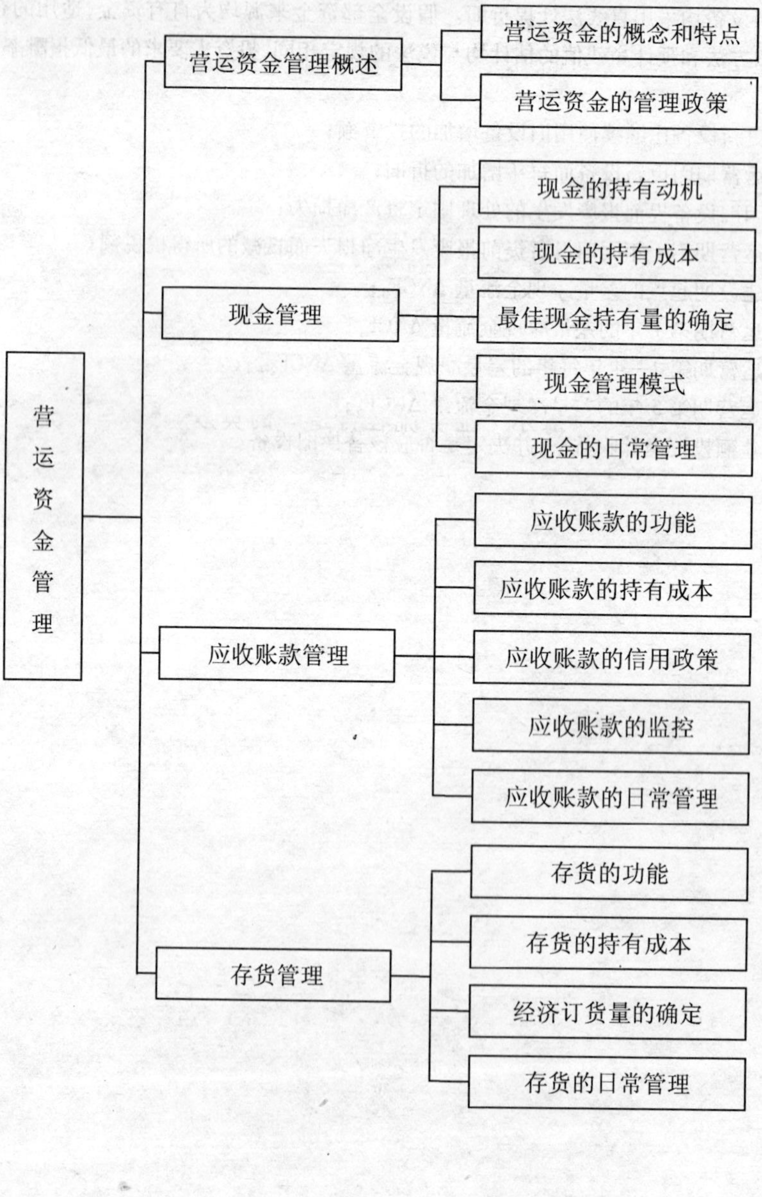

【知识目标】

1. 了解营运资金的管理原则和管理政策；
2. 熟悉现金、应收账款、存货日常管理的内容及方法；
3. 掌握最佳现金持有量的分析方法；
4. 掌握应收账款信用政策的制定方法；
5. 掌握存货经济订货量模型的分析方法。

【能力目标】

1. 能够描述营运资金的筹资政策；
2. 能够运用各种方法计算最佳现金持有量；
3. 能够在不同的信用条件下，选择合适的信用政策；
4. 能够在不同的经济环境下，正确计算存货的经济订货量。

【导入案例】

海尔“业务流程再造”的奥妙

在一次关于“业务流程再造”的高级经理人培训会议上，海尔集团CEO张瑞敏目光炯炯地看着讲台下的中层干部们，提出了一个脑筋急转弯的问题。

“石头怎样才能在水上漂起来？”

“把石头掏空。”有人喊了一句，张瑞敏摇了摇头。

“把石头放在木板上。”又有人答道，张瑞敏又摇了摇头。

“做一块假石头。”这个回答引来了一片笑声，张瑞敏还是摇了摇头：“石头是真的。”

“速度。”海尔集团见习副总裁喻子达回答到。

“正确。”张瑞敏脸上露出了笑容：“《孙子兵法》上说：‘激水之疾，至于漂石者，势也。’速度决定了石头能否漂起来。网络时代，速度同样决定了企业能否攀上新的高峰！”

这一细节形象地表明了海尔“业务流程再造”是为了解决企业的循环与周转的速度问题。

海尔“业务流程再造”主要是从采购和销售这一资本循环的两个重要环节入手。海尔采购和配送在过去是各个事业部各自采购，现在是成立物流本部，实行集团统一采购。这一改革效果显著。其一是降低了集团对外采购成本，仅1999年当年降低的采购成本就达5亿元，2001年在1999年的基础上又降低了10亿元。其二是，择优采购带来了零部件产品质量的整体提高。其三是库存减少，其中零部件仓库存放面积减少了32万平方米。目前在海尔开发区的物流中心，原材料只有不到7天的库存，成品24小时就发往全国的42个配送中心，呆滞物资降低了90%，原材料库存资金周转天数从30天以上降低到不到10天。海尔的销售过去是在市场上布阵各自为战，造成资源浪费。现在实行商流整合,全国的销售人员减少了30%,全国的营销网络增加到2 000多家。这一改革使营销成本降低,与用户实现零距离,对客户需求快速反应。海尔接到客户订单,在10天内即可完成从采购、制造到配送的全过程,而一般企业完成这个过程要36天。

为何海尔公司要实行"业务流程再造"加速资金周转?加速资金周转对企业的意义是什么?企业应如何加速资金周转?这些问题将在本章做出回答。

资料来源:主要摘自MBA智库文档,原地址:http://doc.mbalib.com/view/cfc104e0b8b50427e5a25916cb836d29.html。

第一节 营运资金管理概述

一、营运资金的概念和特点

(一)营运资金的概念

营运资金(Working Capital)也称营运资本,有广义和狭义之分。广义的营运资金(又称总营运资本)是指一个企业投放在流动资产上的资金,主要用来研究企业资产的流动性和周转状况,是企业日常财务管理中的重要部分。狭义的营运资金是指企业流动资产减去流动负债后的余额,也称净营运资本,主要在研究企业的偿债能力和财务风险时使用。本章将对总营运资本管理展开详述。

1. 流动资产

流动资产(Current Assets)是指可以在一年或超过一年的一个营业周期内变现或运用的资产。具有占用时间短、周转快、易变现等特点。

流动资产按占用形态不同可分为现金、交易性金融资产、应收及预付款项和存货等。流动资产按在生产经营过程中所处的领域不同可分为生产领域中的流动资产(如各种为生产储备的原材料、辅助材料、燃料、低值易耗品等)和流通领域中的流动资产(如实物形态的产成品以及结算状态的应收账款等)。流动资产按照用途划分可分为临时性流动资产和永久性流动资产。临时性流动资产是指那些受季节性、周期性影响的流动资产,如季节性存货、销售旺季的应收账款等。永久性流动资产则指那些即使企业处于低谷也仍然需要保留的、用于满足企业长期稳定需要的流动资产。

2. 流动负债

流动负债(Current Liabilities)是指需要在一年或者超过一年的一个营业周期内偿还的债务。流动负债又称短期负债,具有成本低、偿还期短等特点。

流动负债按其形成情况不同可分为自然性流动负债和人为性流动负债。自然性流动负债是指不需要正式安排,由于法律或结算制度的规定,使一部分应付费用支付期晚于形成期而自然形成的流动负债,如应付账款、应付职工薪酬、应交税费等。人为性流动负债是指根据企业对短期资金的需求情况,通过人为安排所形成的流动负债,如短期借款、应付短期融资券等。流动负债按其是否支付利息可分为有息流动负债和无息流动负债。

(二)营运资金的特点

营运资金一般具有如下特点:

1. 来源具有灵活多样性

营运资金的需求问题既可通过长期筹资方式解决,也可通过短期筹资方式解决。仅短期筹资就有银行短期借款、短期融资、商业信用、票据贴现等多种方式。

2. 数量具有波动性

流动资产或流动负债容易受内外条件的影响,数量的波动往往很大。

3. 周转时间短

企业占用在流动资产上的资金,通常会在一年或一个营业周期内收回。这一特点说明营运资金可以通过短期筹资方式加以解决。

4. 实物形态的变动性

企业营运资金的实物形态是经常变化的,一般按照现金、材料、在产品、产成品、应收账款、现金的顺序转化。

5. 非现金形态的易变现性

存货、应收账款等流动资产一般具有较强的变现能力,如遇到意外情况,企业出现资金周转不灵及现金短缺时,可迅速变卖这些资产。

二、营运资金的管理政策

营运资金的管理政策是指企业在营运资金管理过程中,对流动资产与流动负债进行管理的原则和策略。

(一) 营运资金管理原则

企业营运资金管理的基本目标就是最大限度地服务于企业的长远财务规划,围绕经营活动现金流量的创造,实现企业价值最大化。为此,企业进行营运资金管理应遵循以下原则:

1. 保证合理的资金需求

营运资金的管理必须把满足正常合理的资金需求作为首要任务。企业营运资金的需求数量与企业生产经营活动有直接关系,企业应认真分析生产经营状况,合理确定营运资金需求数量。

2. 提高资金使用效率

加速资金周转是提高资金使用效率的主要手段之一。提高营运资金使用效率的关键就是采取得力措施,缩短营业周期,加速变现过程,加快营运资金周转。

3. 节约资金使用成本

一方面,要挖掘资金潜力,盘活全部资金,精打细算地使用资金;另一方面,要积极拓展融资渠道,合理配置资源,筹措低成本资金。

4. 保持足够的短期偿债能力

合理安排流动资产与流动负债的比例关系,保持流动资产结构与流动负债结构的适配性,保证企业有足够的短期偿债能力。

(二) 营运资金的管理策略

从营运资金的特点及管理原则出发,营运资金的管理内容涉及如何确定营运资金的数量,如何筹措营运资金,以及如何安排好流动资产和流动负债之间的比例关系等问题。围绕营运资金管理所制定的战略政策,称为营运资金的管理策略。该策略主要分为两个方面:一是营运资金的持有策略;二是营运资金的筹资策略。

1. 营运资金的持有策略

营运资金的持有策略主要研究如何把握流动资产持有量的问题。一般而言,在其他条件不变的情况下,流动资产较多,将会有足够的现金及现金等价物来偿还到期债务,到期不能偿债的风险较小。然而,由于流动资产比长期资产更易于变现,其潜亏的可能性(风险性)小于长期资产,其获利能力自然也低于长期资产,因而在流动资产上过多地占有资金,会使企业的收益能力下降;反之,流动资产较少,则企业的收益能力增加,但到期不能偿还债务的风险也会加大。因此,对于营运资金的持有策略要放在风险和收益相权衡的模型中加以讨论。

通常,对流动资产持有量的策略有稳健型、激进型、中庸型三种观点。将持有较多流动资产的营运资金策略称为稳健型,其特点是收益低,风险小;将持有较少流动资产的营运资金策略称为激进型,其特点是收益高,风险大;介于两者之间的是中庸型,其特点是流动资产持有量既不多也不少,收益与风险均适中。现举例说明如下:

【例 6-1】 假定甲公司 2012 年的预期销售收入将达到 3 000 万元,息税前利润(EBIT)将为 300 万元。假定该公司的固定资产为 800 万元,流动负债为 600 万元,且保持不变。目前公司正在考虑三种可供选择的营运资本投资策略。

A. 激进策略:在流动资产上投资 1 000 万元;

B. 中庸策略:在流动资产上投资 1 200 万元;

C. 稳健策略:在流动资产上投资 1 400 万元。

假定销售水平及息税前利润水平在三种策略下均保持不变,依据上述资料,即可计算确定三种不同策略的结果,如表 6-1 所示。

表 6-1 报酬与风险分析表 单位:万元

策略 / 项目	激进型(A)	中庸型(B)	稳健型(C)
销售收入	3 000	3 000	3 000
息税前利润	300	300	300
流动资产	1 000	1 200	1 400
固定资产	800	800	800
资产总额	1 800	2 000	2 200
流动资产占总资产的比率(%)	55.56	60	63.64
流动负债	600	600	600
净营运资本	400	600	800
流动比率	1.67	2	2.33
总资产收益率(%)	16.67	15	13.64

从表 6-1 中可以看出,激进的营运资本投资政策可以获得最高的报酬率(16.67%),

而稳健的投资政策则报酬率最低(13.64%)。相应地,激进的投资策略,其净营运资本最少,流动比率最小,因而不能偿还到期债务的风险最大;而稳健的投资策略,其净营运资本最多,流动比率最大,因而不能偿还到期债务的风险就最小。

最优的营运资本投资策略是预期能为股东创造更多财富的策略。影响这一策略的因素包括销售水平和现金流动的变动、经营杠杆和财务杠杆等。因此,并不存在一种对所有企业都是最优的单一营运资本投资策略。

各企业应根据自身的具体情况,结合其对待风险的态度,慎重选择能使股东财富最大化并适合企业具体情况的营运资本投资策略。因此,每一项营运资本的最佳水平取决于管理当局对待获利能力及风险之间权衡关系的态度。

2. 营运资金的筹资策略

营运资金的筹资策略即如何为流动资产筹措资金。一般来说,长期资本的利率高,相应的利息成本高,由于资本到期时间较长(如权益资本无须归还),其经营风险相对较低;短期资本的利率低,其利息成本低,但资本到期时间短,经营风险相对较高。因此,流动资产的融资组合,实质上是对风险与成本的权衡。

企业对流动资产的需求数量,一般会随着产品销售的变化而变化。通常,在企业经营状况不发生大的变化的情况下,流动资产最基本的需求具有一定的刚性和相对稳定性,被称为永久性流动资产;当销售发生季节性变化时,流动资产将会在永久性水平的基础上增加或减少,被称为临时性流动资产。永久性流动资产具有相对稳定性,是一种长期的资金需求,需要通过长期融资方式筹集,如长期负债、自发性负债和权益资本等;而临时性流动资产的融资方式则相对灵活,最经济可行的办法是通过低成本的人为性流动负债解决其资金需求,如一年期以内的短期借款或发行短期融资券等融资方式。

由于不同性质的流动资产的筹资方式不同,因此企业在筹措流动资金时,既要保证一部分稳定的资金来源,又要合理安排一些短期资金来源。流动资产的筹资策略是指对永久性流动资产与临时性流动资产的安排和组合。通常,对流动资产的筹资策略有期限匹配型、保守型和激进型三种观点。

(1) 期限匹配型

在期限匹配型筹资中,永久性流动资产和固定资产以长期融资方式(负债或权益)和自然性负债来融资,临时性流动资产用人为性负债来融资。期限匹配型筹资策略如图6-1所示。

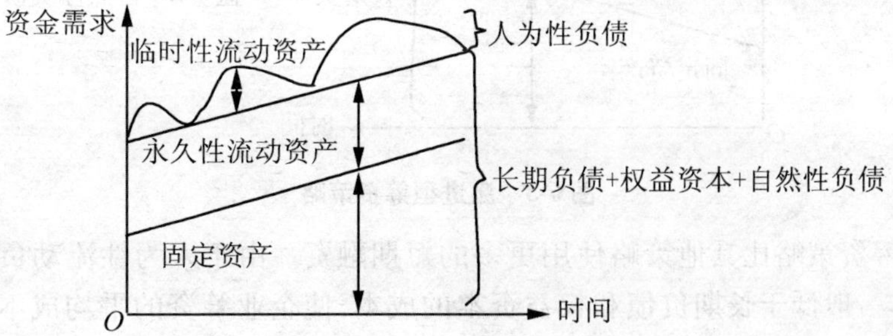

图6-1 期限匹配型筹资策略

期限匹配型筹资是将资产与负债的期间相配合，以降低企业不能偿还到期债务的风险和尽可能降低债务的资本成本。由于产品销售的不确定性，往往达不到资产与负债的完美配合。例如，在企业生产高峰期，如果销售不理想，未能取得销售现金收入，会发生偿还人为性负债的困难。因此，期限匹配型筹资策略是一种理想的、对企业有着较高的资金使用要求的营运资本筹资策略。

（2）保守型

在保守型筹资中，长期融资方式和自然性负债支持固定资产、永久性流动资产和一部分临时性流动资产，而人为性负债仅用于融通剩余的临时性流动资产。保守型筹资策略如图 6-2 所示。

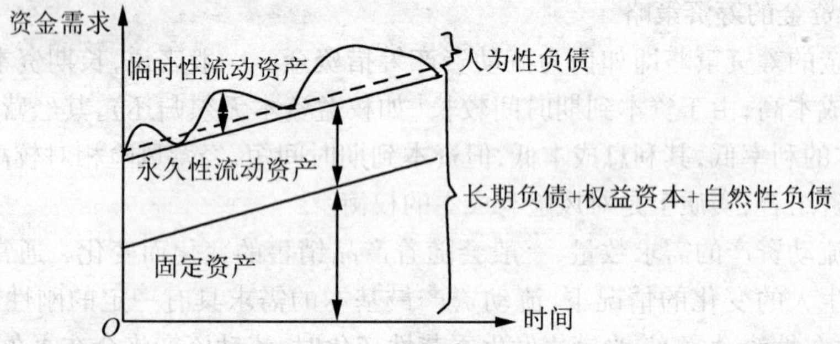

图 6-2　保守型筹资策略

保守型筹资策略最小限度地使用人为性负债，企业无法偿还到期债务的风险较低，同时蒙受短期利率变动损失的风险也较低。但是由于长期负债融资成本较高，利息负担较重，从而降低了企业的利润，因此，保守型筹资是一种风险性和收益性均较低的筹资策略。

（3）激进型

在激进型筹资中，企业以长期融资方式和自然性负债为所有的固定资产和一部分永久性流动资产融资，人为性负债支持剩下的永久性流动资产和所有的临时性流动资产。激进型筹资策略如图 6-3 所示。

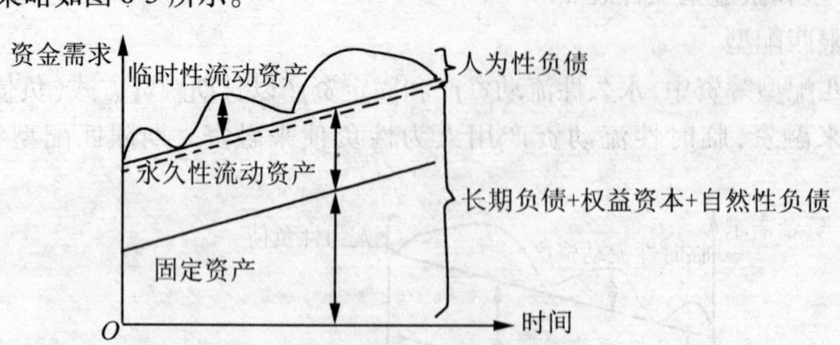

图 6-3　激进型筹资策略

激进型筹资策略比其他策略使用更多的短期融资。由于人为性流动负债占比重较大，且其成本一般低于长期负债和权益资本的成本，使企业筹资的平均成本较低。但为满足永久性长期资金的需求，可能导致企业经常举债和还债，加大了筹资的困难和风险，还可能面临由于短期负债利率的变动而使企业资本成本增加的风险。

第二节　现金管理

现金有广义和狭义之分。广义的现金是指在生产经营过程中以货币形态存在的资金，包括库存现金、银行存款和其他货币资金等。狭义的现金仅指库存现金。现金是流动性最强的资产，是企业的直接支付手段，可以用来满足生产经营开支的各种需要，也是企业偿还债务和履行纳税义务的最终手段。因此，拥有足够的现金对于降低企业的风险、增强企业资产的流动性和债务的可清偿性有着重要的意义。但是，现金又是盈利性最差的资产，即使是银行存款，其利率也非常低。现金持有量过多，会降低企业的收益水平。因此，企业必须合理确定现金持有量，使现金收支不但在数量上，而且在时间上相互衔接，以便在保证企业经营活动所需现金的同时，尽量减少企业闲置的现金数量，提高资金收益率。

一、现金的持有动机

由于企业持有现金的成本较高，因此现金亦称为非收益性资产。企业持有一定数量的现金，主要基于以下三个方面的动机：

1. 交易动机

交易动机是指企业为维持正常生产经营、满足日常交易活动而保持一定数量的现金需求，如购买原材料、支付工资、缴纳税款、偿还到期债务、发放现金股利等。由于企业每天的现金流入量与流出量在时间上和数额上通常存在一定程度的差异，因此，企业需要持有一定数量的现金以应付频繁的支付活动。通常，企业为满足交易动机所持有的现金数量主要取决于企业的销售水平。

2. 预防动机

预防动机是指企业为应付紧急情况而保持一定数量的现金需求，如自然灾害、政策变化、生产事故等突发事件。由于市场经济的瞬息万变和许多不确定因素的存在，企业通常难以对未来现金流入量与流出量做出准确的预计。一旦企业对未来现金流量的预期与实际情况发生偏离，必然会影响企业正常的生产经营秩序。通常，企业为应付紧急情况所持有的现金数量主要取决于企业愿意承担风险的程度、临时举债能力的强弱及对现金流量预测的可靠程度。

3. 投机动机

投机动机是指企业为了抓住突然出现的获利机会而持有一定数量的现金需求，如当证券价格剧烈波动时，从事的投机活动。通常，企业为满足投机性动机而持有的现金数量主要取决于企业在金融市场的投资机会及企业对待风险的态度。

除了上述三种基本的现金持有动机外，企业也会基于满足将来某一特定要求或者为在银行维持补偿性余额等其他原因而持有现金。

二、现金的持有成本

企业为满足各种持有动机，必然会持有一定数量的现金。持有现金是会产生成本的，并非越多越好，这些成本主要包括机会成本、管理成本、短缺成本和转换成本。

1. 机会成本

现金的机会成本(Opportunity Costs)是指企业因持有一定现金而丧失的再投资收益。再投资收益是指企业不能同时用该现金进行有价证券投资所产生的机会成本，这种成本在数额上等于资金成本。例如，企业欲持有10万元的现金，就只能放弃1万元(10×10%)的证券投资收益(假设证券投资收益率为10%)，则持有该现金的机会成本为1万元。

可见，放弃的再投资收益即机会成本属于变动成本。现金的持有量越大，机会成本越多，反之就越少。

2. 管理成本

现金的管理成本是指企业因持有一定数量的现金而发生的管理费用。例如管理者工资、安全措施费用等。这部分费用具有固定成本的性质，它在一定范围内和现金持有量之间没有明显的比例关系。

3. 短缺成本

现金短缺成本是指由于现金持有量不足又无法及时通过有价证券变现加以补充而给企业造成的损失，包括直接损失与间接损失。例如，因资金不足不能及时购买原材料，造成生产中断而产生的停工损失；因资金不足不能及时偿还债务而发生的信用损失等。

现金的短缺成本随现金持有量的增加而下降，随现金持有量的减少而上升。

4. 转换成本

转换成本(Conversion Costs)是指现金同有价证券之间相互转换的成本。如果企业拥有多余现金，会将现金转换为有价证券；如果现金不足，会将有价证券转换成现金，为此付出的交易费用就是转换成本。

【双语链接】

- Opportunity Costs：Opportunity Costs are the values of benefits that will be sacrificed if resources are diverted from their present uses to other applications.
- Conversion Costs：Direct and indirect expenditure incurred in converting a currency, material, or security from one form or type into another.

转换成本通常可以分为以下两类：

(1) 与委托金额相关的费用，如委托买卖佣金、委托手续费等，这些费用通常是按照委托成交金额计算的。因此，在委托总金额一定的条件下，无论变现次数怎么变动，所需支付的转换总成本是固定的。

(2) 与委托金额无关，只与转换次数有关的费用，如过户费等，其金额等于现金的转换次数与每次转换成本的乘积。一般来讲，每次的转换成本是固定不变的，转换成本与现金的转换次数成正相关，即转换次数越多，相应的转换成本就越大。

三、最佳现金持有量的确定

现金既是流动性最强的资产，又是盈利性最差的资产。现金持有量过多或过少对企业都不利。对现金管理的目标是，在潜在的风险与预期的报酬之间进行权衡，确定一个最佳现金持有量，既要保证企业交易现金的需要，又要降低现金的持有成本，并从暂时闲置的现金中获取最大的投资收益。

确定最佳现金持有量的分析方法主要有成本分析模型、存货模型、随机模型（米勒－奥尔模型）及因素分析模型。

（一）成本分析模型

1. 成本分析模型的基本原理

成本分析模型是通过分析持有现金的成本，寻找使持有成本最低的现金持有量。

该模型假设不存在现金与有价证券之间的转换，即不考虑现金的转换成本。现金持有成本包括机会成本、管理成本及短缺成本。即：

相关总成本＝机会成本＋管理成本＋短缺成本

运用成本分析模型确定现金最佳持有量是要使机会成本、管理成本和短缺成本所组成的总成本最小，即曲线中最低点所对应的现金持有量，如图 6-4 所示。

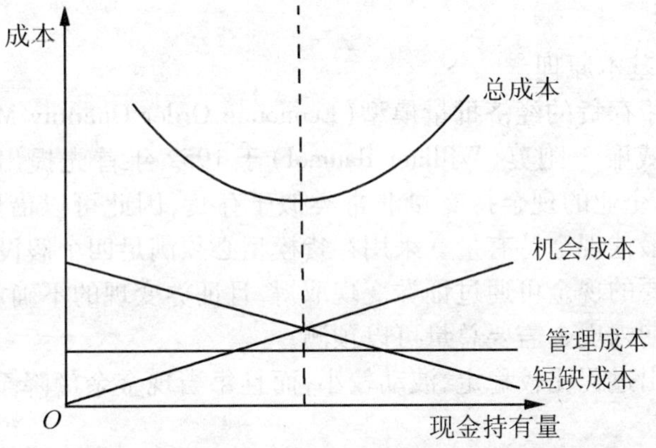

图 6-4　成本分析模型

在现金持有成本中，管理成本属于固定成本，与现金持有量不存在明显的线性关系，是无关成本；机会成本与现金持有量呈正比例变动，是正相关成本；短缺成本与现金持有量呈反比例变动，是负相关成本。

2. 最佳现金持有量的确定

成本分析模型是运用上述原理确定现金最佳持有量的。在实际工作中运用成本分析模型确定最佳现金持有量的具体步骤为：

（1）根据不同现金持有量测算并确定有关成本数值 ⟶ （2）按照不同现金持有量及其有关成本资料编制最佳现金持有量测算表 ⟶ （3）在测算表中找出总成本最低时的现金持有量，即最佳现金持有量

【例 6-2】 乙企业现有 A、B、C、D 四种现金持有方案，有关成本资料如表 6-2 所示。

表 6-2 乙企业现金持有量备选方案表

单位：元

方案	A	B	C	D
现金持有量	150 000	250 000	350 000	450 000
机会成本率(%)	12	12	12	12
短缺成本	49 000	23 000	9 000	7 000

根据表 6-2，采用成本分析模型，编制该企业最佳现金持有量的测算表如表 6-3 所示。

表 6-3 乙企业最佳现金持有量测算表

单位：元

方案及现金持有量	机会成本	短缺成本	相关总成本
A(150 000)	18 000	49 000	67 000
B(250 000)	30 000	23 000	53 000
C(350 000)	42 000	9 000	51 000
D(450 000)	54 000	7 000	61 000

由表 6-3 中的数据可知，C 方案的相关总成本最低，乙企业的现金最佳持有量为 350 000元。

（二）存货模型

1. 存货模型的基本原理

存货模型来源于存货的经济批量模型（Economic Order Quantity Model），这一模式最早由美国经济学家威廉·鲍莫（William Baumol）于 1952 年首先提出，故又称为鲍莫模型。根据这种模型，企业的现金持有量非常类似于存货，因此可以借用存货的经济批量模型来确定企业的最佳现金持有量。采用存货模型必须满足四个假设条件：

（1）企业所需要的现金可通过证券变现取得，且证券变现的不确定性很小；

（2）企业预算期内现金需要总量可以预测；

（3）现金的支出过程比较稳定，波动较小，而且每当现金余额降至零时，均通过部分证券变现得以补足；

（4）证券的利率或报酬率以及每次固定性交易费用可以获悉。

在这四个假设条件下，企业的现金流量可以用图 6-5 来表示。

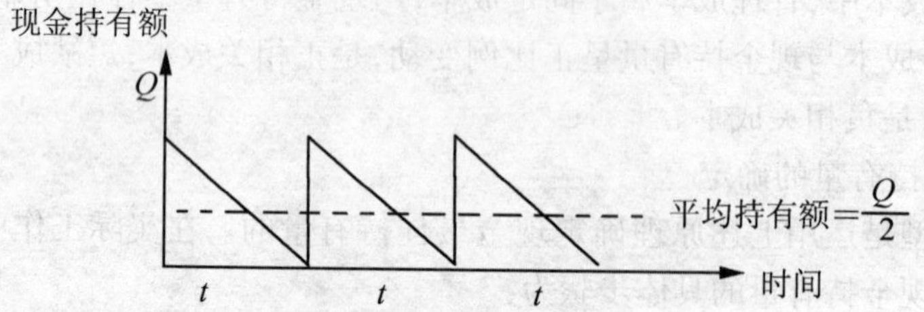

图 6-5 现金持有额

图 6-5 中，企业在一定时期内的现金需求总量是一定的，并且现金耗用是均匀发生的。企业的现金持有量为 Q，在一个周期 t 内均匀地耗用完，然后出售最佳现金持有金额为 Q 的有价证券来补充现金，以后各个周期不断循环。

2. 最佳现金持有量的确定

该模型假设不存在现金短缺，因此，相关成本只有机会成本和转换成本。所谓的最佳现金持有量，也就是能使机会成本和转换成本之和最小的现金持有量。

假设：TC 为持有现金的总成本，F 为现金与有价证券转换一次的成本，T 为一定时期内现金的总需求量，Q 为最佳现金持有量，K 为有价证券的利息率，则：

$$机会成本 = 年平均现金持有额 \times 有价证券利息率(报酬率) = \frac{Q}{2} \times K$$

$$转换成本 = 年转换次数 \times 每次转换成本 = \frac{T}{Q} \times F$$

$$持有现金总成本\ \mathrm{TC} = \frac{Q}{2} \times K + \frac{T}{Q} \times F$$

通过对 TC 一次求导，并令其导数为 0，可得的计算公式为：

$$最佳现金持有量\ Q = \sqrt{\frac{2TF}{K}}$$

$$持有现金总成本\ \mathrm{TC} = \sqrt{2TFK}$$

根据存货模型，机会成本、转换成本与现金持有量之间的关系，如图 6-6 所示。

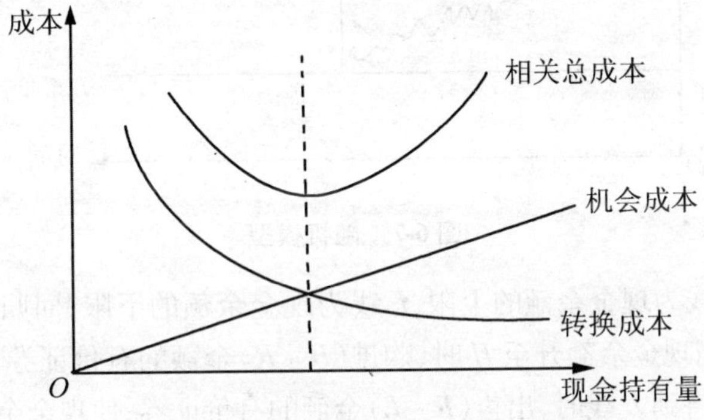

图 6-6　存货模型的最佳现金持有量

从图 6-6 可以看出，当机会成本与转换成本相等时，相关总成本最低，此时的持有量即为最佳现金持有量。

【例 6-3】　某企业的现金流量稳定，预计全年现金需求总量为 400 000 元，现金与有价证券的转换成本每次为 200 元，有价证券的利息率为 10%，要求采用存货模型确定该企业的最佳现金持有量。

$$最佳现金持有量\ Q = \sqrt{\frac{2 \times 200 \times 40\ 000}{10\%}} = 40\ 000(元)$$

$$最低现金管理相关总成本\ \mathrm{TC} = \sqrt{2 \times 400\ 000 \times 200 \times 10\%} = 4\ 000(元)$$

其中：

$$转换成本 = (400\ 000 \div 40\ 000) \times 200 = 2\ 000(元)$$

$$机会成本 = (40\ 000 \div 2) \times 10\% = 2\ 000(元)$$

存货模型可以精确地测算出企业的最佳现金持有量，而且能够得出现金与有价证券的最佳转换次数，对加强企业的现金管理有一定的作用。但是，该模型以现金均匀支出、现金机会成本和转换成本可以准确预测为前提，如果这些前提条件不成立，则该模型将不能使用。

（三）随机模型（米勒-奥尔模型）

1. 随机模型的基本原理

随机模型是由美国经济学家默顿·米勒（Merton Miller）和丹尼尔·奥尔（Daniel Orr）设计的一个在现金流入、流出不稳定情况下确定现金最优持有量的模型。其基本原理是建立两条控制线和一条回归线，并以此来确定现金持有量的控制范围。在两条控制线中，一条是现金持有量的最高线，一条是现金持有量的最低线；回归线则是目标现金余额的指示线。具体内容如图 6-7 所示。

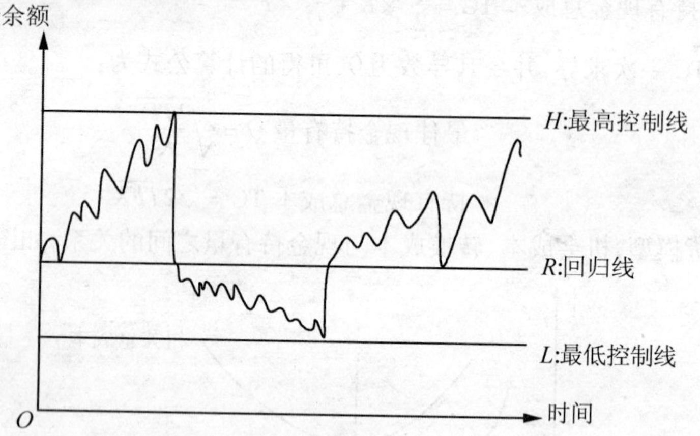

图 6-7　随机模型

在图 6-7 中，H 线为现金余额的上限，L 线为现金余额的下限，回归线 R 为现金最佳持有量目标控制线。当现金余额升至 H 时，购进（$H-R$）金额的有价证券，使现金余额回落到 R 线上；当现金余额将到 L 线时，出售（$R-L$）金额的有价证券，使现金余额上升到 R 线上。

2. 两条控制线及一条回归线的确定方法

（1）最低控制线（L）的确定

最低控制线 L 的确定取决于模型之外的因素，其数额是在企业综合考虑短缺现金的风险程度、借款能力、日常周转所需资金、银行要求的补偿性余额等因素的基础上确定的。

（2）回归线（R）和最高控制线（H）的确定

随机模型给出了企业目标现金余额、控制上限和控制下限之间的数学关系式，假定企业确定了现金控制下限，则目标现金余额（R）和最高控制线（H）的计算公式分别为：

$$R=\sqrt[3]{\frac{3K\alpha^2}{4i}}+L$$

其中：K 为现金转换成本（每次固定转换成本）；i 为现金机会成本（以日为基础计算）；α 为预期每日现金流量变动的标准差（每日现金流量方差）。

$$H=3R-2L$$

等价转化形式：

$$H-R=2(R-L)$$

【例 6-4】　某公司现金部经理决定 L 值应为 900 元，估计公司现金流量标准差 α 为 800 元，持有现金的年机会成本为 9%，换算为 i 值是 0.00025，每次固定转换成本为 50 元。要求根据随机模型计算该公司最佳现金持有量和现金持有的上限。

$$R=\sqrt[3]{\frac{3K\alpha^2}{4i}}+L=\sqrt[3]{\frac{3\times 50\times 800^2}{4\times 0.00025}}+900=5\ 479(元)$$

$$H=3\times 5\ 479-2\times 900=14\ 637(元)$$

该公司最佳现金持有量为 5 479 元，若该公司现金持有额达到 14 637 元，应以 9 158 元（14 637 − 5 479）的现金购买有价证券，使现金余额回落到 5 479 元；若该公司现金持有额降至 900 元，则应转让 4 579 元（5 479 − 900）的有价证券去换取现金，使现金余额上升至 5 479 元。

【特别提醒】

理解米勒-奥尔模型时应该注意的事项

• 最佳现金持有额（也称目标现金余额）并不是现金流量上限和下限的中间值。一般说来，现金余额达到下限的次数比达到上限的次数要多。当现金流量低于上下限中间值时会减少现金流量的转换成本。在模型推导中，米勒和奥尔认为，当 L 为零时目标现金余额是上限的 1/3，因而减少现金流量的总成本。

• 目标现金余额随着 i 和 α^2 的变化而变动，当 K 增加时，现金余额达到上下限的成本会很高，同时 α^2 越大，现金余额达到上下限的次数越频繁。

• 随着 i 增大，目标现金余额越小。因为 i 值越大，公司持有现金的成本也越大。同时，现金流量下限应该大于零，因为公司需要一定的补偿性存款额，同时也需要持有一定的“安全存货量”。

（四）因素分析模型

因素分析模型是以上期现金平均占用额为基础，分析本期各项变动因素，对不合理的现金占用额进行调整后，核定最佳现金持有量的方法。其计算公式如下：

最佳现金持有量 =（上期现金平均占用额 − 不合理占用额）×（1 ± 预计销售收入变动百分比）

其中：　上期现金平均占用额 =（上期现金期初余额 + 上期现金期末余额）÷ 2

【例 6-5】　某企业 2011 年年初现金余额 210 000 元（其中不合理占用 50 000 元）、年末现金余额 290 000 元（其中不合理占用 30 000 元），全年实现销售收入 3 000 000 元，预计 2012 年销售收入增长 20%，要求采用因素分析模型确定该企业 2012 年的最佳现金持有量。

最佳现金持有量 = [（210 000 − 50 000）+（290 000 − 30 000）]/ 2 ×（1 + 20%）
= 252 000（元）

该模型考虑影响现金持有量的主要因素为销售规模，如果企业出现多因素共同制约现金持有量的情形，其预测的数据将缺乏可靠性，但因计算简便，在实际中有很强的实用性。

（五）现金周转模型

现金周转模型是根据现金的周转期速度来确定最佳现金持有量的模型。现金的周转期速度以现金周转期（天数）表示，现金周转期是指现金从投入生产经营活动开始，经过一系列生产经营活动后，最终又转化为现金所需要的时间。企业的现金周转速度越快，在全年现金需求总量一定的条件下，企业所需的现金持有量越少；反之，现金持有量越多。其计算公式为：

$$最佳现金持有量=\frac{预计现金年总需求量}{现金周转次数}$$

其中：

$$现金周转次数=\frac{360}{现金周转天数}$$

$$\begin{aligned}现金循环天数&=营运资金周转期\\&=存货周转天数+平均收账期-应付账款周转天数\end{aligned}$$

现金周转模型的操作比较简单，适宜于生产经营稳定、现金周转效率可预计、现金需求与供应不存在不确定因素的企业。

四、现金管理模式

（一）收支两条线的管理模式

收支两条线是政府为了加强财政管理和整顿财政秩序对财政资金采取的一种管理模式。目前，也作为企业内部资金管理的一种模式。企业作为追求价值最大化的营利组织，实施“收支两条线”主要出于两个目的：第一，对企业范围内的现金进行集中管理，减少现金持有成本，加速资金周转，提高资金使用效率；第二，以实施收支两条线为切入点，通过高效的价值化管理来提高企业效益。

构建收支两条线资金管理模式的基本框架要求如表6-4所示。

表6-4　收支两条线资金管理模式的构建

主要内容	基本要求
资金流向	各部门或分支机构在内部银行或当地银行设立两个账户（收入户和支出户），并规定所有收入的现金都必须进入收入户（外地分支机构的收入户资金还必须及时、足额地回笼到总部），收入户资金由企业资金管理部门（内部银行或财务结算中心）统一管理，而所有的货币性支出都必须从支出户里支付，支出户里的资金只能根据一定的程序由收入户划拨而来，严禁现金坐支。
资金流量	在收入环节上，要确保所有收入的资金都进入收入户，不允许有私设的账外小金库，尽量压缩资金在结算环节的沉淀量；在调节环节上，通过动态的现金流量预算和资金收支计划实现对资金的精确调度；在支出环节上，根据“以支定收”和“最低限额资金占用”的原则从收入户按照支出预算安排将资金定期划拨到支出户，支出户平均资金占用额应压缩到最低限度。
资金流程	资金流程是指与资金流动有关的程序和规定。它是收支两条线内部控制体系的重要组成部分，主要包括以下几个部分：(1)关于账户管理、货币资金安全性等的规定；(2)收入资金管理及控制；(3)支出资金管理与控制；(4)资金内部结算与信贷管理及控制；(5)收支两条线的组织保障等。

采用收支两条线资金管理模式与企业的性质、战略、管理文化和组织结构都有很大的关系。因此，企业在构建收支两条线管理模式时，一定要注意与自己的实际相结合，以管理有效性为导向。

（二）集团企业资金集中管理模式

企业资金集中管理模式是指集团企业借助商业银行网上银行功能及其他信息技术手

段，将分散在集团各所属企业的资金集中到总部，由总部统一调度、统一管理和统一使用。资金集中管理模式的选择实质上是集团管理是集权还是分权管理体制的体现，集权资金管理有利于资金统一调配，但不利于发挥下属公司的积极主动性；分权资金管理有利于调动下属公司的积极主动性，但存在资金分散、资金使用率低、资金使用成本高等缺点。由于各企业集团自身情况的差异，资金的具体管理模式有所不同，较为流行的有以下五种：

1. 统收统支模式

统收统支是指企业的一切现金收付活动都集中在企业的财务部门，各分支机构或子公司不单独设立账号，一切现金支出都通过财务部门付出，现金收支的批准权高度集中在经营者或者经营者授权的代表手中。统收统支的方式有助于企业实现全面收支平衡，提高现金的流转效率，减少资金的沉淀，控制现金的流出；但是不利于调动各层次开源节流的积极性，影响各层次经营的灵活性以致降低集团经营活动和财务活动的效率。

2. 拨付备用金模式

拨付备用金是指企业按照一定的期限统拨给所属分支机构和子公司一定数额的现金，备其使用。各分支机构或子公司发生现金支出后，持有关凭证到企业财务部报销以补足备用金。与统收统支相比较，其特点是：集团所属各分支机构有了一定的现金经营权；集团所属各分支机构或子公司在集团规定的现金支出范围和支出标准之内，可以对拨付的备用金的使用行使决策权。但是集团所属各分支机构或子公司仍不独立设置财务部门，其支出的报销仍要通过集团财务部门的审核，现金收入必须集中到集团财务部门，超范围和超标准的开支必须经过经营者或其授权的代表批准。

3. 结算中心模式

结算中心通常是由企业集团内部设立的，办理内部各成员或子（分）公司现金收付和往来结算业务的专门机构。它通常设立于财务部门内，是一个独立运行的职能机构。财务结算中心是根据集团财务管理和控制的需要在集团内部成立的，为集团成员企业办理资金融通和结算，以降低资金成本，提高资金使用效益的机构，其性质有些类似于内部银行，主要着眼于为企业集团的整体和长远利益服务。

4. 内部银行模式

内部银行是将社会银行的基本职能与管理方式引入企业内部管理机制而建立起来的一种内部资金管理机构，主要职责是进行企业集团内部日常的往来结算和资金调拨、运筹。内部银行按对资金管理的集中程度又具体分为高度集中模式、相对分散模式和松散模式三种类型。

5. 财务公司模式

财务公司是办理企业集团内部成员单位金融业务的非银行金融机构。它在行政上隶属于集团公司，受集团公司的直接领导，业务上受中央银行管理、协调、监督和稽核的独立核算、自负盈亏、自主经营、照章纳税的企业法人，其经营范围除经营抵押放款之外，还兼营外汇、联合贷款、包销债券、不动产抵押、财务及投资咨询等业务。我国财务公司大多是在集团公司发展到一定水平后，由人民银行（银监会）批准，作为集团公司的子公司而设立的，所以，它还担负着集团公司的理财任务。

除以上五种模式外，对于跨国公司集团还采用“现金池模式”。各种模式从其功能上来说，均在不同程度上发挥了内部资本市场的作用，它们是内部资本市场发挥作用的组织载体。这些管理模式各具特点，并适用于不同类型的企业集团，任何企业在不同的经营环境的体制下都可以依据企业的不同情况选择最适合本企业的资金管理模式，只要使自身的资金管理达到均衡和高效，就是最优的管理模式。

【相关链接】

现金池模式

现金池(Cash Pooling)也称现金总库。最早是由跨国公司的财务公司与国际银行联手开发的资金管理模式，以统一调拨集团的全球资金，最大限度地降低集团持有的净头寸。现金池业务主要包括的事项有：成员单位账户余额上划、成员企业之间透支、主动拨付与收款、成员企业之间委托借贷以及成员企业向集团总部的上存、下借分别计息等。现金池的建立，在国际上被广泛地应用，其中最为著名的就是通用电气公司(GE)“现金池”。

2005 年 8 月，国家外汇管理局批复了 GE 通过招标确定招商银行实施在华的美元现金池业务。这是 GE 第一次在中国大陆运用现金池对美元资金进行管理。GE 在中国设立一个母公司账户，在每天的下午 4 点钟，银行系统自动对子公司账户进行扫描，并将子公司账户清零，严格按照现金池的操作进行。例如，A 公司在银行享有 100 万美元的透支额度，到了下午 4 点钟，系统计算机开始自动扫描，发现账上透支 80 万美元，于是便从集团公司的现金池里划 80 万美元归还，将账户清零。倘若此前 A 公司未向集团公司现金池存钱，则记为向集团借款 80 万美元，而 B 公司如果账户中有 100 万美元的资金盈余，则划到现金池，记为向集团公司贷款，所有资金集中到集团公司后，显示的总金额为 20 万美元。

这种做法实现了集团内部成员企业资金资源的共享：集团内部成员企业的资金可以集中归拢到一个“现金池”中，同时成员企业可以根据集团内部财务管理的要求有条件地使用池内的资金。总部现金池账户汇集了各成员单位银行账户的实际余额，当成员单位银行账户有资金到账时，该笔资金自动归集到总部现金池账户；各成员单位银行账户上的实际资金为零，各成员单位的支付资金总额度不超过集团规定的“可透支额度”；成员单位有资金支付时，成员单位银行账户与总部现金池账户联动反映，实时记录资金变化信息；实行集团资金“现金池”管理，盘活了沉淀资金，降低了融资费用，提高了资金利用率。通过管理过程中的可用额度控制，成功降低了资金风险。

五、现金的日常管理

企业在确定最佳现金持有量后，加强现金日常管理就可以围绕着控制现金最佳持有量来进行。但控制现金最佳持有量还必须建立一套完整的现金管理信息反馈系统。

（一）现金收支的内部管理制度

现金收支内部管理制度的主要内容有：

（1）现金收支的职责分工与内部牵制制度。这主要指现金的保管职责与记账职责应由不同人员担任，以防止或减少误差的发生。

（2）现金的及时清理制度。现金收支应做到日清月结，确保库存现金的账面余额与实际库存额相互符合，银行存款的余额与银行对账单相互符合，现金、银行存款日记账数额分别与现金、银行存款总账数额相互符合。

(3) 现金收支凭证的管理制度。包括强化收据与发票的领用制度、空白凭证与使用过的凭证的管理制度，等等。

(4) 按国家《现金管理暂行条例》和《银行结算办法》中有关现金使用规定和结算纪律处理现金收支。

(5) 现金预算的管理制度。应定期编制现金预算并以此作为控制日常现金收支的标准，对偏离预算的情况应健全审批、考核制度。明确责任、奖罚分明，及时反馈、解决预算执行中存在的问题，充分发挥现金的使用效益，确保日常经营对现金的需求。

(二) 现金收支的管理策略

1. 力争现金流量同步

如果企业能尽量使它的现金流入与现金流出发生的时间趋于一致，就可以使其所持有的交易性现金余额降到最低水平。

2. 使用现金浮游量

从企业开出支票，收票人收到支票并存入银行，至银行将款项划出企业账户，中间需要一段时间。现金在这段时间的占用称为现金浮游量。在这段时间里，尽管企业已开出了支票，却仍可动用在活期存款账户上的这笔资金。不过，在使用现金浮游量时，一定要控制好使用的时间，否则会发生银行存款的透支。

3. 加速收款

一个高效率的收款系统能够使收款成本和收款浮动期达到最小，同时能够保证与客户汇款及其他现金流入来源相关的信息的质量。

(1) 收款成本的控制

收款系统成本包括浮动期成本、管理收款系统的相关费用(例如银行手续费)及第三方处理费用或清算相关费用。

(2) 收款浮动期的控制

收款浮动期是指从支付开始到企业收到资金的时间间隔。收款浮动期主要是纸基(或称纸质)支付工具导致的，主要包括邮寄浮动期、处理浮动期和结算浮动期。

邮寄浮动期是指从付款人寄出支票到收款人或收款人的处理系统收到支票的时间间隔。处理浮动期是指支票的接受方处理支票和将支票存入银行以收回现金所花的时间。结算浮动期是指通过银行系统进行支票结算所需的时间。

企业缩短收款浮动期、降低收款成本的主要方式是采用电子支付方式。

4. 推迟应付账款的支付

推迟应付账款的支付是指企业在不影响自己信誉的前提下，尽可能地推迟应付款的支付期，充分运用供货方所提供的信用优惠。如遇企业急需现金，甚至可以放弃供货方的折扣优惠，在信用期的最后一天支付款项。当然，这要权衡折扣优惠与急需现金之间的利弊得失。

5. 汇票代替支票

汇票与支票不同的是不需见票即付。利用汇票可以推迟资金的支付时间，使企业在银行中保持较少的现金余额。但银行对汇票会收取较高的手续费。

6. 改进员工工资支付模式

企业可以为支付工资专门设立一个工资账户，通过银行向职工支付工资。为了最大限度地减少工资账户的存款余额，企业要合理预测从开出支付工资的支票到职工去银行兑现的具体时间。

7. 使用零余额账户

即企业与银行合作，保持一个主账户和一系列子账户，企业只在主账户保持一定的安全储备，而一系列子账户不需要保持安全储备。当从某个子账户签发的支票需要现金时，所需要的资金立即从主账户划拨过来，从而使更多的资金可以用作他用。

第三节　应收账款管理

应收账款是企业因为对外赊销产品、材料、提供劳务等而应向购货单位或接受劳务单位收取的款项，主要包括应收销货款、其他应收款、应收票据等。

企业产生应收账款的目的主要是扩大销售，增强竞争力，增加盈利，但随之必然产生一定的成本。因此，企业需要在应收账款所增加的盈利和所增加的成本之间做出权衡。应收账款管理的目标就是分析赊销的条件，使赊销带来的盈利增加大于应收账款投资产生的成本增加，适度的信用政策，通过增加赊销量，最终使企业现金收入增加，企业价值上升。

一、应收账款的功能

应收账款在企业生产经营中的功能，主要表现如下：

1. 促进销售

企业提供赊销在向顾客提供商品的同时也向顾客提供了可以在一定期限内无偿使用的资金，即商业信用资金，相对于现销而言，赊销对购买方更具有吸引力。因此，赊销是企业扩大销售、开拓并占领市场、提高市场占有率的重要且有效的促销手段。

2. 减少存货

采用赊销方式，加速产品的销售，降低了存货中产品的比例，降低了存货的仓储费用、管理费用及占用资金费用等，同时也加快了产品向销售收入转化的速度。因此，当企业的产成品存货较多时，一般会采用优惠的信用条件进行赊销，将存货转化为应收账款，节约支出。

二、应收账款的持有成本

应收账款作为企业扩大销售和盈利的一项投资，在给企业带来种种收益的同时也会产生一定的成本，即应收账款的持有成本，主要包括机会成本、管理成本和坏账成本。

（一）机会成本

应收账款机会成本是指企业因资金占用在应收账款上而丧失的将其进行其他投资

的投资收益所得，如投资于有价证券的收益。应收账款机会成本的计算公式为：

应收账款的机会成本＝应收账款占用资金×投资报酬率

由此可以看出，应收账款机会成本的大小与企业应收账款占用资金的数额呈正向关系，即应收账款占用资金数额越大，机会成本越高，反之越低。

【例 6-6】 某企业预测 2012 年度赊销净额为 2 700 000 元，应收账款平均收款期为 30 天，变动成本率为 70%，风险投资的最低报酬率为 15%，计算应收账款的机会成本如下：

应收账款占用资金＝应收账款平均余额×变动成本率（或销售成本率）

应收账款平均余额＝日平均赊销收入净额×平均收款期

应收账款平均余额＝2 700 000÷360×30＝225 000（元）

应收账款占用资金＝225 000×70%＝157 500（元）

应收账款的机会成本＝157 500×15%＝23 625（元）

（二）管理成本

应收账款的管理成本是指企业管理应收账款发生的各种费用，包括客户的资信调查费用、收集各种信息的费用、账簿的记录费用、收账费用和其他费用。

（三）坏账成本

应收账款的坏账成本（Bad Debts）是指当企业因故无法收回应收账款时给企业造成的损失。预测时，可根据企业赊销额及坏账损失率确定，其计算公式为：

应收账款的坏账成本＝赊销额×坏账损失率

此项成本与企业的信用政策有关，并与应收账款的数量呈正比例变化，即企业的信用政策越宽松，应收账款的数量越多，产生坏账损失的概率越高，反之亦然。

三、应收账款的信用政策

应收账款的信用政策（Credit Policy）是企业财务政策的重要组成部分，是为应收账款进行规划和控制所确定的基本原则和规范。主要包括信用标准、信用条件和收账政策。

（一）信用标准

信用标准（Credit Standards）是判断顾客是否有资格享受企业提供的商业信用以及可以享受多少信用数额的一个标准。如果企业制定的信用标准过于严格，可能会降低对符合可接受信用风险标准客户的赊销额，由此会限制企业的销售机会；如果企业制定的信用标准过于宽松，可能会对不符合可接受信用风险标准的客户提供赊销，由此会增加随后还款的风险并增加坏账费用。因此，制定信用标准应重点考察客户的资信程度，可以从定性分析和定量分析两个方面进行。

【双语链接】

- **Credit Policy**: A set of decisions that include a firm's credit standards, credit terms and collection policy.
- **Credit Standards**: Standards that stipulate the required financial strength that an applicant must demonstrate to be granted credit.

1．确定信用标准的定性分析

定性分析就是依据管理人员的知识与经验，通过对客户的资信情况调查，判断是否给予客户信用优惠及客户信用等级的评定。

客户的资信情况调查就是对客户信用方面的资料进行收集和整理。客户信息资料的主要来源渠道有：(1)商业代理机构或资信调查机构所提供的客户信息资料及信用等级标准资料；(2)委托往来银行信用部门向与客户有关联业务的银行索取信用资料；(3)与同一客户有信用关系的其他企业相互交换该客户的信用资料；(4)客户的财务报告资料；(5)企业自身的经验与其他可取得的资料等。

定性分析常用的方法是5C评估法，即客户的品质(Character)、能力(Capacity)、资本(Capital)、抵押品(Collateral)、经济条件(Conditions)等，简称“5C”系统，见图6-8。

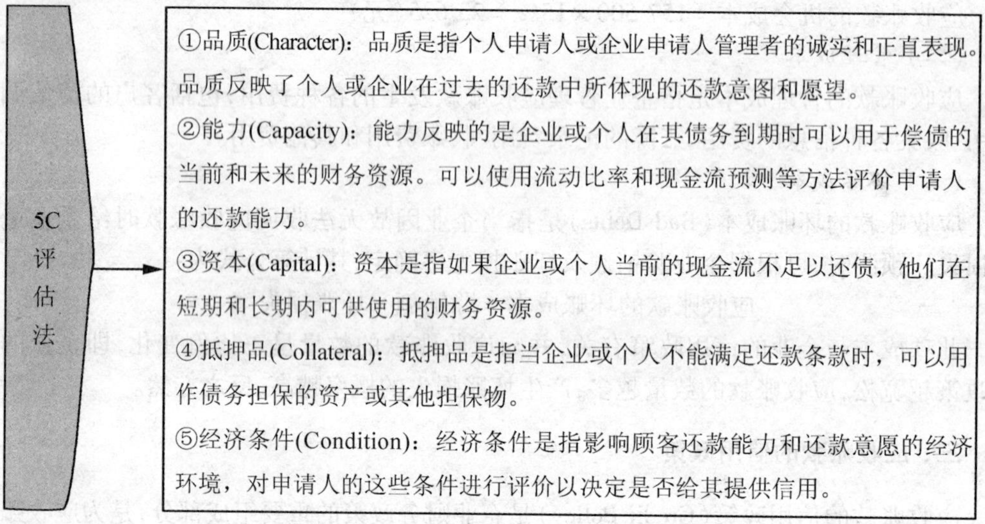

图6-8　5C评估法

2．确定信用标准的定量分析

定量分析是在定性分析的基础上，将客户的财务状况、经营成果以及现金流动等方面的信息进行量化综合，从数量方面对客户资信程度做出评价。

进行商业信用的定量分析可以从考察信用申请人的财务报表开始。通常使用比率分析法评价顾客的财务状况。常用的指标有：流动性和营运资本比率(如流动比率、速动比率以及现金对负债总额比率)、债务管理和支付比率(利息保障倍数、长期债务对资本比率、带息债务对资产总额比率，以及负债总额对资产总额比率)和盈利能力指标(销售回报率、总资产回报率和净资产收益率)。

将这些指标和信用评级机构及其他协会发布的行业标准进行比较可以洞察申请人的信用状况。定量信用评价法常被像百货店这样的大型零售信用提供商所使用。信用评价包括如图6-9所示的四个步骤。

(二) 信用条件

企业决定给予客户信用优惠时，就需要考虑具体的信用条件。信用条件(Credit

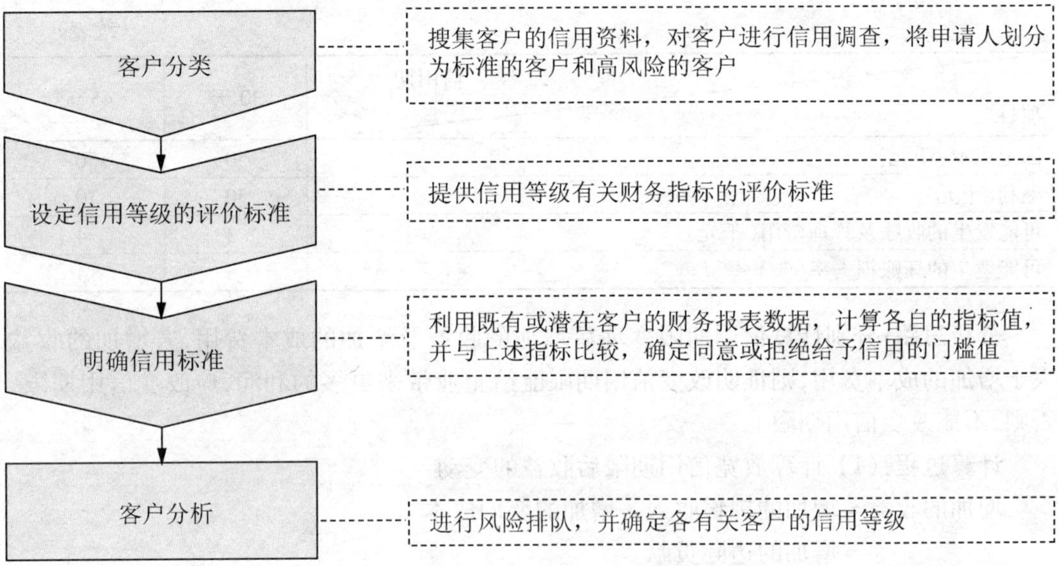

图 6-9　信用评价的步骤

Terms)是销货企业要求赊购客户支付货款的条件,主要包括信用期限、现金折扣和折扣期限。例如,信用条件可表示为:“1/10,n/30”,它的含义是:企业提供给客户的信用期限是 30 天,如果客户在 10 天内付款可享受 1% 的现金折扣,折扣期限是 10 天,在 10—30 天内付款不享受现金折扣,按全额付款。信用条件的变化会对企业的销售量、销售收益和成本产生一定的影响。

1. 信用期限

信用期限(Credit Period)是指企业允许客户从购货到支付货款的时间限定,即企业允许客户的最长付款时间,超过信用期限付款就属于违约。例如,若某企业允许顾客在购货后的 30 天内付款,则信用期限为 30 天,信用期限越长,销售量越大,销售收入与销售利润越高,反之,销售量、销售收入与销售利润越小。但是,随着信用期限延长,占用在应收账款上的资金相应增加,其机会成本随之加大,同时出现坏账损失的可能性也越大。因此企业确定信用期限时,应在收益与成本之间进行权衡。

【例 6-7】　某公司现在采用 30 天按发票金额付款(即无现金折扣)的信用政策,拟将信用期放宽至 45 天,仍按发票金额付款。假设风险投资的最低报酬率为 10%,其他有关的数据如表 6-5 所示。假设销售额为赊销额。

要求:分析该公司应否将信用期改为 45 天。

表 6-5　信用期决策资料

信用期 项目	30 天	45 天
全年销售量(千件)	100	120
全年销售额(千元)(单价 6 元)	600	720
全年销售成本(千元)		
变动成本(每件 3 元)	300	360

（续表）

项目 \ 信用期	30天	45天
固定成本（千元）	50	50
毛利（千元）	50	70
可能发生的收账及管理费用（千元）	3	4
可能发生的坏账损失率（%）	3	4

分析思路：分别计算信用期限变动后增加的收益及增加的成本费用，若增加的收益大于增加的成本费用，则证明改变信用期限能给企业带来更多的利润，应改变信用期限，否则，不能改变信用期限。

计算过程：(1) 计算放宽信用期限后收益的变动

增加的收益＝增加的销售收入－增加的变动成本

＝增加的边际贡献

＝增加的销售量×单位边际贡献

＝(120－100)×(6－3)＝60（千元）

(2) 计算实施新信用期限后成本的变动

增加的机会成本＝增加的应收账款平均余额×变动成本率×投资风险报酬率

＝(720/360×45－600/360×30)×3/6×10%

＝(90－50)×50%×10%

＝2（千元）

增加的坏账损失＝720×4%－600×3%＝28.8－18＝10.8（千元）

增加的收账及管理费用＝4－3＝1（千元）

(3) 实施新信用期限后税前损益的变动

增加的税前损益＝60－2－10.8－1＝46.2（千元）

结论：在本例中，信用期限由30天改为45天，可为公司增加的税前损益为46 200元，故应选择45天的信用期。

【特别说明】

信用期限的决策

- 若顾客主动遵守信用，没有延期付款的则为信用期；如果顾客拖延付款，则为平均收现期。
- 平均收现期（周转天数）的确定：如果没有给出平均收现期，在没有现金折扣条件的情况下，以信用期作为平均收现期；在有现金折扣条件的情况下，则用加权平均数作为平均收账天数。
- 日销售额的确定：用未扣除现金折扣的年销售额除以一年的天数得到，即不考虑现金折扣因素。
- 应收账款占用资金应当按“应收账款平均余额乘以变动成本率”计算确定。
- 信用政策决策中，依据的是税前损益增加，因此，这种方法不考虑所得税。

上述信用期分析的方法比较简略，可以满足一般制定信用政策的需要。如进行更细致的分析,可进一步考虑销售增加引起存货增加而占用的资金。

【例6-8】 延续上例数据,假设上述30天信用期变为45天后,因销售量增加,年平均存货水平从20 000件上升到30 000件,每件存货按变动成本3元计算,其他情况不变。

由于增添了新的存货增加因素,需要在原来分析的基础上,再考虑存货增加而多占资金所带来的影响,重新计算放宽信用期的损益。

存货增加而多占用资金的应计利息 = 增加的存货 × 单位变动成本 × 投资报酬率

= (30 - 20) × 3 × 10%

= 3(千元)

改变信用期间的税前损益 = 收益增加 - 成本费用增加

= 60 - 2 - 10.8 - 1 - 3

= 43.2(千元)

因为仍然可以获得税前收益,所以尽管会增加平均存货,但还是应该采用45天的信用期限。

若更进一步地分析,还应考虑存货增加引起的应付账款的增加。这种负债的增加会节约企业的营运资金,减少营运资金的"应计利息"。因此,信用期限变动的分析,一方面要考虑对利润表的影响(包括收入、成本和费用);另一方面要考虑对资产负债表的影响(包括应收账款、存货、应付账款),并且要将对资金占用的影响用"资本成本"转化为"应计利息",以便进行统一的得失比较。

2. 现金折扣

现金折扣(Cash Discount)是企业为加速应收账款的回收,鼓励客户提前付款而给予的优惠。提供现金折扣会增加折扣支出,如:"1/10,n/30"是指顾客在10天内付款,只需付货款的99%,可以享受货款金额1%的折扣,如果不享受折扣,这笔货款必须在30天内付清。不同水平的现金折扣增加的收益与成本不一样,企业决定是否提供现金折扣以及提供多大程度的现金折扣,应该考虑提供现金折扣所能带来的收益与增加的成本孰高孰低,权衡利弊,选择最优。

【例6-9】 延续上例数据,假定公司在放宽信用政策的同时,为了吸引顾客尽早付款,提出了"2/10,n/45"的现金折扣条件,估计有50%的顾客(按45天信用期限所能实现的销售额计算)将享受现金折扣优惠,其他条件不变。

增加的现金折扣成本 = 720 × 50% × 2% - 0 = 7.2(千元)

增加的机会成本 = [720/360 × (50% × 10 + 50% × 45) - 600/360 × 30] × 3/6 × 10%

= 0.25(千元)

增加的坏账损失、收账费用及存货费用都不变。

增加的损益 = 60 - 10.8 - 1 - 3 - 7.2 - 0.25 = 37.75(千元)

由于增加的收益大于增加的成本,故应放宽信用政策,提供现金折扣。

3. 折扣期限

折扣期限是企业为客户规定的可享受现金折扣的最长期限,如上例中,1%的现金折扣期限为10天,即客户在10天内付款,可享受1%的价格折扣优惠。究竟应该给予客户多长时间的现金折扣期限,以及给予客户多大程度的现金折扣优惠,必须将信用期限及加速收款所得到的收益与付出的现金折扣成本综合起来考虑。

（三）收账政策

收账政策（Collection Policy）是指当客户违反信用条件，出现拖欠甚至拒付账款时，企业对其采取的策略与措施。通常，收账政策过宽，很难保证催收效果，可能会促使逾期付款的客户拖欠时间更长，应收账款的机会成本与坏账损失将会提高；收账政策过严，虽然可以使应收账款的机会成本与坏账损失有所下降，但收账费用也会相应提高，而且可能会伤及无意拖欠的客户，影响将来业务的开展。因此，收账政策的制定过程也是对相关成本、费用、收益进行权衡的过程。若增加的收账费用小于减少的应收账款机会成本和坏账损失，则说明制定的收账政策是可取的；否则，是不可取的。

【双语链接】

- Cash Discount：An allowance to encourage payment of accounts by debtors within a certain period.
- Collection Policy：The procedures that a firm follows to collect past-due accounts.

对客户拖欠的款项，理想的收账策略是既要顺利收回账款，又要维护好与顾客的关系，并降低收账费用。其催收账款的一般程序如图 6-10 所示。

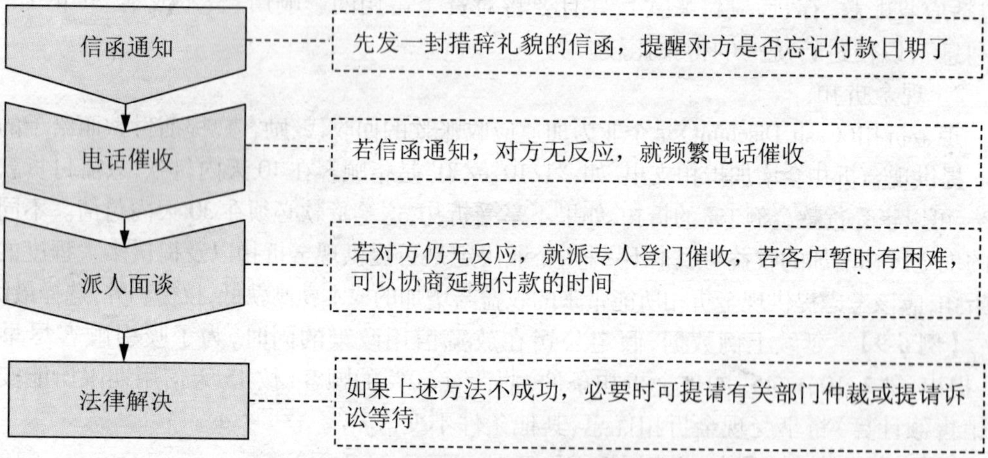

图 6-10　催收账款的一般程序

应收账款被客户拖欠或拒付时，企业还应分析现有的信用政策及信用审批制度是否存在漏洞，然后重新对违约客户的资信等级进行调查、评价。

四、应收账款的监控

企业已发生的应收账款时间有长有短，有的尚未超过信用期，有的已经超过信用期。一般来讲，拖欠的时间越长，款项收回的可能性越小，越容易形成坏账。通常，企业对应收账款的监控方法主要有：账龄分析法、平均收账期法、ABC 分析法。

（一）账龄分析法

账龄分析法是通过编制应收账款的账龄分析表，以显示应收账款账龄的长短，并按时间长短进行排序。

账龄分析表将应收账款划分为未到信用期的应收账款和逾期应收账款。企业既可以按照应收账款总额进行账龄分析,也可以分顾客进行账龄分析。

【例 6-10】 某企业 2011 年给客户提供的信用条件是"2/10,1/30,n/60",按年末应收账款余额编制的账龄分析表,如表 6-6 所示。

表 6-6　2011 年应收账款账龄分析表　　单位:千元

账龄 客户	0—10 天	11—30 天	31—60 天	超过 60 天	合计
A	140	200	—	—	340
B	60	120	—	—	180
C	—	10	—	50	60
其他	100	—	90	80	270
合计	300	330	90	130	850
比重(%)	35.29	38.82	10.59	15.30	100

账龄分析表是一张显示应收账款在外天数(账龄)长短的报表。账龄分析表可使财务人员了解到:有多少客户在折扣期内付款;有多少客户在信用期内付款;有多少客户在信用期过后才付款;有多少应收账款拖欠太久,可能成为坏账。

对不同拖欠时间的客户,企业应采取不同的收账方法,制定经济可行的收账政策,对可能发生的坏账损失,应提前做出准备,充分估计这一因素对企业损益的影响。

（二）平均收账期法

平均收账期法是通过计算应收账款从形成到收回的平均时间,并将其与目标值(如信用期限、同行业有关数据)进行比较分析,从而为加强应收账款的监控提供依据的方法。其计算公式为:

$$总体平均收账期 = \frac{应收账款平均余额}{平均每日赊销额}$$

其中:应收账款平均余额 =(期初余额 + 期末余额)/2,平均每日赊销额取算术平均数(每日赊销额,根据销售收入及赊销比例计算)。

$$总体平均逾期天数 = 总体的平均收账期 - 平均信用期限$$

【例 6-11】 某企业的信用条件为 $n/90$ 天,2011 年 1—6 月的平均现销率为 10%,各月的销售额、应收账款余额的统计资料如表 6-7 所示。

表 6-7　应收账款余额统计表　　单位:万元

月份 项目	1 月	2 月	3 月	4 月	5 月	6 月
销售额	60	50	70	58	72	64.4
应收账款期末余额	203	208	225	212	215	223

企业 2011 年 1—6 月的有关计算如下:

应收账款平均余额 =(203 + 223)/2 = 213(万元)

平均每日赊销额 =(60 + 50 + 70 + 58 + 72 + 64.4)×90%/180 = 1.872(万元)

平均收账期 = 213/1.872 = 113.78(天)

平均逾期天数 = 113.78 - 90 = 23.78(天)

(三) ABC 分析法

ABC 分析法又称重点管理法,是将企业所有欠款客户按其金额的多少进行分类排队,然后分别采用不同的收账策略的一种方法,即"抓重点、照顾一般",如表 6-8 所示。该方法一方面能够加快应收账款的收回,另一方面能将收账费用与预期收益联系起来。

表 6-8 ABC 的分类表

类别	特点		管理方法
	客户数占总客户数量比例	应收账款金额占总金额比例	
A 类	10%	70%	逐户重点控制,严格管理
B 类	20%	20%	按类控制,次重点管理
C 类	70%	10%	总额控制,一般管理

【例 6-12】 某企业应收账款逾期金额为 260 万元,为了及时收回逾期货款,企业采用 ABC 分析法来加强应收账款回收的监控。具体数据如表 6-9 所示。

表 6-9 欠款客户 ABC 分类法(共 50 家客户)

顾客	逾期金额(万元)	逾期期限	逾期金额所占比重(%)	类别
A	85	4 个月	32.69	A
B	64	6 个月	24.62	
C	34	3 个月	13.08	
小计	183		70.38	
D	16	2 个月	6.15	B
E	7	3 个月	2.69	
F	6	55 天	2.31	
…	…	…	…	
小计	64		24.62	
N	4	30 天	1.54	C
0	3	28 天	1.15	
…	…	…	…	
小计	13		5	
合计	260		100	

先按所有客户应收账款逾期金额的多少分类排队,并计算出逾期金额所占比重。从表 6-9 中可以看出,应收账款逾期金额在 20 万元以上的有 3 家,占客户总数的 6%,逾期总额为 183 万元,占应收账款逾期金额总额的 70.38%,我们将其划入 A 类,这类客户作为催款的重点对象。应收账款逾期金额在 5 万—20 万元的客户有 10 家,占客户总数的 20%,其逾期金额占应收账款逾期金额总数的 24.62%,我们将其划入 B 类,欠款在 10 万元以下的客户有 37 家,占客户总数的 74%,但其逾期金额仅占应收账款逾期金额总额的

5%,我们将其划入C类。

对这三类不同的客户,应采取不同的收款策略。例如,对A类客户,可以发出措辞较为严厉的信件催收,或派专人催收,或委托收款代理机构处理,甚至可通过法律解决;对B类客户则可以多发几封信函催收,或打电话催收;对C类客户只需要发出通知其付款的信函即可。

五、应收账款的日常管理

应收账款的管理难度比较大,在确定合理的信用政策之后,还要做好应收账款的日常管理工作,包括对客户的信用调查和分析评价、应收账款的催收等。

(一)调查客户信用

信用调查是指收集和整理反映客户信用状况的有关资料的工作。信用调查是企业应收账款日常管理的基础,是正确评价客户信用的前提条件。企业对顾客进行信用调查主要通过两种方法:

1. 直接调查

直接调查是指调查人员与被调查单位进行直接接触,通过当面采访、询问、观看等方式获取信用资料的一种方法。直接调查可以保证收集资料的准确性和及时性,但也有一定的局限,往往获得的是感性资料,因此若不能得到被调查单位的合作,则会使调查工作难以开展。

2. 间接调查

间接调查是以被调查单位以及其他单位保存的有关原始记录和核算资料为基础,通过加工整理获得被调查单位信用资料的一种方法。这些资料主要来自以下几个方面:

(1)财务报表。通过财务报表分析,可以基本掌握一个企业的财务状况和信用状况。

(2)信用评估机构。专门的信用评估部门,因为它们的评估方法先进,评估调查细致,评估程序合理,所以可信度较高。

(3)银行。银行是信用资料的一个重要来源,许多银行都设有信用部,为其顾客服务,并负责对其顾客信用状况进行记录、评估。但银行的资料一般仅愿意在内部及同行间进行交流,而不愿向其他单位提供。

(4)其他途径。如财税部门、工商管理部门、消费者协会等机构都可能提供相关的信用状况资料。

(二)评估客户信用

企业一般采用"5C"系统来评价客户信用,并对客户信用进行等级划分。在信用等级方面,目前主要有两种:

1. 九级制

九级制也称三类九级制,是将企业的信用状况分为AAA、AA、A、BBB、BB、B、CCC、CC、C级,其中AAA为信用最优等级,C为信用最低等级。

2. 三级制

三级制是将企业的信用状况分为AAA、AA、A三个信用等级。

(三)应收账款的催收

应收账款的催收工作是日常管理的主要内容之一,要监控收账政策的执行情况,跟踪客户履约情况,落实收账责任,减少坏账损失;要定期分析收账的收益与成本,根据应收账款总成本最小化的原则,通过比较各收账方案成本的大小对其加以选择,及时调整收账策略,实现企业收益最大化。

(四)应收账款保理

应收账款保理是企业将赊销形成的未到期应收账款在满足一定条件的情况下,转让给保理商,以获得银行的流动资金支持,加快资金的周转。应收账款保理业务的发展在我国仍处于起步阶段,目前只有少数银行(如中国银行、交通银行、光大银行及中信银行等商业银行)公开对外宣称提供保理业务。随着市场的需要、竞争的加剧,保理业务在国内将会得到更好的发展。

1. 应收账款保理的理财作用

应收账款保理对于企业而言,其理财作用主要体现在:

(1)拓宽短期融资渠道。应收账款保理,其实质也是一种利用未到期应收账款作为抵押从而获得银行短期借款的一种融资方式。对于那些规模小、销售业务少的公司来说,向银行贷款将会受到很大的限制,而自身的原始积累又不能支撑企业的高速发展,通过保理业务进行融资可能是企业较为明智的选择。

(2)减轻财务管理负担。推行保理业务是市场分工思想的运用,面对市场的激烈竞争,企业可以把应收账款让与专门的保理商进行管理,使企业从应收账款的管理之中解脱出来,由专业的保理公司对销售企业的应收账款进行管理,他们具备专业技术人员和业务运行机制,会详细地对销售客户的信用状况进行调查,建立一套有效的收款政策,及时收回账款。

(3)降低坏账风险。采用应收账款保理后,应收账款的坏账风险由企业和担保方共同承担,企业可以借助专业的保理商去催收账款,能够在很大程度上降低坏账发生的可能性,有效地控制坏账风险。

(4)改善企业的财务结构。应收账款保理业务是将企业的应收账款与货币资金进行置换。企业通过出售应收账款,将流动性稍弱的应收账款置换为具有高度流动性的货币资金,增强了企业资产的流动性,提高了企业的债务清偿能力和盈利能力。

2. 应收账款保理的分类

应收账款保理有不同的分类标准,具体分类如表6-10所示。

表6-10　应收账款保理的分类

分类标准	具体分类	内涵
是否有追索权	有追索权保理(非买断型)	是指供应商将债权转让给保理商,供应商向保理商融通资金后,如果购货商拒绝付款或无力付款,保理商有权向供应商要求偿还预付的现金,如购货商破产或无力支付,只要有关款项到期未能收回,保理商都有权向供应商进行追索。
	无追索权保理(买断型)	是指保理商将销售合同完全买断,并承担全部的收款风险。

（续表）

分类标准	具体分类	内涵
购货商是否知情	明保理	是指保理商和供应商需要将销售合同被转让的情况通知购货商，并签订保理商、供应商、购货商之间的三方合同。
	暗保理	是指供应商为了避免让客户知道自己因流动资金不足而转让应收账款，并不将债权转让情况通知客户，货款到期时仍由销售商出面催款，再向银行偿还借款。
是否提供预付账款融资	折扣保理（又称“融资保理”）	是指在销售合同到期前，保理商将剩余未收款部分先预付给销售商，一般不超过全部合同额的70%—90%。
	到期保理	是指保理商并不提供预付账款融资，而是在赊销到期时才支付，届时不管货款是否收到，保理商都必须向销售商支付货款。

第四节 存货管理

存货是指企业在生产经营过程中为销售或者耗用而储备的物资，包括材料、燃料、低值易耗品、在产品、半成品、产成品、协作件、商品等。企业持有充足的存货，既有利于生产经营过程的顺利进行，又可避免因存货不足带来的机会损失。但是，持有存货必然会产生与此相关的持有成本。存货管理的基本目标是如何在存货的收益与成本之间权衡，在充分发挥存货功能的同时降低成本，增加收益，实现它们的最佳组合。

一、存货的功能

如果企业能在生产投料时随时购入所需的原材料或在销售时随时购入该项商品，就不需要存货，但实际上，企业总有储存存货的要求，因此必然会产生储存存货成本。存货的功能主要表现在以下五个方面：

1. 保证生产正常进行

生产过程中需要的原材料和在产品，是生产的物质保证，为保障生产的正常进行，必须储备一定量的原材料；否则可能会造成生产中断、停工待料的现象。

2. 有利于销售

一定数量的存货储备能够增加企业在生产和销售方面的机动性和适应市场变化的能力。当市场需求量增加时，若产品储备不足就有可能失去销售良机，因此保持一定量的存货是有利于市场销售的。

3. 维持均衡生产，降低产品成本

有些企业产品属于季节性产品或者需求波动较大的产品，此时若根据需求状况组织生产，则可能有时生产能力得不到充分利用，有时又超负荷生产，这会造成产品成本的上升。

4. 降低存货取得成本

成批地购进原材料、零部件或商品，往往可以获得价格上的优惠及享受数量折扣，同时又可以减少采购、管理费用,从而降低取得成本。

5. 防止意外事件的发生

企业在采购、运输、生产和销售过程中,都可能发生意料之外的事故,保持必要的存货保险储备,可以避免和减少意外事件的损失。

二、存货的持有成本

企业为维持正常的生产经营活动,必然持有一定量的存货,但并非越多越好。企业持有存货,必然发生成本,这些成本主要包括取得成本、储存成本和缺货成本。

(一) 取得成本

取得成本是指为取得某种存货而支出的成本,由订货成本和购置成本两部分构成。

1. 订货成本

订货成本是指取得订单的成本,如办公费、差旅费、邮费、电报电话费等。

按照与订货次数的关系,订货成本可以分为变动性订货成本和固定性订货成本。变动性订货成本与进货次数呈正相关变动,属于决策的相关成本,如差旅费、运输费和电话费等;固定性订货成本与订货次数无关,属于决策的无关成本,如专设采购机构的基本开支等。其计算公式为:

订货成本 = 固定性订货成本 + 变动性订货成本

= 固定性订货成本 + 年订货次数 × 每次订货的变动成本

= 固定性订货成本 + 年需要量/每次订货量 × 每次订货的变动成本

$$= F_1 + \frac{D}{Q}K_1$$

其中,F_1 为固定的订货成本;K_1 为每次订货的变动成本;D 为存货年需要量;Q 为每次进货量。

2. 购置成本

购置成本是指为购买存货本身所支出的成本,即存货本身的价值。在一定时期进货总量既定的条件下,无论企业采购次数如何变动,存货的购置成本通常保持相对稳定(假定物价不变且无采购数量折扣),因而属于决策的无关成本。其计算公式为:

购置成本 = 年需要量 × 购置单价 = $D \cdot U$

其中,D 为存货年需要量;U 为购置单价。

取得成本(TC_a) = 订货成本 + 购置成本

$$TC_a = F_1 + \frac{D}{Q}K_1 + D \cdot U$$

(二) 储存成本

1. 储存成本的构成

储存成本是指为保持存货而发生的成本,包括存货占用资金产生的机会成本(以现金购买存货而损失的投资收益)或存货资金占用费(以贷款购买存货的利息成本)、仓储费用、保险费用、存货破损和变质损失,等等。

储存成本也分为固定储存成本和变动储存成本。固定储存成本与存货的数量无关,如仓库折旧、仓库职工的固定工资等，属于决策的无关成本；变动储存成本与存货数量呈正相关变动，属于决策的相关成本，如存货资金的应计利息、存货的破损和变质损失、存货的保险费用等。

2．储存成本的计算

储存成本的计算公式为：

$$\text{储存成本}(TC_c) = \text{固定性储存成本} + \text{变动性储存成本}$$
$$= \text{固定性储存成本} + \text{平均储存量} \times \text{单位变动年储存成本}$$
$$= F_2 + \frac{Q}{2}K_2$$

其中，F_2为固定的储存成本；Q为每次进货量；K_2为单位变动年储存成本。

（三）缺货成本

缺货成本指由于存货供应中断或不足而给企业生产、销售造成的损失，包括由于材料供应中断造成的停工损失、产成品库存缺货造成的拖欠发货损失、丧失销售机会的损失及造成的商誉损失，以及紧急采购代用材料解决库存材料中断之急而发生的紧急外购成本。缺货成本用 TC_s 表示。

若允许缺货，则缺货成本便与存货数量反向相关，即属于决策相关成本；反之，若企业不允许发生缺货，缺货成本为零，也就无须考虑。

持有存货的总成本计算公式为：

$$\text{持有存货的总成本}(TC) = \text{取得成本} + \text{储存成本} + \text{缺货成本}$$
$$= TC_a + TC_c + TC_s$$

即：

$$TC = F_1 + \frac{D}{Q}K_1 + D \cdot U + F_2 + \frac{Q}{2}K_2 + TC_s$$

企业最优的成本组合是使企业持有存货的总成本最低时的组合。

【特别提醒】

决策成本的界定

- 在一定时期进货总量既定的条件下，无论企业采购次数如何变动，存货的购置成本通常保持相对稳定（假定物价不变且无采购数量折扣），因而属于决策的无关成本。
- 无条件相关成本：变动订货成本、变动储存成本。
- 有条件相关成本：购置成本、缺货成本。

三、经济订货量的确定

一定时期内，在企业存货总需求量和存货市价稳定的情况下，采购成本与企业的订货批量无关，在不允许缺货的情况下，缺货成本也不存在，而储存成本和订货成本与订货的批量和订货次数有关，每次订货量越多，订货次数越少，订货成本越小，而储存成本越大；每次订货量越少，订货次数越多，订货成本越大，而储存成本就越小，即订货成本与订货量呈反向关系，而储存成本与订货批量呈正向关系。因此，可以找到一个使订货成本和储存成本之和最低的订货批量，这就是经济订货量(Economic Order Quantity, EOQ)，也称经济批量。

经济订货量是最基本的存货控制方法，主要是通过经济订货批量模型找到最佳的进货时间和进货量。影响企业经济订货量的因素很多，如果一开始就把所有的因素都考虑进去，建立完全符合现实情况的经济订货量模型存在一定困难。因此，需要先提出一些前提假设，抽象掉一些因素，建立基本经济订货量模型，然后在此基础上逐步消除一些限制性假设，建立符合实际情况的经济订货批量模型。

【双语链接】

Economic Order Quantity: The amount of orders that minimizes total variable costs required to order and hold inventory.

根据是否具有抽象性限制假设，经济订货量模型可分为基本经济订货量模型和扩展经济订货量模型。

(一) 基本经济订货量模型

1. 前提假设

需考虑的假设条件如下：

(1) 所需存货市场供应充足，企业能及时补充存货，不存在缺货成本，即 $TC_s = 0$；

(2) 能集中到货，而不是陆续入库；

(3) 存货的耗用或者销售比较均衡，总需求量为已知，即 D 为已知常量；

(4) 存货的采购价格稳定，不考虑现金折扣及数量折扣，即 U 为已知常量；

(5) 仓储条件及所需现金不受限制。

2. 经济订货量的确定方法

确定基本经济订货量模型的方法主要有公式法和图解法。

(1) 公式法。公式法就是利用微积分求极值的原理，对与存货管理相关的总成本计算公式求导数，以总成本最低的进货批量为最佳经济批量。计算公式如下：

$$存货总成本 = 订货成本 + 购置成本 + 储存成本 + 缺货成本$$

$$TC = F_1 + \frac{D}{Q}K_1 + DU + F_2 + \frac{Q}{2}K_2 + TC_s$$

根据前提假设，式中，F_1、D、U、K_1、F_2、K_2 均为常数，TC_s 为零，所以 TC 的大小由 Q 决定。通过求 TC 对 Q 的一阶导数，使一阶导数为零，可求出 TC 的最小值，即：

$$\frac{dTC}{dQ} = -\frac{D}{Q^2}K_1 + \frac{K_2}{2} = 0$$

解得：$Q = \sqrt{\frac{2K_1 D}{K_2}}$，此时的订货量使总成本最低，即为经济订货量(EOQ)。

依次可以求得：

每年最佳订货次数 $N = \frac{D}{EOQ} = \sqrt{\frac{DK_2}{2K_1}}$

与批量有关的存货总成本 $TC_{(EOQ)}=\sqrt{2DK_1K_2}$

最佳订货周期 $T=\dfrac{360}{N}=360\times\sqrt{\dfrac{2K_1}{DK_2}}$

经济订货量占用资金 $I=\dfrac{Q}{2}\times U=\sqrt{\dfrac{K_1D}{2K_2}}\times U$

【例 6-13】 某企业每年消耗 A 材料 4 000 千克,该材料的单位成本为 4 元,单位变动储存成本为 2 元,每次订货的变动成本为 40 元。根据公式可得:

经济订货量 $EOQ=\sqrt{\dfrac{2K_1D}{K_2}}=\sqrt{\dfrac{2\times40\times4\ 000}{2}}=400$(千克)

最佳订货次数 $N=\dfrac{D}{EOQ}=\dfrac{4\ 000}{400}=10$(次)

与批量有关的存货总成本 $TC_{(EOQ)}=\sqrt{2DK_1K_2}=\sqrt{2\times4\ 000\times40\times2}=800$(元)

最佳订货周期 $T=\dfrac{360}{N}=\dfrac{360}{10}=36$(天)

经济订货量占用资金 $I=\dfrac{Q}{2}\times U=\dfrac{400}{2}\times4=800$(元)

(2) 图解法。图解法就是以进货批量为横轴,以成本为纵轴,建立坐标图。然后将订货成本、储存成本以及总成本变动的曲线绘制于该坐标图上,以总成本线的最低点对应的订货批量作为经济订货批量,如图 6-11 所示。

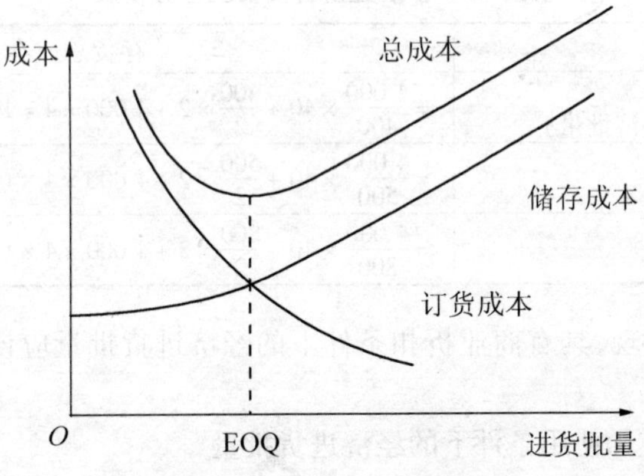

图 6-11　经济订货批量

从图 6-11 中可以看出,总成本曲线上的最低点对应的横轴上的点就是近似的经济订货量 EOQ。

图解法的优点是直观形象,有助于非财务人员理解经济订货批量的含义;缺点是这种方法测得的经济订货批量不及公式法准确。

(二) 扩展经济订货量模型

经济订货量的基本模型是在一定的假设前提下建立的,但在实际工作中,有些假设条件是不成立的。为了使模型更接近实际情况,可逐一放宽假设,改进模型。

1. 有商业折扣的经济订货批量模型

在基本模型中，假设存货的采购单价不变，不考虑现金折扣。实际上，许多企业在销售时都有数量折扣，即对大批量采购给予价格上一定的优惠，此时，存货的采购成本与采购批量有了直接的联系，采购批量越多，采购成本越低，采购成本属于决策的相关成本。因此，存在数量折扣时，除了考虑订货成本和储存成本外，还应考虑采购成本。

存在商业折扣条件下经济进货批量计算的基本步骤为：

计算基本经济进货批量及其全年存货总成本 → 计算接受商业折扣条件下不同批量的全年总成本 → 比较接受商业折扣与不接受商业折扣的所有方案的总成本，找出总成本最低的进货批量，作为存在商业折扣条件下的经济订货批量

【例 6-14】 承上例，假定供应商的价目表如表 6-11 所示，确定企业的经济订货批量。

表 6-11　价目表

每批购买数量（千克）	标准单价（元）	数量折扣
<500	4	无
500—800	4	2%
≥800	4	3%

按不同订货批量计算的存货总成本如表 6-12 所示。

表 6-12　扩展经济订货量决策分析表

订货批量	存货总成本
400 千克（无数量折扣的经济批量）	$=\frac{4\,000}{400}\times 40+\frac{400}{2}\times 2+4\,000\times 4=16\,800$（元）
500 千克	$=\frac{4\,000}{500}\times 40+\frac{500}{2}\times 2+4\,000\times 4\times(1-2\%)=16\,500$（元）
800 千克	$=\frac{4\,000}{800}\times 40+\frac{800}{2}\times 2+4\,000\times 4\times(1-3\%)=16\,520$（元）

通过比较可以发现，具有商业折扣条件下的经济进货批量应该为 500 千克，此时的总成本最低。

2. 存货陆续供应和使用条件下的经济进货批量

基本经济进货批量模型的假设条件之一是存货一次性集中到货，陆续均匀使用。入库时存量变化表现为一条垂直的直线，陆续使用时，表现为一条下降直线，如图 6-12 所示。

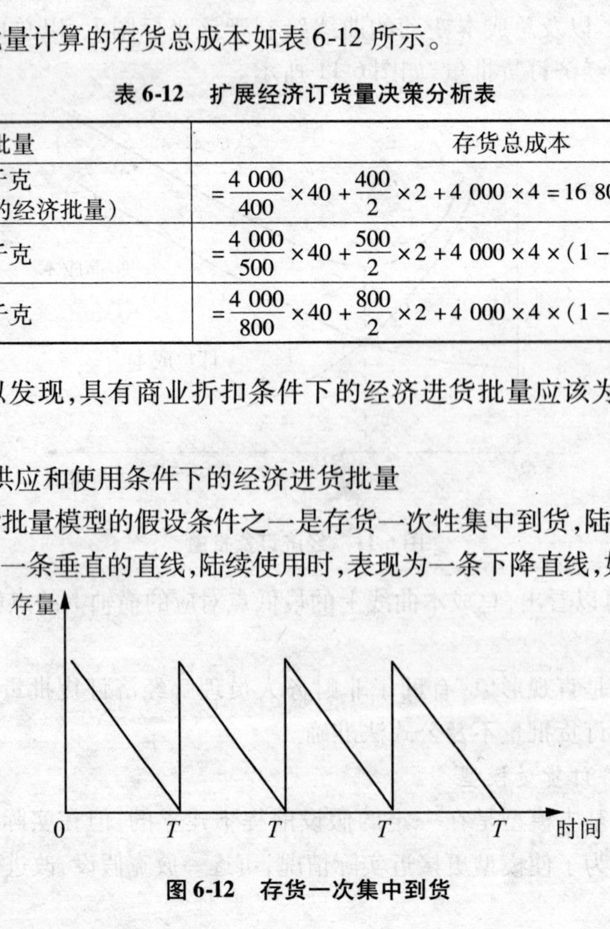

图 6-12　存货一次集中到货

在图 6-12 中,从时间 0 到时间 T 为送货期。假设每批订货量为 Q,每日送货量为 q,则该批货物全部送达所需日数,即送货期为 Q/q。若存货日消耗量为 d,则送货期内全部耗用量为 $d \times Q/q$。由于日送货量大于日消耗量,到时间 T 这一点,订货量 Q 全部送完,存货库存达到最大,为 $Q - d \times Q/q$。

$$\text{与批量有关的存货总成本(TC)} = \text{采购成本} + \text{储存成本}$$
$$= \frac{D}{Q} \times K_1 + \left(Q - d \times \frac{Q}{q}\right)/2 \times K_2$$

与基本模型相似,对上述模型进行求导计算,可得陆续供应和使用的经济批量(EOQ)为:

$$\text{经济进货批量(EOQ)} = \sqrt{\frac{2DK_1}{K_2} \times \frac{q}{q-d}}$$

$$\text{存货总成本 } TC_{(EOQ)} = \sqrt{2DK_1K_2\left(1 - \frac{d}{q}\right)}$$

【例 6-15】 假设某企业 B 原料的年需要量为 6 400 千克,每日送货量为 40 千克,每日耗用量为 20 千克,单价为 10 元,每次订货成本为 25 元,单位变动储存成本为 1 元。计算经济订货批量及与存货有关的批量总成本。

$$\text{经济订货批量 EOQ} = \sqrt{\frac{2DK_1}{K_2} \times \frac{q}{q-d}} = \sqrt{\frac{2 \times 6\,400 \times 25}{1} \times \frac{40}{20}} = 800(\text{千克})$$

$$\text{存货总成本 } TC_{(EOQ)} = \sqrt{2DK_1K_2\left(1 - \frac{d}{q}\right)} = \sqrt{2 \times 6\,400 \times 25 \times 1 \times \left(1 - \frac{20}{40}\right)} = 400(\text{元})$$

存货陆续供应和使用的经济订货批量模型还可以用于自制和外购的抉择。自制零件属于边送边用的情况。自制零件的单位成本可能很低,但每批零件投产的生产准备成本可能比一次外购订货的订货成本高。外购零件可看做集中到货的情况。外购时单位成本可能会高些,但订货成本可能较低。自制和外购零件的决策,关键就在于考虑每种情况发生的总成本,成本较低者为较优方案。

3. 订货提前期

一般情况下,企业的存货不能做到随用随时补足,需要在存货没有用完之前提前订货。在提前订货时,企业再次发出订货单时,尚有存货的库存数量,称为再订货点,用 R 表示,计算公式为:

$$\text{再订货点存货量} = \text{交货时间}(L) \times \text{每日平均需用量}(d)$$

即:

$$R = L \times d$$

在再订货点订货时,有关存货的每次订货批量、订货次数、订货时间间隔等并无变化,与随用随时补充的情况相同,即订货提前期(Lead Time)对经济订货批量没有影响,只不过在到达再订货点时要发出订单。其存货流转过程如图 6-13 所示。

【例 6-16】 沿用【例 6-15】的资料,企业订货提前期为 10 天,确定企业再订货点的存货量。

$$\text{再订货点}(R) = L \times d = 10 \times 20 = 200(\text{千克})$$

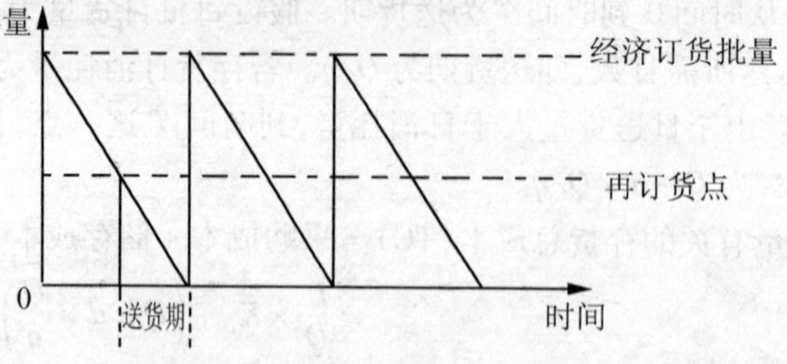

图 6-13　再订货点

4. 保险储备

前面讨论的经济订货批量模型均假设企业存货的供需稳定且可预测,即每日的需求量不变,交货时间也固定不变,但现实中并非如此。每日需求量会发生变化,交货时间也可能延误,从而导致供应中断或缺货。为防止这种意外事故发生给企业造成损失,企业应多准备一些存货以备不测,这些存货称为保险储备(或安全储备)。保险储备在正常情况下并不使用,只有当存货使用过量或送货延迟时才动用。当企业建立保险储备时,再订货点 R 也相应提高了,这也说明企业存货的库存量增加了。不确定需求和保险储备下的存货水平如图 6-14 所示。

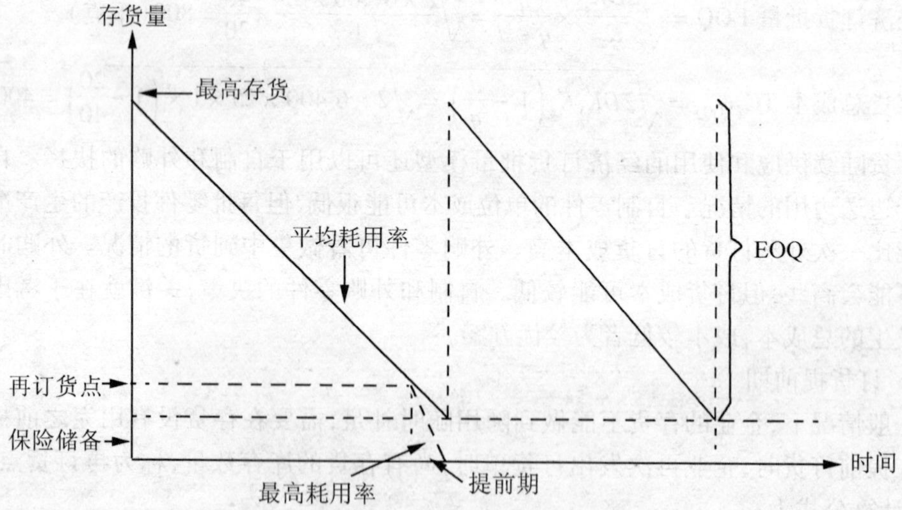

图 6-14　不确定需求和保险储备下的存货水平

再订货点 = 预计交货期内的需求 + 保险储备

= 预计交货时间 × 平均日需求 + 保险储备

企业的保险储备取决于存货中断的概率和存货中断的损失。较高的保险储备可降低缺货损失,但也增加了存货的持有成本。因此,最佳的保险储备应该是使缺货损失和保险储备的持有成本之和达到最低。与建立保险储备有关的总成本计算公式为:

相关总成本 = 缺货成本 + 保险储备成本

其中: 缺货成本 = 每年订货次数 × 一次平均缺货量 × 单位缺货成本

$$一次平均缺货量 = \sum(订货一次可能的缺货数量 \times 缺货概率)$$

设:相关总成本为 $TC(S,B)$, 缺货成本为 C_S,保险储备成本为 C_B,单位缺货成本为 K_V,每次平均缺货量为 S,年订货次数为 N,保险储备量为 B,单位变动储存成本为 K_C,其计算公式为:

$$\begin{aligned} TC(S,B) &= C_S + C_B \\ &= N \times S \times K_V + B \times K_C \end{aligned}$$

通常,企业每个交货期的缺货概率可根据历史经验估计得出;保险储备量可根据历史经验设定不同备选方案予以选择,在方法上,可以先计算不同的保险储备量的总成本,然后对总成本进行比较,总成本最低的即为最佳保险储备。

【例 6-17】 承【例 6-13】的资料,假设企业平均日销售量为 12 千克,若供应中断,单位缺货成本为 4 元,预计所购 A 材料的交货期为 4 天,交货期内的销售要求及其概率分布如表 6-13 所示,保险储备量的备选方案有 0、12、24、36 四种,要求:确定企业的最佳保险储备量。

表 6-13 交货期内的销售要求及其概率分布表

需求量	24 千克	36 千克	48 千克	60 千克	72 千克	84 千克
概率	0.1	0.2	0.4	0.18	0.08	0.04

计算不同保险储备的相关总成本如表 6-14 所示。

表 6-14 保险储备决策分析表

单位:元

保险储备量(千克)	相关总成本 TC(S,B)				
	再订货点(千克)	一次平均缺货量(千克)	缺货成本(元)	保险储备成本(元)	总成本(元)
$B=0$	$4\times12=48$	$(60-48)\times0.18+(72-48)\times0.08+(84-48)\times0.04=5.52$	$10\times5.52\times4=220.8$	—	220.8
$B=12$	$48+12=60$	$(72-60)\times0.08+(84-60)\times0.04=1.92$	$10\times1.92\times4=76.8$	$12\times2=24$	100.8
$B=24$	$48+24=72$	$(84-72)\times0.04=0.48$	$10\times0.48\times4=19.2$	$24\times2=48$	67.2
$B=36$	$48+36=84$	—	—	$36\times2=72$	72

比较上述不同保险储备量的总成本可知,当 $B=24$ 千克时,相关总成本 $TC(S,B)$ 为 67.2 元,是各总成本中最低的。故应确保保险储备量为 24 千克,即应以 72 千克为再订货点。

【特别提醒】

缺货概率

- 缺货概率是一个在 0 到 1 之间的实数,是对随机缺货事件发生的可能性的度量。
- 在【例 6-17】中,若再订货点为 48 千克,当存货需要量为 48 千克或以下时,不会发生缺货;当存货需要量为 60 千克时,缺货量为 60 - 48 = 12 千克,其概率为 18%;当存货需要量为 72 千克时,缺货量为 72 - 48 = 24 件,其概率为 8%;当存货需要量为 84 千克时,缺货量为 84 - 48 = 36 件,其概率为 4%。

四、存货的日常管理

存货的管理不仅需要各种模型帮助确定适当的库存水平,还需要建立相应的存货管理方法。传统的存货管理方法有定量管理方法和定时管理方法两种,定量管理方法是指当存货下降到一定存货水平时即发出订货单,订货数量是固定的和事先决定的。定时管理方法是每隔一固定时期,无论现有存货水平是多少,即发出订货申请,这两种管理方法都较简单和易于理解,但不够精确。目前,对日常存货进行有效管理的主要方法有存货的 ABC 管理、JIT 管理及 MRPⅡ管理。

(一) 存货的 ABC 管理

ABC 管理法是根据各项存货在全部存货中重要程度的大小,将存货划分为 A、B、C 三类,其目的在于使企业分清主次,突出重点,提高企业存货资金管理的整体效果。

A 类存货的特点是金额巨大,但品种数量较少,对 A 类存货应实行重点管理;B 类存货金额一般,品种数量相对较多,属于一般存货,应实行常规管理;C 类存货品种数量繁多,但价值金额却很小,一般凭经验管理。

一般来说,A 类存货的品种、数量通常占全部存货品种数量的 5%—20%,资金约占存货资金总额的 60%—80%,由于 A 类存货品种数量较少,企业完全有能力按照每一个品种进行管理。B 类存货金额相对较小,其品种数量通常约占全部存货的 20%—30%,资金约占存货资金总额的 15%—30%;企业不必像对待 A 类存货那样花费太多的精力去管理。同时,由于 B 类存货的品种数量远远多于 A 类存货,企业通常没有能力对每一具体品种进行控制,因此可以通过划分类别的方式进行管理。C 类存货的品种、数量约占全部存货的 60%—70%,资金约占存货资金总额的 5%—15%。C 类存货尽管品种数量繁多,但其所占金额却很小,对此,可采取比较简化的控制方式进行管理。

通过对存货进行 ABC 分类,可以使企业分清主次,采取相应的对策进行有效的管理、控制。企业在组织经济进货批量、储存期分析时,对 A、B 两类存货可以分别按品种、类别进行。对 C 类存货只需要加以灵活掌握即可,一般不必进行各方面的测算与分析。

(二) 存货的 JIT 管理

JIT(Just-In-Time)的中文意思为适时性管理。它要求企业在生产经营的需要与材料物资的供应之间实现同步,使物资传送与作业加工速度处于同一节拍,最终将存货降低到最小限度,甚至没有存货(零库存)。适时性管理的优点在于消除了大量的存货,节约了在储备成本上所占用的资金及相应的储存成本，从而提高了生产效率及效益。当然，适时性管理也对供应商、员工、生产的统筹提出了更高的要求。只有这些要求能够得到满足，适时性管理才能取得成功。

（三）存货的 MRPⅡ管理

MRPⅡ（Manufacturing Resource Planning，制造资源计划）是在 MRP（Material Requirement Planning，物资需求计划）基础上发展起来的以计算机为核心的闭环管理系统。

它能动态监察到供、产、销的全部生产过程，在寻求最有效地配置企业资源的同时实现库存减少、优化库存的管理目标，并保证企业经济、有效地运行。其基本原理是以计划拉动供给，即借助计算机的运算能力，根据市场预测和企业以前的经营状况，做出对未来产品需求量和品种的估计，制订产品的生产计划，然后据以倒推出物资的采购数量、品种和时间等。同时，为缓和事先计划的延迟，企业往往事先定好提前期及批量，并储备一定的在产品存货。也就是说，MRPⅡ允许一定数量的存货存在。对于市场需求稳定且竞争不激烈的企业而言，MRPⅡ优化了企业的成本控制和资源配置，能够在不影响企业正常运营的条件下达到最优存货，减少存货占用资金，降低存货损耗和持有成本，使存货发挥最大效率。

【本章练习】

一、单项选择题

1. 下列关于营运资金管理的说法中不正确的是（　　）。

A. 营运资金的管理既包括流动资产的管理，也包括流动负债的管理

B. 流动资产是指可以在一年以内或超过一年的一个营业周期内变现或运用的资产

C. 流动资产的数量会随着企业内外条件的变化而变化，时高时低，波动很大

D. 企业占用在流动资产上的资金，会在一年内收回

2. 以下流动资产筹资战略中，短期资金占全部资金来源比重最大的是（　　）。

A. 期限匹配型　　B. 保守型

C. 激进型　　D. 紧缩型

3. 某公司持有有价证券的平均年利率为 5%，公司的现金最低持有量为 1 500 元，现金余额的回归线为 8 000 元。如果公司现有现金 20 000 元，根据现金持有量随机模型，此时应当投资于有价证券的金额是（　　）元。

A. 0　　B. 6 500　　C. 12 000　　D. 18 500

4. 在应收账款管理中，下列说法中不正确的是（　　）。

A. 应收账款的主要功能是增加销售和减少存货

B. 应收账款的成本主要包括机会成本、管理成本和坏账成本

C. 监管逾期账款和催收坏账的成本会影响公司的利润

D. 信用期的确定，主要是分析改变现行信用期对成本的影响

5. 采用 ABC 法对存货进行控制时，应当重点控制的是（　　）。

A. 数量较多的存货　　B. 占用资金较多的存货

C. 品种较多的存货　　D. 库存时间较长的存货

二、多项选择题

1. 企业在持续经营过程中，会自发地、直接地产生一些资金来源，部分地满足企业的经营需要的自

然性流动负债,如(　　)。

A. 预收账款　　B. 应付职工薪酬

C. 应付票据　　D. 根据周转信贷协定取得的限额内借款

2. 在现金管理中,下列说法正确的有(　　)。

A. 拥有足够的现金对于降低企业风险、增强企业资产的流动性和债务的可清偿性有着重要的意义

B. 企业持有现金的目的只是应付日常的业务活动

C. 一个希望尽可能减少风险的企业倾向于保留大量的现金余额,以应付其交易性需求和大部分预防性资金需求

D. 除了交易动机、预防动机和投机动机外,许多公司持有现金是作为补偿性余额

3. 下列关于信用政策的说法中,正确的有(　　)。

A. 如果企业执行的信用标准过于严格,可能会限制公司的销售机会

B. 如果企业执行的信用标准过于宽松,可能会增加随后还款的风险并增加坏账费用

C. 公司的信用条件决定了其应收账款的水平

D. 企业现金折扣的确定,要与信用期间结合起来考虑

4. 基本经济进货量模型是建立在一系列严格假设基础之上的,这些假设包括(　　)。

A. 存货的耗用或者销售比较均衡,总需求量已知

B. 集中到货,而不是陆续入库

C. 不允许出现缺货,即缺货成本为零

D. 存货的采购价格稳定,不考虑现金折扣和数量折扣

5. 下列成本中,不影响存货保险储备高低的是(　　)。

A. 缺货成本　　B. 储存成本　　C. 购置成本　　D. 订货成本

三、判断题

1. 企业营运资金余额越大,说明企业风险越小,收益率越高。(　　)

2. 控制现金支出的目标是尽可能推迟现金的支出。(　　)

3. 在应收账款管理中,信用政策必须明确地规定三个内容即信用标准、信用期间和折扣条件。(　　)

4. 在5C信用评价系统中,能力是指如果企业或个人当前的现金流不足以还债,他们在短期和长期内可供使用的财务资源。(　　)

5. 如果某企业存货周转期为40天,应收账款周转期为30天,应付账款周转期为35天,则现金周转期 = 40 + 30 - 35 = 35(天)。(　　)

四、计算题

东风有限公司每年需要耗用甲材料10 816千克,单位材料年储存成本为10元,平均每次订货费用为500元,该材料全年平均单价为1 000元。假设不存在数量折扣,不会出现陆续到货和缺货的现象。计算结果保留整数。

要求:

(1) 计算甲材料的经济订货批量;

(2) 计算甲材料的年度订货批数;

(3) 计算甲材料的相关储存成本;

(4) 计算甲材料的相关订货成本;

(5) 计算甲材料的经济订货批量平均占用资金;

(6) 计算与经济订货量相关的总成本。

五、综合题

某企业 2011 年销售收入为 4 500 万元，总成本为 3 300 万元，其中固定成本为 600 万元。2012 年该企业有甲、乙两种信用政策可供选用：两种方案下预计销售收入均为 5 400 万元，甲方案下平均收账天数为 40 天，其机会成本、坏账损失、收账费用合计为 130 万元，无现金折扣；乙方案的信用政策为（2/20，n/60），将有 40% 的货款于第 20 天收到，60% 的货款于第 60 天收到，其中第 60 天收到的款项有 1% 的坏账损失率，收账费用为 20 万元。假设销售额为赊销额。

2012 年变动成本率保持不变，固定成本保持 2011 年的水平，企业的资金成本率为 8%，一年按 360 天计算。

要求：

（1）计算该企业 2012 年的变动成本率。

（2）计算乙方案的下列指标：

① 应收账款平均收账天数；

② 应收账款平均余额；

③ 应收账款机会成本；

④ 坏账损失；

⑤ 现金折扣。

（3）分析并判断该企业该采取哪种信用政策。

第七章 收益管理

【本章导航】

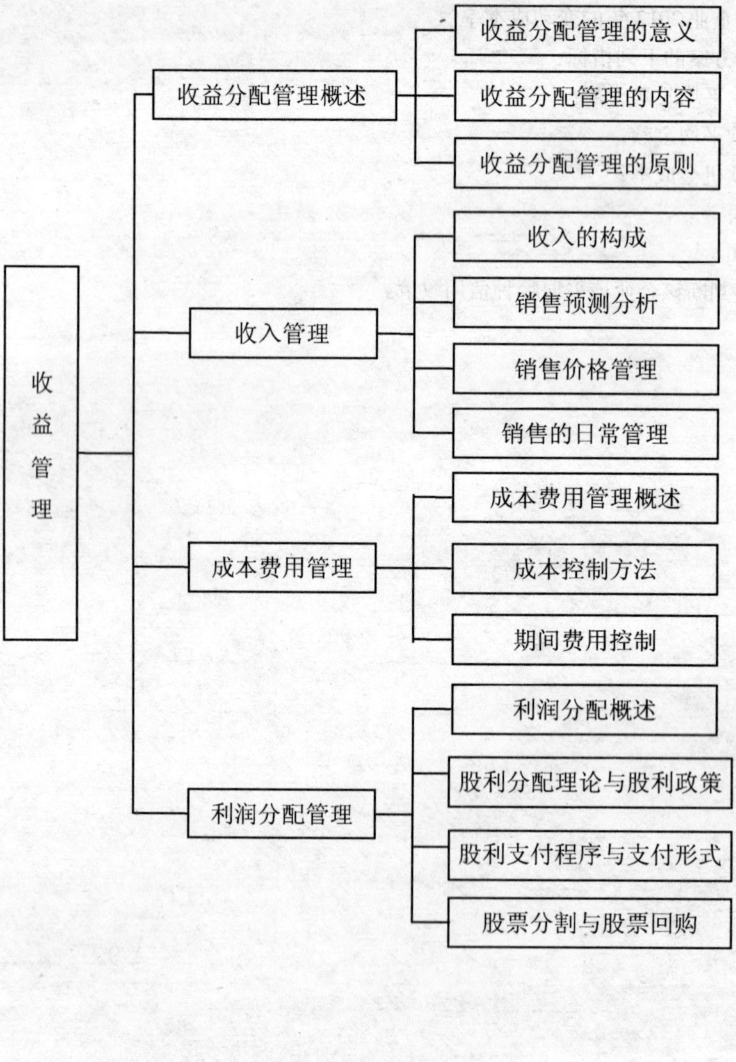

【知识目标】

1. 熟悉收益管理的内容、原则;
2. 熟悉定价策略及方法;
3. 掌握销售预测方法的基本原理;
4. 掌握成本及费用的控制方法;
5. 掌握利润分配的原则及股利政策的理论;
6. 了解股票分割的特点及股票回购的方法。

【能力目标】

1. 能够采用不同方法完成销售的预测;
2. 能够根据企业的不同情况,设计"成本和费用"的控制方案;
3. 能够制定产品的标准成本;
4. 能够根据企业的不同情况,设计"股利分配"方案。

【导入案例】

高额派发现金股利引发的争议

用友软件股份有限公司成立于1988年,长期致力于提供具有自主知识产权的企业管理/ERP软件、服务与解决方案。2001年5月用友软件股票在上海证券交易所挂牌上市,上市后经营业绩良好。

2001年度股东大会审议通过年度利润分配方案,对2001年度净利润进行分配,全体股东每10股派发现金6元(含税),共计派发现金股利6 000万元,但令人吃惊的是高派现竟然遭到小股东的反对。2002年用友软件调整了股利政策,全体股东每10股派发现金红利6元(含税),共计派发股利6 000万元,并进行每10股转增2股。虽然用友软件调整股利政策,在高派现基础上,适当引入送股,但仍然遭遇市场的批评。尽管如此,此后的几年用友软件依然维持高派现的股利政策(见表A)。

表A 用友公司2001—2009年股利分配方案

年度	派息(税前)(元)(每10股)	转增(股)(每10股)
2001年	6	—
2002年	6	2
2003年	3.75	2
2004年	3.2	2
2005年	6.6	3

（续表）

年度	派息(税前)(元)(每10股)	转增(股)(每10股)
2006年	6.8	—
2007年	10	10
2008年	3	3
2009年	6	3

从股利分配表中可以看出，用友公司2001年、2002年、2005年、2006年、2007年和2009年一度保持了高额现金分红政策，为何在2003年、2004年和2008年却有所改变？不同的股利分配政策将会对企业产生哪些影响？企业在选择股利分配政策时需要考虑哪些问题？以上这些问题将在本章做出回答。

资料来源：上市公司资讯网，http://www.cnlist.com。

第一节 收益分配管理概述

企业通过经营活动取得收入后，要按照补偿成本、缴纳所得税、提取公积金、向投资者分配利润等顺序进行收益分配。对于企业来说，收益分配不仅是资产保值、保证简单再生产的手段，同时也是资产增值、实现扩大再生产的工具。

一、收益分配管理的意义

收益分配是指分配主体对分配对象（即企业经营收益）在各个分配参与者之间进行的分割和平衡。具体讲就是企业将净利润在投资者、经营者以及其他有特殊贡献的职工、企业留存之间进行的合理有效的分配。

收益分配管理是对企业收益与分配的主要活动及其形成的财务关系的组织与调节，是企业将一定时期内所创造的经营成果合理地在企业内、外部各利益相关者之间进行有效分配的过程。企业的收益分配有广义和狭义两种概念。广义的收益分配是指对企业的收入和净利润进行分配，既包含对企业收入的分配，即对成本费用的补偿，是初次分配；又包含对企业净利润的分配，是再次分配。狭义的收益分配仅仅指对企业净利润的分配。本章所指的收益分配采用广义的概念。

收益分配管理作为现代企业财务管理的重要内容之一，对于维护企业与各相关利益主体的权益、提升企业价值具有重要意义。主要表现在以下三个方面：

1. 集中体现了企业所有者、经营者与职工之间的利益关系

企业所有者是企业权益资金的提供者，按照谁出资、谁受益的原则，其应得的投资收益须通过企业的收益分配来实现，而获得投资收益的多少取决于企业盈利状况及利润分配政策。通过收益分配，能实现投资者预期的收益，提高企业的信誉程度，有利于增强企业未来融通资金的能力。

企业的债权人在向企业投入资金的同时也承担了一定的风险，企业的收益分配应体

现出对债权人利益的充分保护。除了按时支付到期本金、利息外,企业在进行收益分配时也要考虑债权人未偿付本金的保障程度,否则将在一定程度上削弱企业的偿债能力,从而降低企业的财务弹性。

职工是价值的创造者,是企业收入和利润的源泉。通过薪资的支付以及各种福利的提供,可以提高职工的工作热情,为企业创造更多价值。因此,为了正确、合理地处理好企业各方利益相关者的需求,就必须对企业所实现的收益进行合理分配。

2. 是企业再生产的条件以及优化资本结构的重要措施

企业在生产经营过程中所投入的各类资金,随着生产经营活动的进行不断地发生消耗和转移,形成成本费用,最终构成商品价值的一部分。销售收入的取得,为企业成本费用的补偿提供了前提,为企业简单再生产的正常进行创造了条件。通过收益分配,企业能形成一部分自行安排的资金,可以增强企业生产经营的财力,有利于企业适应市场需要扩大再生产。

3. 是国家建设资金的重要来源之一

利润代表企业的新创财富,是企业收入的重要组成部分。除了满足企业自身的生产经营性积累外,通过收益分配,国家财政也能够集中一部分企业利润,由国家有计划地分配使用,实现国家的政治职能和经济职能,发展能源、交通和原材料基础工业,为社会经济的发展创造良好条件。

二、收益分配管理的内容

收益分配管理首先是对企业收入取得的管理,其次是对成本费用进行弥补,然后是对收入减费用后的余额(即利润)按照一定的程序进行再分配。因此,收益与分配管理的内容包括收入管理、成本费用管理和利润分配管理三部分。

1. 收入管理

收入是企业收益分配的首要对象。企业的收入多种多样,其中,销售收入是指企业在日常经营活动中,由于销售产品、提供劳务等所形成的货币收入。这是企业收入的主要组成部分,是企业能够持续经营的基本条件。企业的再生产过程包括供应、生产和销售三个相互联系的阶段。企业只有把生产出来的产品及时销售出去,取得销售收入,才能保证再生产过程的继续进行。

2. 成本费用管理

企业取得的收入首先应当弥补成本费用。成本费用是商品价值中所耗费的生产资料的价值和劳动者必要劳动所创造的价值之和,在数量上表现为企业的资金耗费。收入必须首先弥补成本费用,才可以保证企业简单再生产的继续进行。

3. 利润分配管理

利润分配是收益分配第二层次的内容,也是狭义的收益分配。利润是收入弥补成本费用后的余额。由于成本费用包括的内容与表现的形式不同,利润所包含的内容与形式也有一定的区别。若成本费用不包括利息和所得税,则利润表现为息税前利润;若成本费用包括利息而不包括所得税,则利润表现为利润总额;若成本费用包括了利息和所得税,则利润表现为净利润。本章所指的利润分配是指对净利润的分配。

三、收益分配管理的原则

收益分配管理,从企业外部看,体现了国家引导和监督企业合理确定对经营成果分配的办法和标准,以保证企业之间、职工之间应有的公平,保护分配主体的合法权益,保障国家财经法规的有效执行和经济秩序的正常运转。从企业内部看,则体现着企业是否遵守了国家有关收益分配的规定;是否贯彻了多贡献多回报的分配原则;是否实施了公平和效率的分配原则;有无个别分配主体侵害其他分配主体利益的不公平现象。收益分配管理应当遵循以下原则:

1. 合法性原则

企业的收益分配必须依法进行。为了规范企业的收益分配行为,维护各利益相关者的合法权益,国家颁布了相关法规,如《公司法》、《民法通则》等对社会成员之间的分配关系做出了基本的规定,《企业财务通则》和相关政策、制度对企业收益分配的内容、顺序等进一步做出了具体的规定,企业必须严格遵照执行。

2. 投资与收益对等原则

企业进行收益分配应当体现"谁投资谁受益"、收益大小与投资比例相对等的原则。这是正确处理投资者利益关系的关键。企业在向投资者分配收益时,应本着平等一致的原则,按照投资者投资额的比例进行分配,不允许任何一方随意多分多占,以从根本上实现收益分配中的公开、公平和公正,保护投资者的利益。

3. 效率优先、兼顾公平原则

企业在制定收益分配方案和处理收益分配事项时,应当充分考虑眼前利益和长远利益的关系、局部利益和全局利益的关系、投资者利益和职工利益的关系以及企业资本积累与投资回报的关系。企业的收益分配涉及国家、企业股东、债权人、职工等多方面的利益。正确处理它们之间的关系,协调其矛盾,对企业的生存、发展是至关重要的。

第二节 收入管理

收入是企业的主要财务指标,是企业简单再生产和扩大再生产的资金来源,是加速资金周转的前提,在资金运动过程中处于起点和终点的位置,具有重要的经济意义。

一、收入的构成

收入包括企业销售商品收入、劳务收入、利息收入、使用费收入、租金收入、股利收入以及投资者、经营者因履行职务或者以企业名义开展业务所取得的佣金、手续费、提成、返利等各项收入。主要由以下几个部分组成:

(1) 销售收入及业务收入。指企业在生产经营过程中通过销售产品(商品)、提供劳务等取得的各项收入,包括主营业务收入和其他业务收入。

(2) 销售折扣。指企业根据客户付款时间或订货量的多少而给予的折扣以及给予老客户的价格优惠。销售折扣按折扣方式可以分为现金折扣和商业折扣。

(3) 销售折让。指企业在向客户交付商品后,因客户对交付商品的品种、规格或质量等不满意,经双方协商,客户接受商品,而企业在价格或者货款支付上给予一定比例或金额的减让。

(4) 使用费收入。指企业将货币资金或者除货币资金之外的其他资产让渡给其他单位和个人使用而取得的收入。通常,企业将资产租借给其他企业使用或允许其他企业使用某些专属权利,以此收取一定金额的占用费(使用费)。比如固定资产出租收入、商标使用权收入、委托贷款收入、技术使用费收入等。这些收入实现的前提条件,是企业资产的管理权、使用权等发生转移,一般所有权仍然属于本企业,同时使用费收入(单价)应该不低于维护该资产并由本企业承担的成本支出。

(5) 利息收入。一般指企业的存款利息收入。根据金融机构的规定,企业也可通过银行将资金以委托贷款的形式转借给他人使用,从而取得比较高的利息收入。

(6) 其他。包括对方给予的佣金、回扣、手续费、提成、返利、进场费、业务奖励以及企业收到的补助款、税收减免、处理固定资产净收益等。企业在开展各类业务时,凡是属于企业的收入,都应当纳入企业账内核算,归企业所有,个人不得隐瞒、截留。

二、销售预测分析

销售收入是企业生产经营成果的货币表现,也是企业收入的重要来源。企业及时地取得销售收入,是加速资金周转的重要环节、保证企业再生产过程正常进行的重要条件及企业实现盈利的前提。制约销售收入的主要因素是产品的销售数量和销售价格。

销售预测分析是指通过市场调查,以有关的历史资料和各种信息为基础,运用科学的预测方法或管理人员的实际经验,对企业产品在计划期间的销售量或销售额做出预计或估量的过程。企业在进行销售预测时,应充分研究和分析企业产品销售的相关资料,如产品价格、产品质量、售后服务、推销方法等。此外,对企业所处的市场环境、物价指数、市场占用率及经济发展趋势等情况也应进行研究分析。

销售预测的方法主要包括定量分析法和定性分析法。

(一) 定量分析法

定量分析法,又称数量分析法,是指在预测对象有关资料完备的基础上,运用一定的数学方法,建立预测模型,做出销售预测。定量分析法一般包括趋势预测分析法和因果预测分析法两大类。

1. 趋势预测分析法

趋势预测分析法主要包括算术平均法、加权平均法、移动平均法和指数平滑法等。

(1) 算术平均法,是将若干历史时期的实际销售量或销售额作为样本值,求出其算术平均数,并将该平均数作为下期销售量的预测值。其计算公式为:

$$\text{预计销售值}(Y) = \frac{\text{各期销售值之和}}{\text{期数}} = \frac{\sum X_i}{n}$$

式中：X_i 为第 i 期的实际销售量；n 为期数。

算术平均法适用于每月销售量波动不大的产品的销售预测。

【例 7-1】 某公司 2003—2010 年的产品销售量资料如表 7-1 所示。

表 7-1　销售量统计表　　单位：千克

年度	2003	2004	2005	2006	2007	2008	2009	2010
销售量	3 200	3 350	3 150	3 380	3 480	3 420	3 600	3 500

根据算术平均法的计算公式，公司 2011 年的预测销售量为：

$$\text{预测销售量}(Y) = \frac{\sum X_i}{n} = \frac{3\,200 + 3\,350 + 3\,150 + 3\,380 + 3\,480 + 3\,420 + 3\,600 + 3\,500}{8}$$

$$= 3\,385(\text{千克})$$

(2) 加权平均法，是将若干历史时期的实际销售量或销售额作为样本值，将各个样本值按照一定的权数计算得出加权平均数，并将该平均数作为下期销售量的预测值。由于市场变化较大，离预测期越近的样本值对其影响越大，则权数应较大；而离预测期越远的样本值对其影响越小，则权数应较小，因此权数的选取应遵循"近大远小"的原则。其计算公式为：

$$Y = \sum_{i=1}^{n} W_i X_i$$

式中：Y 为预测值；W_i 为第 i 期的权数（$0 < W_i \leqslant W_{i+1} < 1$，且 $\sum W_i = 1$）；X_i 为第 i 期的实际销售量；n 为期数。

加权平均法较算术平均法更为合理，计算也较方便，因而在实践中应用较多。

【例 7-2】 沿用【例 7-1】中的资料，假设 2003—2010 年各期数据的权数分别如表 7-2 所示。

表 7-2　各年销售数据的权数表

年度	2003	2004	2005	2006	2007	2008	2009	2010
权数	0.04	0.06	0.08	0.12	0.14	0.16	0.18	0.22

根据加权平均法的计算公式，公司 2011 年的预测销售量为：

$$Y = \sum_{i=1}^{n} W_i X_i = 3\,200 \times 0.04 + 3\,350 \times 0.06 + 3\,150 \times 0.08 + 3\,380 \times 0.12 + 3\,480 \times 0.14 + 3\,420 \times 0.16 + 3\,600 \times 0.18 + 3\,500 \times 0.22 = 3\,439(\text{千克})$$

(3) 移动平均法，是从 n 期的时间数列销售量中选取 m 期（m 数值固定，且 $m < n/2$）数据作为样本值，求其 m 期的算术平均数，并不断向后移动计算观测期平均值，以最后一个 m 期的平均数作为未来第 $n+1$ 期销售预测值的一种方法。这种方法假设预测值主要受最近 m 期销售量的影响。其计算公式为：

$$Y_{n+1} = \frac{X_{n-(m-1)} + X_{n-(m-2)} + \cdots + X_{m-1} + X_n}{m}$$

为了使预测值更能反映销售量变化的趋势，可以对上述结果按趋势值进行修正，其修正的移动平均法计算公式为：

$$\overline{Y_{n+1}} = Y_{n+1} + (Y_{n+1} - Y_n)$$

由于移动平均法只选用了 n 期数据中的最后 m 期作为计算依据，故而代表性较差。此法适用于销售量略有波动的产品预测。

【例 7-3】　沿用【例 7-1】中的资料，假定公司预测前期(即 2010 年)的销售量为3 480 千克，要求分别用移动平均法和修正的移动平均法预测公司 2011 年的销售量(假设样本期为 3 期)。

根据有关资料，分析计算如下：

① 根据移动平均法的计算公式，公司 2011 年的预测销售量为：

$$\text{预测销售量}(Y_{n+1}) = \frac{X_{n-(m-1)} + X_{n-(m-2)} + \cdots + X_{m-2} + X_n}{m} = \frac{3\ 420 + 3\ 600 + 3\ 500}{3}$$

$$= 3\ 507(\text{千克})$$

② 根据修正的移动平均法计算公式，公司 2011 年的预测销售量为：

$$\text{修正后的预测销售量}(\overline{Y_{n+1}}) = Y_{n+1} + (Y_{n+1} - Y_n) = 3\ 507 + (3\ 507 - 3\ 480) = 3\ 534(\text{千克})$$

(4) 指数平滑法，实质上是一种加权平均法，是以事先确定的平滑指数 a 及 $(1-a)$ 作为权数进行加权计算，预测销售量的一种方法。其计算公式为：

$$Y_{n+1} = aX_n + (1-a)Y_n$$

式中：Y_{n+1}为未来第 $n+1$ 期的预测值；Y_n 为第 n 期预测值，即预测前期的预测值；X_n 为第 n 期的实际销售量，即预测前期的实际销售量；a 为平滑指数；n 为期数。

一般地，平滑指数的取值通常为 0.3—0.7，其取值大小决定了前期实际值与预测值对本期预测值的影响。采用较大的平滑指数，预测值可以反映样本值新近的变化趋势；采用较小的平滑指数，则反映了样本值变动的长期趋势。因此，在销售量波动较大或进行短期预测时，可选择较大的平滑指数；在销售量波动较小或进行长期预测时，可选择较小的平滑指数。

该方法运用比较灵活，适用范围较广，但在平滑指数的选择上具有一定的主观随意性。

【例 7-4】　沿用【例 7-1】中的资料，2010 年实际销售量为 3 500 千克，原预测销售量为 3 480 千克，平滑指数 $a = 0.5$。要求用指数平滑法预测公司 2011 年的销售量。

根据指数平滑法的计算公式，公司 2011 年的预测销售量为：

$$\begin{aligned}\text{预测销售量}(Y_{n+1}) &= aX_n + (1-a)Y_n \\ &= 0.5 \times 3\ 500 + (1-0.5) \times 3\ 480 \\ &= 3\ 490(\text{千克})\end{aligned}$$

2. 因果预测分析法

因果预测分析法，是指通过影响产品销售量(因变量)的相关因素(自变量)以及它们之间的函数关系，并利用这种函数关系进行产品销售预测的方法。

其基本原理参照第四章第一节资金需要量预测中的资金习性预测法。

在销售预测中是将产品销售量(因变量)定为 Y，相关影响因素(自变量)定为 X，建立一个销售量与影响因素之间的函数关系，即：

$$Y = a + bX$$

按照最小二乘法原理，确定常数项 a 和 b，结合自变量 X 的取值，即可求得预测销售量（因变量）Y 的值。

（二）定性分析法

定性分析法，即非数量分析法，是指由专业人员根据实际经验，对预测对象的未来情况及发展趋势做出预测的一种分析方法。定性分析法一般适用于预测对象的历史资料不完备或无法进行定量分析时，主要包括推销员判断法、专家判断法和产品寿命周期分析法。

1．推销员判断法

推销员判断法，又称意见汇集法，是由企业熟悉市场情况及相关变化信息的经营管理人员对由推销员调查得来的结果进行综合分析，从而做出较为正确的预测的方法。这种方法用时短、耗费小，比较实用。在市场发生变化的情况下，能很快地对预测结果进行修正。

2．专家判断法

专家判断法，是由专家根据他们的经验和判断能力对特定产品的未来销售量进行判断和预测的方法，主要有以下三种不同形式：

（1）个别专家意见汇集法，即分别向每位专家征求对本企业产品未来销售情况的个人意见，然后将这些意见加以综合分析，确定预测值。

（2）专家小组法，即将专家分成小组，运用专家们的集体智慧进行判断预测的方法。此方法的缺陷是预测小组中专家意见可能受权威专家的影响，客观性较德尔菲法差。

（3）德尔菲法，又称函询调查法，它采用函询的方式，征求各方面专家的意见，各专家在互不通气的情况下，根据自己的观点和方法进行预测，然后由企业把各个专家的意见汇集在一起，通过不记名方式反馈给各位专家，请他们参考别人的意见修正本人原来的判断，如此反复数次，最终确定预测结果。

3．产品寿命周期分析法

产品寿命周期分析法就是利用产品销售量在不同寿命周期阶段上的变化趋势，进行销售预测的一种定性分析方法，它是对其他预测分析方法的补充。产品寿命周期是指产品从投入市场到退出市场所经历的时间，一般要经过萌芽期、成长期、成熟期和衰退期四个阶段。判断产品所处的寿命周期阶段，可根据销售增长率指标进行。一般地，萌芽期增长率不稳定，成长期增长率最大，成熟期增长率稳定，衰退期增长率为负数。

三、销售价格管理

销售价格（Selling Price）是企业获得市场占有率、提升产品竞争能力的重要因素。产品价格的制定直接或间接地影响着销售收入。一般来说，价格与销售量呈反向变动关系：价格上升，销量减少；反之，销量增加。企业可以通过不同的价格制定方法与运用策略来调节产品的销售量，进而作用于销售收入。对销售价格的管理应当从制度的建立入手。

（一）建立销售价格管理制度

企业建立健全销售价格管理制度，既是遵守国家价格法律、法规，贯彻国家价格方针政策的体现，更是应对市场竞争，防范销售风险，提高自身经营管理水平的基本保证。

企业销售价格管理制度主要包含以下内容：

（1）岗位责任制度。主要包括价格管理人员的岗位责任及企业内部相关岗位如财务、采购、技术、生产、劳资和销售部门等的价格管理责任。

（2）定价和调价管理制度。主要包括定价和调价程序管理制度、价格目标管理制度、价格配套管理制度。

（3）内部价格报告和检查制度。主要包括价格通知与价格登记制度、价格工作联系制度、定价效果报告制度、内部价格自检和奖惩制度。

（二）制约销售价格的因素

产品价格的高低直接影响到销售量的大小，进而影响到企业的盈利水平。影响产品定价的主要因素有：

（1）价值因素。价格是价值的货币体现，提高社会劳动生产率，缩短生产产品的社会必要劳动时间，可以相对地降低产品价格。

（2）成本因素。企业必须获得可以弥补已发生成本费用的足够多的收入，才能长期生存发展下去。

（3）市场供求因素。当一种产品的市场供应大于需求时，就会对其价格产生向下的压力；而当其供应小于需求时，则会推动价格的提升。

（4）竞争因素。竞争越激烈，对价格的影响也越大。

（5）政策法规因素。各个国家对市场物价的高低和变动都有限制和法律规定，同时国家会通过生产市场、货币金融等手段间接调节价格。

（三）产品定价方法

根据《价格法》的规定，国家实行并逐步完善宏观经济调控下主要由市场形成价格的机制。对于与国民经济发展和人民生活关系重大的极少数商品价格、资源稀缺的少数商品价格、自然垄断经营的商品价格、重要的公用事业价格、重要的公益性服务价格，政府在必要时可以实行政府指导价或者政府定价。其余商品或劳务的价格，由企业自主制定，通过市场竞争形成。

企业定价方法可以归纳为成本导向、需求导向和竞争导向三类。

1. 成本导向定价法

以营销产品的成本为主要依据制定价格的方法统称为成本导向定价法，这是最简单、应用相当广泛的一种定价方法。这种定价方法主要包括四种，即完全成本加成定价法、保本定价法、目标利润定价法和变动成本定价法。

（1）完全成本加成定价法（Full Cost-plus Pricing）。是在完全成本的基础上，加合理利润来定价。工业企业一般是根据成本利润率来定价，而商业企业一般是根据销售利润率来定价。在考虑有关税金的情况下，主要计算形式如表 7-3 所示。

表 7-3　完全成本加成定价法主要计算形式

计算形式	计算公式	备注
成本利润率定价	$成本利润率=\frac{预测利润总额}{预测成本总额}\times 100\%$ $单位产品价格=\frac{单位成本\times(1+成本利润率)}{1-适用税率}$	（1）单位成本是指单位完全成本，可以用单位制造成本加上单位产品负担的期间费用来确定。 （2）适应税率是指适应的流转税如从价计征的营业税、消费税等。
销售利润率定价	$销售利润率=\frac{预测利润总额}{预测销售总额}\times 100\%$ $单位产品价格=\frac{单位成本}{1-销售利润率-适用税率}$	

【例 7-5】　某企业生产 A 产品，预计 A 产品的单位制造成本为 100 元，计划销售 20 000件，计划期的期间费用总额为 1 800 000 元，该产品成本利润率为 20%，根据上述资料，运用完全成本加成定价法测算 A 产品的销售单价。

用成本利润率定价，已知成本利润率为 20%，则：

A 产品的销售单价 = 单位成本 ×（1 + 成本利润率）= 190 ×（1 + 20%）= 228（元/件）

完全成本加成定价法可以保证全部生产耗费得到补偿，但它很难适应市场需求的变化，往往导致定价过高或过低。而且，当企业生产多种产品时，间接费用难以准确分摊，从而会导致定价不准确。

【双语链接】

Full Cost-Plus Pricing：Full Cost-Plus Pricing is a method of determining the sales price by calculating the full cost of the product and adding a percentage mark-up for profit.

（2）保本点定价法。保本点，又称盈亏平衡点，是指企业在经营活动中既不盈利也不亏损的销售水平，在此水平上利润等于零。在这种方法下，成本需按其性态，即随产量变动而变动的关系，分为固定成本和变动成本。保本点定价法的基本原理就是根据产品销售量计划数和一定时期的成本水平、适用税率来确定产品的销售价格。采用这一方法确定的价格是最低销售价格。其计算公式为：

$$单位产品价格=\frac{单位固定成本+单位变动成本}{1-适用税率}=\frac{单位完全成本}{1-适用税率}$$

【例 7-6】　某企业生产 B 产品，本期计划销售量为 10 000 件，应负担的固定成本总额为 350 000 元，单位产品变动成本为 70 元，适用的消费税税率为 25%，根据上述资料，运用保本点定价法测算 B 产品的销售单价。

B 产品的单位固定成本 = 350 000/10 000 = 35（元/件）

$$B\ 产品的销售单价=\frac{35+70}{1-25\%}=140（元/件）$$

（3）目标利润法。目标利润是指企业在预定时期内应实现的利润水平。目标利润定价法是根据预期目标利润和产品销售量、产品成本、适用税率等因素来确定产品销售价格的方法。其计算公式为：

$$单位产品价格=\frac{目标利润总额+完全成本总额}{产品销量\times(1-适用税率)}$$

或
$$=\frac{单位目标利润+单位完全成本}{1-适用税率}$$

【例7-7】 某企业生产C产品，本期计划销售量为10 000件，目标利润总额为250 000元，完全成本总额为500 000元，适用的消费税税率为25%，根据上述资料，运用目标利润法测算C产品的单位售价。

$$C产品的销售单价=\frac{250\ 000+500\ 000}{10\ 000\times(1-25\%)}=100(元/件)$$

(4) 变动成本定价法。是指企业在生产能力有剩余的情况下增加生产一定数量的产品所应分担的成本。这些增加的产品可以不负担企业的固定成本，只负担变动成本。在确定价格时产品成本仅以变动成本计算。其计算公式为：

$$单位产品价格=\frac{单位变动成本\times(1+成本利润率)}{1-适用税率}$$

【例7-8】 某企业生产D产品，假设生产能力为12 000件，计划生产10 000件，预计单位产品的变动制造成本为150元，单位产品的变动期间费用为25元，计划期的固定成本费用总额为950 000元，该产品适用的消费税税率为25%，成本利润率必须达到20%。假定本年度接到一额外订单，订购1 000件D产品，单价340元。请问：该企业计划内D产品的单位价格是多少？是否应接受这一额外订单？

根据上述资料，企业计划内生产的D产品价格为：

$$单位D产品价格=\frac{\left(\frac{950\ 000}{10\ 000}+150+25\right)\times(1+20\%)}{1-25\%}=432(元)$$

追加生产1 000件的变动成本为175元，则：

$$计划外单位D产品价格=\frac{(150+25)\times(1+20\%)}{1-25\%}=280(元)$$

因为额外订单单价高于其按变动成本计算的价格，故应接受这一额外订单。

2. 需求导向定价法

是一种以市场需求强度及消费者感受为主要依据的定价方法。它包括以下三种：需求价格弹性定价法、逆向定价法、习惯定价法。

(1) 需求价格弹性定价法

根据需求规律，需求增加导致价格上升，刺激企业生产；而需求减少，则会引起价格下降，从而制约了企业的生产规模。产品需求量变化和价格变动的关系可通过需求价格弹性(Price Elasticity of Demand)来反映，企业可通过需求量的变动来制定产品的销售价格。

需求的价格弹性表示在一定时期内一种商品的需求量变动对于该商品的价格变动的反应程度。或者说，表示在一定时期内当一种商品的价格变化1%时所应引起的该商品需求量变化的百分比。这两个百分率的比值，称为弹性系数，记为E，其计算公式为：

$$E=\frac{\Delta Q/Q_0}{\Delta P/P_0}$$

式中：E 为某种产品的需求价格弹性系数；ΔP 为价格变动量；ΔQ 为需求变动量；P_0 为基期单位产品价格；Q_0 为基期需求量。

运用需求价格弹性系数确定产品的销售价格时，其基本计算公式为：

$$\mathrm{P}=\frac{P_0 Q_0^{\alpha}}{Q^{\alpha}}$$

式中：P_0 为基期单位产品价格；Q_0 为基期销售数量；E 为需求价格弹性系数；P 为单位产品价格；Q 为预计销售数量；α 为需求价格弹性系数绝对值的倒数，即 $\frac{1}{|E|}$。

【双语链接】

Price Elasticity of Demand：the degree to which demand for a good or service varies with its price. Normally, sales increase with drop in prices and decrease with rise in prices.

【例 7-9】 某公司生产销售 E 产品，2009 年至 2011 年度的实际销售价格和销售数量如表 7-4 所示。若公司在 2012 年度要完成 4 200 吨的销售任务，那么销售价格应为多少？

表 7-4 销售统计表

项目	2009 年	2010 年	2011 年
销售价格(元)	750	810	780
销售数量(吨)	3 900	3 104	3 500

根据上述资料，产品的销售价格的计算过程为：

$$E_1=\frac{(3\ 104-3\ 900)/3\ 900}{(810-750)/750}=\frac{-0.2041}{0.0800}=-2.55$$

$$E_2=\frac{(3\ 500-3\ 104)/3104}{(780-810)/810}=\frac{0.1276}{-0.0370}=-3.44$$

$$E=\frac{E_1+E_2}{2}=\frac{-2.55-3.44}{2}=-3$$

$$\alpha=\frac{1}{|E|}=\frac{1}{|-3|}=\frac{1}{3}$$

$$P=\frac{P_0 Q_0^{\alpha}}{Q^{\alpha}}=\frac{780\times 3\ 500}{4\ 200}=\frac{11\ 842.70}{16.1343}=734(\text{元})$$

即 2012 年度要完成 4 200 吨的销售任务，其单位产品的销售价格为 734 元。

(2) 逆向定价法，它是指依据消费者能够接受的最终销售价格，考虑中间商的成本及正常利润后，逆向推算出中间商的批发价和生产企业的出产价格。逆向定价法的特点是价格能反映市场需求情况，有利于加强与中间商的良好关系，保证中间商的正常利润，使产品迅速向市场渗透，并可根据市场供求情况及时调整，定价比较灵活。

(3) 习惯定价法,是按照市场长期以来形成的习惯价格定价。

3. 竞争导向定价法

竞争导向定价法(Competitive Bidding/Competition-Orientated Pricing)是企业通过研究竞争对手的生产条件、服务状况、价格水平等因素,依据自身的竞争实力,参考成本和供求状况来确定商品价格,即以市场上竞争者的类似产品的价格作为本企业产品定价的参照系数的一种定价方法。竞争导向定价法主要包括随行就市定价法、产品差别定价法和密封投标定价法。

(1) 随行就市定价法,又称通行价格定价法。在垄断竞争和完全竞争的市场结构条件下,任何一家企业都无法凭借自己的实力而在市场上取得绝对的优势,为了避免竞争,特别是价格竞争带来的损失,大多数企业都采用随行就市定价法,即将本企业某产品价格保持在市场平均价格水平上,利用这样的价格来获得平均报酬。此外,采用随行就市定价法,企业就不必去全面了解消费者对不同价差的反应,也不会引起价格波动。

(2) 产品差别定价法。产品差别定价法是指企业通过不同的营销努力,使同种同质的产品在消费者心目中树立起不同的产品形象,进而根据自身的特点,选取低于或高于竞争者的价格作为本企业的产品价格。因此,产品差别定价法是一种进攻性的定价方法。

(3) 密封投标定价法。在国内外,许多大宗商品、原材料、成套设备和建筑工程项目的买卖和承包以及出售小型企业等,往往采用发包人招标、承包人投标的方式来选择承包者,确定最终的承包价格。一般来说,招标方只有一个,处于相对垄断地位,而投标方有多个,处于相互竞争地位。标的物的价格由参与投标的各个企业在相互独立的条件下来确定。在买方招标的所有投标者中,报价最低的投标者通常中标,它的报价就是承包价格。这样一种竞争性的定价方法就称为密封投标定价法。

【双语链接】

Competitive Bidding /Competition-Orientated Pricing : A method of determining the price at which a particular product is sold based on the prices of competing products rather than on the cost of production or the amount of demand from customers. Competition-orientated pricing can be effective when the average price of competing goods is noticeably different from prices suggested by production cost or demand.

(三) 产品定价策略

定价策略是企业争夺市场的重要武器,是企业营销组合策略的重要组成部分。企业为产品定价时,首先要有明确的目标,如维持企业生存、追求利润最大化、保持或扩大市场占有率、保持最优产品质量、抑制或应付竞争等。不同企业、不同产品、不同市场有不同的营销目标,因而也就需要采取不同的定价策略。常用的价格策略有以下几种:

1. 新产品价格策略

(1) 撇脂定价策略。这是一种高价策略,是在新产品投放市场时定高价,争取在短时间内收回投资，并赚取高额利润。这种策略如同从牛奶中提取奶油一样，首先就把牛奶中的精华部分取走，故称撇脂定价策略。高价格维持一段时间后，随着竞争者的加入、供应产品的增加，企业再把产品价格降下来。使用这种策略必须具备以下市场条件：一是产品的质量与高价格相符；二是要有足够多的客户能接受这种高价并愿意购买；三是竞争者在短期内很难进入该产品市场；四是企业的生产能力有限，难以应付市场需求，可以用高价限制市场需求。微软的每一款新产品刚上市，采取的都是这种定价策略。

（2）渗透定价策略。与撇脂定价相反，这是一种低价策略，即企业把新产品价格定得低一些，以吸引客户，挤入市场，提高市场占有率。低价能使企业取得最大的产品销售量，并且能够限制竞争者的加入。采取这种策略的市场条件：一是市场规模较大，存在较大的潜在竞争者；二是产品无明显特色，需求弹性大，低价会刺激需求增长；三是大批量销售会使成本显著下降，企业总利润增加。这是一种长期价格策略，虽然开始时企业所创利润较低，但从长期来看，企业能够获得较高的利润。这种策略的缺点，一是大量地投入资金且回收慢，如果产品不能打开市场，或遇到强大的竞争对手，会产生亏损；二是低价还会影响产品的品牌形象和企业的声誉。

（3）中间价格策略。又称稳妥价格策略或折中定价策略，它是把价格定在高价与低价之间，在产品成本的基础上加适当利润。这种价格策略稳妥，风险小，一般会使企业收回成本和取得适当盈利。但这也是一种保守策略，可能失去了获得高利或者提高市场占有率的机会。

2. 折扣定价策略

企业为了鼓励客户及早付清货款、大量购买、淡季购买等行为，还可以酌情降低其基本价格。这种价格调整叫做价格折扣。

3. 心理定价策略

心理定价，是指企业定价时利用消费者不同的心理需要和对不同价格的感受，有意识地采取多种价格形式，以促进销售。比如同一种产品，对于低收入客户来说，价格高难以接受，但对于高收入阶层，价格高则正好满足其追求高档的消费心理。

4. 差别定价策略

所谓差别定价，是指企业按照两种或两种以上不反映成本差异的价格销售某种产品或服务。差别定价主要有客户差别、产品形式差别、销售地区差别和销售时间差别四种定价形式。

四、销售的日常管理

（一）销售合同的管理

销售合同是企业与其他单位之间进行商品销售活动而签订的具有法律效力的契约。它明确规定销售产品的名称、规格、数量、价格、结算方式、包装要求、发运方式及地点、交货日期，以及不履行合同的惩罚等。及时签订销售合同，可以使销售计划进一步具体化。购销双方都严格执行销售合同，有利于商品购销活动的正常进行。因此，企业财务部门应协助销售部门,组织好销售合同的签订和执行,并对合同的内容进行审查。发现违反销售合同的情况,应及时查明原因,采取相应措施,提高合同履约率。

(二) 销售结算管理

销售货款的结算一般由企业财务部门负责。我国银行国内结算方式有银行汇票、商业汇票、银行本票、支票、汇兑、委托收款、异地托收承付结算等方式。国际结算则有汇款、托收和信用证三种基本方式。采用不同的结算方式,收回货款的时间、费用和损失风险是有区别的。在可能的条件下,企业应当选择有利的结算方式,安全、及时地收回货款。采用赊销或分期收款结算方式的,应按照谁赊销谁收款的原则建立货款回收责任制。

(三) 销售服务管理

销售服务一般包括售前服务、售后服务和贯穿整个销售过程的技术服务。售前服务是向用户介绍产品的性能、特点和使用方法,使用户了解产品。售后服务是帮助用户进行产品安装、调试、维修、供应零配件等。技术服务是向用户提供技术指导、技术培训、技术咨询等服务工作。

(四) 做好信息反馈工作

企业的生产和销售必须以市场为导向,根据市场需求变化及时调整自己的生产经营活动及对客户的信用政策。

第三节 成本费用管理

成本费用是企业生产经营过程中资金消耗的反映,可以理解为企业为取得预期收益而发生的各项支出,主要包括生产成本和期间费用等。成本是指企业在生产经营过程中所消耗的各种资源的经济价值。费用主要是指生产经营中除产品成本之外的所有耗费,如管理费用、财务费用和销售费用等。

成本费用管理是指企业对在生产经营过程中全部费用的发生和产品成本的形成所进行的计划、控制、核算、分析和考核等一系列科学管理工作的总称。加强成本费用管理,对于提高经营效率、增加企业收益具有重要意义。

一、成本费用管理概述

(一) 成本费用管理原则

1. 成本效益原则

成本效益原则是指因实施某项成本控制措施而付出的代价,不应超过其增加的效益。贯彻这条原则,要求企业全面考虑不同成本的重要性、可控性、利润弹性等特点。判断一项成本是否重要时,金额大小不是唯一标准,还应根据国家财务制度或企业的生产经营特点,辨别容易失控的成本,例如企业承担本应由个人承担的支出、销售时给予对方的商业贿赂、业务招待费等,即使其金额不大,也应严加控制。成本控制应当要起到降低成本、纠正偏差的作用,具有实用性。成本的可控性决定了成本的控制难度,进而决定了控制成本付出的代价或可降低成本的幅度。成本的利润弹性，指在其他成本不变的情况下，每减少一单位成本，将带来利润多大幅度的增加，弹性越大，越需要控制。

2. 因地制宜原则

因地制宜原则是指成本控制必须适合本企业的特点、部门和岗位设置、成本项目等实际情况，不可照搬别人的做法。适合企业的特点，是指不同规模、不同行业、不同发展阶段的企业，其成本控制方法应有所不同。适合部门和岗位的设置，是指对不同职能部门以及不同的岗位，由于其职责及活动引发的成本不同，成本控制方法应有区别。适合成本项目的特点，是指不同成本有不同的性质及目的，成本控制方法应有差别。

3. 全面控制原则

全面控制原则是指全体职工参与，对企业生产经营全过程中所耗费的全部成本进行严格的限制和监督。

（二）费用归口分级管理

费用归口分级管理，又称费用管理责任制，是指在企业总部（如厂部）的集中领导下，按照费用发生的情况，将费用计划指标进行分解，并分别下达到有关部门、车间（或分部）和班组，以便明确责任，把费用管理纳入岗位责任制。

费用归口分级管理可以分为费用的归口管理和分级管理两个部分。其中，费用的归口管理主要是指将企业费用预算指标进行分解，按照其所发生的地点和人员进行归口，具体落实到每一个责任人，将费用预算指标作为控制标准，把费用管理工作建立在广泛的群众基础上，实现全员性费用管理。费用的分级管理主要是指按企业的生产组织形式，从上到下依靠各级、各部门的密切配合来进行费用管理。一般分为三级，即厂部、车间和班组，同时开展企业的费用管理。

费用归口分级管理要注意两个方面的关系：一是要正确处理财务部门同其他有关部门在成本管理中的关系，以财务部门为中心，把财务部门同生产、销售、人事等部门的管理结合起来；二是要正确处理厂部、车间、班组在费用管理中的关系，以厂部为主导，把厂部、车间、班组各级组织的费用管理结合起来。

二、成本控制方法

成本控制是指企业按照国家有关财务制度的要求以及自身的财务目标，运用各种成本管理方法，将各项成本掌握在一定范围内的财务活动。成本控制是企业内部控制的重要组成部分，是企业加强管理、提高效率的必然选择。企业提高经济效益的根本途径就是“开源”和“节流”，前者受市场竞争等外部因素的限制较多，后者则更多依赖于企业内部管理水平的提高，可控性相对较强。企业利用现代信息技术，结合生产工艺特点，实施对成本的控制和管理，成本控制方法主要包括标准成本控制法、作业成本控制法、质量成本控制法及定额成本控制法等。

（一）标准成本控制法

标准成本（Standard Costing），是指通过调查分析、运用技术测定等方法制定的，在有效经营条件下所能达到的目标成本。标准成本主要用来控制成本开支，衡量实际工作效率。

标准成本控制，又称标准成本管理，是以标准成本为基础，将实际成本与标准成本进行对比，揭示成本差异形成的原因和责任，进而采取措施，对成本进行有效控制的管理方法。

【双语链接】

Standard Costing：A control technique which compares standard costs and revenues with actual results to obtain variances which are used to stimulate improved performance.

1. 标准成本的制定

企业应根据自身的技术条件和经营水平，确定标准成本。常用的标准应考虑生产过程中不可避免的损失、故障和偏差等。产品成本由直接材料、直接人工和制造费用三个项目组成。无论是确定哪一个项目的标准成本，都需要分别确定其用量标准和价格标准，两者的乘积就是每一成本项目的标准成本，将各项目的标准成本汇总，即得到单位产品的标准成本。其计算公式为：

$$\text{单位产品标准成本} = (\text{直接材料} + \text{直接人工} + \text{制造费用})\text{的标准成本} = \sum(\text{价格标准} \times \text{用量标准})$$

（1）直接材料标准成本的制定

直接材料的标准成本是由材料的价格标准和用量标准来确定的。

材料的价格标准通常采用企业编制的计划价格，它通常是以订货合同的价格为基础，并考虑到未来物价、供求等各种变动因素后按材料种类分别计算的。一般由财务部门和采购部门等共同制定。

材料的用量标准是指在现有的生产技术条件下，生产单位产品所需的材料数量。它包括构成产品实体的材料和有助于产品形成的材料，以及生产过程中必要的损耗和难以避免的损失所耗用的材料。材料的用量标准一般应根据科学的统计调查，以技术分析为基础计算确定。直接材料标准成本的计算公式是：

$$\text{直接材料标准成本} = \text{材料价格标准} \times \text{材料用量标准}$$

【例 7-10】 假定某企业甲产品耗用 A、B、C 三种直接材料，其直接材料标准成本的计算如表 7-5 所示。

表 7-5　单位甲产品直接材料标准成本

项目	标准		
	A 材料	B 材料	C 材料
价格标准①	60 元/千克	25 元/千克	45 元/千克
用量标准②	6 千克/件	10 千克/件	5 千克/件
成本标准③ ＝ ①×②	360 元/件	250 元/件	225 元/件
直接材料标准成本 ④ ＝ ∑③	835 元/件		

（2）直接人工标准成本的制定

直接人工的标准成本是由直接人工的价格和直接人工用量两项标准决定的。

直接人工的价格标准就是标准工资率，它通常由劳动工资部门根据用工情况制定。当采用计时工资时，标准工资率就是单位标准工资率，是由标准工资总额与标准总工时的商来确定的，即：

$$标准工资率 = \frac{标准工资总额}{标准总工时}$$

人工用量标准,即工时用量标准,它是指现有的生产技术条件下,生产单位产品所耗用的必要的工作时间,包括对产品直接加工工时、必要的间歇或停工工时以及不可避免的废次品所耗用的工时等。一般由生产技术部门、劳动工资部门等运用特定的技术测定方法和分析统计资料后确定。直接人工标准成本的计算公式是:

直接人工标准成本 = 标准工资率 × 工时用量标准

【例 7-11】 沿用【例 7-10】中的资料,甲产品直接人工标准成本的计算如表 7-6 所示。

表 7-6 单位甲产品直接人工标准成本

项目	标准
月标准总工时 ①	60 000 小时
月标准总工资②	960 000 元
标准工资率③ = ② ÷ ①	16 元/小时
单位产品工时用量标准④	12 小时/件
直接人工标准成本⑤ = ③ × ④	192 元/件

(3) 制造费用标准成本的制定

制造费用的标准成本是由制造费用价格标准和制造费用用量标准两项因素决定的。制造费用价格标准为制造费用的分配率标准。制造费用的用量标准为工时用量标准,其含义和确定方法与直接人工用量相同。其计算公式是:

制造费用标准成本 = 制造费用分配率标准 × 工时用量标准

成本按照其性态分为变动成本和固定成本。前者随着产量的变动而变动;后者相对固定,不随产量波动。所以,制定费用标准时,也应分别制定变动制造费用和固定制造费用的成本标准。

【例 7-12】 沿用【例 7-10】中的资料,甲产品制造费用的标准成本计算如表 7-7 所示。

表 7-7 单位甲产品制造费用标准成本

项目		标准
工时	月标准总工时①	60 000 小时
	单位产品工时标准②	12 小时/件
变动制造费用	标准变动制造费用总额③	552 000 元
	标准变动制造费用分配率④ = ③ ÷ ①	9.2 元/小时
	变动制造费用标准成本⑤ = ② × ④	110.4 元/件
固定制造费用	标准固定制造费用总额⑥	1 080 000 元
	标准固定制造费用分配率⑦ = ⑥ ÷ ①	18元/小时
	固定制造费用标准成本⑧ = ② × ⑦	216 元/件
	制造费用标准成本⑨ = ⑤ + ⑧	326.4 元/件

2. 成本差异的分析

在标准成本管理模式下，成本差异是指一定时期生产一定数量的产品所发生的实际成本与相关的标准成本之间的差额。凡实际成本大于标准成本的称为超支差异；凡实际成本小于标准成本的则称为节约差异。通过差异分析，企业管理人员可以进一步揭示实际执行结果与标准不同的深层次原因。差异分析的结果，可以更好地凸显实际生产经营活动中存在的不足或在必要时修改成本标准，这对企业成本的持续降低、责任的明确划分以及经营效率的提高具有十分重要的意义。

从标准成本的制定过程可以看出，任何一项费用的标准成本都是由用量标准和价格标准两个因素决定的，因此，成本差异分析就应该从这两个方面进行。成本差异的具体分析计算例题，详见本书第九章财务分析中的【例 9-2】。

(二) 作业成本控制法

作业是指在一个组织内为了某一目的而进行的耗费资源的工作，它是作业成本计算系统中最小的成本归集单元。作业贯穿产品生产经营的全过程，从产品设计、原材采购、生产加工，直至产品的发运销售。在这一过程中，每个环节、每道工序都可以视为一项作业。

作业成本法(Activity-Based Costing，ABC)，是对传统成本计算方法的改进，主要表现在采用多重分配标准分配制造费用的技术变革上。随着成本计算方法的完善，它也开始兼顾对制造费用和销售费用的分析，以及对价值链成本的分析，并将成本分析的结果应用到战略管理中，从而形成了作业成本管理。

在作业成本法下，对于直接费用的确认和分配与传统的成本计算方法一样，而间接费用的分配对象则不再是产品，而是作业。分配时，首先根据作业中心对资源的耗费情况将资源耗费的成本分配到作业中心去，然后再将上述分配至作业中心的成本按照各自的成本动因，依据作业的耗用数量分配到各产品。作业成本法很好地克服了传统成本方法中间接费用责任划分不清的缺点，使以往一些不可控的间接费用变为可控，这样可以更好地发挥决策、计划和控制的作用，以促进作业管理和成本控制水平的不断提高。

(三) 质量成本控制法

质量成本(Cost of Quality，COQ)，是指企业将产品质量保持在规定的标准上而需支出的费用，以及因未达到规定的质量标准而发生的损失之和。一般按发生原因的不同，将质量成本划分为：

(1) 预防成本，即为了防止产生不合格品与质量故障而发生的各项费用。

(2) 检验成本，即为检查和评定产品质量、工作质量、工序质量、管理质量是否满足规定要求和标准所需的费用。

(3) 内部缺陷成本，即产品交客户前由于自身的缺陷造成的损失以及处理故障所支出的费用之和，包括废品损失、返修费用、材料损失、复检费用以及因质量事故造成的停工损失和事故处理费用等。

(4) 外部缺陷成本，即产品交客户后，因产品质量缺陷引起的一切损失费用，包括退货损失、保修费用、降价处理损失、赔偿损失及违反合同损失等。

(5) 外部质量保证成本,即为提供客户要求的客观证据所支付的费用。

质量成本控制,是指根据预定的质量成本目标,对实际工作中发生的所有质量成本,进行指导、限制和监督,及时发现问题,及时采取有效措施,或不断推广先进经验,以促进产品质量成本不断下降,取得最佳经济效益而实施的一种管理行为。实施质量成本控制,可以在产品质量、成本和经济效益三者之间寻求一个相对平衡。正确核算质量成本,是实施质量成本控制的中心环节,主要包括以下四项内容:

1. 树立质量成本导向的思想

这种质量经营理念是"不考虑成本,就不能给质量下定义;搞好质量管理,成本管理才成为成本管理;真正进行质量成本管理,质量管理的效果就会逐步提高;不赚钱的质量,就不是质量;质量管理要控制成本"。质量的关键是适用性。从产品适用性来讲,其质量标准应包含性能、寿命、可靠性、安全性和经济性五个方面的指标。不顾消费者的真实需求,盲目追求高精度、高性能,价格昂贵,并不一定会令顾客满意。质量必须给用户带来价值,即产品的功能、效用能够满足用户的使用需求,达到一定的用户满意度。

2. 确定质量成本目标

企业在确定质量成本目标时,既要考虑节约开支,降低质量成本,又要处理好质量成本与质量、功能等方面的关系,通过质量成本效益分析,结合企业的具体条件,寻求质量成本的最佳值。现代质量成本管理以零缺陷为目标,倡导全面质量管理,要求将不符合质量要求的产品降低到零。同时,强调顾客愿意接受增加价值的作业并支付其相应成本,但拒绝接受非增值作业以及支付其相应成本。因此,因产品交付用户前后出现缺陷导致的非增值作业,应予以避免。预防作业可视为增值作业,而一部分的检验作业如质量审计,是预防作业所必需的,应视为增值作业,应予以保留。

3. 确定产品的设计质量水平

确定产品的设计质量水平,就是要找出质量变化与价格、功能、成本、收益(利润)之间的关系。一般而言,随着产品设计质量水平由低至高,价格和成本亦随之提高,但由于价格增长幅度更大,企业的收益呈上升趋势。当质量水平达到一定高度后,再提高质量水平,成本增长幅度就会超过价格,企业收益反而呈下降趋势。企业收益曲线出现拐点时的质量水平,就是理论上的最佳产品设计质量水平。企业在实际确定质量水平时,不仅要进行经济分析,而且要慎重考虑消费者的需要、本企业的技术条件、设备能力、工人及技术人员的技术水平、营销能力,等等。

4. 确定产品使用寿命周期的最佳质量水平

产品使用寿命周期是一个产品从研制、设计、制造、流通、使用到报废为止的整个过程。在寿命周期中每一个阶段耗费的费用,构成产品寿命周期的总成本,它可大致分为生产成本和使用成本两大部分。生产成本包括设计、制造、外协等,与产品质量水平成正比;产品出厂以后的成本计入使用成本,主要包括运转费用、维修费用、停工损失、折旧费、转卖和更新损失等费用,与产品质量水平成反比。生产成本与使用成本之和为最小值时的质量水平，就是产品使用寿命周期的最佳质量水平。

（四）定额成本控制法

成本定额管理，是指在资源价格一定的前提下，通过事先制定单位产品或活动的标准资源消耗量，控制产品成本和期间费用水平的一种成本控制方法。

成本定额管理的关键，首先在于制定标准消耗量。一般方法有经验估计法、类推比较法、统计分析法和技术测定法。其次，要通过成本核算，揭示实际消耗量与定额的差异。最后，分析定额差异的原因，找出责任者，并将差异及时反馈给责任部门或责任者，以便采取切实有效的措施加以解决。成本定额管理与企业的经济责任制相结合，能收到更好的效果。

三、期间费用控制

期间费用(Period Costs)是指生产经营中除产品成本之外的直接计入当期损益的所有耗费，包括管理费用、销售费用和财务费用。

【双语链接】

Period Costs： Period Costs are costs that are deducted as expenses during the current period without ever being included in the value of stock held.

（一）费用支出的流程控制

1. 费用发生申请控制

费用发生申请控制应做到：一是经过部门主管授权的部门成员向上级部门主管递交费用开支申请报告；二是在费用开支发生前提出申请；三是申请金额在分级归口的费用开支额度之内；四是申请报告要翔实明晰，向上级主管递交时还要有本部门主管的签章；五是申请人要向具有审批权限的直接上级部门主管提交申请。

2. 发生费用审批控制

发生费用审批控制应做到：一是部门主管按照分级归口的费用审批规定，检查自己是否具有审批资格，对无权审批或超越申请行为的，不予受理；二是提交费用开支申请时必须具备由部门主管签章同意的书面申请报告，并附加相关资料；三是审批人员要审核申请资料是否真实完整，内容是否明晰，并严格检查开支项目的合法性、合理性和经济性，必要时还要与申请人以及财务部门进行沟通；四是申请报告核准必须由审批人员签章以示同意。

3. 发生费用单据并审核控制

会计部门有关人员分别审查由行政管理、销售及后勤服务等部门转来的各项费用开支原始凭证及转账凭证基本内容的完整性，处理手续的完备性，经济内容的合法性，计算内容的正确性，并签字盖章以示审核。

4. 办理结算控制

会计部门有关人员根据各个部门审批签字的各种费用开支凭证以及开支情况说明材

料，严格复核后结合部门费用额度，按照企业费用结算办法办理各项费用开支结算业务。

5. 核算期间费用并登记入账控制

核算期间费用并登记入账控制应做到：一是会计部门根据各项费用结算后取得的凭证，将费用发生情况登记备查，同时将费用在各个期间进行分配核算；二是会计部门主管人员检查期间费用分配方式和分配比率是否合理，核算程序是否合规，计算结果是否正确，复核无误后在费用计算单上签章以示复核；三是会计部门主管会计根据复核的费用计算单编制费用汇总表，填制有关记账凭证；四是在稽核人员监督下，费用明细账与费用总账定期核对并相互取得对方签章以示对账。

（二）各项费用的控制方法

1. 管理费用的控制

管理费用是对生产经营活动从事监督和提供服务所发生的费用，与产品的制造成本不同，管理费用中的大部分为固定费用，从成本责任的角度看，属不可控制成本；各项管理费用大都受企业管理方针和决定的影响，职工个人对此无太多的约束力，不像直接材料、直接人工和变动制造费用，可以通过所耗数量和工时的多少加以制约。由于具有这些特点，对管理费用就不能像制造成本那样从“价差”和“量差”进行控制，而应进行预算控制和审核控制。

2. 财务费用的控制

由于财务费用与筹资的资金数额相联系，所以，财务费用的发生是否合理，应结合筹资成本进行分析控制。财务费用控制的主要内容有：

（1）控制借款数额，从而控制借款费用；

（2）控制借款种类，不能借超过企业承担能力的高利息款项；

（3）控制因签发带息票据和票据贴现而产生的财务费用；

（4）控制借款费用的资本化范围，正确计量资本化金额；

（5）做好考核工作，及时掌握预算的执行情况，客观分析差额产生的原因。

3. 销售费用的控制

销售费用和管理费用都属于期间成本，但销售费用具有一些与管理费用不同的特点，主要表现为：

（1）销售费用具有较多的变动项目。例如，运输费、装卸费、包装费、委托代销手续费、销售服务费，等等。这些费用项目随销售量的大小而变化。从成本控制的角度看，可以将其与销售量结合起来，按不同销售规模控制开支的大小，使费用控制的界限更为清晰。

（2）销售费用可与销售贡献相配比。由于销售费用是因销售产品（商品）而发生的费用，一般发生于销售部门的业务范围内，所以较适宜将其与销售收入直接挂钩，以销售贡献衡量销售费用的合理性和有效性，借以激励有关人员降低费用，节省开支。

对于销售费用的控制，同样应当运用预算控制和审核控制。

第四节 利润分配管理

利润是企业在一定会计期间的经营成果，利润分配是企业按照国家有关法律、法规以及企业章程的规定，在兼顾股东与债权人等其他利益相关者的利益关系基础上，将实现的利润在企业与企业所有者之间、企业内部的有关项目之间、企业所有者之间进行分配的活动。利润分配决策是股东当前利益与企业未来发展之间权衡的结果，它不仅将引起企业的资金存量与股东权益规模及结构的变化，也将对企业内部的筹资活动和投资活动产生影响。因此，利润分配是企业重要的经济活动。

一、利润分配概述

（一）利润的构成

企业实现利润是利润分配的前提。合理地进行利润分配的前提条件是正确确认企业的利润总额。利润包括收入减去费用后的净额、直接计入当期利润的利得和损失等。其中收入减去费用后的净额反映的是企业日常活动的业绩；直接计入当期利润的利得和损失反映的是企业非日常活动的业绩。企业的利润主要是指利润总额和净利润。利润的构成用公式表示如下：

利润总额 = 营业利润 + 营业外收入 − 营业外支出 + 投资收益 + 以前年度损益调整

净利润 = 利润总额 − 所得税费用

（二）利润分配的原则

利润分配关系到企业、投资者等有关各方的利益，涉及企业的生存与发展。因此在利润分配过程中，应遵循以下原则：

（1）依法分配原则。国家有关法律、法规对企业利润分配的基本原则、一般次序和重大比例做了较为明确的规定，其目的是保障企业利润分配的有序进行，维护企业和所有者、债权人以及职工的合法权益，促使企业增加积累，增强风险防范能力。国家有关利润分配的法律和法规主要有《公司法》、《外商投资企业法》等，企业在利润分配中必须切实执行上述法律、法规。

（2）资本保全原则。利润的分配是对经营中资本增值额的分配，不是对资本金的返还。按照这一原则，一般情况下，企业如果存在尚未弥补的亏损，应首先弥补亏损，再进行其他分配。

（3）充分保护债权人利益原则。债权人的利益按照风险承担的顺序及其合同契约的规定，企业必须在利润分配之前偿清所有债权人到期的债务，否则不能进行利润分配。同时，在利润分配之后，企业还应保持一定的偿债能力，以免产生财务危机，危及企业生存。此外，企业在与债权人签订某些长期债务契约的情况下，其利润分配政策还应征得债权人的同意或审核方能执行。

（4）多方及长短期利益兼顾原则。利润分配涉及投资者、经营者、职工等多方面的利益，企业必须兼顾，并应尽可能地保持稳定的利润分配。在企业获得稳定增长的利润后，应增加利润分配的数额和百分比。同时，由于发展及优化资本结构的需要，除依法必须留用的利润外，企业仍可以出于长远发展的考虑，合理留用利润。在积累与消费关系的处理上，企业应贯彻积累优先的原则，合理确定提取盈余公积金和分配给投资者利润的比例，使利润分配真正成为促进企业发展的有效手段。

（三）影响利润分配的因素

企业的利润分配涉及企业相关各方的切身利益，受众多不确定因素的影响，在确定分配政策时，应当考虑各种相关因素的影响，主要包括法律、公司、股东及其他因素。

1. 法律因素

为了保护债权人和股东的利益，法律对公司的利润分配做出如下规定：

(1) 资本保全约束。规定公司不能用资本（包括实收资本或股本和资本公积）发放股利，目的在于维持企业资本的完整性，保护企业完整的产权基础，保障债权人的利益。

(2) 资本积累约束。规定公司必须按照一定的比例和基数提取各种公积金，股利只能从企业的可供分配利润中支付。此处可供分配利润包含公司当期的净利润按照规定提取各种公积金后的余额和以前累积的未分配利润。另外，在进行利润分配时，一般应当贯彻“无利不分”的原则，即当企业出现年度亏损时，一般不进行利润分配。

(3) 超额累积利润约束。由于资本利得与股利收入的税率不一致，如果公司为了避税而使得盈余的保留大大超过了公司目前及未来的投资需要，将被加征额外的税款。

(4) 偿债能力约束。要求公司考虑现金股利分配对偿债能力的影响，确定在分配后仍能保持较强的偿债能力，以维持公司的信誉和借贷能力，从而保证公司的正常资金周转。

2. 公司因素

公司基于短期经营和长期发展的考虑，在确定利润分配政策时，需要关注以下因素：

(1) 现金流量。由于会计规范的要求和核算方法的选择，公司盈余与现金流量并非完全同步，净收益的增加不一定意味着可供分配的现金流量的增加。公司在进行利润分配时，要保证正常的经营活动对现金的需求，以维持资金的正常周转，使生产经营得以有序进行。

(2) 资产的流动性。企业现金股利的支付会减少其现金持有量，降低资产的流动性，而保持一定的资产流动性是企业正常运转的必备条件。

(3) 盈余的稳定性。一般来讲，公司的盈余越稳定，其股利支付水平也就越高。

(4) 投资机会。如果公司的投资机会多，对资金的需求量大，那么它就很可能会考虑采用低股利支付水平的分配政策；相反，如果公司的投资机会少，对资金的需求量小，那么它就很可能倾向于采用较高的股利支付水平。此外，如果公司将留存收益用于再投资所得报酬低于股东个人单独将股利收入投资于其他投资机会所得的报酬，公司就不应多留留存收益，而应多发股利，这样有利于股东价值的最大化。

(5) 筹资因素。如果公司具有较强的筹资能力，随时能筹集到所需资金，那么它会具有较强的股利支付能力。另外，留存收益是企业内部筹资的一种重要方式，它同发行新股或举债相比，不需花费筹资费用，同时增加了公司权益资本的比重，降低了财务风险，便于低成本取得债务资本。

(6) 其他因素。由于股利的信号传递作用，公司不宜经常改变其利润分配政策，应保持一定的连续性和稳定性。此外，利润分配政策还会受到其他公司的影响，比如不同发展阶段、不同行业的公司股利支付比例会有差异，这就要求公司在进行政策选择时要考虑发展阶段以及所处行业状况。

3. 股东因素

股东在控制权、收入和税负方面的考虑也会对公司的利润分配政策产生影响。

(1) 控制权。现有股东往往将股利政策作为维持其控制地位的工具。企业支付较高的股利导致留存收益的减少,当企业为有利可图的投资机会筹集所需资金时,发行新股的可能性增大,新股东的加入必然稀释公司的控制权。所以,股东会倾向于较低的股利支付水平,以便从内部的留存收益中取得所需资金。

(2) 稳定的收入。如果股东以现金股利来维持生活,他们往往要求企业能够支付稳定的股利,而反对过多的留存。

(3) 避税。由于股利收入的税率要高于资本利得的税率,一些高股利收入的股东出于避税的考虑而往往倾向于较低的股利支付水平。

4. 其他因素

(1) 债务契约。一般来说,股利支付水平越高,留存收益越少,企业的破产风险加大,就越有可能损害到债权人的利益。因此,为了保证自己的利益不受侵害,债权人通常都会在债务契约、租赁合同中加入关于借款企业股利政策的限制条款。

(2) 通货膨胀。通货膨胀会带来货币购买力水平下降,导致固定资产重置资金不足,此时,企业往往不得不考虑留用一定的利润,以便弥补由于购买力下降而造成的固定资产重置资金缺口。因此,在通货膨胀时期,企业一般会采取偏紧的利润分配政策。

(四) 利润的分配顺序

企业向投资者分配利润,应按照一定的顺序进行,按照《企业财务通则》的规定,企业的净利润应按下列顺序进行分配:

1. 弥补以前年度亏损

企业当年实现的净利润,首先应按照规定弥补以前年度发生的亏损。也就是将本年度实现的净利润与前期未分配利润或未弥补亏损合并,计算出本年累计盈利或累计亏损。但企业弥补以前年度亏损,应按以下顺序进行:

(1) 税前利润弥补。企业本年度发生的亏损,可以用下一年度的所得税前利润来弥补,税前利润弥补亏损后有剩余的,剩余部分应该依法缴纳所得税。如果下一年度所得税前利润仍不足弥补亏损的,可连续弥补,但用税前利润连续弥补期限不得超过5年。

(2) 税后利润弥补。企业本年度发生的亏损,当连续5年用税前利润弥补后,仍不足弥补的,从第6年起,应当用税后利润弥补。

(3) 盈余公积弥补。企业发生的亏损,依照税法的规定弥补后仍未弥补的亏损,由董事会提议,经股东(大)会或类似权力机构批准,可以用所提取的盈余公积来弥补。

(4) 资本公积弥补。企业的资本公积从其形成来源看,它不是由企业实现的利润转化而来的,本质上应当属于投入资本范畴。因此,它与留存收益有根本的区别。在我国,资本公积用来转增资本,但在具体工作中因现实需要,经过国家批准,国有企业的资本公积可以用来弥补政策性重大亏损。

2. 提取10%法定公积金

经计算有本年累计盈利的,按本年净利润抵减年初累计亏损后的余额,计提10%比例的法定公积金,累计提取的公积金总额达到注册资本50%以后,可以不再提取。需要说明的是,提取法定公积金的基数,不是累计盈利,也不一定是本年的税后利润。只有在年初没有未弥补亏损的情况下,才能按本年净利润计算提取数。

3. 提取任意公积金

企业提取法定公积金后,企业章程对提取任意公积金有规定的,按企业章程的规定提取任意公积金;企业章程没有规定的,可以根据股东(大)会决议的比例提取任意公积金。国有企业根据政府规定或主管财政机关及其他有关部门、机构核定的比例,计算上缴国家利润,其扣除法定公积金和上缴利润后的剩余利润,全部作为任意公积金管理。因此,国有企业可以将任意公积金与法定公积金合并提取。

4. 向投资者分配利润

企业应当按照"同股同权、同股同利"的原则,向投资者分配利润。企业以前年度未分配的利润,可以并入本年度利润一并进行分配。企业需要拿出多大比例的净利润用于向投资者分配利润,除了要有足够的累计盈余外,还要考虑企业盈余的稳定性、投资机会、债务需要和举债能力等因素,尤其是发放现金股利(利润),需要重点考虑企业的现金流量状况。

【相关链接】

储备基金与法定公积金的关系

按照《中外合资企业法》的规定,外商投资企业提取的储备基金、职工福利及奖励基金、企业发展基金的提取比例由董事会确定。需要特别说明的是,外商投资企业提取的储备基金相当于一般企业的法定公积金,应按照法定公积金管理,其用途包括弥补亏损、增加资本、投入再生产,为保持企业长期稳定发展,其提取比例应当执行不低于10%的标准。

向投资者分配利润的特别规定

《公司法》第一百六十七条规定:"公司股东会、股东大会或者董事会违反规定,在公司弥补亏损和提取法定公积金之前向股东分配利润的,股东必须将违反规定分配的利润退还公司。"

《企业财务通则》第五十一条规定:"企业弥补以前年度亏损和提取盈余公积后,当年没有可供分配的利润时,不得向投资者分配利润,但法律、行政法规另有规定的除外。"

二、股利分配理论与股利政策

股利分配的核心问题是如何权衡公司股利支付决策与未来长期增长之间的关系,以实现企业价值最大化的财务管理目标。股利往往可以向市场传递一些信息,股利的发放多寡、是否稳定、是否增长等,往往是大多数投资者推测企业经营状况、发展前景优劣的依据。因此,股利政策(Dividend Policy)关系到企业在市场上、在投资者中间的形象,成功的股利政策有利于提高企业的市场价值。

企业的股利分配方案既取决于企业的股利政策,又取决于决策者对股利分配的理解与认识,即股利分配理论。

【双语链接】

Dividend Policy: A company's stance on whether it will pay out profits as dividends or keep them as retained earnings. If the company decides to issue dividends, the policy will outline whether or not the dividends will be issued on an ongoing basis, or if the dividend payout will be infrequent.

(一) 股利分配理论

股利分配理论是指人们对股利分配的客观规律的科学认识与总结,其核心问题是股利政策与公司价值的关系问题。市场经济条件下,股利分配要符合财务管理目标。人们对股利分配与财务目标之间关系的认识存在不同的流派与观念,围绕着企业股利政策是否影响企业价值这一问题,主要有以下两种观点:

1. 股利无关论

这一理论是米勒与莫迪格利安尼于1961年在以下假设之上提出的:(1)公司的投资政策已确定并且已经为投资者所理解;(2)不存在股票的发行和交易费用;(3)不存在个人或公司所得税;(4)不存在信息不对称;(5)经理与外部投资者之间不存在代理成本。

这种观点认为:"股利政策无论是对企业的股票价格还是资本成本都没有影响,公司价值(或股票价格)完全由公司资产的盈利能力或其投资政策所决定。投资者关心的并不是股利政策,股利的分派不会影响投资者对公司的态度。"显然,这种观点是假设股东对现金股利与资本利得没有偏好。

这种观点的结论是既然投资者不关心股利的分配,公司的价值就完全由其投资政策及其获利能力所决定,公司的盈余在股利和保留盈余之间的分配并不影响公司的价值。

2. 股利相关论

股利无关理论是在完美资本市场的一系列假设下提出的,如果放宽这些假设条件,股利政策就会显现出对公司价值(或股票价格)产生的影响。站在不同的角度解释股利政策与股票价格是如何相关的,形成了以下几种各具特色的股利相关论。

(1) 在手之鸟论

"在手之鸟"理论源于谚语"双鸟在林不如一鸟在手"。该理论可以说是流行最广泛和最持久的股利理论。其初期表现为股利重要论,后经威廉姆斯(Williams,1938)、林特纳(Lintner,1956)、华特(Walter,1956)和麦伦·戈登(Gordon,1959)等发展为"在手之鸟"理论。

这种观点认为,在一般情况下,股东会偏好于获得现金股利,而不喜欢管理当局将盈利留存在企业中进行再投资,在将来获得资本利得。因为获得资本利得的风险要大大超过获得现金股利的风险,所以投资者更喜欢现金股利。这种理论从投资者的心理状态出发,强调了股利发放的重要性。

这种观点的结论是投资者愿意以较高的价格购买能支付较高股利的股票,也就是说股利支付较多的股票价格将会因为市场需求的增加而上涨,即股利政策对股票价格会产生实质性的影响。

(2) 信息传播论

该理论的观点是在信息不对称的情况下,公司可以通过股利政策向市场传递有关公司未来获利能力的信息,从而会影响公司的股价。

这种观点的结论是对于市场上的投资者来讲,股利政策的差异或许是反映公司预期获利能力的有价值的信号。预期未来获利能力强的公司,通过相对较高的股利支付水平能吸引更多的投资者;如果公司连续保持较为稳定的股利支付水平,投资者会对公司未来的盈利能力与现金流量抱有乐观的预期;如果公司的股利支付水平突然发生变动,股票市价也会对这种变动做出反应。

(3) 所得税差异论

在许多国家,股利适用税率(普通所得税税率)要高于长期资本利得适用税率。这种税率结构势必会影响到股票投资者对股利的看法。对于一个普通投资者而言,由于收到股利要按较高的税率缴税,而资本利得缴税较少,而且投资者在出售股票时才需要上缴资本利得所得税,因此,他们会偏好于获得更大数额的资本利得,而不是得到更多的现金股利。

这种观点的结论是由于普遍存在的税率和纳税时间的差异,资本利得收入比股利收入更有助于实现收益最大化目标,公司应当采用低股利政策。

(4) 代理理论

该理论强调两点:第一,股利政策有助于减缓管理者与股东之间的代理冲突,即股利政策是协调股东与管理者之间代理关系的一种约束机制;第二,股利的支付能够有效地降低代理成本。首先,股利的支付减少了管理者对自由现金流量的支配权,这在一定程度上可以抑制公司管理者的过度投资或在职消费行为,从而保护外部投资者的利益;其次,较多的现金股利发放,减少了内部融资,导致公司进入资本市场寻求外部融资,通过资本市场的监督减少了代理成本。

这种观点的结论是高水平的股利政策降低了企业的代理成本,但同时增加了外部融资成本,理想的股利政策应当使两种成本之和最小。

(二) 股利分配政策

股利分配政策是公司的管理层在综合考虑各种影响因素,结合公司自身实际情况,权衡利弊得失后,就是否发放股利、如何发放股利、发放多少股利以及何时发放股利等问题从优选择的方针和策略。

股利分配政策直接关系到企业未来的筹资能力和经营业绩。企业可选的股利政策主要有:剩余股利政策、固定或稳定增长的股利政策、固定股利支付率政策、低正常股利加额外股利政策。

1. 剩余股利政策

剩余股利政策(Residual Dividend Policy)是指公司在有良好的投资机会时,根据一定的目标资本结构,测算出投资所需的权益资本额,先从盈余中留用,然后将剩余的盈余作为股利发放。

采用剩余股利政策的基本步骤如图 7-1 所示。

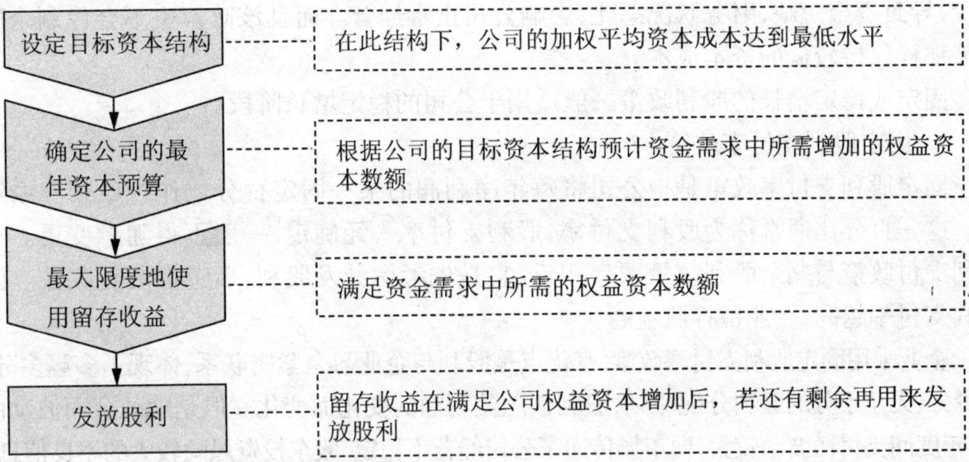

图 7-1 剩余股利政策的步骤

【例 7-13】 某公司 2010 年税后净利润 2 000 万元,2011 年的投资计划需要资金 3 000万元,公司的目标资本结构为权益资本占 60%,债务资本占 40%。按照目标资本结构,计算公司投资方案所需的权益资本数额以及发放股利数额。

需要的权益资本数额 = 3 000 × 60% = 1 800(万元)

2010 年可以发放的股利数额 = 2 000 − 1 800 = 200(万元)

采用剩余股利政策的优点是留存收益优先保证再投资的需要,有助于降低再投资的资金成本,保持最佳的资本结构,实现企业价值的长期最大化。

采用剩余股利政策的缺点是若完全遵照执行剩余股利政策,股利发放额就会每年随着投资机会和盈利水平的波动而波动。如在盈利水平不变的情况下,股利发放额与投资机会的多寡呈反方向变动;而在投资机会维持不变的情况下,股利发放额与公司盈利的高低呈同方向波动。

剩余股利政策不利于投资者安排收入与支出,也不利于树立公司良好的形象。一般适用于公司初创阶段和衰退阶段。

2. 固定或稳定增长的股利政策

固定或稳定增长的股利政策是指公司将每年派发的股利额固定在某一特定水平或是在此基础上维持某一固定比率逐年稳定增长。在固定或稳定增长的股利政策下,首先确定的是股利分配额,而且该分配额一般不随资金需求的波动而波动。

固定或稳定增长的股利政策的优点是:股利具有信号揭示功能,稳定的股利向市场传递公司正常发展的信息,有利于树立公司的良好形象,增强投资者对公司的信心,稳定股票的价格;稳定的股利额有助于投资者安排股利收入与支出,有利于吸引那些打算进行长期投资并对股利有很强依赖性的股东;稳定的股利政策可能会不符合剩余股利理论,但考虑到股票市场会受多种因素影响(包括股东的心理状态和其他要求),为了将股利维持在稳定的水平上,即使推迟某些投资方案或暂时偏离目标资本结构,也可能比降低股利或股利增长率更为有利。

该政策的缺点是当公司盈余较低时,仍要支付相对较高的股利,企业留存收益就会减少，导致资金短缺，财务状况恶化，影响公司正常经营。而且该政策也不会像剩余股利政策那样保持较低的资本成本。

固定或稳定增长的股利政策一般适用于公司的稳定增长阶段。

3. 固定股利支付率政策

固定股利支付率政策是指公司将每年净利润的某一固定百分比作为股利分派给股东。这一百分比通常称为股利支付率，股利支付率一经确定，一般不得随意变更。这种股利支付政策与剩余股利政策顺序相反，它是先考虑派发股利，后考虑留存收益。固定股利支付率越高，企业留存收益越少。

企业采用固定股利支付率政策，其优点是股利与企业盈余紧密联系，体现了多赢多分、少盈少分、无盈不分的股利分配原则，股利额随盈利额的变化而变化。但是随盈余而波动的股利，年度间支付额波动较大，向市场传递了公司经营不稳定、股东投资风险较大的不良信息。

这种股利政策，不利于公司稳定股票价格和树立良好形象，通常还会使公司面临较大的财务压力，因为公司实现的盈利多，并不代表公司有足够的现金流来支付较多的股利。若公司不论财务状况如何，均发放股利，则公司面临的财务压力就会较大。

固定股利支付率政策一般适用于公司的成熟阶段。

【例7-14】 某公司采用固定股利支付率政策进行股利分配，确定的股利支付率为40%。2010年税后净利润为3 000万元，计算该公司本年度将要支付的股利。

本年度将要支付的股利 = 3 000 × 40% = 1 200(万元)

4. 低正常股利加额外股利政策

低正常股利加额外股利政策(Low Regular Dividend Plus Extras Policy)是指企业事先设定一个较低的正常股利额，每年除了按正常股利额向股东发放现金股利外，还在企业盈余较多、资金较为充裕的年份向股东发放额外股利。

该股利政策的优点是具有较大的灵活性，在公司盈利较少或投资需要较多资金时，可以只支付较低的正常股利，这样既不会给公司造成较大的财务压力，又能保证股东定期得到一笔固定的股利收入；在公司盈利较多且不需要较多投资资金时，可以向股东发放额外股利。

低正常股利加额外股利政策一般适用于公司的高速发展阶段。

不同的股利政策在公司股利政策的制定过程中所发挥的作用是不同的，但无论何种股利政策，股利的稳定是吸引投资者的一个重要的财务指标。

【双语链接】

- Residual Dividend Policy: A policy in which the dividend paid is set equal to net income minus the amount of retained earnings necessary to finance the firm's optimal capital budget.
- Low Regular Dividend Plus Extras Policy: The policy of announcing a low, regular dividend that can be maintained no matter what, and then when times are good paying a designated "extra" dividend.

三、股利支付程序与支付形式

(一) 股利支付程序

股份公司分配股利必须遵循法定的程序。一般情况下,先由董事会提出分配预案,然后提交股东大会决议通过才能进行分配。股东大会决议通过分配预案后,要向股东宣布发放股利的方案,并确定宣布日、股权登记日、除息日和股利发放日。

1. 宣布日

宣布日(Declaration Date)就是股东大会表决通过并由董事会宣布发放股利的日期。在宣布分配方案时,要公布股权登记日、除息日和股利发放日。通常股份公司都应该定期宣布发放股利方案,我国股份公司一般是一年发放一次或两次股利,即在年中和年末时分配。在西方国家,股利通常按季度支付。

2. 股权登记日

股权登记日(Holder of Record Date)是指有权领取本期股利的股东资格登记截止日期。企业确定股权登记日是明确股东能否领取股利的日期界限,因为股票是经常流动的,所以确定这个日期非常必要。凡是在此指定日期收盘之前取得公司股票,成为公司在册股东的投资者都可以作为股东享受公司分派的股利。在这一天之后取得股票的股东则无权领取本次分派的股利。

3. 除息日

除息日(Ex-Dividend Date),也称除权日,是指股利所有权与股票本身分离的日期,将股票中含有的股利分配权利予以解除,即在除息日当日及以后买入的股票不再享有本次股利分配的权利。我国上市公司的除息日通常是在登记日的下一个交易日。由于在除息日之前的股票价格中包含了本次派发的股利,而自除息日起的股票价格中则不包含本次派发的股利,通常经过除权调整上市公司每股股票对应的价值,以便投资者对股价进行对比分析。

4. 股利发放日

股利发放日(Payment Date)即向股权登记日在册的股东实际支付股利的日期。

(二) 股利支付形式

股利支付方式一般有现金股利、财产股利、负债股利和股票股利。

1. 现金股利

现金股利(Cash Dividends)是以现金支付股利的形式。它是支付股利的最常见的方式之一,能满足大多数投资者希望得到一定数量的现金作为投资收益回报的愿望,也是投资者最容易接受的方式。但这种股利支付方式要求公司除了要有足够的留存收益外,还要有足够的现金,而现金充足与否往往会成为公司发放现金股利的主要制约因素。

2. 财产股利

财产股利是以现金以外的其他资产支付的股利,主要是以公司所拥有的其他公司的有价证券,如债券、股票等,作为股利支付给股东。该种股利支付形式并不增加企业的现金流出，适用于企业现金支付能力较弱的时期。

3. 负债股利

负债股利是公司以负债方式支付的股利，通常以公司的应付票据支付给股东，有时也以发放公司债券的方式支付股利。由于票据和债券都是带息的，所以支付负债股利会使公司支付利息的压力增大，但可以缓解公司资本不足时的矛盾。这种股利发放方式只是公司的一种权宜之策，股东也往往不喜欢公司采用这种股利支付方式。

4. 股票股利

股票股利(Stock Dividends)是公司以增发股票的方式所支付的股利，我国实务中通常也称其为"红股"。具体操作是，公司发行新股时无偿增资配股，即股东以不缴纳任何现金和实物的形式，取得公司发行的股票。

公司发放股票股利的主要目的是公司无须支付现金，使公司留存了大量现金，便于满足投资机会的需要并缓解现金紧张的状况。另外，发放股票股利可以降低股票市价，当公司股票价格较高，不利于交易时，股票股利具有稀释股价的作用，从而吸引更多的投资者，促进交易更加活跃。但发放股票股利的费用较高，会增加公司的负担，在某些情况下，股票股利向投资者传递的信息是企业资金周转不灵，降低了投资者对公司的信心，加剧了股价的下跌，这是股票股利带给公司的负面影响。

四、股票分割与股票回购

(一) 股票分割

股票分割(Stock Splits)又称拆股，是将面额较高的股票按一定比例交换成数股面额较低的股票的行为。如按三对一拆分意味着将原来的一股股票拆分为三股新股票。股票分割能够降低每股股票的面值，增加流通在外的股数，但普通股股本、股本溢价及留存收益的金额以及它们之间的比例关系均未改变，所有者权益也因此不会改变。

股票分割能够增加普通股股数，降低每股面值及每股市价，吸引更多的投资者购买股票，从而可以促进股票的流通和交易。流通性的提高和股东数量的增加，会在一定程度上加大对公司股票恶意收购的难度。股票分割还能够向市场和投资者传递"公司发展前景良好"的信号，有助于提高投资者对公司股票的信心。

与股票分割相反，公司为了提高股价，往往采用反分割的方法来减少流通股数，提高每股收益。反分割又称股票合并，是股票分割的相反行为。比如，如果公司流通在外的普通股为1 000万股，而股票价格只有1元，那么可以采取1∶5的反分割措施，使每股新股换取5股旧股，从而使公司流通在外的普通股减少至200万股，同时股票价格提升到5元。

股票分割与股票股利非常相似，都是在不增加股东权益的情况下增加了股份的数量，所不同的是，股票股利虽不会引起股东权益总额的改变，但股东权益的内部结构会发生变化，而股票分割之后，股东权益总额及其内部结构都不会发生任何变化，变化的只是股票面值。股票股利与股票分割的比较如表7-9所示。

表 7-9 股票分割与股票股利的比较

内容	股票股利	股票分割
不同点	(1) 股票面值不变; (2) 股东权益结构改变; (3) 属于股利支付方式。	(1) 股票面值变小; (2) 股东权益结构不变; (3) 不属于股利支付方式。
相同点	(1) 普通股股数增加(股票分割增加得更多); (2) 每股收益和每股市价下降(股票分割下降得更多); (3) 股东持股比例不变; (4) 资产总额、负债总额、股东权益总额不变。	

(二) 股票回购

股票回购(Stock Repurchase)是指上市公司出资将其流通在外的普通股以一定价格购买回来予以注销或作为库藏股的一种资本运作方式。公司持有的其他公司的股票、本公司未发行的股票以及本公司已经发行又回到公司手中并注销的股票均不属于库藏股。公司不得随意收购本公司的股份,只有满足相关法律规定的情形才允许股票回购。

1. 股票回购的动机

在证券市场上,股票回购的动机多种多样,主要有以下几点:

(1) 分配公司多余现金。当公司有富余资金但又没有较好的投资机会时,可以使用这笔资金分配股利,但出于股东避税、控股等多种因素的考虑,公司可以通过股票回购而非现金股利的方式分配多余现金,这样,股东就可以根据自己的需要选择继续持有股票还是出售获得现金。

(2) 优化公司的资本结构,降低资本成本。当权益资本在资本结构中所占比例较大时股票回购会使公司股权比重下降,债权比重上升,导致公司的财务杠杆水平提高,从而使公司整体资本成本降低,优化公司的资本结构。

(3)传递公司信息。由于信息不对称和预期差异,公司以高于市场价格的溢价回购股份,表明公司管理层认为股票价格被低估了,回购溢价(回购价格超过市场价格的部分)则反映了股票低估程度的信息。一般情况下,投资者会认为股票回购意味着公司认为其股票价值被低估而采取的应对措施。从这种意义上讲,回购被视为管理层传递内部信息的一种手段。

(4) 防止外来收购。股票回购使流通在外的股数减少,公司股价上升,增加收购方的收购难度,从而可以有效地防止敌意收购,通常被视为反收购策略。但由于回购的股票没有表决权,回购后进攻方的持股比例会上升,因此公司应将回购的股票再卖给稳定股东,才能起到反收购的作用。

2. 股票回购的方法

公司一旦决定采取股票回购方案,就必须制定具体的实施方法。回购股票的程序,很大程度上是看公司是在公开市场上以现行价格回购股票,还是对其股票采取正式招标方式,具体方法有如下几种:

(1) 公开市场购买。公开市场购买即公司直接在市场上以现行价格购买股票。公司需要遵循证券交易委员会的要求,不得进行价格操纵和内部交易。公开市场回购为公司何时购买、购买多少提供了更多的自由和灵活度。但如果需要大量的回购股票,采用这种方法可能会影响股票的市场价格,因此回购股票数量较少时采用公开市场购买方式。

(2) 股票回购招标。股票回购招标是指公司规定购买股票的数量、价格以及招标的有效期限,邀请股东呈交股票进行回购。它可以分为固定价格招标收购和荷兰式招标收购两种。固定价格招标收购是指公司在特定时间发出的,以高出股票市价的某一价格回购一定数量股票的要约。荷兰式招标收购是指股东可以在具体指定范围内提出股票卖出价格,在决定股票价格方面有更大的灵活性。这种方法主要适用于大型股票回购。

(3) 私下协议价格回购。私下协议价格是指公司与持有较大比例的大股东协商,以协商价格回购股票。当公司经营者或者所有者要强化控制权、排除有潜在威胁的股东时可以采取这种方法。

3. 股票回购的影响

股票回购能够直接减少流通在外的普通股股数,增加每股收益,提高公司股价,使股东从上升的股价中得到更多的资本利得。同时,回购股票能够有效利用闲余资金,缩减资本成本,改善公司资本结构。

公司回购股票,首先无异于股东退股和公司资本减少,这在一定程度上削弱了对债权人利益的保障,不利于公司的长远发展。其次,股票回购需要大量的资金,容易造成资金紧张,资产流动性降低,影响公司的发展。最后,股票回购容易导致公司操作股价,利用内幕消息炒作,加剧公司的不规范行为,损害投资者的利益。

【相关链接】

回购股票的限定

《公司法》第一百四十三条规定:"公司不得收购本公司股份。但是,有下列情形之一的除外:(一)减少公司注册资本;(二)与持有本公司股份的其他公司合并;(三)将股份奖励给本公司职工;(四)股东因对股东大会做出的公司合并、分立决议持异议,要求公司收购其股份的。公司因前款第(一)项至第(三)项的原因收购本公司股份的,应当经股东大会决议。公司依照前款规定收购本公司股份后,属于第(一)项情形的,应当自收购之日起十日内注销;属于第(二)项、第(四)项情形的,应当在六个月内转让或者注销。公司依照第一款第(三)项规定收购的本公司股份,不得超过本公司已发行股份总额的百分之五;用于收购的资金应当从公司的税后利润中支出;所收购的股份应当在一年内转让给职工。"

【本章练习】

一、单项选择题

1. 企业的收益分配有狭义和广义之分,下列各项中,属于狭义收益分配的是(　　)。

A. 企业收入的分配　　B. 企业净利润的分配

C. 企业产品成本的分配　　D. 企业职工薪酬的分配

2. 下列销售预测方法中，属于定量分析法的有(　　)。

A. 德尔菲法　　B. 推销员判断法

C. 因果预测分析法　　D. 产品寿命周期分析法

3. 下列各项中，属于"直接人工标准工时"组成内容的是(　　)。

A. 由于设备意外故障产生的停工工时　　B. 由于更换产品产生的设备调整工时

C. 由于生产作业计划安排不当产生的停工工时　　D. 由于外部供电系统故障产生的停工工时

4. 某公司近年来经营业务不断拓展，目前处于成长阶段，预计现有的生产经营能力能够满足未来10年稳定增长的需要，公司希望其股利与公司盈余紧密配合。基于以上条件，最为适宜该公司的股利政策是(　　)。

A. 剩余股利政策　　B. 固定股利政策

C. 固定股利支付率政策　　D. 低正常股利加额外股利政策

5. 下列关于股票回购的说法不正确的是(　　)。

A. 公司可以根据资本运作的需要自主确定是否需要回购股票

B. 公司在股票的公开交易市场上按照公司股票当前市场价格回购

C. 公司在特定期间向市场发出以高于股票当前市场价格的某一价格回购既定数量股票的要约

D. 私下协议回购是公司以协议价格直接向一个或几个主要股东回购股票

二、多项选择题

1. 下列关于收益分配管理的说法正确的有(　　)。

A. 收益分配管理包括收入管理、成本费用管理和利润分配管理

B. 广义的收益分配是指对企业的收入和税前利润进行分配

C. 收益分配集中体现了企业所有者、经营者与职工之间的利益关系

D. 企业的收益分配必须兼顾各方面的利益

2. 除了提升产品质量之外，根据具体情况合理运用不同的价格策略，可以有效地提高产品的市场占有率和企业的竞争能力。以下属于价格运用策略的是(　　)。

A. 渗透定价策略　　B. 心理定价策略

C. 差别定价策略　　D. 保本定价策略

3. 按照资本保全约束的要求，企业发放股利所需资金的来源包括(　　)。

A. 当期利润　　B. 留存收益

C. 原始投资　　D. 股本

4. 下列各项中，会导致企业采取低股利政策的事项有(　　)。

A. 物价持续上升　　B. 陷于经营收缩的公司

C. 企业资产的流动性较弱　　D. 企业盈余不稳定

5. 股票股利和股票分割均会使(　　)。

A. 有利于促进股票流通和交易　　B. 股东权益总额减少

C. 普通股股数增加　　D. 每股收益下降

三、判断题

1. 销售预测中的指数平滑法运用比较灵活，适用范围较广，但是在平滑指数的选择上具有一定的主观随意性。(　　)

2. 从理论上说，债权人不得干预企业的资金投向和股利分配方案。(　　)

3. 代理理论认为，高水平的股利政策增加了企业的代理成本，同时降低了外部融资成本，理想的股利政策应当使两种成本之和最小。(　　)

4. 在除息日购入公司股票的投资者不能享有已宣布发放的股利。 ( )

5. 对于股东来说,更希望公司发放现金股利,因为其承担的税负比发放股票股利的税负轻。 ( )

四、计算题

1. 某公司2006—2011年实际销售量及确定的权数资料如下:

年份	2006	2007	2008	2009	2010	2011
销量(万吨)	500	490	510	495	515	520
权重	0.09	0.10	0.14	0.19	0.23	0.25

要求:

(1) 用算术平均法预测公司2012年销售量。

(2) 用加权平均法预测公司2012年销售量。

(3) 假设公司在2010年年底时预测2011年的销售量为515万吨,用修正的移动平均法预测公司2012年销售量(假设样本期为3期)。

(4) 假设公司在2010年年底时预测2011年的销售量为515万吨,平滑指数为0.7,用指数平滑法预测公司2012年销售量。

2. 某公司成立于2010年1月1日,2010年度实现的净利润为1 000万元,分配现金股利550万元,提取盈余公积450万元(所提盈余公积均已指定用途)。2011年实现的净利润为900万元(不考虑计提法定盈余公积的因素)。2012年计划增加投资,所需资金为700万元。假定公司目标资本结构为自有资金占60%,借入资金占40%。

要求:

(1) 在保持目标资本结构的前提下,计算2012年投资方案所需的自有资金额和需要从外部借入的资金额。

(2) 在保持目标资本结构的前提下,如果公司执行剩余股利政策,计算2011年度应分配的现金股利。

(3) 在不考虑目标资本结构的前提下,如果公司执行固定股利政策,计算2011年度应分配的现金股利、可用于2012年投资的留存收益和需要额外筹集的资金额。

(4) 在不考虑目标资本结构的前提下,如果公司执行固定股利支付率政策,计算该公司的股利支付率和2011年度应分配的现金股利。

(5) 假定公司2012年面临着从外部筹资的困难,只能从内部筹资,不考虑目标资本结构,计算在此情况下2011年度应分配的现金股利。

第三篇　财务管理手段

第八章　财务预算管理

【本章导航】

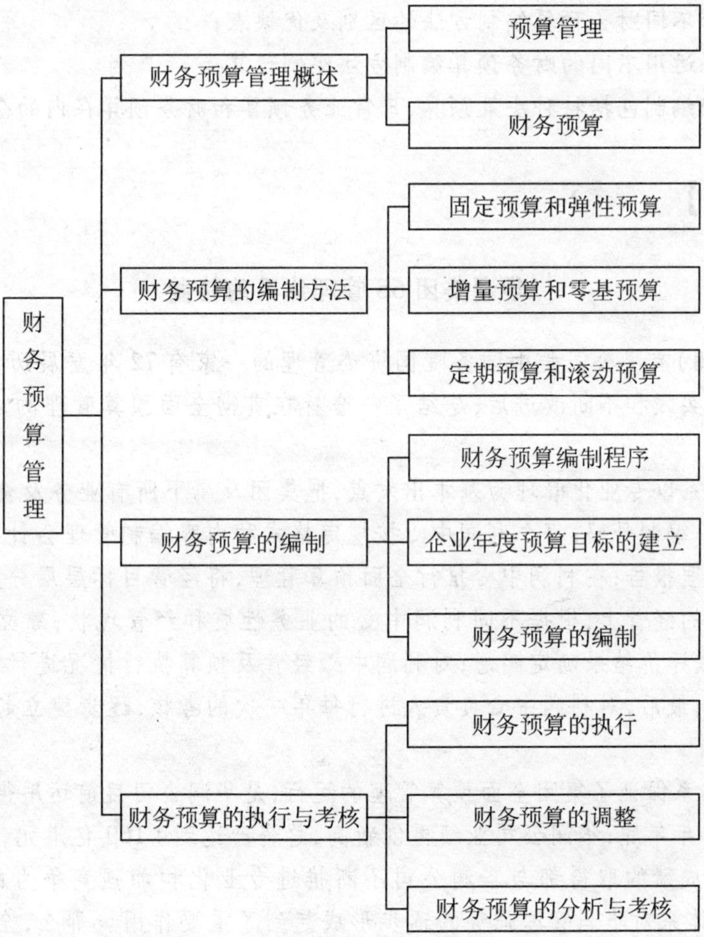

【知识目标】

1. 了解企业的预算体系;
2. 熟悉财务预算的功能与地位;
3. 正确理解财务预算编制的基本原理;
4. 掌握财务预算的编制方法。

【能力目标】

1. 能解释不同财务预算编制方法的区别及优缺点;
2. 能熟练运用不同的财务预算编制方法编制预算;
3. 能正确编制包括特种决策预算、日常业务预算和财务预算在内的全面预算。

【导入案例】

华润集团6S管理体系的精髓

华润(集团)有限公司是由国务院国资委管理的一家有72年发展历史的中央企业。在经过多年的实践和不断改进后,总结了一套旨在贯彻全面预算管理的运行体系,即6S管理体系。

该管理体系以专业化管理为基本出发点,把集团及属下所有业务及资产分成多个利润中心,并逐一编制号码;每个利润中心按规定格式和内容编制管理会计报告,并汇总成为集团总体管理报告;在利润中心推行全面预算管理,将经营目标层层分解,落实到每个责任人每个月的经营上;根据不同利润中心的业务性质和经营现状,建立切实可行的业务评价体系,按评价结果确定奖惩;对利润中心经营及预算执行情况进行审计,确保管理信息的真实性;最后,对利润中心负责人进行每年一次的考核,逐步建立起选拔管理人员的科学程序。

6S管理体系保证了集团全面预算管理的运行,是华润公司目前运用得最为成功的管理系统。2009年年底,华润公司业绩再创新高,总资产达到4 169亿港元,营业额达1 607亿港元。这些成绩的取得都与华润公司不断推进专业化和加强竞争力的努力分不开。其中,6S管理体系对华润管理强势的逐步形成起到了重要作用。那么,全面预算包括哪些部分,发挥怎样的作用,如何正确地编制全面预算以及怎样执行、考核预算,这些都将在本章进行介绍。

资料来源:本案例资料主要摘自《财务预算管理:企业管理的重中之重》,新浪财经网,http//www.sina cn,2010年10月11日。

第一节　财务预算管理概述

财务预算管理是企业预算管理的一个分支,也是预算管理的核心部分。企业的预算是一个综合性的财务计划,包括经营预算、专门决策预算和财务预算。经营预算是对企业收入、费用和利润做出的预计;专门决策预算是对企业的资本性投资方案所进行的计划和评价;财务预算则是在经营预算和资本预算的基础上所做出的现金流量的安排,以及一定时期内的损益表和一定时期末的资产负债表的预计。

预算通过引导和控制经济活动,使企业经营达到预期目标;实现企业内部各个部门之间的协调;成为业绩考核的标准。各种预算是一个有机联系的整体。

一、预算管理

(一) 预算的概念

预算(Budget)是企业在预测、决策的基础上,以数量和金额的形式反映企业未来一定时期内经营、投资、财务等活动的具体计划,是为实现企业目标而对各种资源和企业活动的详细安排。

【相关链接】

预算、预测、控制之间的关系

预算与预测的关系:预测是对未来事项或环境的估计;而预算则是未来的计划,它是管理当局设定的目标。预测通常是预算编制的基础,相对于同一研究领域来说,预算比预测要考虑更多的因素。

预算与控制的关系:编制预算要求企业制订计划,并以书面的形式反映企业在未来某段期间的预算业绩,这样预算就成了帮助管理者进行控制的工具。所以,预算也称为控制预算,它从对未来预测和与过去比较两方面帮助管理者进行控制。预算的编制过程就是制定目标的过程。预算控制是通过计量实际业绩并将其与预算业绩相比较来完成的。依据两种业绩的比较,管理人员可以做出管理决策,采取纠正不利趋势的措施或者使实际业绩超出预算业绩,达到最大化。总的来说,预算控制的理论可以概括为:比较实际业绩与预算业绩,并据以采取措施。

预算具有两个特征:首先,编制预算的目的是促成企业以最经济有效的方式实现预定目标,因此,预算必须与企业的战略或目标保持一致;其次,预算作为一种数量化的详细计划,它是对未来活动的细致、周密安排,是未来经营活动的依据,数量化和可执行性是预算最主要的特征。因此,预算是一种可据以执行和控制经济活动的、最为具体的计划,是对目标的具体化,是将企业活动导向预定目标的有力工具。

(二) 预算的分类

企业预算可以按不同标准进行多种分类:

1．根据预算内容的不同，企业预算可以分为经营预算（Operating Budget）、专门决策预算和财务预算（Financial Budget）

（1）经营预算。经营预算（也称业务预算）是指与企业日常经营活动直接相关的经营业务的各种预算。它主要包括销售预算、生产预算、材料采购预算、直接材料消耗预算、直接人工预算、制造费用预算、产品生产成本预算、经营费用和管理费用预算等。

（2）专门决策预算。专门决策预算是指企业不经常发生的、需要根据专门决策临时编制的一次性预算。主要包括资本支出预算和一次性专门预算。专门决策预算直接反映相关决策的结果，是实际中选方案的进一步规划。例如，企业对一切固定资产购置都必须在事先做好可行性分析的基础上来编制预算，具体反映投资额需要多少，何时进行投资，资金从何处筹得，投资期限是多长，何时可以投产，未来每年的现金流量是多少。

（3）财务预算。财务预算是指企业在计划期内反映有关预计现金收支、财务状况和经营成果的预算。财务预算作为全面预算体系最后的环节，它是从价值方面总括地反映企业业务预算与专门决策预算的结果，也就是说，业务预算和专门决策预算中的资料都可以用货币金额反映在财务预算内，这样一来，财务预算就成为各项业务预算和专门决策预算的整体计划，故亦称为总预算（General Budget），其他预算则相应称为辅助预算或分预算。由此可见，财务预算是企业预算的一个重要环节，该预算与其他预算紧密联系在一起构成企业完整的全面预算体系，具体如表 8-1 所示。

表 8-1　根据预算内容不同进行分类

类　别			具体内容
全面预算体系	辅助（分）预算	经营（业务）预算	（1）销售预算；（2）生产预算；（3）材料采购预算；（4）直接材料消耗预算；（5）直接人工预算；（6）制造费用预算；（7）产品生产成本预算；（8）经营费用和管理费用预算。
		专门决策预算	（1）资本支出预算；（2）一次性专门预算。
	财务（总）预算		在全面预算中占有举足轻重的地位，包含：（1）现金预算；（2）预计财务报表（预计利润表和资产负债表）。

2．按预算指标覆盖的时间长短划分，企业预算可以分为长期预算和短期预算

通常将预算期在 1 年以内（含 1 年）的预算称为短期预算，预算期在 1 年以上的预算则称为长期预算。预算的编制时间可以视预算的内容和实际需要而定，可以是 1 周、1 月、1 季、1 年或若干年等。在预算编制过程中，往往应结合各项预算的特点，将长期预算和短期预算结合使用。一般情况下，企业的业务预算和财务预算多为 1 年期的短期预算，年内再按季或月细分，而且预算期间往往与会计期间保持一致。

【双语链接】

- Budget：A budget is the quantitative expression of a proposed plan of action by management for a specified period and an aid to coordinating what needs to be done to implement that plan.
- Financial Budget：The financial budget is that part of the master budget made up of the capital expenditures budget, the cash budget, the budgeted balance sheet, and the budgeted statement of cash flows.
- Operating Budget：The operating budget is that patt of the master budget made up of the budgeted income statement and the budgets for various business functions of the value chain, from research and development to administrative costs. The revenues budget is often the starting point of the operating budget.

（三）预算的体系

各种预算是一个有机联系的整体。一般将由业务预算、专门决策预算和财务预算组成的预算体系，称为全面预算体系。其结构如图 8-1 所示。

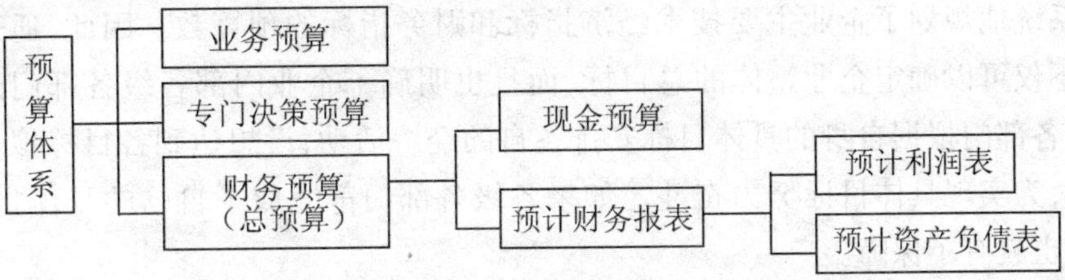

图 8-1　全面预算体系

（四）预算工作的组织

在企业战略目标的指导下，为合理利用企业资源，提高企业经济效益，企业应该编制全面预算——覆盖企业经营、资本、财务等各方面进行总体规划和统筹安排。为了保障预算工作的有效性，要加强对企业预算工作的组织领导。预算工作的组织包括决策层、管理层、执行层和考核层，具体如表 8-2 所示。

表 8-2　预算工作的组织

负责机构	具体任务、权利和职责
董事会、经理办公会或类似机构	根据情况设立预算委员会或指定财务管理部门负责预算管理事宜，并对企业法人代表负责。
预算委员会或财务管理部门	拟定预算的目标、政策，制定预算管理的具体措施和办法，审议、平衡预算方案，组织下达预算，协调解决预算编制和执行中的问题，组织审计、考核预算的执行情况，督促企业完成预算目标。
财务管理部门	具体负责企业预算的跟踪管理，监督预算的执行情况，分析预算与实际执行的差异及原因，提出改进管理的意见与建议。

（续表）

负责机构	具体任务、权利和职责
企业内部各职能部门	具体负责本部门业务涉及的预算编制、执行、分析等工作，并配合预算委员会或财务管理部门做好企业总预算的综合平衡、协调、分析、控制与考核等工作。其主要负责人参与企业预算委员会的工作，并对本部门预算执行结果承担责任。
企业所属基层单位	负责本单位现金流量、经营成果和各项成本费用预算的编制、控制、分析工作，接受企业的检查、考核。其主要负责人对本单位财务预算的执行结果承担责任。

二、财务预算

（一）财务预算的作用

财务预算是财务预测、财务决策结果的具体化、系统化、数量化的表达方式，是财务控制和财务分析的先导和重要依据。其在经营管理中发挥的作用概括为以下四点：

1. 财务预算是企业各级各部门工作的奋斗目标

财务预算是以日常业务预算和专门决策预算为基础编制的综合性预算，整个预算体系全面、系统地规划了企业主要技术经济指标和财务指标的预算数。因此，通过编制财务预算，不仅可以确定企业整体的总目标，而且也明确了企业内部各级各部门的具体目标。各级各部门根据自身的具体目标安排各自的经济活动，设想达到各目标拟采取的方法和措施，为实现具体目标努力奋斗。如果各级各部门都完成了自己的具体目标，企业的总目标也就有了保障。

2. 财务预算是企业各级各部门工作协调的工具

企业内部各级各部门因其职责的不同，对各自经济活动的考虑可能会带有片面性，甚至会出现相互冲突的现象。财务预算具有高度的综合能力，编制财务预算的过程也是企业内部各级各部门的经济活动密切配合、相互协调、统筹兼顾、全面安排、搞好综合平衡的过程。例如，编制生产预算一定要以销售预算为依据，编制材料、人工、费用预算必须与生产预算相衔接，各预算指标之间应保持必需的平衡。只有企业内部各级各部门协调一致，才能最大限度地实现企业的总目标。

3. 财务预算是企业各级各部门工作控制的标准

财务预算在使企业各级各部门明确奋斗目标的同时，也为其工作提供了控制依据。预算进入实施阶段以后，各级各部门管理工作的重心转向控制，即设法使经营活动按预算进行。各级各部门应以各项预算为标准，通过计量对比，及时提供实际偏离预算的差异数额，并分析原因，以便采取有效措施，挖掘潜力，巩固成绩，纠正缺点，保证预定目标的完成。

4. 财务预算是企业各级各部门工作考核的依据

在预算实施过程中，实际偏离预算的差异，不仅是控制企业日常经济活动的重要标准，也是考核、评定各级各部门和全体职工工作业绩的主要依据。通过考核，对各级各部门和全体职工进行评价，并据此实行奖惩、安排人事任免等，促使大家更好地工作，完成奋斗目标。为了让有关部门和职工及时了解自己的业绩，财务预算经起草、修改、定稿以后，必须发给各级各部门和全体职工。

（二）财务预算编制的步骤

企业预算以利润为最终目标，并把确定下来的目标利润作为编制预算的前提条件。根据已确定的目标利润，通过市场调查，进行销售预测，编制销售预算。在销售预算的基础上，做出不同层次、不同项目的预算，最后汇总为综合性的现金预算和预计财务报表。

财务预算编制流程具体如图 8-2 所示。

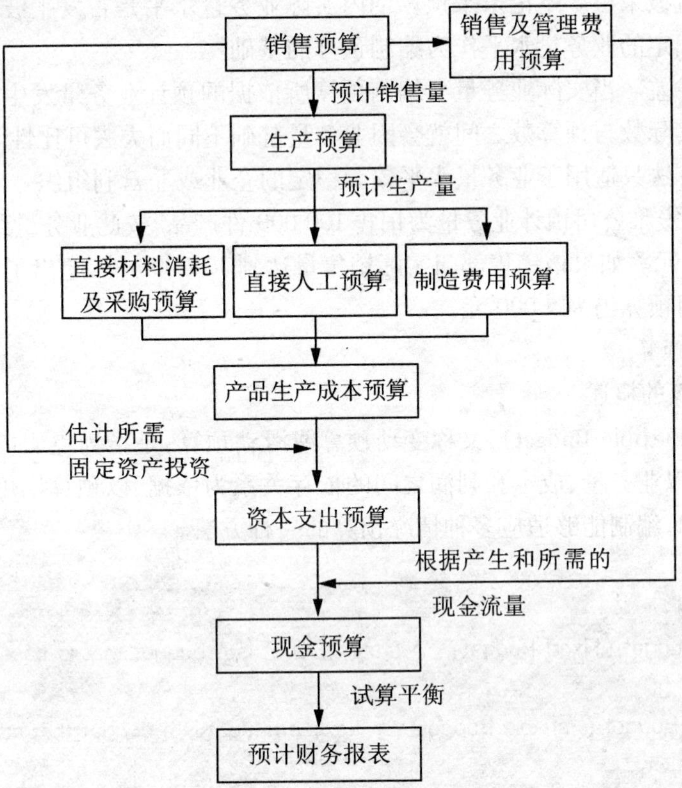

图 8-2　财务预算编制流程图

第二节　财务预算的编制方法

编制财务预算由不同的编制依据形成不同的编制方法，企业采用什么方法编制预算，对预算目标的实现有着至关重要的影响，从而直接影响到预算管理的效果。

一、固定预算和弹性预算

编制预算的方法按其业务量基础的数量特征不同，可分固定预算和弹性预算两大类。

(一) 固定预算

1. 固定预算的概念

固定预算(Static/Fixed Budget),又称静态预算,是指在编制预算时,只根据预算期内正常的、可实现的某一固定业务量(如生产量、销售量)水平作为唯一基础来编制预算的一种方法。

2. 固定预算的缺点及适用范围

固定预算的缺点主要表现在:

(1) 过于机械呆板。不论未来预算期内实际业务量水平是否发生波动,都只按事先预计的某一个确定的业务量水平作为编制预算的基础。

(2) 可比性差。当实际业务量与编制预算所依据的预计业务量发生较大差异时,有关预算指标的实际数与预算数之间就会因业务量基础不同而失去可比性。

固定预算方法只适用于业务量水平较为稳定的企业或非营利组织。

【例8-1】 安雅公司预计业务量为销售100 000件产品,按此业务量给销售部门的预算费用为5 000元。如果该销售部门实际销售量达到120 000件,超出了预算业务量,固定预算下的费用预算仍为5 000元。

(二) 弹性预算

1. 弹性预算的概述

弹性预算(Flexible Budget),又称变动预算或滑动预算,是指为克服固定预算方法的缺点而设计的,以业务量、成本和利润之间的依存关系为依据、以预算期可预见的各种业务量水平为基础,编制能够适应多种情况预算的一种方法。

【双语链接】

- Static Budget (Fixed Budget): A static budget is a budget that is based on only one level of activity.
- Flexible Budget (Variable Budget): A flexible budget is a budget that adjusts to different levels of activity.

2. 弹性预算的主要特点

(1) 弹性预算的优点

与固定预算相比,弹性预算的优点主要表现在:①预算范围宽。它能反映预算期内与一定相关范围内可预见的多种业务量水平相对应的不同预算额,从而扩大了预算的适用范围,便于预算指标的调整。②可比性强。在弹性预算下,如果预算期实际业务量与计划业务量不一致,可以将实际指标与实际业务量相应的预算额进行对比,从而能够使预算执行情况的评价与考核建立在更加客观和可比的基础上,便于更好地发挥预算的控制作用。

(2) 弹性预算的适用范围

由于未来业务量的变动会影响到成本、费用、利润等各个方面,因此弹性预算从理论上讲适用于编制全面预算中所有与业务量有关的各种预算。但从实用角度看,主要用于编制弹性成本费用预算和弹性利润预算等。

3. 弹性成本费用预算的编制

(1) 弹性成本费用预算的基本公式

编制弹性成本费用预算,关键是进行成本性态分析,将全部成本最终区分为变动成本和固定成本两大类。变动成本主要根据单位业务量来控制,固定成本则按总额控制。其成本的预算公式如下:

$$成本弹性预算 = 固定成本预算数 + \sum(单位变动成本预算数 \times 预计业务量)$$

在此基础上,按事先选择的业务量计量单位和确定的有效变动范围,根据该业务量与有关成本费用项目之间的内在关系即可编制弹性成本费用预算。

(2) 业务量的选择

编制弹性预算所依据的业务量可以是产量、销售量、直接人工工时、机器工时、材料消耗量或直接人工工资等。选择业务量包括选择业务量计量单位和业务量变动范围两部分内容,具体如表 8-3 所示。

表 8-3 业务量的选择

基本要求	相关说明
业务量计量单位应根据企业的具体情况进行选择	生产单一产品的部门,可以选用产品实物量;生产多种产品的部门,可以选用人工工时、机器工时等;修理部门可以选用修理工时等。
	以手工操作为主的企业应选用人工工时,机械化程度较高的企业选用机器工时更为适宜。
业务量变动范围的选择应根据企业的具体情况而定	可定在正常生产能力的 70%—120% 之间,或以历史最高业务量和最低业务量为其上下限。

注:业务量变动范围是指弹性预算所适用的业务量变动区间。

(3) 弹性成本费用预算的具体编制方法

弹性成本费用预算的具体编制方式有公式法和列表法两种。

① 公式法。公式法是假设成本与业务量之间存在线性关系,参照第四章第一节资金需要量预测中的资金习性预测法建立一元线性函数,即:$y = a + bx$。

在公式法下,如果事先确定了有关业务量的变动范围,只要根据有关成本项目的 a 和 b 参数,就可以很方便地推算出业务量在允许范围内任何水平上的各项预算成本。

【例 8-2】 安雅公司按公式法编制的制造费用弹性预算如表 8-4 所示,其中较大的混合成本项目已经被分解。

表 8-4　安雅公司预算期制造费用弹性预算(公式法)

工时变动范围:70 000—120 000 小时　　　　单位:元

项目	a	b
管理人员工资	15 000	—
保险费	5 000	—
设备租金	8 000	—
维修费	6 000	0.25
水电费	500	0.15
辅助材料	4 000	0.30
辅助工工资	—	0.45
检验员工资	—	0.35
合计	38 500	1.50

根据表 8-4,可利用 $y=38\ 500+1.5x$,计算出人工小时在 70 000—120 000 的范围内任一业务量基础上的制造费用预算总额;也可计算出在该人工小时变动范围内,任一业务量的制造费用中某一费用项目的预算额。例如,维修费 $y=6\ 000+0.25x$,检验员工资 $y=0.35x$ 等。

这种方法的优点是在一定范围内不受业务量波动影响,编制预算的工作量较小;缺点是在进行预算控制和考核时,不能直接查出特定业务量下的总成本预算数额,而且按细目分解成本比较麻烦,同时又有一定误差。

如果直接人工工时超出了相关范围,例如直接人工工时 >120 000 或 <70 000 时,这时公式法不再适用。所以,公式法只是在一定范围内不受业务量波动影响,但列表法可以克服这样的问题。

② 列表法。列表法是指通过列表的方式,在相关范围内每隔一定业务量范围计算相关数值预算,来编制弹性成本费用预算的方法。采用这种方法首先将业务量在确定的业务范围内划分为若干个不同水平,然后再按不同业务量水平分别计算各项预算成本,汇总列入一个预算表格。

【例 8-3】　安雅公司按列表法编制的制造费用弹性预算如表 8-5 所示。

表 8-5 中的业务量间距为 10%,在实际工作中可选择更小的间距(如 5%,读者可以自行计算)。显然,业务量的间距越小,实际业务量水平出现在预算表中的可能性就越大,但工作量也就越大。

列表法的主要优点是:可以直接从表中查得各种业务量下的成本预算,便于预算的控制和考核,但这种方法工作量较大,且不能包括所有业务量条件下的费用预算,故适用面较窄。

表 8-5　安雅公司预算期制造费用弹性预算　　　　单位:元

直接人工小时	70 000	80 000	90 000	100 000	110 000	120 000
生产能力利用(%)	70	80	90	100	110	120
变动成本项目	56 000	64 000	72 000	80 000	88 000	96 000

（续表）

辅助工人工资	31 500	36 000	40 500	45 000	79 500	54 000
检验员工资	24 500	28 000	31 500	35 000	38 500	42 000
混合成本项目	59 500	66 500	73 500	80 500	87 500	94 500
维修费	23 500	26 000	28 500	31 000	33 500	36 000
水电费	11 000	12 500	14 000	15 500	17 000	18 500
辅助材料	25 000	28 000	31 000	34 000	37 000	40 000
固定成本项目	28 000	28 000	28 000	28 000	28 000	28 000
管理人员工资	15 000	15 000	15 000	15 000	15 000	15 000
保险费	5 000	5 000	5 000	5 000	5 000	5 000
设备租金	8 000	8 000	8 000	8 000	8 000	8 000
制造费用预算	143 500	158 500	173 500	188 500	203 500	218 500

（4）弹性利润预算的编制

弹性利润预算是根据成本、业务量和利润之间的依存关系，为适应多种业务量变化而编制的利润预算。弹性利润预算是以弹性成本预算为基础编制的，其内容主要包括销售量、价格、单位变动成本、贡献边际和固定成本。弹性利润预算的编制具体有以下两种方式：

① 因素法（公式法的应用）。该方法是指根据受业务量变动影响的有关收入、成本等因素与利润的关系，列表反映出不同业务量条件下利润水平的预算方法。

因素法是依据收入、成本、利润三者之间的内在联系（即利润总额 = 收入总额 - 成本总额），将影响利润的有关因素分解为销售量、单位售价、单位变动成本、固定成本总额，利润与有关因素之间的线性关系为：

$$y = s \times (p - b) - a$$

其中，a 是不随销售量变动的固定成本总额，b 是随销售量变动的单位成本，s 是销售量，p 是销售单价，$(p - b)$ 是单位边际利润（也称单位边际贡献或收益），$s \times (p - b)$ 是与销售量有关的边际利润总额，y 是利润总额。

【例 8-4】　预计安雅公司预算年度某产品的销售量为 7 000—12 000 件，销售单价为 100 元，单位变动成本为 86 元，固定成本总额为 80 000 元。

要求：根据上述资料以 1 000 件为销售量的间隔单位编制产品的弹性利润预算。

依题意，编制的弹性利润预算如表 8-6 所示。

表 8-6　安雅公司弹性利润预算　　单位：元

销售量/件(s)	7 000	8 000	9 000	10 000	11 000	12 000
单价(p)	100	100	100	100	100	100
单位变动成本(b)	86	86	86	86	86	86
边际贡献	98 000	112 000	126 000	140 000	154 000	168 000
减：固定成本	80 000	80 000	80 000	80 000	80 000	80 000
营业利润(y)	18 000	32 000	46 000	60 000	74 000	88 000

如果销售价格、单位变动成本、固定成本发生变动，也可参照此方法，分别编制在不

同销售价格、不同单位变动成本、不同固定成本水平下的弹性利润预算,从而形成一个完整的弹性利润预算体系。这种方法适用于单一品种经营或采用分算法处理固定成本的多种经营的企业。

② 百分比法(列表法的应用)。该法又称销售额百分比法,是指按不同销售的百分比来编制弹性利润预算的方法。一般来说,许多企业都经营多个品种,在实际工作中分品种逐一编制弹性利润预算是不现实的,这就要求用一种综合的方法——销售额百分比法对全部经营商品或按商品大类编制弹性利润预算。

【例 8-5】 安雅公司预算年度的销售业务量达到 100% 时的销售收入为 1 000 000 元,变动成本为 860 000 元,固定成本为 80 000 元。

要求:根据上述资料以 10% 的间隔为安雅公司按百分比法编制弹性利润预算。

根据题意编制的弹性利润预算如表 8-7 所示。

表 8-7 安雅公司弹性利润预算 单位:元

销售收入百分比(%)(1)	80	90	100	110	120
销售收入(2) = 1 000 000 × (1)	800 000	900 000	1 000 000	1 100 000	1 200 000
变动成本(3) = 860 000 × (1)	688 000	774 000	860 000	946 000	1 032 000
贡献边际(4) = (2) - (3)	112 000	126 000	140 000	154 000	168 000
固定成本(5)	80 000	80 000	80 000	80 000	80 000
利润总额(6) = (4) - (5)	32 000	46 000	60 000	74 000	88 000

应用百分比法的前提条件是销售收入必须在相关范围内变动,即销售收入的变化不会影响企业的成本水平(单位变动成本和固定成本总额)。此法主要适用于多品种经营的企业。

二、增量预算和零基预算

编制成本费用预算的方法按其出发点的特征不同,可分为增量预算和零基预算两大类。

(一) 增量预算

1. 增量预算的概念

增量预算(Incremental Budget),又称调整预算,是指以基期成本费用水平为基础,结合预算期业务量水平及有关影响成本因素的未来变动情况,通过调整有关原有费用项目而编制预算的一种方法。

2. 增量预算的假定

传统的预算编制方法基本上采用的是增量预算方法,即以基期的实际预算为基础,对预算值进行增减调整。这种预算方法比较简便。增量预算的编制源于以下假定,具体如表 8-8 所示。

表 8-8 增量预算的假定

假定条件	相关说明
(1)现有的业务活动是企业所必需的	只有保留企业现有的每项业务活动,才能使企业的经营过程得到正常发展
(2)原有的各项开支都是合理的	既然现有的业务活动是必需的,那么原有的各项费用开支就一定是合理的,必须予以保留
(3)增加费用预算是值得的	未来预算期的费用变动是在现有费用的基础上调整的结果

【例 8-6】 安雅公司上年的制造费用为 50 000 元,考虑到本年生产任务增大 10%,按增量预算编制计划年度的制造费用。

计划年度制造费用预算 = 50 000 ×(1 + 10%)= 55 000(元)

3. 增量预算的缺点

增量预算以过去的经验为基础,实际上是承认过去所发生的一切都是合理的,主张不需在预算内容上做较大改进,而是沿袭以前的预算项目。这种方法主要有如下缺点:

(1) 受原有费用项目限制,可能导致保护落后。由于按这种方法编制预算,往往不加分析地保留或接受原有的成本项目,因此可能使原来不合理的费用开支继续存在下去,形成不必要开支的合理化,造成预算上的浪费。

(2) 滋长预算中的“平均主义”和“简单化”。采用此法,容易鼓励预算编制人员凭主观臆断按成本项目平均削减预算或只增不减,不利于调动各部门降低费用的积极性。

(3) 不利于企业未来的发展。按照这种方法编制的费用预算,只对目前已存在的费用项目编制预算;而对那些对企业未来发展有利确实需要开支的费用项目却未予考虑,这必将对企业一些有价值的改革创新思想的运用产生不利影响,进而阻碍企业的长远发展。

(二) 零基预算

1. 零基预算的概念

零基预算(Zero-base Budget)的全称为“以零为基础编制计划和预算的方法”,又称零底预算,是指在编制成本费用预算时,不考虑以往会计期间所发生的费用项目或费用数额,而是将所有的预算支出均以零为出发点,一切从实际需要出发,逐项审议预算期内各项费用的内容及开支标准是否合理,在综合平衡的基础上编制费用预算的一种方法。

零基预算是为克服增量预算的不足而设计的。它是由美国德州仪器公司彼得·派尔在20世纪70年代提出来的,现已被西方国家广泛采用,作为管理间接费用的一种新的有效方法。

零基预算打破了传统的编制预算观念,不再以历史资料为基础进行调整,而是一切以零为基础。编制预算时,首先要确定各个费用项目是否应该存在,然后按项目的轻重缓急安排企业的费用预算。

2. 零基预算的优缺点及适用范围

(1) 零基预算的优缺点

零基预算的优点主要表现在:①不受现有费用项目和开支水平的限制,能促使企业合理有效地进行资源分配,将有限的资金用在刀刃上;②能够调动企业各部门降低费用的积极性,可以充分发挥各级管理人员的主动性和创造性,促进各预算部门精打细算,量力而行,合理使用资金,提高资金的利用效果;③有助于企业面向未来发展考虑预算问题。

零基预算的缺点在于:这种方法一切从零出发,需要对企业现状和市场进行大量的调查研究,对现有资金使用效果和投入产出关系进行定量分析等,这势必耗费大量的人力、物力和财力,所需时间和所付代价较高。另外,费用项目成本效益的计算也缺乏客观依据。

(2) 零基预算的适用范围

零基预算特别适用于产出较难辨认的服务性部门费用预算的编制。

3. 零基预算的程序

零基预算的编制程序如图 8-3 所示。

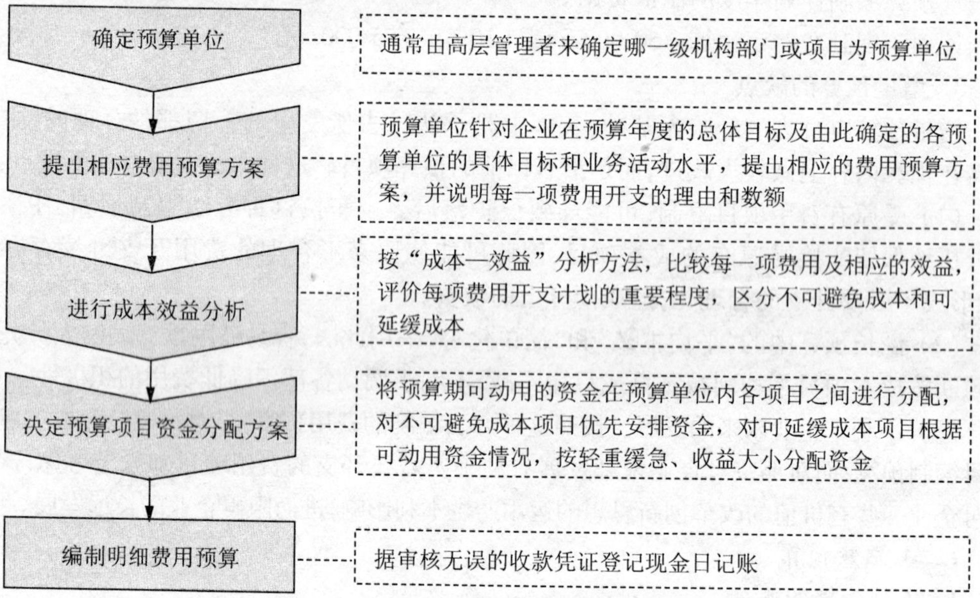

图 8-3 零基预算程序

【例 8-7】 安雅公司为深入开展双增双节运动,降低费用开支水平,拟对历年来超支严重的业务招待费、劳动保护费、办公费、广告费、保险费等间接费用项目按照零基预算方法编制预算。

经多次讨论研究,预算编制人员确定上述费用在预算年度开支水平如表 8-9 所示。

表 8-9 安雅公司预计费用项目及开支金额 单位:元

费用项目	开支金额
业务招待费	180 000
劳动保护费	150 000
办公费	100 000
广告费	300 000
保险费	120 000
合计	850 000

经过充分论证，得出以下结论：上述费用中除业务招待费和广告费以外都不能再压缩了，必须得到全额保证。

根据历史资料对业务招待费和广告费进行成本—效益分析，得到以下数据，如表 8-10 所示。

表 8-10 安雅公司预计费用项目及开支金额

单位：元

成本项目	成本金额	收益金额
业务招待费	1	4
广告费	1	6

然后，权衡上述各项费用开支的轻重缓急排出层次和顺序：因为劳动保护费、办公费和保险费在预算期必不可少，需要全额得到保证，属于不可避免的约束性固定成本，故应列为第一层次；因为业务招待费和广告费可根据预算期间企业财力情况酌情增减，属于可避免项目；其中广告费的成本—效益较大，应列为第二层次；业务招待费的成本—效益相对较小，应列为第三层次。假定该公司预算年度上述各项费用可动用的财力资源只有 700 000 元，根据以上排列的层次和顺序分配资源，最终落实预算金额如下：

（1）确定不可避免项目的预算金额 = 150 000 + 100 000 + 120 000 = 370 000（元）

（2）确定可分配的资金数额 = 700 000 − 370 000 = 330 000（元）

（3）按成本—效益比重将可分配的资金数额在业务招待费和广告费之间进行分配：

业务招待费可分配资金 = 330 000 × 4/10 = 132 000（元）

广告费可分配资金 = 330 000 × 6/10 = 198 000（元）

在实际工作中，某些成本项目的成本—效益关系不容易确定，按零基预算方法编制预算时不能机械地平均分配资金，而应根据企业的实际情况有重点、有选择地确定预算项目，保证重点项目的资金需要。

三、定期预算和滚动预算

编制预算的方法按其预算期的时间特征不同，可分为定期预算和滚动预算两大类。

1. 定期预算

（1）定期预算的概念

定期预算（Regular Budget），是指在编制预算时以不变的会计期间（如日历年度）作为预算期的一种编制预算的方法。

（2）定期预算的优缺点

定期预算的唯一优点是能够使预算期间与会计年度相配合，便于考核和评价预算的执行结果。

定期预算一般在年度前两三个月编制，由于跨期较长，对计划期的情况掌握不够准确，主要缺陷表现在以下三个方面：① 远期指导性差；② 灵活性差；③ 连续性差。

2. 滚动预算

（1）滚动预算的概念

滚动预算（Continuous/Rolling Budget），又称连续预算或永续预算，是指在编制预算时将预算期与会计年度脱离，随着预算的执行不断延伸补充预算，逐期向后滚动，使预算期永远保持为一个固定期间的一种预算编制方法。

滚动预算在具体操作时，可按月、按季或混合滚动，混合滚动根据人们对未来的了解程度具有对近期的预计把握较大、对远期的预计把握较小的特征，不但可做到长计划短安排、远略近详，且可减少预算工作量。

（2）滚动预算的方式及其特征

滚动预算按其预算编制和滚动的时间单位不同可分为逐月滚动、逐季滚动和混合滚动三种方式。在实际工作中，采用哪一种滚动预算方式应视企业的实际需要而定。滚动预算的主要内容如表8-11所示。

表8-11　滚动预算的方式及其特征

方式	定义	具体评价	特征举例说明
逐月滚动方式	是指在预算编制过程中，以月份为预算的编制和滚动单位，每个月调整一次预算的方法。	按照逐月滚动方式编制的预算比较精确，但工作量太大。	在2005年1月至12月的预算执行过程中，需要在1月末根据当月预算执行情况，修订2月至12月的预算，同时补充2006年1月份的预算；到2月末根据当月预算的执行情况，修订3月至2006年1月的预算，同时补充2006年2月份的预算；以此类推。
逐季滚动方式	是指在预算编制过程中，以季度为预算的编制和滚动单位，每个季度调整一次预算的方法。	逐季滚动编制的预算比逐月滚动的工作量小，但预算精确度较差。	在2005年第一季度至第四季度的预算执行过程中，需要在第一季度末根据当季预算执行情况，修订第二季度至第四季度的预算，同时补充2006年第一季度的预算，第二季度末根据当季预算执行情况，修订第三季度至2006年第一季度的预算，同时补充2006年第二季度的预算；以此类推。
混合滚动方式	是指在预算编制过程中，同时使用月份和季度作为预算的编制和滚动单位的方法。它是滚动预算的一种变通方式。这种预算方法的理论依据是：人们对未来的把握程度不同，对近期的预计把握较大，对远期的预计把握较小。	为了做到长计划短安排、远略近详，在预算编制过程中可以对近期预算提出较高的精度要求，使预算的内容相对详细；对远期预算提出较低的精度要求，使预算的内容相对简单，这样可以减少预算工作量。	对2005年1月至3月的头三个月编制详细预算，其余4月至12月分别按季度编制粗略预算；3月末根据第一季度预算的执行情况，编制4月至6月的详细预算，并修订第三季度至第四季度的预算，同时补充2006年第一季度的预算；以此类推。

（3）滚动预算方法的优缺点

与传统的定期预算方法相比，按滚动预算方法编制的预算具有的优点：①透明度高；②及时性强；③连续性好；④完整性和稳定性突出。

采用滚动预算的方法编制预算的主要缺点是预算工作量较大。

第三节 财务预算的编制

一、财务预算编制程序

企业编制财务预算，一般应按照“上下结合、分级编制、逐级汇总”的程序进行，具体如表 8-12 所示。

表 8-12 财务预算编制程序

程序	负责机构	具体内容
下达目标	董事会、经理办公会或类似机构	企业发展战略和预算期经济形势的初步预测，在决策的基础上，提出下一年度企业预算目标
	预算委员会或财务管理部门	将预算目标下达各预算执行单位
编制上报	企业内部各职能部门	提出详细的本单位预算方案报财务管理部门
	企业所属基层单位	
审查平衡	财务管理部门	审查、汇总，提出综合平衡的建议
	预算委员会或财务管理部门	充分协调“审查平衡”，反馈给有关预算执行单位予以修正
审议批准	财务管理部门	在预算执行单位修正调整的基础上，编制出企业预算方案，报财务预算委员会讨论
		正式编制企业年度预算草案
	预算委员会或财务管理部门	责成有关预算执行单位进一步修订、调整不合理之处
	董事会或经理办公会	审议批准年度预算
下达执行	财务管理部门	将审议批准的年度总预算，在次年 3 月底以前，分解成一系列的指标体系
	预算委员会	逐级下达各预算执行单位执行

二、企业年度预算目标的建立

（一）年度预算目标

预算目标源于战略规划、受制于年度经营计划，是运用财务指标对企业及下属单位预算年度经营活动目标的全面、综合表述。通过预算目标，高层管理者可将战略和计划传达给整个组织；每个部门也可以明确在实现战略与计划中需要履行的预算方针与目标责任。

作为预算管理工作的起点，预算目标是预算机制发挥作用的关键。高质量的目标有利于预算管理工作的顺利推进，有利于日常管理的协调开展和有序进行。

1. 建立预算目标的指标体系

建立预算目标的指标体系，主要应解决以何种指标作为预算导向、核心指标如何量化、指标间的权重如何确定等问题。预算目标的指标体系应能体现公司总体战略,突出企业战略管理重点,从而将年度经营计划深度细化,成为实现企业战略发展的直接"调控棒",它是企业年度经营业绩的指南针和行动纲领,是编制预算的基础和依据。从内容上说,预算目标指标体系应包括盈利指标、规模增长指标、投资与研发指标、风险控制(资本结构)指标、融资安排等。

2. 测量并确定预算目标的指标值

按照现代企业制度的要求,确定预算目标,从根本上说就是协调公司股东、董事会、经营者等各方利益的过程。从理论上分析,预算目标各指标的指标值是企业的预算标杆,它应当具有挑战性,并且必须保证企业及其各部门经过努力可以实现。如果预算目标遥不可及,就会失去目标的激励作用。因此,预算目标设定要以战略目标为依据,同时结合年度经营计划进程,合理确定年度经营任务,将企业发展战略和各经营单位实际情况融入预算管理体系,并构成预算考评指标体系的标准之一。

(二) 目标利润预算方法

预算目标体系中的核心指标是预计目标利润。目标利润(Target Income)的测算,应在考虑企业出资人盈利要求及战略安排、企业发展对利润的需求等基础上,充分评判主客观条件,进而根据预算年度生产经营、财务活动进行确定。

为了能够确定一个既积极又可靠的利润目标,企业除全面考虑其经济上的合理性、技术上的可行性和生产经营上的可能性外,还应综合考虑生产经营的分项指标,根据总体指标和分项指标的关系进行综合平衡,制定正确的利润规划。

为了简便起见,本书只考虑产品销售利润预算问题,不涉及投资收益、营业外收支等项目,而且以利润总额为分析对象。在有关产品的销售价格、经营成本、产销结构等条件明确的情况下,企业未来预算期间的目标利润预算通常可用下列方法进行:

1. 量本利分析法

量本利分析法(Cost Volume Profit Analysis)是根据有关产品的产销数量、销售价格、变动成本和固定成本等因素与利润之间的相互关系确定企业目标利润的方法。具体计算公式如下:

目标利润 = 预计产品产销数量 ×(单位产品售价 - 单位产品变动成本) - 固定成本费用

【双语链接】

- Target Income: The amount of revenue a company wants to generate for the current accounting period.
- Cost Volume Profit Analysis: The study of the effects of output volume on revenue (sale), expenses (costs), and net income (net profit).

2. 比例预算法

比例预算法是利用利润指标与其他经济指标之间存在的内在比例关系,来确定目标利润的方法。由于销售利润与产品销售收入的多少、产品成本的水平、企业资金总量有着密切的关系，所以可以分别采用以下比例预算法测定企业的目标利润：

(1) 销售收入利润率法。它是利用销售利润与销售收入的比例关系确定目标利润的方法。在其他条件不变的情况下，销售利润多少完全取决于销售收入的多寡，两者成正比例变动。企业可以在上期实际销售收入利润率（或前几期平均销售收入利润率）的基础上，确定目标利润。具体计算公式如下：

目标利润 = 预计销售收入 × 测算的销售利润率

(2) 成本利润率法。它是利用利润总额与成本费用的比例关系确定目标利润的方法。具体计算公式如下：

目标利润 = 预计营业成本费用 × 核定的成本费用利润率

式中预计营业成本费用是按成本费用资料加以确定的，而核定的成本费用利润率则可按同行业平均先进水平确定。

(3) 投资资本回报率法。它是利用利润总额与投资资本平均总额的比例关系确定目标利润的方法。具体计算公式如下：

目标利润 = 预计投资成本平均总额 × 核定的投资资本回报率

按投资成本回报率确定目标利润的实质，就是按要求的企业投资利润率测算目标利润。

【例 8-8】 安雅公司上年实际投资资本平均总额 3 800 万元。为扩大产品销售规模，计划年初追加 200 万元营运资本，企业预期投资资本回报率为 16%。则该企业的目标利润为：

目标利润 = (3 800 + 200) × 16% = 640(万元)

(4) 利润增长百分比法。它是根据有关产品上一期实际获得的利润额和过去连续若干期的平均利润率增长幅度（百分比），并全面考虑影响利润的有关因素的预期变动而确定企业目标利润的方法。具体计算公式如下：

目标利润 = 上期利润总额 × (1 + 利润增长百分比)

3. 上加法

它是企业根据自身发展、不断积累和提高股东分红水平等需要，匡算企业净利润，再倒算利润总额（即目标利润）的方法。

(1) 企业留存收益（企业需要内部筹集资金额）= 盈余公积金 + 未分配利润

(2) 因为： 净利润 = 本年新增留存收益 + 本年股利额 (1)

股利分配率 = 股利额/净利润

所以：

净利润 = 本年新增留存收益/(1 − 股利分配率) (2)

当以股本为基础按一定百分比计算分配股利时，只能采用公式(1)；当以年度净利润为基础按一定百分比计算分配股利时，可采用公式(2)。

(3) 目标利润 = 净利润/(1 − 所得税税率)

【例 8-9】 安雅公司预算年度计划以股本的 10% 向投资者分配利润，并新增留存收益 800 万元。企业股本 8 000 万元，所得税税率 20%，则可按下述步骤测算目标利润额：

目标复利分红额 = 8 000 × 10% = 800(万元)

净利润 = 800 + 800 = 1 600(万元)

目标利润 = 1 600/(1 - 20%) = 2 000(万元)

(三) 企业年度预算目标各指标值的确定举例

综合以上分析方法,根据产品价格、销量、成本之间的关系,确定目标利润的具体思路是:

预期目标利润 = 预测可实现销售 ×(预期产品售价 - 预期产品单位成本) - 期间费用

按照这一思路,企业年度预算目标各指标值的确定可具体化为如下步骤:

(1) 根据销售预测,在假定产品售价和成本费用不变的情况下,确定可实现利润;

(2) 根据企业投资总资本和同行业平均(或先进)投资资本回报率,确定期望目标利润,并与可实现利润比较,提出销售增长率、价格增长率或成本(费用降低率)目标;

(3) 通过各分部及管理部门间的协调,最终落实实现目标利润的其他各项指标目标值。

【例 8-10】 安雅公司生产经营单一产品,下属三个分部均为成本中心,专司产品生产与协作。总部为了节约成本和统一对外,除拥有管理职能外,还兼营公司的材料采购与产品最终销售两大职能。经公司营销部门的销售预测,确定该企业预算年度营销目标为本企业产品的全国市场占有率达到 30%。

第一,假定价格不变,要求其销售额达到 5 亿元。如果当前销售成本率为 60%,可实现的毛利额为 2 亿元,扣除各项费用(销售费用率为 24%)1.2 亿元,可初步确定目标利润为 8 000 万元。

第二,假定公司现有投资资本平均总额为 15 亿元,按照同行业平均的投资资本回报率 8% 这一基准,确认公司应该完成的目标利润为 1.2 亿元。

第三,在收入不可能增长的条件下,与可实现利润 8 000 万元比较,要实现 1.2 亿元的目标利润,只能通过降低成本费用这一途径。根据成本费用管理目标,公司要求生产性分部的成本必须在原有基础上降低 6%,即销售成本率由 60% 降低到 54%,以此使毛利额由原来的 2 亿元提高到 2.3 亿元,此时目标利润总额与同行业的差异将由 4 000 万元(12 000 - 8 000)变为 1 000 万元[12 000 - (23 000 - 12 000)]。

第四,为完全实现同行业的平均目标利润,费用总额须从原来的 12 000 万元降低到 11 000 万元,其费用降低率应达到(12 000 - 11 000)/12 000 = 8.33%。

第五,经过协调,公司总部与分部按上述测算将最终目标明确下来,即目标销售额 5 亿元,目标利润 1.2 亿元,目标销售成本率 54%,目标费用总额 1.1 亿元。

三、财务预算的编制

财务的具体预算包括现金预算、预计利润表、预计资产负债表。业务预算和专门决策预算为财务预算的数据来源,并与之组成完整的体系,相互制约。具体编制时,应从各预算间数据流动关系及各预算内部数据关系入手。销售预算是整个预算编制工作的起点和主要依据。

（一）销售预算

销售预算（Sales Budget）是在销售预测的基础上，根据企业年度目标利润确定的预计销售量、销售单价和销售收入等参数编制的，用于规划预算期销售活动的一种业务预算。在编制过程中，应根据年度内各季度市场预测的销售量和单价，确定预计销售收入，并根据各季现销收入与收回前期的应收账款反映现金收入额，以便为编制现金收支预算提供资料。根据销售预测确定的销售量和销售单价确定各期销售收入，并根据各期销售收入和企业信用政策，确定每期的销售现金流量，是销售预算的两个核心问题。

由于企业其他预算的编制都必须以销售预算为基础，因此，销售预算是编制全面预算的起点。

【例 8-11】 假定安雅公司生产经营甲、乙两种产品，2010 年年初应收账款数据和各季度预测的销售价格和销售数量等资料如表 8-13 所示。

表 8-13　单价、预计销售量和其他资料

项目		时间（全年分季度）				年初应收账款	增值税税率	收现率	
		1	2	3	4			首期	后期
甲产品	销售单价（元/件）	65	65	65	70	19 000	17%	60%	40%
	预计销售量（件）	800	1 000	1 200	1 000				
乙产品	销售单价（元/件）	80	80	80	75	12 000	17%	60%	40%
	预计销售量（件）	500	800	1 000	1 200				

资料显示，到第四季度甲、乙两种产品的单价都比前三个季度有所变动；每种产品每季的销售中有 60% 能在当季收到现金，其余 40% 要到下季收讫。

要求：为安雅公司编制 2010 年度的销售预算和经营现金收入预算表（平均单价保留两位小数，其他计算结果保留整数）。

依题意，编制该公司的销售预算和经营现金收入预算表分别如表 8-14 和表 8-15 所示。

表 8-14　2010 年度安雅公司销售预算

实物量单位：件　　　　金额单位：元

项目＼季度		1	2	3	4	全年
销售单价	甲产品	65	65	65	70	66.25
	乙产品	80	80	80	75	78.29
预计销售量	甲产品	800	1 000	1 200	1 000	4 000
	乙产品	500	800	1 000	1 200	3 500
预计销售收入	甲产品	52 000	65 000	78 000	70 000	265 000
	乙产品	40 000	64 000	80 000	90 000	274 000
	合计	92 000	129 000	158 000	160 000	539 000
增值税销项税额		15 640	21 930	268 600	27 200	91 630
含税销售收入		107 640	150 930	184 860	187 200	630 630

表 8-15　2010 年度安雅公司的经营现金收入预算　单位:元

季度	1	2	3	4	全年
含税销售收入	107 640	150 930	184 860	187 200	630 630
期初应收账款	31 000				31 000
第一季度经营现金收入	64 584	43 056			107 640
第二季度经营现金收入		90 558	60 372		150 930
第三季度经营现金收入			110 916	73 944	184 860
第四季度经营现金收入				112 320	112 320
经营现金收入合计	95 584	133 614	171 288	186 264	586 750

（二）生产预算

生产预算(Production Budget)是指为规划一定预算期内预计生产量水平而编制的一种日常业务预算。该预算是所有日常业务预算中唯一使用实物量计量的预算,可以为进一步编制有关成本和费用预算提供实物量数据。

生产预算需要根据预计的销售量按品种分别编制。由于企业的生产和销售不能做到同步同量,必须设置一定的存货,以保证均衡生产,因此预算期间除必须备有充足的产品以供销售外,还应考虑预计期初存货和预计期末存货等因素。计算公式如下:

某种产品预计生产量 = 预计销售量 + 预计期末存货量 - 预计期初存货量

式中,预计销售量可在销售预算中找到;预计期初存货量等于上季期末存货量;预计期末存货量应根据长期销售趋势来确定,在实践中一般是按事先估计的期末存货量占下期销售量的比例进行估算的。

编制预算时,应注意保持生产量、销售量、存货量之间合理的比例关系,以避免储备不足、产销脱节等。

【例 8-12】　安雅公司甲、乙两种产品,2010 年年初的实际存货量和年末的预计存货量等资料如表 8-16 所示。

表 8-16　2010 年度安雅公司的存货资料

实物量单位:件　金额单位:元

品种	年初产成品存货量	年末产成品存货量	年初在产品存货量	年末在产品存货量	预计期末产品占下期销售量的百分比	年初产品成本	
						单位成本	总成本
甲产品	80	120	0	0	10%	40	3 200
乙产品	50	130	0	0	10%	62	3 100

要求:为安雅公司编制 2010 年度的生产预算。

依题意,编制该公司的生产预算如表 8-17 所示。

表 8-17 2010 年度安雅公司的生产预算 单位:件

品种	季度	1	2	3	4	全年
甲产品	预计销售量(销售预算)	800	1 000	1 200	1 000	4 000
	加:预计期末存货量	100	120	100	120	120
	减:期初存货量	80	100	120	100	80
	预计生产量	820	1 020	1 180	1 020	4 040
乙产品	预计销售量(销售预算)	500	800	1 000	1 200	3 500
	加:预计期末存货量	80	100	120	130	130
	减:期初存货量	50	80	100	120	50
	预计生产量	530	820	1 020	1 210	3 580

注:预计销售量数据来自销售预算表 8-14。

根据生产预算,可以编制材料预算、人工预算、制造费用预算。

(三) 直接材料采购预算

直接材料采购预算(Direct Material Purchase Budget)是为了规划预算期材料消耗情况及采购活动而编制的,用于反映预算期各种材料消耗量、采购量、材料消耗成本和材料采购成本等计划信息的一种业务预算。

该预算是依据预计产品生产量和材料单位耗用量,确定生产需要耗用量,再根据材料的期初期末结存情况,确定材料采购量,最后根据采购材料的付款,确定现金支出情况。这种预算的编制程序如图 8-4 所示。

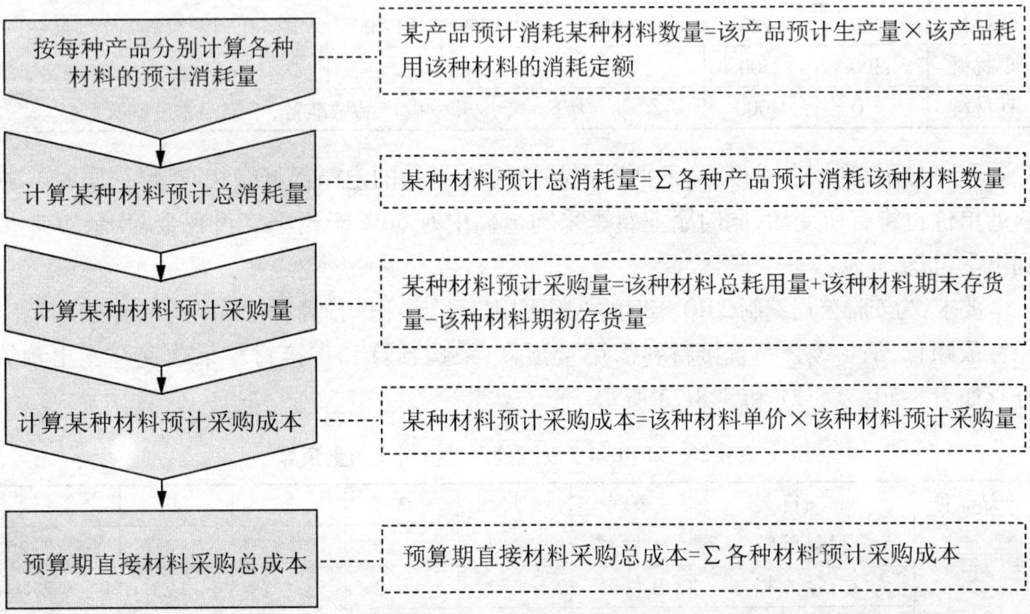

图 8-4 直接材料预算编制程序

【例 8-13】 材料需用量预算、采购预算和材料采购现金支出预算的编制。

表 8-18　2010 年度安雅公司的材料消耗定额及采购单价资料

实物量单位:千克　　　　　　　　　　　　　　　　　　　　　　　　　　金额单位:元

项目 \ 季度			1	2	3	4
产品消耗定额	甲产品	A 材料	3	3	3	4
		B 材料	2	2	2	2
	乙产品	A 材料	5	5	5	4.5
		C 材料	2	2	2	2
采购材料单价	A 材料		4	4	4	4
	B 材料		5	5	5	5
	C 材料		6	6	6	4.8
	D 材料					10

安雅公司甲、乙两种产品 2010 年度需用的各种材料消耗定额及其采购单价资料如表 8-18 所示;各种材料年初和年末的存货量,以及有关账户余额等资料如表 8-19 所示。

表 8-19　2010 年度安雅公司的材料存货量与其他资料

实物量单位:千克　　　　　　　　　　　　　　　　　　　　　　　　　　金额单位:元

材料名称	年初存货量	年末存货量	预计期末存货量占下期需用量的百分比	增值税税率	年初余额(元)		付现率	
					应付账款	库存材料	首期	后期
A 材料	1 500	1800	30%	17%	14 400	10200	60%	40%
B 材料	480	720	30%					
C 材料	300	500	30%					
D 材料	0	1 000	为下一年度开发丙产品做准备,于第四季度购买					

资料显示,到第四季度甲、乙两种产品消耗 A 材料的定额都将做相应调整,届时 C 材料的单价也将有所变动,同时企业每季采购金额中有 60% 于当季支付现金,其余 40% 要到下季付讫。

要求:为安雅公司编制 2010 年度的材料需用量预算、采购预算和材料采购现金支出预算。

依题意,编制该公司直接材料需用量预算、采购预算和直接材料采购现金支出预算分别如表 8-20、表 8-21 和表 8-22 所示。

表 8-20　2010 年度安雅公司的材料需用量预算

产品品种	项目	季度	1	2	3	4	全年
甲产品	材料单耗(千克/件)	A 材料	3	3	3	4	3.25
		B 材料	2	2	2	2	2.00
	预计生产量(件)		820	1 020	1 180	1 020	4 040
	预计生产需用量(千克)	A 材料	2 460	3 060	3 540	4 080	13 140
		B 材料	1 640	2 040	2 360	2 040	8 080

（续表）

产品品种	项目	季度	1	2	3	4	全年
乙产品	材料单耗（千克/件）	A材料	5	5	5	4.5	4.875
		C材料	2	2	2	2	2.00
	预计生产量(件)		530	820	1 020	1 210	3 580
	预计生产需用量(千克)	A材料	2 650	4 100	5 100	5 445	17 295
		C材料	1 060	1 640	2 040	2 420	7 160

注:预计生产量数据来自生产预算表8-17。

表8-21　2010年度安雅公司的材料采购预算

实物量单位:千克　　　　金额单位:元

项目	季度	1	2	3	4	全年
A材料	材料采购单价	4	4	4	4	4
	甲产品耗用量	2 460	3 060	3 540	4 080	13 140
	乙产品耗用量	2 650	4 100	5 100	5 145	17 295
	材料总耗用量	5 110	7 160	8 640	9 525	30 435
	加:期末材料存量	2 148	2 592	2 857.5	1 800	1 800
	减:期初材料存量	1 500	2 148	2 592	2 857.5	1 500
	本期采购量	5 758	7 604	8 905.5	8 467.5	30 735
	材料采购成本	23 032	30 416	35 622	33 870	122 940
B材料	材料采购单价	5	5	5	5	5
	甲产品耗用量	1 640	2 040	2 360	2 040	8 080
	乙产品耗用量	0	0	0	0	0
	材料总耗用量	1 640	2 040	2 360	2 040	8 080
	加:期末材料存量	612	708	612	720	720
	减:期初材料存量	480	612	708	612	480
	本期采购量	1 772	2 136	2 264	2 148	8 320
	材料采购成本	8 860	10 680	11 320	10 740	41 600
C材料	材料采购单价	6	6	6	4.8	5.7
	甲产品耗用量	0	0	0	0	0
	乙产品耗用量	1 060	1 640	2 040	2 420	7 160
	材料总耗用量	1 060	1 640	2 040	2 420	7 160
	加:期末材料存量	492	612	726	500	500
	减:期初材料存量	300	492	612	726	300
	本期采购量	1 252	1 760	2 154	2 194	7 360
	材料采购成本	7 512	10 560	12 924	10 970	41 966

（续表）

项目	季度	1	2	3	4	全年
D材料	材料采购单价				10	10
	本期采购量				1 000	1 000
	材料采购成本				10 000	10 000
预计采购成本合计		39 404	51 656	59 866	65 580	216 506
增值税进项税额		6 698.68	8 781.52	10 177.22	11 148.60	36 806.02
预计采购金额合计		46 102.68	60 437.52	70 043.22	76 728.60	253 312.02

注：① 各种产品消耗材料数量数据来自材料需用量预算表 8-20，期初期末数据来自表 8-19；②材料采购成本 = 材料采购单价 × 本期采购量。

表 8-22　2010 年度安雅公司的材料采购现金支出预算　　单位：元

季度	1	2	3	4	全年
预计采购金额合计	46 102.68	60 437.52	70 043.22	76 728.60	253 312.02
期初应付账款	14 400.00				14 400.00
第一季度采购现金支出	27 661.61	18 441.07			46 102.68
第二季度采购现金支出		36 262.51	24 175.01		60 437.52
第三季度采购现金支出			42 025.93	28 017.29	70 043.22
第四季度采购现金支出				46 037.16	46 037.16
现金支出合计	42 061.61	54 703.58	66 200.94	74 054.45	237 020.58

注：预计采购金额合计数据来自材料采购预算表 8-21。

（四）直接人工预算

直接人工成本包括直接工资和按直接工资的一定比例计算的其他直接费用（应付福利费）。编制直接人工预算（Direct Manufacturing Labor Costs Budget）的主要依据是已知的标准工资率、标准单位直接人工工时、其他直接费用计提标准和生产预算中的预计生产量等资料。

直接人工预算的编制程序如图 8-5 所示。

【例 8-14】　安雅公司 2010 年单位工时工资率和工时定额资料如表 8-23 所示。

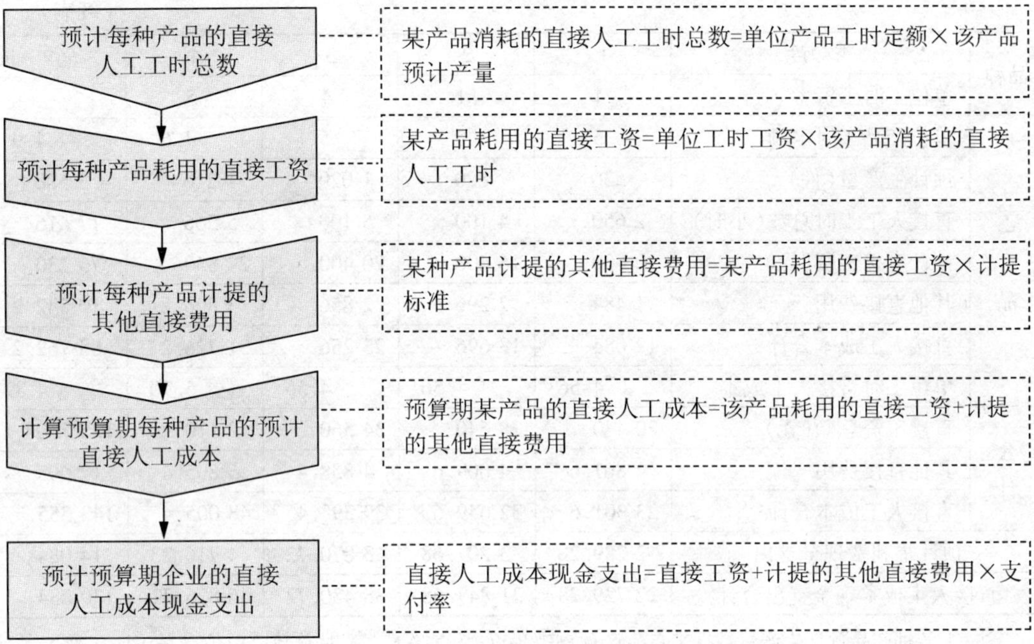

图 8-5　直接人工预算编制程序

表 8-23　2010 年度安雅公司的单位工时工资率和工时定额资料

项目＼季度		1	2	3	4
单位工时工资率（元/工时）		4	4	4	5
单位产品工时定额	甲产品	3	3	3	2.8
	乙产品	5	5	5	4.6
其他直接费用计提标准		14%	14%	14%	14%
预计应付福利费支付率		80%	80%	80%	80%

依题意，编制该公司的直接人工预算如表 8-24 所示。

表 8-24　2010 年度安雅公司的直接人工预算

品种	季　度	1	2	3	4	全年
	单位工时工资率	4	4	4	5	—
甲产品	单位产品工时定额	3	3	3	2.8	2.95
	预计生产量(件)	820	1 020	1 180	1 020	4 040
	直接人工工时总数(小时)	2 460	3 060	3 540	2 856	11 916
	预计直接工资(元)	9 840	12 240	14 160	14 280	50 520
	其他直接费用	1 377.6	1 713.6	1 982.4	1 999.2	7 072.8
	直接人工成本合计	11 217.6	13 954	16 142	16 279	57 592.8
	单位工时直接人工成本	4.56	4.56	4.56	5.70	4.83

（续表）

品种	季　度	1	2	3	4	全年
	单位工时工资率	4	4	4	5	—
乙产品	单位产品工时定额	5	5	5	4.6	4.9
	预计生产量(件)	530	820	1 020	1 210	3 580
	直接人工工时总数(小时)	2 650	4 100	5 100	5 566	17 416
	预计直接工资(元)	10 600	16 400	20 400	27 830	75 230
	其他直接费用	1 484	2 296	2 856	3 896.2	10 532.2
	直接人工成本合计	12 084	18 696	23 256	31 726.2	85 762.2
	单位工时直接人工成本	4.56	4.56	4.56	5.70	4.89
合计	直接工资总额(元)	20 440	28 640	34 560	42 110	125 750
	其他直接费用	2 861.6	4 009.6	4 838.4	5 895.4	17 605
	直接人工成本合计	23 301.6	32 649.6	39 398.4	48 005.4	143 355
预计福利费现金支出		2 289.28	3 207.68	3 870.72	4 716.23	14 084
直接人工成本现金支出合计		22 729.28	31 847.68	38 430.72	46 826.32	139 834

注:①各种产品预计生产量数据来自生产预算表8-17;②直接人工工时总数 = 单位产品工时定额 × 预计生产量;③预计直接工资 = 直接人工工时总数 × 单位工时工资率;④其他直接费用 = 预计直接工资 ×14%。

（五）制造费用预算

制造费用预算(Manufacturing Overhead Budget)是指为规划一定预算期内除直接材料和直接人工预算以外预计发生的其他生产费用水平而编制的一种日常业务预算。

当以变动成本法为基础编制制造费用预算时,可按变动性制造费用和固定性制造费用两部分分别编制。

变动性制造费用根据单位产品预算分配率乘以预计的生产量进行预计,其中变动性制造费用预算分配率的计算公式为:

变动性制造费用预算分配率 = 变动性制造费用预算总额/相关分配标准预算总数

式中,分母可在预算生产量或预算直接人工工时总数中选择,多品种条件下一般按后者进行分配。

固定性制造费用可在上年的基础上根据预期变动加以适当修正进行预计,并作为期间成本直接列入利润表内作为收入的扣除项目。

制造费用预算也应包括一个预算现金支出部分,以便为编制现金预算提供必要的资料,其计算公式为:

某季度预计制造费用现金支出 = 该季度预计变动性制造费用现金支出 + 该季度预计固定性制造费用现金支出

需要说明的是,由于固定资产折旧费是非付现项目,因此在计算时应予剔除。

【例8-15】 安雅公司在编制预算时采用变动成本法,变动性制造费用按各种产品直接人工工时比例分配,2010年预计的直接人工工时资料如表8-24所示,制造费用预算如表8-25所示,除折旧费以外的各项制造费用均以现金支付。其中,租赁费3 000元是根据年初做出的专门决策确定的。

要求：为安雅公司编制制造费用的现金支出预算（计算结果保留两位小数）。

表 8-25　2010 年度安雅公司的制造费用预算　　单位：元

变动性制造费用		固定性制造费用	
间接材料	1 000.00	管理人员工资	9 100.00
间接人工成本	7 600.00	折旧费	15 347.00
维修费	6 145.00	办公费	6 500.00
水电费	7 280.00	保险费	3 200.00
其他	13 173.00	租赁费	3 000.00
		其他	1 000.00
合计	35 198.00	合计	38 147.00
直接人工工时总数	29 332.00	减：折旧费	15 347.00
预算分配率 = 35 198/29 332≈1.20		现金支出合计	22 800.00
		各季度支出数 = 22 800/4 = 5 700	

注：直接人工工时总数（甲、乙产品合计）数据来自直接人工预算表 8-24。

依题意，编制的制造费用现金支出预算如表 8-26 所示。

表 8-26　2010 年度安雅公司的制造费用现金支出预算　　单位：元

季度		1	2		4	全年
变动性制造费用分配率		1.20	1.20	1.20	1.20	1.20
直接人工工时	甲产品	2 460	3 060	3 540	2 856	11 916
	乙产品	2 650	4 100	5 100	5 566	17 416
	小计	5 110	7 160	8 640	8 422	29 332
变动性制造费用	甲产品	2 952.00	3 672.00	4 248.00	3 427.20	14 299.20
	乙产品	3 180.00	4 920.00	6 120.00	6 679.20	20 899.20
	小计	6 132.00	8 592.00	10 368.00	10 106.40	35 198.40
固定性制造费用		5 700.00	5 700.00	5 700.00	5 700.00	22 800.00
现金支出合计		11 832.00	14 292.00	16 068.00	15 806.40	57 998.40

注：① 变动性制造费用分配率数据来自直接人工预算表 8-24；② 由于变动性制造费用分配率为近似值，故变动性制造费用小计 35 198.40 元与表 8-25 中的变动性制造费用合计数 35 198 元相差0.40元。

（六）产品生产成本预算

产品生产成本预算（Cost Budget）是指为规划一定预算期内每种产品的单位产品成本、生产成本、销售成本等项内容而编制的一种日常业务预算。

产品成本预算需要在生产预算、材料采购预算、直接人工预算和制造费用预算的基础上编制；同时，也为编制预计利润表和预计资产负债表提供数据。

该预算必须按照各种产品进行编制，其程序与存货的计价方法密切相关；不同的存货计价方法，需要采取不同的预算编制方法。此外，不同的成本计算模式也会产生不同的影响。在变动成本法下，如果产成品存货采用先进先出法计价，则产品成本预算的编制程序如图 8-6 所示。

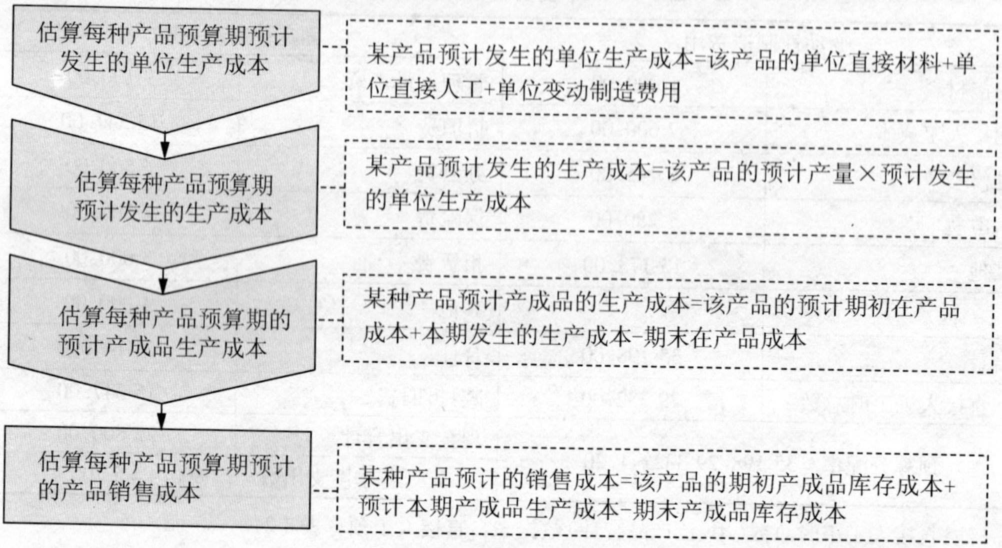

图 8-6　产品成本预算的编制程序

【例 8-16】 安雅公司 2010 年的年初产成品资料、生产预算、直接材料采购预算、直接人工预算和制造费用预算见前述例题，按先进先出法计价。

要求：按变动成本法为安雅公司分别编制甲、乙两种产品 2010 年度的产品成本预算（单位成本保留两位小数，其他计算结果保留整数）。

依题意，编制的 2010 年度的产品成本预算如表 8-27 和表 8-28 所示。

表 8-27　2010 年度安雅公司甲产品成本预算

计划产量：4 040 件　　　　金额单位：元

成本项目	单位成本	总成本
直接材料		
A 材料	13.00	52 560.00
B 材料	10.00	40 400.00
小计	23.00	92 960.00
直接人工	14.26	57 592.80
变动性制造费用	3.54	14 299.20
合计	40.80	164 852.00
加：在产品及自制半成品的期初余额	0.00	0.00
减：在产品及自制半成本的期末余额	0.00	0.00
预计产品生产成本	40.80	164 852.00
加：产成品期初余额	40.00	3 200.00
减：产成品期末余额	40.80	4 896.00
预计产品销售成本		163 156.00

注：①产成品期初期末数据来自表 8-16；直接材料数据来自表 8-20、表 8-21；直接人工数据来自表 8-24；变动性制造费用数据来自表 8-26。②单位成本 = 总成本/产品数量。

表 8-28　2010 年度安雅公司乙产品成本预算

计划产量:3 580 件　　　　金额单位:元

成本项目	单位成本	总成本
直接材料		
A 材料	19.32	69 180.00
C 材料	11.40	40 812.00
小计	30.72	109 992.00
直接人工	23.96	85 762.20
变动性制造费用	5.84	20 899.20
合计	60.52	216 653.40
加:在产品及自制半成品的期初余额	0.00	0.00
减:在产品及自制半成本的期末余额	0.00	0.00
预计产品生产成本	60.52	216 653.40
加:产成品期初余额	62.00	3 100.00
减:产成品期末余额	60.52	7 867.60
预计产品销售成本		211 885.80

注:同表 8-27。

(七) 期末存货预算

期末存货预算(Ending Inventory Budget)是指为规划一定预算期末的在产品、产成品和原材料预计成本水平而编制的一种日常业务预算。通常期末存货预算只编制年末预算,不编制分季度预算。

【例 8-17】　安雅公司的直接材料采购预算和甲、乙两种产品 2010 年度的产品成本预算分别如表 8-21、表 8-27 和表 8-28 所示。产成品按先进先出法计价,原材料按加权平均法计价。

要求:按变动成本法为安雅公司编制 2010 年度的年末存货预算(单位成本保留两位小数,其他计算结果保留整数)。

依题意,编制的 2010 年度的年末存货预算如表 8-29 所示。

表 8-29　2010 年度安雅公司期末存货预算　　　　单位:元

项目		单位成本	期末存货量	期末存货成本
在产品存货	甲产品	0	0	0
	乙产品	0	0	0
	小计		0	
产成品存货	甲产品	40.8	120	4 896.00
	乙产品	60.52	130	7 867.60
	小计			12 763.60

（续表）

材料存货	年初材料成本	本年材料采购成本	本期耗用材料成本		期末存货成本
			甲产品	乙产品	
A材料	6 000.00	122 940.00	52 560.00	69 180.00	7 200.00
B材料	2 400.00	41 600.00	40 400.00	0	3 600.00
C材料	1 800.00	41 966.00	0	40 812.00	2 954.00
D材料	0	10 000.00	0	0	10 000.00
小计	10 200.00	216 506.00	92 960.00	109 992.00	23 754.00
期末存货合计					36 517.60

注：①年初材料成本数据 = 年初结存量 × 材料单价，年初材料结存量数据来自表8-21；②本年材料采购成本数据来自表8-21、本期耗用材料成本及期末产成品存货成本数据来自表8-27、表8-28；③期末材料存货成本 = 年初材料成本 + 本年材料采购成本 − 本年耗用材料成本。

（八）销售费用预算

销售费用预算（Sales Expenses Budget）是指为规划一定预算期内企业在销售阶段组织产品销售预计发生各项费用水平而编制的一种日常业务预算。

销售费用预算的编制方法与制造费用预算的编制方法非常接近，也可将其划分为变动性费用和固定性费用两部分。但对随销售量成正比例变动的那部分变动性销售费用，只需反映各个项目的单位产品费用分配额即可。对于固定性销售费用，只需按项目反映全年预计水平。

销售费用预算也要编制相应的现金支出预算。

【例8-18】 安雅公司2010年度的销售费用预算如表8-30所示。

要求：为安雅公司编制2010年度的销售费用现金支出预算（计算结果保留整数）。

表8-30 2010年度安雅公司销售费用预算

单位：元

变动性销售费用			固定性销售费用	
项目	单位产品标准费用额		项目	全年费用额
	甲产品	乙产品	管理人员工资	6 000
			专设销售机构办公费	15 000
			宣传广告费	5 000
销售佣金	2.5	3.0	保险费	2 600
销售运杂费	1.2	1.5	其他	1 400
其他	0.3	0.5	合计	30 000
合计	4.0	5.0	平均各季数 = 30 000/4 = 7 500	

依题意，编制的2010年度的销售费用现金支出预算如表8-31所示。

表8-31 2010年度安雅公司销售费用现金支出预算

单位：元

季度		1	2	3	4	全年
单位产品标准费用额	甲产品	4	4	4	4	4
	乙产品	5	5	5	5	5

（续表）

季度		1	2	3	4	全年
预计销售量(件)	甲产品	800	1 000	1 200	1 000	4 000
	乙产品	500	800	1 000	1 200	3 500
变动性销售费用	甲产品	3 200	4 000	4 800	4 000	16 000
	乙产品	2 500	4 000	5 000	6 000	17 500
	小计	5 700	8 000	9 800	10 000	33 500
固定性销售费用		7 500	7 500	7 500	7 500	30 000
现金支出合计		13 200	15 500	17 300	17 500	63 500

注:甲、乙产品的变动性销售费用 = 单位产品标准费用额 × 预计销售量(该数据来自销售预算表8-14)。

（九）管理费用预算

管理费用预算(Administrative Expenses Budget)是指为规划一定预算期内因管理企业预计发生各项费用水平而编制的一种日常业务预算。

管理费用预算的编制可采取以下两种方法:第一种方法是按项目反映全年预计水平,这是因为管理费用大多为固定成本;第二种方法类似于制造费用预算或销售费用预算的编制方法,即将管理费用划分为变动性和固定性两部分,对前者再按预算期的变动性管理费用分配率(等于一定时期变动性管理费用除以同期销售业务量)和预计销售业务量进行测算。为简化预算编制,本书采用第一种方法。在编制管理费用总额预算的同时,还需要分季度编制管理费用现金支出预算。在假定管理费用均为固定成本的条件下,某季度预计管理费用现金支出为全年付现支出的平均数,计算公式为:

$$某季度预计管理费用现金支出 = \frac{该年度预计管理费用 - 预计年折旧费 - 预计年摊销费}{4}$$

式中,折旧费和摊销费分别指在管理费用中列支的折旧费和无形资产摊销费。

【例 8-19】 根据有关资料编制的安雅公司2010年度的管理费用及其现金支出预算如表8-32所示。

表 8-32　2010 年度安雅公司管理费用及其现金支出预算　　单位:元

费用项目	金额
1. 公司经费	4 000
2. 工会经费	1 500
3. 办公费	1 900
4. 董事会费	800
5. 折旧费	1 000
6. 无形资产摊销	700
7. 职工培训费	800
8. 其他	1 000
合计	11 700
减:折旧费	1 000
无形资产摊销费	700
现金支出	10 000
平均每季支付数 = 10 000/4 = 2 500	

（十）经营决策预算

经营决策预算是指与短期经营决策密切相关的特种决策预算。该类预算的主要目标是通过制定最优生产经营决策和存货控制决策来合理地利用或调配企业经营活动所需要的各种资源。经营决策预算通常是在根据短期经营决策确定的最优方案基础上编制的,因而需要直接纳入日常业务预算体系,同时也将影响现金预算等财务预算。譬如,企业耗用的某种零件的取得方式决策方案一旦确定,就要相应调整材料采购预算或生产预算、产品成本预算。

【例 8-20】 安雅公司为提高甲产品质量,拟于 2010 年度增设一台专用检测设备,有以下三种取得方案。方案一:用 40 000 元从市场上购置,预计可用五年。方案二:用半年时间自行研制,预计研制成本为 20 000 元。方案三:采用经营租赁形式,以全年 3 000 元的租金向信托投资公司租借(每季支付 750 元)。

经公司决策,决定采取第三个方案。

（十一）投资决策预算

投资决策预算是指与项目投资决策密切相关的特种决策预算,又称资本支出预算。由于这类预算涉及长期建设项目的投资投放与筹措等,并经常跨年度,因此除个别项目外一般不纳入日常业务预算,但应计入与此有关的现金预算与预计资产负债表。

【例 8-21】 为了形成开发新产品(丙产品)的生产能力,安雅公司决定 2010 年度上马一条新的生产线,年内安装调试完毕,年末交付使用。该固定资产投资的明细项目及其分次支付时间如表 8-33 所示,预计发生固定资产投资 60 950 元。

丙产品需用的主要原材料为 D 材料,其预计单价为 10 元/千克,第四季度采购量为 1 000千克。

为筹集该项投资所需资金,安雅公司将于年初发行票面利率为 8%、每年末支付一次利息、预计发行收入为 30 000 元的公司债券(建设期利息计入固定资产原值),于第二季度增加发行股本为 40 000 元的普通股(假定不因此而形成资本公积)。

根据资料编制的安雅公司 2010 年度投资预算及筹资方案如表 8-33 所示。

表 8-33 2010 年度安雅公司 D 产品生产线项目投资预算及资金筹措方案 单位:元

季度	1	2	3	4	全年
固定资产投资					
勘察设计费	950	1 000			1 950
土建工程	2 000	4 000			6 000
设备购置			24 000	20 000	44 000
安装工程				6 000	6 000
其他			1 000	2 000	3 000
合计	2 950	5 000	25 000	28 000	60 950
流动资金投资					
D 材料采购(下年度使用)				10 000	10 000
投资支出总计	2 950	5 000	25 000	38 000	70 950
投资资金筹措					
发行公司债券(票面利率为 8%)	30 000				30 000
增加发行普通股		40 000			40 000
合计	30 000	40 000	0	0	70 000

该项目的建设期为1年,2010年度应付公司负债的利息为2 400元(30 000×8%×1),该利息必须资本化,计入固定资产原值,则:

预算期完工的固定资产价值=60 950+2 400=63 350(元)

本预算中,只有D材料采购被纳入直接材料采购预算,其余均未涉及日常业务预算。

(十二) 应交税金及附加预算

应交税金及附加预算是指为规划一定预算期内预计发生的应交增值税、营业税、消费税、资源税、城市维护建设税和教育费附加金额而编制的一种经营预算。

应交税金及附加预算需要根据销售预算、材料采购预算的相关数据和适用税率资料来编制,有关指标的估算公式为:

某期预计发生的应交税金及附加=某期预计发生的销售税金及附加+该期预计应交增值税

式中,某期预计发生的销售税金及附加按下述公式计算。

某期预计发生的销售税金及附加=该期预计应交营业税+该期预计应交消费税+该期预计应交资源税+该期预计应交城市维护建设税+该期预计应交教育费附加

【例8-22】 安雅公司2010年预计发生的销售税金及附加,以本年预计应交增值税为计算基础,城市维护建设税税率为7%,教育费附加的征收率为3%(企业销售商品适应的增值税税率为17%,假定无营业税、消费税、资源税)。

要求:根据上述资料测算该企业2010年预计的销售税金及附加。

本年预计应交增值税=本年销项税-本年进项税

=91 630(数据来源于表8-14)-36 806.02(数据来源于表8-21)

=54 823.98(元)

本年预计城市维护建设税=54 823.98×7%=3 837.68(元)

本年预计教育费附加=54 823.98×3%=1 644.72(元)

本年预计销售税金及附加=3 837.68+1 644.72=5 482.4(元)

(十三) 现金预算

现金预算(Cash Budget)亦称现金收支预算,它是以日常业务预算和特种决策预算为基础所编制的反映现金收支情况的预算。它反映现金收入、现金支出、现金收支差额、现金筹措及使用情况,以及期初期末现金余额,主要包括现金收入、现金支出、现金余缺和现金融通四个部分。

现金收入包括预算期间的期初现金余额加上本期预计可能发生的现金收入,其主要来源是销售收入和应收账款的回收,可以从销售预算中获得有关资料。现金支出包括预算期间预计可能发生的一切现金支出,包括各项经营性现金支出,用于缴纳税费、股利分配的支出,购买设备等资本性支出,可以从直接材料、直接人工、制造费用、销售及管理费用、专门决策预算等中获得有关资料。现金余缺是将现金收入总额与现金支出总额相抵,如果收入大于支出即出现剩余;如果收入小于支出则出现短缺。现金融通是指当出现现金剩余时,企业可用它来归还以前的借款或进行短期投资;当出现现金短缺时,企业应向银行或其他单位借款,发行债券、股票等。企业不仅要定期筹措到抵补收支差额的现金,还必须保证有一定的现金储备,应注意保持期末现金余额在合理的上下限度内波动,具体如图 8-7 所示。

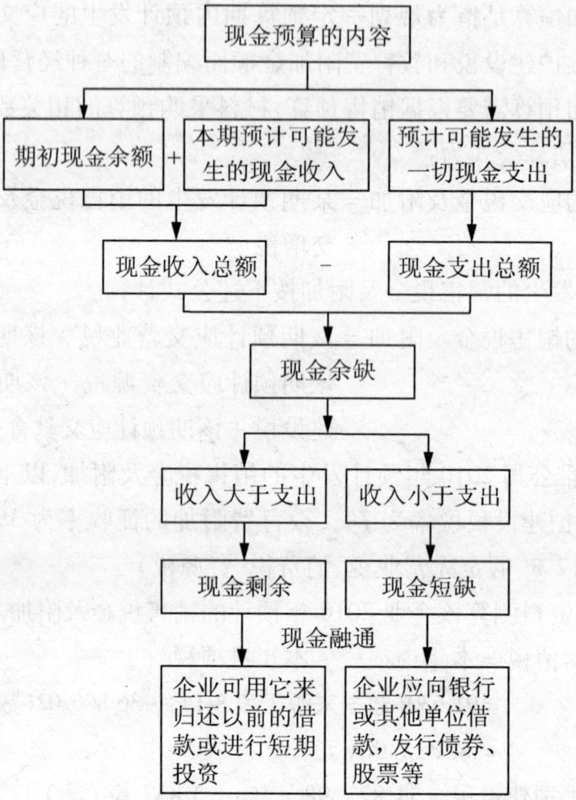

图 8-7　现金预算的内容

【例 8-23】　安雅公司 2010 年度的经营现金收入预算、直接材料采购现金支出预算、应交税金及附加预算、直接人工预算、制造费用现金支出预算、销售费用现金支出预算和管理费用现金支出预算见本章前述例题。每季季末现金余额的核定范围为 4 000—5 000 元。2009 年公司取得长期贷款 96 000 元。

要求:为安雅公司编制 2010 年度的现金预算。

依题意,编制的安雅公司 2010 年度现金预算如表 8-34 所示。

(十四) 财务费用预算

财务费用预算(Financial Expenses Budget)是指反映预算期内因筹措使用资金而发生财务费用水平的一种预算。就其本质而言,该预算属于日常业务预算,但由于该预算必须根据现金预算中的资金筹措及运用的相关数据来编制,因此本书将其纳入财务预算的范畴。

表 8-34 安雅公司 2010 年度的现金预算

单位:元

季度	1	2	3	4	全年	计算依据
① 期初现金流入	4 000	4 576.11	4 308.85	4 431.19	4 000	年初数等于第 1 季度数
② 经营现金流入	95 584	133 614	171 288	186 264	586 750	数据来自表 8-15
③ 可运用现金合计	99 584	138 190.11	175 596.85	190 695.19	590 750	①+②
④ 经营现金支出	106 657.89	137 806.26	163 350.66	178 344.17	586 158.98	
采购直接材料	42 061.61	54 703.58	66 200.94	74 054.45	237 020.58	数据来自表 8-22
支付直接人工	22 729.28	31 847.68	38 430.72	46 826.32	139 834.00	数据来自表 8-24
支付制造费用	11 832	14 292	16 068	15 806.40	57 998.40	数据来自表 8-26
支付销售费用	13 200	15 500	17 300	17 500	63 500	数据来自表 8-31
支付管理费用	2 500	2 500	2 500	2 500	10 000	数据来自表 8-32
支付增值税、销售税金及附加	9 835	14 463	18 351	17 657	60 306	各期数据为估计
预交所得税	2 500	2 500	2 500	2 000	9 500	各期数据为估计
预分股利	2 000	2 000	2 000	2 000	8 000	各期数据为估计
⑤ 资本性现金支出	2 950	5 000	25 000	28 000	60 950	
购置固定资产	2 950	5 000	25 000	28 000	60 950	数据来自表 8-33
⑥ 现金支出合计	109 607.89	142 806.26	188 350.66	206 344.17	647 108.98	④+⑤
⑦ 现金余缺	-10 023.89	-4 616.15	-12 753.81	-15 648.98	-56 358.98	③-⑥
⑧ 资金筹措及运用	14 600	8 925	17 185	20 410	61 120	
加:短期借款			11 000	25 000	36 000	每期期初借款
发行普通股		40 000			40 000	数据来自表 8-33
发行公司债券	30 000				30 000	数据来自表 8-33
减:支付短期借款利息			165	540	705	数据来自表 8-35
支付长期贷款利息	2 400	2 075	1 650	1 650	7 775	数据来自表 8-35
支付公司债券利息				2 400	24 00	数据来自表 8-35
归还长期贷款本金	13 000	17 000			30 000	30 000 元上半年到期
购买有价证券		12 000	-8 000	0	4 000	临时调剂
⑨ 期末现金余额	4 576.11	4 308.85	4 431.19	4 761.02	4 761.02	⑨=⑦+⑧

【例 8-24】 财务费用预算的编制。

要求：为安雅公司编制 2010 年度的财务费用预算。

依题意，编制的安雅公司 2010 年度财务费用预算如表 8-35 所示。

表 8-35 2010 年度安雅公司财务费用预算 单位：元

项目 \ 季度	1	2	3	4	全年	备注
应计并支付短期借款利息	0	0	165	540	705	年利率 6%，每季季末支付利息
应计并支付长期贷款利息	2 400	2 075	1 650	1 650	7 775	年利率 10%，每季季末支付利息
应计并支付公司债券利息	0	0	0	2 400	2 400	票面利率 8%，年末付利息
支付利息合计	2 400	2 075	1 815	4 590	10 880	
减：资本化利息	0	0	0	2 400	2 400	
预计财务费用	2 400	2 075	1 815	2 190	8 480	

（十五）预计财务报表的编制

预计财务报表也称企业总预算，是企业财务管理的重要工具，是控制企业预算期内资金、成本和利润总量的重要手段，主要包括预计利润表和预计资产负债表。

1. 预计利润表编制

预计利润表（Budgeted Income Statement）是指以货币形式综合反映预算期内企业经营活动成果（包括利润总额、净利润）计划水平的一种财务预算。

该预算需要在销售预算、产品成本预算、应交税金及附加预算、销售费用预算、管理费用预算和财务费用预算等日常业务预算的基础上编制。

【例 8-25】 安雅公司 2010 年度的销售预算、产品成本预算、应交税金及附加预算、制造费用预算、销售费用预算、管理费用预算和财务费用预算见前述例题。

要求：按变动成本法为安雅公司编制 2010 年度的预计利润表。

依题意，编制的安雅公司 2010 年度预计利润表如表 8-36 所示。

表 8-36 2010 年度安雅公司预计利润表

项目	金额	备注
营业收入①	539 000	销售收入（数据来自表 8-14）
减：营业成本②	413 188.80	变动销售成本（数据来自表 8-27、表 8-28）+ 固定性制造费用（数据来自表 8-25）
营业税金及附加③	5 482.40	数据来自【例 8-22】
销售费用④	63 500	变动性销售费用（数据来自表 8-31）+ 固定性销售费用（数据来自表 8-30）
管理费用⑤	11 700	固定性管理费用（数据来自表 8-32）

（续表）

项目	金额	备注
财务费用⑥	8 480	固定性财务费用(数据来自表8-35)
利润总额⑦	36 648.80	⑦=①-②-③-④-⑤-⑥
减:所得税⑧(税率25%)	9 162.20	⑧=⑦×25%
净利润⑨	27 486.60	⑨=⑦-⑧
年初未分配利润	18 000	
提取法定盈余公积	2 748.66	⑨×10%
向投资者分配利润	10 994.64	⑨×40%
年末未分配利润	31 743.30	

2. 预计资产负债表编制

预计资产负债表(Budgeted Balance Sheet)是指用于总括反映企业预算期末财务状况的一种财务预算。

这种预算是利用基期期末资产负债表,根据预算期销售、生产、成本等预算的有关资料加以调整编制的。编制这种预算的目的在于明确预算反映的财务状况的稳定性和流动性。如果通过预计资产负债表的分析,发现某些反映企业预算期偿债能力、资产营运能力、盈利能力的财务指标不佳,必要时可修改有关预算,以改善财务状况。

【双语链接】

- Budgeted Balance Sheet：The budgeted balance sheet is developed by beginning with the current balance sheet and adjusting it for the data contained in other budgets.
- Cash Budget：A statement of planned cash receipts and disbursements.
- Budgeted Income Statement：A budgeted income statement can be prepared from the data developed in sales budget, ending finished goods inventory budget, selling and administrative expense budget, cash budget. It shows the company's planned profit for the upcoming budget period, and it stands as a benchmark against which subsequent company performance can be measured.

【例8-26】 安雅公司2010年度的经营预算、专门决策预算、现金预算和预计利润分配表如本章前述例题。

要求:为安雅公司编制2010年度预计资产负债表。

依题意,编制的安雅公司2010年度预计资产负债表如表8-37所示。

表8-37　安雅公司2010年度预计资产负债表

项目	年初数	期末数	备注
流动资产:			
货币资金	4 000	4 761.02	数据来自表8-34
交易性金融资产	0	4 000	数据来自表8-34

（续表）

项目	年初数	期末数	备注
应收账款	31 000	74 880.00	第四季度含税收入 187 200（数据来自表 8-14）×40%
存货	16 500	36 517.60	年初数来自表 8-16；期末数来自表 8-29
流动资产合计	51 500	120 158.62	
非流动资产：			
固定资产	188 699	235 702	①
无形资产	1 700	1 000	1 700－700（数据来自表 8-32）
非流动资产合计	190 399	236 702	
资产总计	241 899	356 860.62	
负债及所有者权益			
流动负债：			
短期借款	0	36 000	数据来自表 8-34
应付账款	14 400	30 691.44	第四季度采购金额 76 728.6（数据来自表 8-22）×40%
应付职工薪酬	3 900	7 421	3 900＋[（17 605－14 084）（数据来自表 8-24）]
应交税费	0	－337.42	②
应付股利	0	2 994.64	10 994.64（数据来自表 8-36）－8 000（数据来自表 8-34）
流动负债合计	18 300	76 769.66	
非流动负债：			
长期借款	96 000	66 000	96 000－30 000（数据来自表 8-34）
应付债券	0	30 000	30 000（数据来自表 8-34）
非流动负债合计	96 000	96 000	
负债合计	114 300	172 769.66	
所有者权益：			
实收资本	100 000	140 000	100 000＋40 000（数据来自表 8-34）
资本公积	5 799	5 799	
盈余公积	3 800	6 548.66	3 800＋2 748.66（数据来自表 8-36）
未分配利润	18 000	31 743.30	数据来自表 8-36
所有者权益合计	127 599	184 090.96	
负债及所有者权益合计	241 899	356 860.62	

注：① 固定资产＝固定资产原值－累计折旧。固定资产原值年初数 198 699 元，年末数 262 049 元。本年增加数 63 350 元，其中购置固定资产 60 950 元（表 8-34），资本化利息 2400 元（表 8-35）。累计折旧年初数 10 000 元，年末数 26 347 元。本年计提折旧增加数 16 347 元，其中 15 347 元是计入固定制造费用的折旧（表 8-25），1 000元是计入管理费用的折旧（表 8-32）。② 应交税费（包括增值税、城市维护建设税、教育费附加、企业所得税）期末数，其中本年应交增值税、营业税金及附加合计数－预算支付数＝60 306.38（例 8-22）－60 306（表 8-34）＝0.38（元）；本年应交所得税－预算支付数＝9 162.2（表 8-36）－9 500（表 8-34）＝－337.8（元）。

第四节　财务预算的执行与考核

一、财务预算的执行

企业预算一经批复下达,各预算执行单位就必须认真组织实施,将预算指标层层分解,从横向到纵向落实到内部各部门、各单位、各环节和各岗位,形成全方位的预算执行责任体系。

企业应当将预算作为预期内组织、协调各项经营活动的基本依据,将年度预算细分为月份和季度预算,通过分期预算控制,确保年度预算目标的实现。

企业应当强化现金流量的预算管理,按时组织预算资金的收入,严格控制预算资金的支付,调节资金收付平衡,控制支付风险。

企业应当建立预算报告制度,要求各预算执行单位定期报告预算的执行情况。对于预算执行中发现的新情况、新问题及出现偏差较大的重大项目,企业财务管理部门以至预算委员会应当责成有关预算执行单位查找原因,提出改进经营管理的措施和建议。

企业财务管理部门应当利用财务报表监控预算的执行情况,及时向预算执行单位、企业预算委员会以至董事会或经理办公会提供财务预算的执行进度、执行差异及其对企业预算目标的影响等财务信息,促进企业完成预算目标。

二、财务预算的调整

企业正式下达执行的预算,一般不予调整。预算执行单位在执行中由于市场环境、经营条件、政策法规等发生重大变化,致使预算的编制基础不成立,或者将导致预算执行结果产生重大偏差的,可以调整预算。

企业应当建立内部弹性预算机制,对于不影响预算目标的业务预算、资本预算、筹资预算之间的调整,企业可以按照内部授权批准制度执行,鼓励预算执行单位及时采取有效的经营管理对策,保证预算目标的实现。

企业调整预算,应当由预算执行单位逐级向企业预算委员会提出书面报告,阐述预算执行的具体情况、客观因素变化情况及其对预算执行的影响程度,提出预算指标的调整幅度。

企业财务管理部门应当对预算执行单位的预算调整报告进行审核分析,集中编制企业年度预算调整方案,提交预算委员会以至企业董事会或经理办公会审议批准,然后下达执行。

三、财务预算的分析与考核

企业应当建立预算分析制度,由预算委员会定期召开预算执行分析会议,全面掌握预算的执行情况,研究、解决预算执行中存在的问题,纠正预算的执行偏差。

针对预算的执行偏差,企业财务管理部门及各预算执行单位应当充分、客观地分析产生的原因,提出相应的解决措施或建议,提交董事会或经理办公会研究决定。

企业预算委员会应当定期组织预算审计,纠正预算执行中存在的问题,充分发挥内部审计的监督作用,维护预算管理的严肃性。

预算审计可以采用全面审计或者抽样审计。在特殊情况下,企业也可组织不定期的专项审计。审计工作结束后,企业内部审计机构应当形成审计报告,直接提交预算委员会以至董事会或经理办公会,作为预算调整、改进内部经营管理和财务考核的一项重要参考。

预算年度终了,预算委员会应当向董事会或者经理办公会报告预算执行情况,并依据预算完成情况和预算审计情况对预算执行单位进行考核。

企业预算执行考核是企业绩效评价的主要内容,应当结合年度内部经济责任制进行考核,与预算执行单位负责人的奖惩挂钩,并作为企业内部人力资源管理的参考。

【相关链接】

绩效评价体系简介

所谓企业绩效评价,是指运用数理统计和运筹学原理,采用特定指标体系,对照统一的标准,按照一定的程序,通过定量定性对比分析,对企业一定经营期间的经营效益和经营者业绩做出客观、公正和准确的综合评判。

以责、权、效、利相统一的机制为基础形成的为评价和控制企业经营活动的进程和效果服务的企业内部控制系统——责任会计。责任会计是在分权管理条件下,为适应经济责任制的要求,在企业内部建立若干责任单位,并对它们分工负责的经济活动进行规划、控制、考核与业绩评价的一整套会计制度。责任会计是以往的各种会计管理制度的发展。根据企业内部责任单位权责范围及业务活动特点的不同,将企业的责任中心划分为成本中心、利润中心和投资中心。

目前我国采用的企业绩效评价方法除国有资本金绩效评价体系外,一些企业还积极采用了由美国学者和实业界提出的"杜邦财务分析体系"、"平衡计分卡"和"经济增加值"(EVA)等评价方法。这几种绩效评价方法虽各有长处,但每一种方法在企业绩效评价中都还存在着一些缺陷。结合我国企业目前的状况及特点,应采用多因素全面评价原则和定量分析与定性评议相结合的原则,建立多维的基于绩效预算管理的动态的企业绩效评价体系。

责任会计与预算管理的关系

- 各单位财务预算的编制以责任会计原则为依据进行;
- 各费用中心、利润中心对预算执行结果的考核以责任会计核算结果为依据进行。

【本章练习】

一、单项选择题

1. 固定预算编制方法的致命缺点是(　　)。

A. 过于机械呆板　　B. 可比性差

C. 计算量大　　D. 可能导致保护落后

2. 销售预算中"某期经营现金收入"的计算公式正确的是(　　)。

A. 某期经营现金收入 = 该期期初应收账款余额 + 该期含税销售收入 - 该期期末应收账款余额

B. 某期经营现金收入 = 该期含税收入 × 该期预计现销率

C. 某期经营现金收入 = 该期预计销售收入 + 该期销项税额

D. 某期经营现金收入 = 该期期末应收账款余额 + 该期含税销售收入 - 该期期初应收账款余额

3.（　　）是只使用实物量计量单位的预算。

A. 产品成本预算　　B. 生产预算

C. 管理费用预算　　D. 直接材料预算

4. 某企业编制"销售预算"，已知上上期的含税销售收入为600万元，上期的含税销售收入为800万元，预计预算期含税销售收入为1000万元，含税销售收入的20%于当期收现，60%于下下期收现，20%于下期收现，假设不考虑其他因素，则本期期末应收账款的余额为（　　）万元。

A. 760　　B. 860　　C. 660　　D. 960

5.（　　）编制的主要目标是通过制定最优生产经营决策和存货控制决策来合理地利用或调配企业经营活动所需要的各种资源。

A. 投资决策预算　　B. 经营决策预算

C. 现金预算　　D. 生产预算

二、多项选择题

1. 下列各项中属于总预算的是（　　）。

A. 投资决策预算　　B. 销售预算

C. 现金预算　　D. 预计利润表

2. 滚动预算的优点包括（　　）。

A. 透明度高　　B. 及时性强

C. 连续性好　　D. 完整性突出

3. 现金预算的编制基础包括（　　）。

A. 销售预算　　B. 投资决策预算

C. 销售费用预算　　D. 预计利润表

4.（　　）是在生产预算的基础上编制的。

A. 直接材料预算　　B. 直接人工预算

C. 产品成本预算　　D. 管理费用预算

5. 下列关于本期采购付现金额的计算公式中错误的是（　　）。

A. 本期采购付现金额 = 本期采购金额（含进项税）+ 期初应付账款 - 期末应付账款

B. 本期采购付现金额 = 本期采购金额（含进项税）+ 期初应收账款 - 期末应收账款

C. 本期采购付现金额 = 本期采购本期付现部分（含进项税）+ 以前期赊购本期付现的部分

D. 本期采购付现金额 = 本期采购金额（含进项税）- 期初应付账款 + 期末应付账款

三、判断题

1. 增量预算与零基预算相比能够调动各部门降低费用的积极性。（　　）

2. 生产预算是预算编制的起点。（　　）

3. 预计资产负债表是以货币形式综合反映预算期内企业经营活动成果计划水平的一种财务预算。（　　）

4. 弹性成本预算编制的列表法不能包括所有业务量条件下的费用预算，适用面较窄。（　　）

5. 现金预算中的现金支出包括经营现金支出、分配股利的支出以及缴纳税金的支出，但是不包括资本性支出。（　　）

四、综合题

大为公司只生产甲产品，2011年预计价格为60元，2010年12月31日该公司的简式资产负债表如下表所示：

大为公司资产负债表

2010 年 12 月 31 日　　单位:元

资产	期末数	负债与所有者权益	期末数
现金	20 000	应付账款	10 000
应收账款	40 000		
存货:材料	4 000	实收资本	120 000
产成品	11 000	未分配利润	27 000
固定资产原值	100 000		
减:累计折旧	18 000		
固定资产净值	82 000		
合计	157 000	合计	157 000

该公司 2011 年有关预测资料如下:

(1) 甲产品各季度预计销售量分别为 2 000 件、3 000 件、4 000 件和 3 000 件;预计单价为 60 元;现销比例为 60%,其余 40% 于下季度收回;销售环节税金及附加为销售收入的 5%,以现金形式支付。

(2) 甲产品 2010 年年末存货量为 200 件,单位成本为 55 元;每季度末的存货量分别为下个季度预计销售量的 10%;2011 年年末存货量预计为 300 件,存货按加权平均法计价。

(3) 假定甲产品只耗用 A 材料,每件甲产品耗用 A 材料 2 千克,耗用直接人工 5 小时;A 材料的单价为 5 元/千克,直接人工的小时工资率为 5 元/小时;每季度工资全部在当期支付。

(4) 预计材料存货量及付款方式为:2010 年年末 A 材料存货量为 800 千克,预计 2011 年各季度库存量均为下季度生产耗用量的 20%,2011 年年末 A 材料存货量预计为 1 000 千克;每季度购买材料只需支付 50% 现金,余款在下季度内付清。

(5) 制造费用分成两个部分:2011 年全年变动性制造费用分配率为每单位工时 2 元;每季度固定性制造费用为 30 250 元,其中固定资产折旧为 26 250 元,其余均为各季度均衡发生的付现成本。

(6) 销售费用及管理费用全年合计为 40 000 元,均匀支出。

(7) 其他现金支出预计为:2011 年每季度预交所得税 5 000 元,预分股利 2 000 元;第四季度购置设备一台,入账价值 50 000 元。

(8) 该企业最低现金库存量预计为 20 000 元;各季度现金余缺可通过归还短期借款、购买债券、出售债券、取得短期借款解决,假设借款在期初,还款在期末;借款年利率为 12%,还款时付息;银行借款要求是 1 000 元的倍数。

(9) 公司适用所得税税率为 33%,假设不需要进行纳税调整。

要求:为大为公司编制 2011 年的下列预算:

(1) 销售预算;

(2) 生产预算;

(3) 直接材料消耗及采购预算;

(4) 直接人工预算;

(5) 制造费用预算;

(6) 产品成本预算;

(7) 现金预算;

(8) 预计利润表;

(9) 预计资产负债表。

第九章 财务分析

【本章导航】

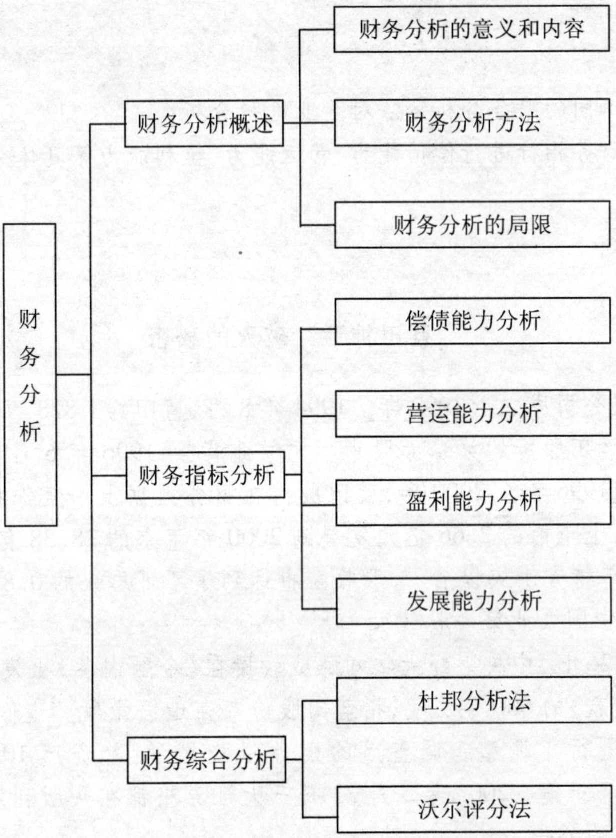

【知识目标】

1. 了解进行财务分析的意义;
2. 掌握财务分析的方法;
3. 理解财务分析的局限;
4. 掌握偿债能力、营运能力、盈利能力分析的财务指标;
5. 掌握财务状况的综合分析。

【能力目标】

1. 能够运用不同的财务分析方法对企业进行分析;
2. 能够运用财务指标进行偿债能力、营运能力、盈利能力等具体分析。

【导入案例】

"蓝田神话"破灭的秘密

蓝田股份有限公司成立于1992年。1994年8月,蓝田的1 828万国家股划归农业部持有,农业部成为蓝田股份的第二大股东。凭借此背景,1996年6月18日,蓝田股份在上交所挂牌交易。1996年至2000年,蓝田股份在财务数据上一直保持着神奇的增长速度。总资产规模从上市前的2.66亿元发展到2000年年末的28.38亿元,增长了10倍。即使遭遇了1998年特大洪灾以后,每股收益也达到了不可思议的0.81元,创造了"蓝田神话",被称作是"中国农业第一股"。

2001年10月26日,中央财经大学刘姝威教授在《金融内参》上发表了《应立即停止对蓝田股份发放贷款》的600字文稿,指蓝田股份存在造假嫌疑。造假丑闻曝光后,蓝田股份对财务报告进行了调整。调整后的财务报告显示:总资产10.26亿元,总负债11.205亿元,已资不抵债。2003年5月23日三大证券报都在头版刊发上交所关于终止蓝田股份上市交易的公告。

那么刘姝威教授是如何发现蓝田股份财务造假的呢?刘教授是利用财务分析工具,对蓝田股份的偿债能力、盈利能力、现金流量、资产结构与同行业进行了对比分析,得出了企业财务造假的推理结论。实际上财务分析一直被认为是了解企业财务状况最有效的方法。一个谎言的产生,必然伴随着多个谎言的出现,多个谎言交织在一起就会漏洞百出。企业信息使用者只要能够充分利用财务分析工具,就可以发现企业财务报表中存在的问题。

资料来源:主要摘自腾讯网,原地址:http://finance.qq.com/a/20081124/001760.htm。

第一节　财务分析概述

一、财务分析的意义和内容

财务分析(Financial Analysis)是根据企业财务报表等信息资料,采用专门方法,系统分析和评价企业财务状况、经营成果以及未来发展趋势的过程。

【双语链接】

Financial Analysis：Assessment of the (1) effectiveness with which funds (investment and debt) are employed in a firm, (2) efficiency and profitability of its operations, and (3) value and safety of debtors' claims against the firm's assets. It employs techniques such as funds flow analysis and financial ratios to understand the problems and opportunities inherent in an investment or financing decision.

财务分析以企业财务报告及其他相关资料为主要依据,对企业的财务状况和经营成果进行评价和剖析,反映企业在运营过程中的利弊得失和发展趋势,从而为改进企业财务管理工作和优化经济决策提供重要财务信息。

(一) 财务分析的意义

财务报表分析的目的是将财务报表数据转换成有用的信息,帮助报表使用人改善决策。

最早的财务报表分析,主要是为银行服务的信用分析。由于借贷资本在公司资本中的比重不断增加,银行家需要对贷款人进行信用调查和分析,逐步形成了偿债能力分析等有关内容。

资本市场出现以后,财务报表分析由为贷款银行服务扩展到为各种投资人服务。社会筹资范围扩大,非银行债权人和股权投资人增加,公众进入资本市场。投资人要求的信息更为广泛,逐步形成了盈利能力分析、筹资结构分析和利润分配分析等新的内容,发展出比较完善的外部分析体系。

公司组织发展起来以后,经理人员为获得股东的好评和债权人的信任,需要改善公司的盈利能力和偿债能力,逐步形成了内部分析的有关内容,并使财务报表分析由外部分析扩大到内部分析。内部分析不仅可以使用公开报表的数据,而且可以利用内部的数据(预算、成本数据等)。内部分析的目的是找出管理行为和报表数据的关系,通过管理来改善未来的财务报表。

由于财务报表使用的概念越来越专业化,提供的信息越来越多,因此报表分析的技术日趋复杂。许多报表使用人感到从财务报表中提取有用的信息日益困难,于是开始求助于专业人士,促使财务分析师发展成为专门职业。专业财务分析师的出现,对于报表分析技术的发展具有重要的推动作用。传统的财务报表分析逐步扩展成为包括经营战略分析、会计分析、财务分析和前景分析等四个部分的更完善的体系。本章主要讨论财务分析的有关内容。与其他分析相比,财务分析更强调分析的系统性和有效性,并强调运用财务数据发现公司的问题。

财务分析对不同的信息使用者具有不同的意义。具体来说,财务分析的意义主要表现在以下几个方面:

(1)可以判断企业的财务实力。通过对资产负债表和利润表的有关资料进行分析,计算相关指标,可以了解企业的资产结构和负债水平是否合理,从而判断企业的偿债能力、营运能力及获利能力等财务实力,揭示企业在财务状况方面可能存在的问题。

(2)可以评价和考核企业的经营业绩,揭示财务活动存在的问题。通过指标的计算、分析和比较,能够评价和考核企业的盈利能力和资金周转状况,揭示其经营管理的各个方面和各个环节的问题,找出差距,得出分析结论。

(3)可以挖掘企业潜力,寻求提高企业经营管理水平和经济效益的途径。企业进行财务分析的目的不仅仅是发现问题,更重要的是分析问题和解决问题。通过财务分析,应保持和进一步发挥生产经营管理中成功的经验,对存在的问题应提出解决的策略和措施,以达到扬长避短、提高经营管理水平和经济效益的目的。

(4)可以评价企业的发展趋势。通过各种财务分析,可以判断企业的发展趋势,预测其生产经营的前景及偿债能力,从而为企业领导层进行生产经营决策、投资者进行投资决策和债权人进行信贷决策提供重要的依据,避免因决策错误给其带来重大的损失。

(二)财务分析的内容

财务分析信息的需求者主要包括企业所有者、企业债权人、企业经营决策者和政府等。不同主体出于不同的利益考虑,对财务分析信息有着各自不同的要求。财务分析的具体内容如表 9-1 所示。

表 9-1　财务分析的内容

分析主体	分析内容
所有者	企业所有者作为投资人,关心其资本的保值和增值状况,因此较为重视企业获利能力指标,主要进行企业盈利能力分析。
债权人	企业债权人因不能参与企业剩余收益分享,首先关注的是其投资的安全性,因此更重视企业偿债能力指标,主要进行企业偿债能力分析,同时也关注企业盈利能力分析。
经营者	企业经营决策者必须对企业经营理财的各个方面,包括运营能力、偿债能力、获利能力及发展能力的全部信息予以详尽的了解和掌握,主要进行各方面的综合分析,并关注企业财务风险和经营风险。
政府	政府兼具多重身份,既是宏观经济管理者,又是国有企业的所有者和重要的市场参与者,因此政府对企业财务分析的关注点因所具身份的不同而异。

尽管不同企业的经营状况、经营规模、经营特点不同,但作为运用价值形式进行的财务分析,归纳起来其分析的内容不外乎偿债能力分析、营运能力分析、获利能力分析、发展能力分析和综合能力分析等五个方面。

二、财务分析方法

财务分析的方法一般可以分为定性分析和定量分析。定性分析主要是评价者根据所掌握的情况和资料，凭借其经验对结果进行的解析和评价；而定量分析是指评价时采用科学的方法，对所搜集的信息进行加工、计算等量化处理，从量上评价出企业财务状况和经营成果。具体分析结论的得出都是定性分析和定量分析的结合。

定量的财务分析方法大致可以分为比较分析法、比率分析法、趋势分析法和因素分析法。

（一）比较分析法

比较分析法（Comparative），是通过对比两期或连续数期财务报告中的相同指标，确定其增减变动的方向、数额和幅度，来说明企业财务状况或经营成果变动趋势的一种方法。采用这种方法，可以分析引起变化的主要原因、变动的性质，并预测企业未来的发展趋势。

【双语链接】

Comparative : A method used in the analysis of financial statements to identify new trends when data or ratios for a specific item from multiple time frames are presented along side of each other for a straight across comparison.

比较分析法的具体运用主要有重要财务指标的比较、会计报表的比较和会计报表项目构成的比较三种方式。

1. 重要财务指标的比较

这种方法是指将不同时期财务报告中的相同指标或比率进行纵向比较，直接观察其增减变动情况及变动幅度，考察其发展趋势，预测其发展前景。不同时期财务指标的比较主要有以下两种方法：

（1）定基动态比率，是以某一时期的数额为固定的基期数额计算出来的动态比率。其计算公式为：

$$定基动态比率 = \frac{分析期数额}{固定基期数额} \times 100\%$$

（2）环比动态比率，是以每一分析期的数据与上期数据相比较计算出来的动态比率。其计算公式为：

$$环比动态比率 = \frac{分析期数据}{前期数额} \times 100\%$$

2. 会计报表的比较

这种方法是将连续数期的会计报表的金额并列起来，比较各指标不同期间的增减变动金额和幅度，据以判断企业财务状况和经营成果发展变化的一种方法。具体包括资产负债表比较、利润表比较和现金流量表比较等。

3. 会计报表项目构成的比较

这种方法是在会计报表比较的基础上发展而来的，是以会计报表中的某个总体指标作为100%，再计算出各组成项目占该总体指标的百分比，从而比较各个项目百分比的增减变动，以此来判断有关财务活动的变化趋势。

【特别提醒】

比较分析法应当注意的问题

采用比较分析法时,应当注意以下问题:(1) 用于对比的各个时期的指标,其计算口径必须保持一致;(2) 应剔除偶发性项目的影响,使分析所利用的数据能反映正常的生产经营状况;(3) 应运用例外原则对某项有显著变动的指标做重点分析,研究其产生的原因,以便采取对策,趋利避害。

(二) 比率分析法

比率分析法(Ratio Analysis)是通过计算各种比率指标来确定财务活动变动程度的方法。

【双语链接】

Ratio Analysis :The study and interpretation of the relationships between various financial variables, by investors or lenders.

比率指标的类型主要有构成比率、效率比率和相关比率三类。

1. 构成比率

构成比率又称结构比率,是某项财务指标的各组成部分数值占总体数值的百分比,反映部分与总体的关系。利用构成比率,可以考察总体中某个部分的形成和安排是否合理,以便协调各项财务活动。其计算公式为:

$$构成比率=\frac{某个组成部分数值}{总体数值}\times 100\%$$

比如,企业资产中流动资产、固定资产和无形资产占资产总额的百分比(资产构成比率),企业负债中流动负债和长期负债占负债总额的百分比(负债构成比率)等都是构成比率。利用构成比率,可以考察总体中某个部分的形成和安排是否合理,以便协调各项财务活动。

2. 效率比率

效率比率,是某项财务活动中所费与所得的比率,反映投入与产出的关系。利用效率比率指标,可以进行得失比较,考察经营成果,评价经济效益。

比如,将利润项目与销售成本、销售收入、资本金等项目加以对比,可以计算出成本利润率、销售利润率和资本金利润率指标,从不同角度观察比较企业获利能力的高低及其增减变化情况。

3. 相关比率

相关比率,是以某个项目和与其有关但又不同的项目加以对比所得的比率,反映有关经济活动的相互关系。利用相关比率指标,可以考察企业相互关联的业务安排是否合理,以保障经营活动顺畅进行。

比如,将流动资产与流动负债进行对比,计算出流动比率,可以判断企业的短期偿债能力;将负债总额与资产总额进行对比,可以判断企业的长期偿债能力。

【特别提醒】

比率分析法应注意的问题

采用比率分析法时，应当注意以下几点：(1) 对比项目的相关性；(2) 对比口径的一致性；(3) 衡量标准的科学性。

（三）因素分析法

因素分析法（Factor Analysis）是依据分析指标与其影响因素的关系，从数量上确定各因素对分析指标影响方向和影响程度的一种方法。

【双语链接】

Factor Analysis：Statistical technique that can uncover relationship patterns underlying hundreds of interacting phenomenon such as changes in interest rates, inflation, and/or oil prices. Used in fields as diverse as horse racing and financial markets, factor analysis is used to analyze large numbers of dependent variables to detect certain aspects of the independent variables (called factors) affecting those dependent variables—without directly analyzing the independent variables.

因素分析法具体有两种：连环替代法和差额分析法。

1. 连环替代法

连环替代法，是将分析指标分解为各个可以计量的因素，并根据各个因素之间的依存关系，顺次用各因素的比较值（通常为实际值）替代基准值（通常为标准值或计划值），据以测定各因素对分析指标的影响。

【例 9-1】 某企业 2010 年 10 月某种产品销售收入的实际数是 462 000 元，而其计划数是 400 000 元。实际比计划增加 62 000 元。由于产品销售收入是由产品销售量、销售单价两个因素的乘积组成的，因此就可以把产品销售收入这一总指标分解为两个因素，然后逐个来分析它们对产品销售收入总额的影响程度。现假设这两个因素的数值如表 9-2 所示。

表 9-2　分析资料表

项目	计划数	实际数
产品销售量（件）	10 000	11 000
销售单价（元）	40	42
销售收入（元）	400 000	462 000

根据表 9-2 中的资料，销售收入总额实际数较计划数增加 62 000 元。运用连环替代法，可以计算各因素变动对销售收入总额的影响。

计划指标：　　　　　　$10\ 000 \times 40 = 400\ 000$（元）　　(1)

第一次替代：　　　　　$11\ 000 \times 40 = 440\ 000$（元）　　(2)

第二次替代（实际指标）：$11\ 000 \times 42 = 462\ 000$（元）　　(3)

(2)式 - (1)式 = 440 000 - 400 000 = 40 000(元)　　销售量增加的影响

(3)式 - (2)式 = 462 000 - 440 000 = 22 000(元)　　价格提高的影响

40 000 + 22 000 = 62 000(元)　　全部因素的影响

【特别提醒】

因素分析法应注意的问题

采用因素分析法时,必须注意以下问题:(1) 因素分解的关联性。构成经济指标的因素,必须在客观上存在因果关系,要能够反映形成该项指标差异的内在构成原因,否则就失去了应用价值。(2) 因素替代的顺序性。确定替代因素时,必须根据各因素的依存关系,遵循一定的顺序并依次替代,不可随意加以颠倒,否则就会得出不同的计算结果。(3) 顺序替代的连环性。因素分析法在计算每一因素变动的影响时,都是在前一次计算的基础上进行,并采用连环比较的方法确定因素变动的影响。(4) 计算结果的假定性。由于因素分析法计算的各因素变动的影响数,会因替代顺序不同而有差别,因而计算结果不免带有假定性,即它不可能使每个因素计算的结果,都达到绝对的准确。为此,分析时应力求使这种假定合乎逻辑,具有实际经济意义。这样,计算结果的假定性,才不至于妨碍分析的有效性。

2. 差额分析法

差额分析法是连环替代法的一种简化形式,是利用各个因素的比较值与基准值之间的差额,来计算各因素对分析指标的影响。

【例 9-2】 某企业生产甲产品,其单位产品标准成本资料如下:

直接材料:835 元(见例 7-10)

直接人工:192 元(见例 7-11)

变动制造费用:110.4 元(见例 7-12)

固定制造费用:216 元(见例 7-12)

假定企业甲产品预算产量为 4 000 件,实际生产量为 5 000 件,领用 A 材料 29 000 千克,其实际价格为 61 元/千克;用工 55 000 小时,实际应付直接人工工资 1 045 000 元;实际发生制造费用 1 602 000 元,其中固定制造费用 1 122 000 元,变动制造费用480 000元。

根据上述资料,进行总差异及各项成本差异的分析。

(1) 总差异 = (61 × 29 000 + 1 045 000 + 1 602 000) - (60 × 6 × 5 000 + 16 × 5000 × 12 + 12 × 9.2 × 5 000 + 12 × 18 × 5 000) = 24 000(元)

(2) 直接材料成本差异 = 61 × 29 000 - 60 × 6 × 5 000 = -31 000(元)(节约)

材料价格差异 = (61 - 60) × 29 000 = 29 000(元)

材料用量差异 = 60 × (29 000 - 5 000 × 6) = -60 000(元)

由以上计算结果可以看出,甲产品本月耗用 A 材料产生 31 000 元节约差异的原因是:由于生产部门耗用材料低于标准,节约成本 60 000 元;材料价格升高,导致成本超支 29 000元,应通过采购部门查明原因,及时纠正存在的问题。

(3) 直接人工成本差异 = 1 045 000 - 16 × 5 000 × 12 = 85 000(元)(超支)

直接人工工资率差异(价差)=(1 045 000÷55 000-16)×55 000=165 000(元)

直接人工效率差异(量差)=16×(55 000-12×5 000)=-80 000(元)

由以上计算结果可以看出该产品的直接人工成本总体上超支85 000元。其中,人工效率差异节约80 000元,但工资率差异超支165 000元。工资率超过标准,可能是提高工资水平或调整人员组成所致,应查明原因分析其合理性。单位耗用工时的减少通常是劳动效率提高的表现。

(4)变动制造费用成本差异=480 000-12×9.2×5 000=-72 000(元)(节约)

变动制造费用耗费差异(价差)=(480 000÷55 000-9.2)×55 000=-26 000(元)

变动制造费用效率差异(量差)=9.2×(55 000-12×5 000)=-46 000(元)

通过以上计算可以看出,甲产品变动制造费用节约72 000元,这是由于提高效率,工时由60 000小时(12×5 000)降为55 000小时,费用分配率由9.2元降低到8.73元(480 000÷55 000)的结果。

(5)固定制造费用成本差异=1 122 000-12×18×5 000=42 000(元)(超支)

耗费差异=1 122 000-18×12×4 000=258 000(元)

能量差异=18×(12×4 000-5 000×12)=-216 000(元)

【相关链接】

相关计算公式

总差异=实际价格×实际用量-标准价格×标准用量

=(实际价格×实际用量-标准价格×实际用量)+(标准价格×实际用量-标准价格×标准用量)

=(实际价格-标准价格)×实际用量+标准价格×(实际用量-标准用量)

=价格差异+用量差异

在差额分析法下各因素变动对总差异的影响,其计算公式为:

价格差异=(实际价格-标准价格)×实际用量

用量差异=标准价格×(实际用量-标准用量)

三、财务分析的局限

财务分析对于了解企业的财务状况和经营成绩,评价企业的偿债能力和经营能力,帮助企业制定经济决策有着显著的作用。但由于种种因素的影响,财务分析也存在着一定的局限性。在分析中应注意这些局限性的影响,以保证分析结果的正确性。财务分析的局限如表9-3所示。

表 9-3 财务分析的局限

	局限
资料来源	(1) 报表数据的时效性问题。财务报表中的数据,均是企业过去经济活动的结果和总结,用于预测未来发展趋势,只有参考价值,并非绝对合理。 (2) 报表数据的真实性问题。在企业形成其财务报表之前,信息提供者往往对信息使用者所关注的信息进行仔细分析与研究,并尽力满足信息使用者对企业财务状况和经营成果信息的期望。其结果极有可能使信息使用者所看到的报表信息与企业实际状况相距甚远,从而误导信息使用者的决策。 (3) 报表数据的可比性问题。根据会计准则的规定,不同的企业或同一个企业的不同时期都可以根据情况采用不同的会计政策和会计处理方法,使得报表上的数据在企业不同时期和不同企业之间不可比。 (4) 报表数据的完整性问题。由于报表本身的原因,其提供的数据是有限的。对报表使用者来说,可能需要的不少信息在报表或附注中根本找不到。
财务分析方法	(1) 对于比较分析法,在实际操作时,比较的双方必须具备可比性才有意义。 (2) 对于比率分析法,比率分析是针对单个指标进行分析,综合程度较低,在某些情况下无法得出令人满意的结论。而且比率指标的计算一般都是建立在以历史数据为基础的财务报表之上的,这使得比率指标提供的信息与决策之间的相关性大打折扣。 (3) 对于因素分析法,在计算各因素对综合经济指标的影响额时,假定各因素的变化顺序而且规定每次只有一个因素发生变化,这些假定往往与事实不符。
财务分析指标	(1) 财务指标体系不严密。每个财务指标只反映企业的财务状况或经营状况的某一方面,每类指标都过分强调本身所反映的方面,导致整个指标体系不严密。 (2) 财务指标所反映的情况具有相对性。在判断某个具体财务指标是好还是坏,或根据一系列指标形成对企业的综合判断时,必须注意财务指标本身所反映情况的相对性。 (3) 财务指标的评价标准不统一。比如对速动比率一般认为 1 比较合适,但不同行业的速动比率有很大差别,如采用大量现金销售的企业,几乎没有应收账款,速动比率大大低于 1 是很正常的。相反,一些应收账款较多的企业,速动比率可能要大于 1。因此,在不同企业之间用财务指标进行评价时没有一个统一标准,不便于不同行业间的对比。 (4) 财务指标的计算口径不一致。比如,对反映企业营运能力的指标,分母的计算可用年末数,也可用平均数,而平均数的计算又有不同的方法,这些都会导致计算结果不一样,不利于评价比较。

【相关链接】

企业报表的危险信号

(1) 财务报告的形式不规范。不规范的报告其可靠性也应受到怀疑。要注意财务报告是否有遗漏,遗漏违背充分披露原则,很可能是不想讲真话引起的。

(2) 要注意分析数据的反常现象。如无合理的反常原因,则要考虑数据的真实性和一贯性是否有问题。例如,原因不明的会计调整,可能是利用会计政策的灵活性“修饰”报表等。

(3) 要注意大额的关联方交易。这些交易的价格缺乏客观性,会计估计有较大主观性,可能存在转移利润的动机。

(4) 要注意大额资本利得。在经营业绩不佳时,公司可能通过出售长期资产、债转股等交易实现资本利得。

(5) 要注意异常的审计报告。无正当理由更换注册会计师,或审计报告附有保留意见,暗示公司的财务报告可能粉饰过度。

第二节 财务指标分析

财务指标是指总结和评价企业财务状况与经营成果的分析指标。财务指标分析的内容主要包括偿债能力分析、营运能力分析、盈利能力分析、发展能力分析四个方面,以下将分别加以介绍。

为了便于说明财务比率的计算和分析方法,本章将以 ABC 股份有限公司(以下简称 ABC 公司)的财务报表数据为例。该公司的资产负债表、利润表、现金流量表和股东权益变动表分别如表 9-4、表 9-5、表 9-6 和表 9-7 所示。

表 9-4 资产负债表

编制单位:ABC 公司　　2010 年 12 月 31 日　　单位:万元

资产	年末余额	年初余额	负债及股东权益	年末余额	年初余额
流动资产:			流动负债:		
货币资金	50	25	短期借款	60	45
交易性金融资产	6	12	交易性金融负债		
应收票据	8	11	应付票据	5	4
应收账款	398	199	应付账款	100	109
预付款项	22	4	预收款项	10	4
应收股利	0	0	应付职工薪酬	2	
应收利息	0	0	应交税费	5	4
其他应收款	12	22	应付利息	12	16
存货	119	326	应付股利	28	10
一年内到期的非流动资产	77	11	其他应付款	14	13

（续表）

资产	年末余额	年初余额	负债及股东权益	年末余额	年初余额
其他流动资产	8	0	一年内到期的非流动负债	50	0
流动资产合计	700	610	其他流动负债	14	14
			流动负债合计	300	220
			非流动负债：		
			长期借款	450	245
非流动资产：			应付债券	240	260
可供出售金融资产	0	45	长期应付款	50	60
持有至到期投资			专项应付款	0	0
长期股权投资	30	0	预计负债	0	0
长期应收款			递延所得税负债	0	0
固定资产	1 238	955	其他非流动负债	0	15
在建工程	18	35	非流动负债合计	750	580
固定资产清理		12	负债合计	1 040	800
无形资产	6	8	股东权益：		
开发支出			股本	100	100
商誉			减：库存股	0	0
长期待摊费用	5	15	资本公积	10	10
递延所得税资产	0	0	盈余公积	100	40
其他非流动资产	3	0	未分配利润	750	730
非流动资产合计	1 300	1 070	股东权益合计	960	880
资产总计	2 000	1 680	负债及股东权益总计	2 000	1 680

表 9-5　利润表

编制单位：ABC 公司　　　　2010 年度　　　　单位：万元

项目	本年金额	上年金额
一、营业收入	3 000	2 850
减：营业成本	2 644	2 503
营业税金及附加	28	28
销售费用	22	20
管理费用	46	40
财务费用	110	96
资产减值损失	0	0
加：公允价值变动收益	0	0
投资收益	6	0
二、营业利润	156	163

（续表）

项目	本年金额	上年金额
加：营业外收入	45	72
减：营业外支出	1	0
三、利润总额	200	235
减：所得税费用	64	75
四、净利润	136	160

表 9-6 现金流量表

编制单位：ABC 公司　　2010 年度　　单位：万元

项目	金额
一、经营活动产生的现金流量：	
销售商品、提供劳务收到的现金	2 810
收到的税费返还	
收到其他与经营活动有关的现金	10
经营活动现金流入小计	2 820
购买商品、接受劳务支付的现金	2 363
支付给职工以及为职工支付的现金	29
支付的各项税费	91
支付其他与经营活动有关的现金支出	14
经营活动现金流出小计	2 497
经营活动产生的现金流量净额	323
二、投资活动产生的现金流量：	
收回投资收到的现金	4
取得投资收益收到的现金	6
处置固定资产、无形资产和其他长期资产收回的现金净额	12
处置子公司及其他营业单位收到的现金净额	
收到其他与投资活动有关的现金	
投资活动现金流入小计	22
购置固定资产、无形资产和其他长期资产支付的现金	369
投资支付的现金	30
支付其他与投资活动有关的现金	
投资活动现金流出小计	399
投资活动产生的现金流量净额	－377
三、筹资活动产生的现金流量：	
吸收投资收到的现金	
取得借款收到的现金	270
收到其他与筹资活动收到的现金	

（续表）

项目	金额
筹资活动现金流入小计	270
偿还债务支付的现金	20
分配股利、利润或偿付利息支付的现金	152
支付其他与筹资活动有关的现金	25
筹资活动现金流出小计	197
筹资活动产生的现金流量净额	73
四、汇率变动对现金及现金等价物的影响	
五、现金及现金等价物净增加额	19
加:期初现金及现金等价物余额	37
六、期末现金及现金等价物余额	56

表 9-7　股东权益变动表

编制单位:ABC 公司　　2010 年度　　单位:万元

项目	本年金额						上年金额
	股本	资本公积	减:库存股	盈余公积	未分配利润	股东权益合计	（略）
一、上年年末余额	100	10		40	730	880	
加:会计政策变更							
前期差错更正							
二、本年年初余额	100	10		40	730	880	
三、本年增减变动金额							
（一）净利润					136	136	
（二）直接计入股东权益的利得和损失							
1. 可供出售金融资产公允价值变动净额							
2. 权益法下被投资单位其他股东权益变动影响							
3. 与计入股东权益项目相关的所得税影响							
4. 其他							
上述（一）和（二）小计					136	136	
（三）所有者投入和减少资本							
1. 所有者投入资本							
2. 股份支付计入股东权益的金额							
3. 其他							
（四）利润分配							
1. 提取盈余公积				60	-60	0	
2. 对股东的分配					-56	-56	

（续表）

项目	本年金额						上年金额
	股本	资本公积	减：库存股	盈余公积	未分配利润	股东权益合计	（略）
3. 其他							
（五）股东权益的内部结转							
1. 资本公积转增股本							
2. 盈余公积转增股本							
3. 盈余公积弥补亏损							
4. 其他							
四、本年年末余额	100	10	0	100	750	960	

一、偿债能力分析

企业偿债能力(Solvency)是反映企业财务状况和经营能力的重要标志。企业偿债能力低不仅说明企业资金紧张,难以支付日常经营支出,而且说明企业资金周转不灵,难以偿还到期债务,甚至面临破产危险。企业偿债能力分析包括短期偿债能力分析和长期偿债能力分析。

(一) 短期偿债能力分析

企业短期债务一般要用流动资产来偿付,短期偿债能力是指企业流动资产对流动负债及时足额偿还的保证程度,是衡量企业流动资产变现能力的重要标志。企业短期偿债能力的衡量指标主要有流动比率、速动比率和现金比率。

1. 流动比率

流动比率(Current Ratio)是企业流动资产与流动负债之比。其计算公式为:

$$流动比率=\frac{流动资产}{流动负债}$$

【双语链接】

- **Solvency:** Financial soundness of an entity that allows it to discharge its monetary obligations as they fall due. It is measured by solvency ratios.
- **Current Ratio:** An indication of a company's ability to meet short-term debt obligations; the higher the ratio, the more liquid the company is. Current Ratio is equal to current assets divided by current liabilities. If the current assets of a company are more than twice the current liabilities, then that company is generally considered to have good short-term financial strength. If current liabilities exceed current assets, then the company may have problems meeting its short-term obligations.

流动比率是衡量企业偿债能力的重要指标,表明企业每1元流动负债有多少流动资产作为保障,反映了企业流动资产在短期债务到期时可变现用于偿还流动负债的能力。对于债权人而言,流动比率越高,其对于短期债务的偿还越有保障,对其越有利;但对于企业而言,流动资产太多会造成资产的盈利能力下降,也有可能是企业资产流动不畅的表现。所以,一般而言,流动比率的数据在2左右为好,这是较好流动比率的经验数据。

【例9-3】 根据ABC公司的财务报表数据:

本年流动比率 = 700 ÷ 300 = 2.33

上年流动比率 = 610 ÷ 220 = 2.77

流动比率假设全部流动资产都可以用于偿还短期债务,表明每1元流动负债有多少流动资产作为偿债的保障。ABC公司年初年末流动比率均大于2,说明该企业具有较强的短期偿债能力。但流动比率降低了0.44(2.77 - 2.33),即为每1元流动负债提供的流动资产保障减少了0.44元。

流动比率虽然可以用来评价流动资产总体的变现能力,但流动资产中包含像存货这类变现能力较差的资产,如能将其剔除,其所反映的短期偿债能力更加可信,这个指标就是速动比率。

【特别提醒】

流动比率分析应注意的问题

运用流动比率进行分析时,要注意以下几个问题:

(1) 注意结合所在行业评价企业偿债能力。虽说流动比率的经验数据是2,但不同的行业会有所不同,根据流动比率来判断企业偿债能力要结合行业特征来评价。属于不同行业的企业,虽然其流动比率相同,但其偿债能力可能迥然不同,例如钢铁行业的流动比率的经验数据大概在2左右,而商品流通业的流动比率的经验数据却只有1.2左右。

(2) 注意将流动比率与流动资产质量结合起来分析企业偿债能力。流动比率高,一般认为短期偿债能力较强,但并不一定有足够的现金或银行存款偿债,因为流动资产除了货币资金以外,还有存货、应收账款等项目,有可能出现流动比率高,但真正用来偿债的现金和存款却严重短缺的现象,所以分析流动比率时,还需进一步分析流动资产的构成项目。

2. 速动比率

速动比率(Quick Ratio, Acid Test Ratio)是企业速动资产与流动负债之比,速动资产是指流动资产减去变现能力较差且不稳定的存货、预付账款、一年内到期的非流动资产及其他流动资产等后的余额。

【双语链接】

Quick Ratio: A measure of a company's liquidity and ability to meet its obligations. Quick ratio, often referred to as acid-test ratio, is obtained by subtracting inventories from current assets and then dividing by current liabilities. Quick ratio is viewed as a sign of company's financial strength or weakness (higher number means stronger, lower number means weaker).

由于剔除了存货等变现能力较差的资产，速动比率比流动比率能更准确、可靠地评价企业资产的流动性及偿还短期债务的能力。其计算公式为：

$$速动比率=\frac{速动资产}{流动负债}$$

一般认为速动比率为 1 较合适，如同流动比率一样，不同行业的速动比率有很大差别。例如，采用大量现金销售的商店，几乎没有应收账款，速动比率大大低于 1 是很正常的；相反，一些应收账款较多的企业，速动比率可能要大于 1。速动比率过低，企业面临偿债风险；但速动比率过高，会因占用现金及应收账款过多而增加企业的机会成本。

【例 9-4】 根据 ABC 公司的财务报表数据：

本年速动比率 = (50 + 6 + 8 + 398 + 22 + 12) ÷ 300 = 1.65

上年速动比率 = (25 + 12 + 11 + 199 + 4 + 22) ÷ 220 = 1.24

速动比率假设速动资产是可以用于偿债的资产，表明每 1 元流动负债有多少速动资产作为偿还保障。ABC 公司的速动比率比上年提高了 0.41，说明为每 1 元流动负债提供的速动资产保障增加了 0.41 元。

【相关链接】

非速动资产变现的不确定性

非速动资产的变现时间和数量具有较大的不确定性：

(1) 存货的变现速度比应收款项要慢得多；部分存货可能已损失报废还没做处理，或者已抵押给某债权人，不能用于偿债；存货估价有多种方法，可能与变现金额相差悬殊。

(2) 一年内到期的非流动资产和其他流动资产的数额有偶然性，不代表正常的变现能力。因此，将可偿债资产定义为速动资产，计算出来的短期债务存量比率更可信。

3. 现金比率

速动资产中，流动性最强、可直接用于偿债的资产称为现金资产。现金资产包括货币资金、交易性金融资产等。它们与其他速动资产的区别在于其本身就是可以直接偿债的资产，而非速动资产，需要等待不确定的时间才能转换为不确定数额的现金。

现金资产与流动负债的比值称为现金比率(Cash Ratio)，其计算公式如下：

$$现金比率=\frac{货币资金+交易性金融资产}{流动负债}$$

【例 9-5】 根据 ABC 公司的财务报表数据：

本年现金比率 = (50 + 6) ÷ 300 = 0.19

上年现金比率 = (25 + 12) ÷ 220 = 0.17

现金比率假设现金资产是可偿债资产，表明每 1 元流动负债有多少现金资产作为偿还保障。ABC 公司的现金比率比上年增加 0.02，说明企业为每 1 元流动负债提供的现金资产保障增加了 0.02 元。

【特别提醒】

表外因素对短期偿债能力比率

1. 增强短期偿债能力的因素

(1) 可动用的银行贷款指标。银行已同意、企业未办理贷款手续的银行贷款限额,可以随时增加企业的现金,提高支付能力。这一数据不反映在财务报表中,但会在董事会决议中披露。

(2) 准备很快变现的非流动资产。企业可能有一些长期资产可以随时出售变现,而不出现在"一年内到期的非流动资产"项目中。如储备的土地、目前出租的房产等,在企业发生周转困难时,将其出售并不影响企业的持续经营。

(3) 偿债能力的声誉。如果企业的信用很好,在短期偿债方面出现暂时困难比较容易筹集到短缺的现金。

2. 减弱短期偿债能力的因素

(1) 与担保有关的或有负债,如果它的数额较大并且可能发生,就应在评价偿债能力时给予关注;

(2) 经营租赁合同中承诺的付款,很可能是需要偿付的义务;

(3) 建造合同、长期资产购置合同中的分阶段付款,也是一种承诺,应视同需要偿还的债务。

(二) 长期偿债能力分析

长期偿债能力是指企业偿还长期负债的能力。其分析指标主要有三项:资产负债率、产权比率和利息保障倍数。

1. 资产负债率

资产负债率(Debt Ratio)是企业负债总额与资产总额之比。其计算公式为:

$$资产负债率 = (负债总额 \div 资产总额) \times 100\%$$

资产负债率反映了企业资产对负债的保障程度。资产负债率越高,表明资产对负债的保障程度越低。由于企业的资产总额等于企业的全部资金总额,因此资产负债率又反映了在企业全部资金中有多大的比例是通过借债而筹集的。从这个角度看,资产负债率反映的就是企业的资本结构问题。资产负债率越高,说明借入资金在全部资金中所占比重越大,企业的资金成本越低,不能偿还负债的风险越高。

一般来说,资产负债率越低,企业的负债越安全、财务风险越小。但是从企业和股东的角度出发,资产负债率并不是越低越好,因为资产负债率过低往往表明企业没能充分利用财务杠杆,即没能充分利用负债经营的好处。因此在评价企业的资产负债率时,需要在风险与收益之间权衡利弊,充分考虑企业内部各种因素和外部市场环境,做出合理、正确的判断。

【双语链接】

Debt Ratio: The ratio of total debt to total assets. This will tell you how much the company relies on debt to finance assets. When calculating this ratio, it is conventional to consider both current and non-current debt and assets. In general, the lower the company's reliance on debt for asset formation, the less risky the company is since excessive debt can lead to a very heavy interest and principal repayment burden.

【例 9-6】 根据 ABC 公司的财务报表数据:

年末资产负债率 = (1 040 ÷ 2 000) × 100% = 52%

年初资产负债率 = (800 ÷ 1 680) × 100% = 48%

ABC 公司年初资产负债率为 48%，低于 50%，而年末资产负债率为 52%，虽然偏高，但在合理的范围内，说明 ABC 公司有一定的偿债能力和负债经营能力。

【相关链接】

递延资产与无形资产的偿债能力

对于一个企业来讲，并非其所有的资产都可以作为偿还债务的物质保证。递延资产等不仅在清算状态下难以作为偿债的保证，即便在持续经营期间，上述资产的摊销价值也需要依靠存货等资产的价值才能得以补偿和收回，其本身并无直接的变现能力，相反，还会削弱其他资产的变现能力；无形资产能否用于偿债，也存在极大的不确定性。因此，有形资产负债率相对于资产负债率而言更稳健。

有形资产负债率 = 负债总额 ÷ 有形资产总额 × 100%

其中： 有形资产总额 = 资产总额 − 无形资产及递延资产

资产负债率在不同的行业、不同的企业之间客观上存在着较大的差别。表 9-8 揭示了 2009 年第一季度路透社统计的不同行业上市企业的资产负债率，上市企业的统计范围涵盖了在美国、欧盟、日本和中国香港上市的企业的财务数据。

表 9-8 透社网站统计的上市企业的平均资产负债率

行业名称	资产负债率(%)	行业名称	资产负债率(%)
公用事业	68.24	卫生保健	24.23
供电	70.71	生物工程	17.58
供气	47.75	医疗设施	41.55
技术	28.61	金融	79.57
通信设备	38.14	银行	82.05
半导体	13.17	保险公司	12.10
服务	48.14	消费品	48.14
百货商店	50.46	烟草	43.36
出版业	25.78	食品销售	28.38
工业品	56.71	纺织服装皮革	53.43
工业设备	33.50	原材料	45.26
建筑工程	38.55	化工原料	36.07
电子器件	39.87	钢材	50.56
汽车	55.98	包装纸	52.19
多元化经营	60.07	石油和燃气开采	18.47

资料来源：根据路透社网站公布的计算数据摘录，该数据随时间和上市企业披露信息的变化而变化。

2. 产权比率

产权比率(Equity Ratio)又称资本负债率，是负债总额与所有者权益总额之比，它是企业财务结构稳健与否的重要标志。其计算公式为：

产权比率 = 负债总额 ÷ 所有者权益总额 × 100%

产权比率不仅反映了由债务人提供的资金与所有者提供的资金的相对关系，而且反映了企业自有资金偿还全部债务的能力,因此它又是衡量企业负债经营是否安全有利的重要指标。一般来说,这一比率越低,表明企业长期偿债能力越强,债权人权益保障程度越高,承担的风险越小。一般认为产权比率在100%以下时,应该是有偿债能力的,但在分析时还应该结合企业的具体情况。当企业的资产收益率大于负债成本率时,负债经营有利于提高资金收益率,获得额外的利润,这时产权比率可适当提高。产权比率高,是高风险、高报酬的财务结构;产权比率低,是低风险、低报酬的财务结构。

【例9-7】 根据ABC公司的财务报表数据:

年初产权比率 = 800 ÷ 880 × 100% = 90.91%

年末产权比率 = 1040 ÷ 960 × 100% = 108.33%

由计算可知,ABC公司年初的产权比率不是很高,而年末的产权比率偏高,表明年末该公司举债经营程度偏高,财务结构不很稳定。

3. 利息保障倍数

利息保障倍数(Times Interest Earned)是指企业息税前利润与利息费用之比,又称已获利息倍数,用以衡量企业偿付借款利息的能力。

利息保障倍数的计算公式为:

利息保障倍数 = 息税前利润 ÷ 利息费用

【特别提醒】

产权比率与资产负债率作用比较

产权比率与资产负债率对评价偿债能力的作用基本一致,只是资产负债率侧重于分析债务偿付安全性的物质保障程度,产权比率则侧重于揭示财务结构的稳健程度以及自有资金对偿债风险的承受能力。

利息费用的数据来源

通常,可以用财务费用的数额作为利息费用,也可以根据报表附注资料确定更准确的利息费用数额。

长期债务不需要每年还本,却需要每年付息。利息保障倍数表明1元债务利息有多少倍的息税前收益做保障,它可以反映债务政策的风险大小。如果企业一直保持按时付息的信誉,则长期负债可以延续,举借新债也比较容易。利息保障倍数越大,利息支付越有保障。如果利息支付尚且缺乏保障,归还本金就很难指望。因此,利息保障倍数可以反映长期偿债能力。

如果利息保障倍数小于1,表明自身产生的经营收益不能支持现有的债务规模。利息保障倍数等于1也是很危险的,因为息税前利润受经营风险的影响,是不稳定的,而利息的支付却是固定数额。利息保障倍数越大,公司拥有的偿还利息的缓冲资金越多。

【例9-8】 根据ABC公司的财务报表数据:

本年利息保障倍数 = (136 + 110 + 64) ÷ 110 = 2.82

上年利息保障倍数 = (160 + 96 + 75) ÷ 96 = 3.45

从以上计算结果看,ABC公司这两年的利息保障倍数均大于1,说明有一定的偿债能力，但还需要与其他企业特别是本行业平均水平进行比较来分析评价。从稳健角度看，还要比较本企业连续几年的该项指标进行分析评价。

4. 现金流量债务比

现金流量与债务比（Operating Cash Flows/Current Debt Ratio），是指经营活动所产生的现金净流量与债务总额的比率。其计算公式为：

$$经营现金流量与债务比=(经营现金流量\div 债务总额)\times 100\%$$

【例 9-9】 根据 ABC 公司的财务报表数据：

本年经营现金流量与期末债务比 $=(323\div 1\ 040)\times 100\%=31\%$

公式中的“债务总额”，一般情况下使用年末和年初的加权平均数，为了简便也可以使用期末数。

该比率表明企业用经营现金流量偿付全部债务的能力。比率越高，承担债务总额的能力越强。

【特别提醒】

表外因素对长期偿债能力的影响

1. 长期租赁

当企业急需某种设备或厂房而又缺乏足够的资金时，可以通过租赁的方式解决。租赁的形式包括融资租赁和经营租赁。融资租赁形成的负债大多会反映于资产负债表中，而经营租赁则没有反映于资产负债表中。当企业的经营租赁量比较大、期限比较长或具有经常性时，就形成了一种长期性筹资，这种长期性筹资，到期时必须支付租金，会对企业的偿债能力产生影响。因此，如果企业经常发生经营租赁业务，应考虑租赁费用对偿债能力的影响。

2. 债务担保

担保项目的时间长短不一，有的涉及企业的长期负债，有的涉及企业的流动负债。在分析企业长期偿债能力时，应根据有关资料判断担保责任带来的潜在长期负债问题。

3. 未决诉讼

未决诉讼一旦判决败诉，便会影响企业的偿债能力，因此在评价企业长期偿债能力时要考虑其潜在影响。

二、营运能力分析

资产是能为企业带来未来经济利益的经济资源，同时又是对负债和所有者权益的保障。因此，企业的资产管理直接影响着企业获取经济利益的能力以及企业资本的安全。在资产规模既定的情况下，如何努力提高资产效率，成为资产管理的重要内容。营运能力分析，主要通过对资产效率的分析，来反映一个企业资产管理水平的高低和资产营运能力的强弱。一般而言，资金周转速度越快，说明企业的资金管理水平越高，资金利用效率越高。

反映企业营运能力即资金周转快慢的指标一般有周转率和周转期两种形式。周转率又叫周转次数，代表一定时期内资产完成的循环次数。在一定时期内资金周转越快，就可以利用相同数量的资金，生产出更多的产品，取得更多的收入，获得更多的报酬。周转期又叫周转天数,代表资产完成一次循环所需要的天数。

(一) 流动资产营运能力分析

反映流动资产周转情况的指标主要有应收账款周转率、存货周转率和流动资产周转率。

1. 应收账款周转率

应收账款周转率(Accounts Receivable Turnover),又称为应收账款周转次数,是销售收入与应收账款之比。其中,应收账款循环一次指的是从应收账款发生到收回的全过程。其计算公式为:

$$应收账款周转率 = 销售收入 \div 应收账款$$

应收账款周转期,又称为应收账款周转天数或应收账款平均收现期。其计算公式为:

$$应收账款周转期 = 365 \div (销售收入 \div 应收账款)$$

【例 9-10】 根据 ABC 公司的财务报表数据:

本年应收账款周转期 = 365 ÷ (3 000 ÷ 398) = 48.4(天)

上年应收账款周转期 = 365 ÷ (2 850 ÷ 199) = 25.5(天)

一般来说,应收账款周转率越高,应收账款周转期越短,说明应收账款收回的速度越快,应收账款的流动性越强,同时应收账款发生坏账的可能性也就越小。反之,应收账款周转率越低,应收账款周转期越长,说明应收账款收回得越不顺畅,应收账款的流动性越弱,同时应收账款发生坏账的可能性也就越大。但是,如果一个企业的应收账款周转率过高,则可能是由于企业的信用政策过于苛刻所致,这样又可能会限制企业销售规模的扩大,影响企业长远的盈利能力。因此,对应收账款周转率和应收账款周转期不能片面地分析,应结合企业的具体情况深入了解原因,以便做出正确的决策。

【特别提醒】

应收账款周转率应注意的问题

在计算和使用应收账款周转率时应注意以下问题:

(1) 销售收入的赊销比例问题。从理论上说应收账款是赊销引起的,因此,应使用赊销收入计算应收账款周转率。但是,外部分析人士无法取得赊销的数据,只好直接使用销售收入计算。实际上相当于假设现金销售是收现时间等于零的应收账款。只要现金销售与赊销的比例是稳定的,就不会妨碍与上期数据的可比性,但是会高估应收账款的周转次数。

(2) 应收账款年末余额的可靠性问题。应收账款是特定时点的存量,容易受季节性、偶然性和人为因素的影响。在应收账款周转率用于业绩评价时,最好使用多个时点的平均数,以减少这些因素的影响。

(3) 应收账款的减值准备问题。财务报表上列示的应收账款是已经提取减值准备后的净额,而销售收入并没有相应减少。其结果是,提取的减值准备越多,应收账款周转天数越短。这种周转天数的减少不是好的业绩,反而说明应收账款管理欠佳。如果减值准备的数额较大,就应进行调整,使用未提取坏账准备的应收账款计算周转天数。报表附注中披露的应收账款减值的信息,可作为调整的依据。

(4) 应收票据是否计入应收账款周转率。大部分应收票据是销售形成的。只不过是应收账款的另一种形式,应将其纳入应收账款周转天数的计算,称为"应收账款及应收票据周转天数"。

2. 存货周转率

存货周转率(Inventory Turnover),又称为存货周转次数,是销售收入与存货的比值。其中,存货循环一次指的是从原材料投入生产到转化为产成品并出售的全过程。

存货周转率的计算公式为:

$$存货周转率 = 销售收入 \div 存货$$

存货周转期,又称为存货周转天数,是销售收入与存货的比值。其计算公式为:

$$存货周转期 = 365 \div (销售收入 \div 存货)$$

【特别提醒】

计算存货周转率时周转额的数据来源

计算存货周转率时,使用"销售收入"还是"销售成本"作为周转额,要看分析的目的。在短期偿债能力分析中,为了评估资产的变现能力需要计量存货转换为现金的数量和时间,应采用"销售收入"。在分解总资产周转率时,为系统分析各项资产的周转情况并识别主要的影响因素,应统一使用"销售收入"计算周转率。如果是为了评估存货管理的业绩,应当使用"销售成本"计算存货周转率,使其分子和分母保持口径一致。实际上,两种周转率的差额是由毛利引起的,用哪一个计算都能达到分析目的。

【例 9-11】 根据 ABC 公司的财务报表数据:

本年存货周转期 = 365 ÷ (3 000 ÷ 119) = 14.5(天)

上年存货周转期 = 365 ÷ (2 850 ÷ 326) = 41.8(天)

一般来说,存货周转率越高,存货周转期越短,说明存货周转的速度越快,存货的流动性越强。反之,存货周转率越低,存货周转期越长,说明存货周转得越不顺畅,存货的流动性越弱。但是,如果一个企业的存货周转率过高,则可能是由于企业的存货水平太低所致,存货水平太低有可能是由于企业采购批量太小、采购过于频繁,这样可能会增加企业的采购成本。并且存货水平太低可能会导致缺货,影响企业的正常生产。因此,对存货周转率和存货周转期的分析应结合企业的销售、管理等各项政策进行,并深入调查企业的库存构成等具体情况。

3. 流动资产周转率

流动资产周转率(Current Asset Turnover)是反映所有流动资产周转情况的重要指标,是销售收入与流动资产的比值,其计算公式为:

$$流动资产周转率 = 销售收入 \div 流动资产$$

流动资产周转期是反映所有流动资产周转情况的另一个重要指标,它等于 365 天与流动资产周转率之比,其计算公式为:

$$流动资产周转期 = 365 \div (销售收入 \div 流动资产)$$

【例 9-12】 根据 ABC 公司的财务报表数据:

本年流动资产周转期 = 365 ÷ (3000 ÷ 700) = 85.2(天)

上年流动资产周转期 = 365 ÷ (2850 ÷ 610) = 78.1(天)

一般来说,流动资产周转率越高,流动资产周转期越短,说明流动资产周转得越快,利用效果越好。当然,如果流动资产周转得过快,还需要结合企业的具体情况分析原因,看是否是由于流动资产管理不合理等原因造成的。对流动资产总体周转情况的分析应结合存货和应收账款等具体流动资产的周转情况进行,只有这样才能真正分析透彻,找到根源。

【双语链接】

- Accounts Receivable Turnover: The average duration of an account receivable, equal to total credit sales divided by accounts receivable.
- Inventory Turnover: The ratio of a company's annual sales to its inventory; or equivalently, the fraction of a year that an average item remains in inventory. Low turnover is a sign of inefficiency, since inventory usually has a rate of return of zero.
- Current Asset Turnover: The ratio of sales to current asset.

(二) 非流动资产营运能力分析

非流动资产周转率是销售收入与非流动资产的比值。

非流动资产周转率 = 销售收入 ÷ 非流动资产

非流动资产周转期 = 365 ÷ (销售收入 ÷ 非流动资产)

= 365 ÷ 非流动资产周转次数

【例 9-13】 根据 ABC 公司的财务报表数据:

本年非流动资产周转期 = 365 ÷ (3 000 ÷ 1 300) = 158.2(天)

上年非流动资产周转期 = 365 ÷ (2 850 ÷ 1 070) = 137(天)

(三) 总资产营运能力分析

总资产周转率(Total Assets Turnover)是销售收入与总资产之间的比率。

总资产周转率 = 销售收入 ÷ 总资产

总资产周转期 = 365 ÷ (销售收入 ÷ 总资产)

= 365 ÷ 总资产周转次数

【例 9-14】 根据 ABC 公司的财务报表数据:

本年资产周转率 = 3 000 ÷ 2 000 = 1.5(次)

上年资产周转率 = 2 850 ÷ 1 680 = 1.7(次)

在销售利润率不变的条件下,周转的次数越多,形成的利润越多,所以它可以反映盈利能力。它也可以理解为 1 元资产投资所产生的销售额。产生的销售额越多,说明资产的使用和管理效率越高。

三、盈利能力分析

盈利能力(Profitability)就是企业获取利润、资金不断增值的能力。盈利能力的大小是一个相对的概念,即利润相对于一定的资源投入、一定的收入而言的。利润率越高,盈利能力越强;利润率越低,盈利能力越弱。下面将从资本经营盈利能力、资产经营盈利能力、商品经营盈利能力和上市公司盈利能力几个部分来分别介绍。

(一) 资本经营盈利能力

资本经营盈利能力是指企业所有者投入资本经营所取得利润的能力。反映资本经营盈利能力的基本指标是净资产收益率(Return on Equity,ROE)其计算公式为

净资产收益率=净利润÷所有者权益×100%

该指标是企业盈利能力指标的核心,也是杜邦财务指标体系的核心,更是投资者关注的重点。

【双语链接】

- Total Assets Turnover:This ratio is calculated by dividing sales by total assets.
- Profitability:The ability to earn a profit.
- Return on Equity:The ratio of net income to common equity; measures the rate of return on common stockholders' investment.

【例 9-15】 根据 ABC 公司财务报表的数据:

本年净资产收益率=(136÷960)×100%=14.17%

上年净资产收益率=(160÷880)×100%=18.18%

由于该公司所有者权益的增长快于净利润的增长,2010 年净资产收益率要比上年低 4 个多百分点,盈利能力明显降低。

(二) 资产经营盈利能力分析

资产经营盈利能力是指企业营运资产与所产生利润的能力。反映资产经营盈利能力的基本指标是总资产报酬率(Return on Total Asset,ROA),其计算公式为:

总资产报酬率=(净利润÷总资产)×100%

【例 9-16】 根据 ABC 公司的财务报表数据:

本年资产报酬率=(136÷2 000)×100%=6.8%

上年资产报酬率=(160÷1 680)×100%=9.52%

变动率=6.8%-9.52%=-2.72%

资产报酬率是企业盈利能力的关键。该指标越高,表明资产利用效率越高,说明企业在增加收入、节约资金使用等方面取得了良好的效果;该指标越低,说明企业资产利用效率低,应分析差异原因,提高销售利润率,加速资金周转,提高企业经营管理水平。

【特别提醒】

公式中的"总资产"计量模式选择

公式中的"总资产"的计量有三种选择:(1)使用年末总资产。使用年末总资产的缺点是年内变化大时不具有代表性。(2)使用年末与年初的平均数。但是对于季节性企业来讲,其总资产的期末数较低,代表性不理想。(3)使用 12 个月月末的平均数。但是外部分析人的数据来源有问题,也比较麻烦。因此,凡是财务比率的分子和分母,一个是期间流量数据,另一个是期末存量数据的,在确定存量数据时都会遇到类似问题。本书举例时使用期末数据只是为了简便,实际上它不如平均数合理。

资产报酬率在行业之间差别较大，从表9-9可以看出，在2005年最高的是烟草制品业，其资产报酬率为57.68%，第二位的是石油和天然气开采业，其资产报酬率为55.32%，最低的水的生产和供应业的报酬率为1.83%。从变化来看，大多数行业2005年的资产报酬率明显高于2000年，高出3—12个百分点，只有个别行业的资产报酬率在2005年低于2000年，它们是化学纤维制造业、通信设备和计算机制造业、水的生产和供应业。

表9-9 我国国有及规模以上工业企业的总资产报酬率(%)

行业名称	2000年	2005年	行业名称	2000年	2005年
煤炭开采和洗选业	3.99	13.64	石油加工、炼焦及核燃料加工	9.66	8.53
石油和天然气开采业	38.20	55.32	化学原料及化学制品制造业	6.55	11.93
黑色金属矿采选业	6.55	19.65	医药制造业	10.76	11.63
有色金属矿采选业	10.46	28.45	化学纤维制造业	8.14	5.65
非金属矿采选业	6.21	17.79	橡胶制造业	6.85	10.39
农副食品加工业	6.82	12.24	塑料制造业	7.65	8.87
食品制造业	8.90	12.38	非金属矿物制品业	6.66	9.55
饮料制造业	12.68	16.40	黑色金属冶炼及压延加工业	6.18	11.31
烟草制品业	44.24	57.68	有色金属冶炼及压延加工业	7.77	12.33
纺织业	7.20	9.26	金属制品业	7.51	11.44
通用设备制造业	6.38	10.85	纺织服装、鞋、帽制造业	9.77	11.76
专用设备制造业	5.85	8.96	皮革、毛皮、羽毛及其制品业	8.47	12.79
运输设备制造业	7.30	9.10	木材加工及木、竹、藤、棕	7.95	12.15
家具制造业	9.17	10.40	电器机械及器材制造业	8.46	9.9
造纸及纸制品业	6.92	9.09	通信设备、计算机及其他	10.15	7.42
燃气生产和供应业	1.16	3.58	水的生产和供应业	2.71	1.83
文教体育用品制造	8.19	8.93	电力、热力的生产和供应业	7.18	7.57

资料来源：《中国统计年鉴》2001年、2006年。

（三）商品经营盈利能力分析

商品经营盈利能力是相对于资产经营和资本经营而言的，它不考虑企业资金来源问题，只研究利润与收入、成本之间的比率关系。反映商品经营盈利能力的基本指标是销售净利率(Return on Sales, ROS)。

销售净利率是净利润与销售收入之比，其计算公式为：

$$销售净利率 = 净利润 \div 销售收入$$

【例9-17】 根据ABC公司的财务报表数据：

本年销售净利率 = (136 ÷ 3 000) × 100% = 4.53%

上年销售净利率 = (160 ÷ 2 850) × 100% = 5.61%

变动 = 4.53% − 5.61% = −1.08%

从上述计算分析可以看出，本年销售净利率指标比上年有所下降，说明企业盈利能力有所下降，企业应查明原因，采取相应措施，提高盈利水平。

(四) 上市公司盈利能力分析

由于上市公司自身的特点,其盈利能力除了可以通过一般企业盈利能力指标分析外,还应进行一些特殊指标的分析,特别是一些与企业股票价格或市场价值相关的指标分析,如每股收益、每股股利、股利发放率、市盈率、市净率等。

1. 每股收益(Earnings Per Share)

每股收益是综合反映企业获利能力的重要指标,可以用来判断和评价管理层的经营业绩。

【双语链接】

- **Return on Total Asset**:A measure of a company's profitability, equal to a fiscal year's earnings divided by its total assets, expressed as a percentage.
- **Return on Sales**:Ratio measuring the operating performance of a firm, expressed as a percentage of sales revenue. Formula: Net Income ÷ Sales.
- **Earnings Per Share**:Net income divided by the number of shares outstanding. Companies often use a weighted average of shares outstanding over the reporting term.

(1) 基本每股收益

基本每股收益的计算公式为:

$$基本每股收益=\frac{归属于公司普通股股东的净利润}{发行在外的普通股加权平均数}$$

【例 9-18】 某上市公司 2010 年度归属于普通股股东的净利润为 25 000 万元。2009 年末的股本为 8 000 万股,2010 年 2 月 8 日,经公司 2009 年度股东大会决议,以截至 2009 年年末公司总股本为基础,向全体股东每 10 股送红股 10 股,工商注册登记变更完成后公司总股本变为 16 000 万股。2010 年 11 月 29 日发行新股 6 000 万股。

$$基本每股收益=\frac{25\ 000}{8\ 000+8\ 000+6\ 000\times 1/12}\approx 1.52(元/股)$$

【特别提醒】

基本每股收益的"分母"计算说明

在上例计算中,公司 2009 年度分配 10 送 10 导致股本增加 8 000 万股,由于送红股是将公司以前年度的未分配利润转为普通股,转化与否都一直作为资本使用,因此新增的这 8 000 万股不需要按照实际增加的月份加权计算,可以直接计入分母;而公司发行新股 6 000 万股,这部分股份由于在 11 月底增加,对全年的利润贡献只有 1 个月,因此应该按照 1/12 的权数进行加权计算。

(2) 稀释每股收益

企业存在稀释性潜在普通股的,应当计算稀释每股收益。潜在普通股主要包括可转换公司债券、认股权证和股份期权等。

① 可转换公司债券。对于可转换公司债券,计算稀释每股收益时,分子的调整项目为可转换公司债券当期已确认为费用的利息等的税后影响额;分母的调整项目为假定可转换公司债券当期期初或发行日转换为普通股的股数加权平均数。

② 认股权证和股份期权。认股权证、股份期权等的行权价格低于当期普通股平均市场价格时，应当考虑其稀释性。

计算稀释每股收益时，作为分子的净利润金额一般不变；分母的调整项目为增加的普通股股数，同时还应考虑时间权数。

行权价格和拟行权时转换的普通股股数，按照有关认股权证合同和股份期权合约确定。公式中的当期普通股平均市场价格，通常按照每周或每月具有代表性的股票交易价格进行简单算术平均计算。在股票价格比较平稳的情况下，可以采用每周或每月股票的收盘价作为代表性价格；在股票价格波动较大的情况下，可以采用每周或每月股票最高价与最低价的平均值作为代表性价格。无论采用何种方法计算平均市场价格，一经确定，不得随意变更，除非有确凿证据表明原计算方法不再适用。当期发行认股权证或股份期权的，普通股平均市场价格应当自认股权证或股份期权的发行日起计算。

【例 9-19】 某上市公司 2009 年 7 月 1 日按面值发行年利率 3% 的可转换公司债券，面值 10 000 万元，期限为 5 年，利息每年末支付一次，发行结束一年后可以转换股票，转换价格为每股 5 元，即每 100 元债券可转换为 1 元面值的普通股 20 股。2009 年该公司归属于普通股股东的净利润为 30 000 万元，2009 年发行在外的普通股加权平均数为 40 000万股，债券利息不符合资本化条件，直接计入当期损益，所得税税率为 25%。假设不考虑可转换公司债券在负债成分和权益成分之间的分拆，且债券票面利率等于实际利率，则稀释每股收益计算如下：

$$\text{基本每股收益} = \frac{30\ 000}{40\ 000} = 0.75(\text{元})$$

$$\text{假设全部转股，所增加的净利润} = 10\ 000 \times 3\% \times \frac{6}{12} \times (1 - 25\%) = 112.5(\text{万元})$$

$$\text{假设全部转股，所增加的年加权平均普通股股数} = \frac{10\ 000}{100} \times 20 \times \frac{6}{12} = 1\ 000(\text{万股})$$

$$\text{增量股的每股收益} = \frac{112.5}{1\ 000} = 0.1125(\text{元})$$

增量股的每股收益小于原每股收益，可转换债券具有稀释作用。

$$\text{稀释每股收益} = \frac{30\ 000 + 112.5}{40\ 000 + 1\ 000} \approx 0.73(\text{元})$$

【特别提醒】

计算每股收益指标应注意的问题

在分析每股收益指标时，应注意企业利用回购库存股的方式减少发行在外的普通股股数，使每股收益简单增加。另外，如果企业将盈利用于派发股票股利或配售股票，就会使企业流通在外的股票数量增加，这样将会大量稀释每股收益。在分析上市公司公布的信息时，投资者应注意区分公布的每股收益是按原始股股数还是按完全稀释后的股份计算规则计算的，以免受到误导。

对投资者来说，每股收益是一个综合性的盈利概念，能比较恰当地说明收益的增加或减少。人们一般将每股收益视为企业能否成功地达到其利润目标的计量标志，也可以将其看成一家企业管理效率、盈利能力和股利来源的标志。

每股收益这一财务指标在不同行业、不同规模的上市公司之间具有相当大的可比性,因而在各上市公司之间的业绩比较中被广泛地加以引用。此指标越大,盈利能力越强,股利分配来源越充足,资产增值能力越强。

2. 每股股利

每股股利(Dividends Per Share,DPS)是普通股分配的现金股利总额除以发行在外的普通股股数,它反映了普通股获得的现金股利的多少。其计算公式为:

每股股利=(现金股利总额-优先股股利)÷发行在外的普通股股数

每股股利的高低,不仅取决于公司获利能力的强弱,还取决于公司的股利政策和现金是否宽裕。

3. 股利发放率

股利发放率(Dividend Payout Ratio)也称股利支付率,是普通股每股股利与每股利润的比率。它表明股份公司的净收益中有多少用于股利的分派。其计算公式为:

股利发放率=每股股利÷每股收益

股利发放率主要取决于公司的股利政策,没有一个具体的标准来判断股利发放率是大好还是小好。一般而言,如果一家公司的现金流量比较充裕,并且目前没有更好的投资项目,则可能会倾向于发放现金股利;如果公司有较好的投资项目,则可能会少发股利,而将资金用于投资。

4. 市盈率

市盈率(Price/Earnings Ratio),也称价格盈余比率或价格与收益比率,是指普通股每股市价与每股利润的比率。其计算公式为:

市盈率=每股市价÷每股利润

市盈率反映股份公司普通股市价与每股收益之间的关系,可以用来判断企业股票与其他企业股票相比较潜在的价值。该指标在一个企业几年的数值能够表明企业盈利能力的稳定性,能够在一定程度上反映企业管理部门的经营能力和企业盈利能力及潜在的成长能力。同时,该指标还能够反映股票市价是否具有吸引力,把多个企业的股票市盈率进行比较,并结合其所属行业经营前景的了解,可作为投资目标选择的依据。

【例 9-20】 沿用【例 9-18】的资料,同时假定该上市公司 2010 年年末每股市价 30.4 元。则该公司 2010 年年末市盈率计算如下:

$$市盈率=\frac{30.4}{1.52}=20(倍)$$

【特别提醒】

影响企业股票市盈率的因素

影响企业股票市盈率的因素有:第一,上市公司盈利能力的成长性。如果上市公司预期盈利能力不断提高,说明企业具有较好的成长性,虽然目前市盈率较高,也值得投资者进行投资。第二,投资者所获取报酬率的稳定性。如果上市公司经营效益良好且相对稳定,则投资者获取的收益也较高且稳定,投资者就愿意持有该企业的股票,则该企业的股票市盈率会由于众多投资者的普遍看好而相应提高。第三,市盈率也受到利率水平变动的影响。当市场利率水平变化时,市盈率也应做相应的调整。

一方面，市盈率越高，意味着企业未来成长的潜力越大，也即投资者对该股票的评价越高，反之，投资者对该股票评价越低。另一方面，市盈率越高，说明投资于该股票的风险越大，市盈率越低，说明投资于该股票的风险越小。

5. 市净率[Market/Book (M/B) Ratio]

市净率是每股市价与每股净资产的比率，是投资者用以衡量、分析个股是否具有投资价值的工具之一。市净率的计算公式如下：

$$市净率 = 每股市价 \div 每股净资产$$

【双语链接】

- **Dividends Per Share:** The amount of dividend that a stockholder will receive for each share of stock held. It can be calculated by taking the total amount of dividends paid and dividing it by the total shares outstanding.
- **Dividend Payout Ratio:** Dividends paid divided by company earnings over some period of time, expressed as a percentage. also called payout ratio.
- **Price/Earnings Ratio:** The ratio of the price per share to earnings per share; shows the dollar amount investors will pay for $1 of current earnings.
- **Market/Book (M/B) Ratio:** The ratio of a stocks market price to its book value.

【例 9-21】 某上市公司 2010 年年末股东权益为 15 600 万元，全部为普通股，年末普通股股数为 12 000 万股。假定该上市公司 2010 年年末每股市价为 3.9 元，则该公司 2010 年年末市净率计算如下：

$$每股净资产 = \frac{15\ 600}{12\ 000} = 1.3(元)$$

$$市净率 = \frac{3.9}{1.3} = 3(倍)$$

净资产代表的是全体股东共同享有的权益，是股东拥有公司财产和公司投资价值最基本的体现，它可以用来反映企业的内在价值。一般来说，市净率较低的股票，投资价值较高；反之，则投资价值较低。但有时较低市净率反映的可能是投资者对公司前景的不良预期，而较高市净率则相反。因此，在判断某只股票的投资价值时，还要综合考虑当时的市场环境以及公司经营情况、资产质量和盈利能力等因素。

四、发展能力分析

发展能力是企业在生存的基础上，扩大规模，壮大实力的潜在能力。在分析企业发展能力时，主要考察以下指标：

（一）销售增长率

销售增长率是指企业本年销售收入增长额同上年销售收入总额的比率。这里，企业销售收入，是指企业的主营业务收入。销售增长率表示，与上年相比企业销售收入的增减变化情况，是评价企业成长状况和发展能力的重要指标。其计算公式为：

销售增长率 = 本年销售增长额 ÷ 上年销售收入总额 × 100%

【例 9-22】　根据 ABC 公司的财务报表数据(假定营业收入全部是主营业务收入):

销售增长率 = (3 000 − 2 850) ÷ 2 850 × 100% = 5.26%

该指标是衡量企业经营状况和市场占有能力、预测企业经营业务拓展趋势的重要标志,也是企业扩张增量和存量资本的重要前提。不断增加的销售收入,是企业生存的基础和发展的条件,世界 500 强就主要以销售收入的多少进行排序。该指标若大于零,表示企业本年的销售收入有所增长,指标值越高,表明增长速度越快,企业市场前景越好;若该指标小于零,则说明企业或是产品不适销对路、质次价高,或是在售后服务等方面存在问题,产品销售不出去,市场份额萎缩。该指标在实际操作时,应结合企业历年的销售水平、企业市场占有情况、行业未来发展及其他影响企业发展的潜在因素进行前瞻性预测,或者结合企业前三年的销售收入增长率做出趋势性分析判断。

【相关链接】

2011 年世界 500 强中汽车企业排名

2011 年《财富》杂志评选出的世界 500 强企业中,汽车相关行业企业共有 29 家,其中整车生产厂家 20 家。下表为汽车企业的具体排名和收入盈利信息。

行业排名	全球排名	公司名称	营业收入(百万美元)	利润(百万美元)
1	8	丰田汽车	221760.2	4765.7
2	13	大众汽车	168041.0	9052.7
3	20	通用汽车	135592.0	6172.0
4	24	戴姆勒	129480.6	5957.4
5	25	福特汽车	128954.0	6561.0
6	45	本田汽车	104342.1	6235.7
7	48	日产汽车	102430.0	3727.1
8	55	现代汽车	97408.4	4707.6
9	79	宝马	80099.4	4262.1
10	90	标致	74250.6	1501.9
11	145	东风汽车	55748.2	2479.7
12	151	上海汽车	54257.2	1914.0
13	163	雷诺	51615.6	4529.7
14	197	一汽集团	43434.4	2125.5
15	226	南方工业集团	37996.4	224.7
16	236	沃尔沃汽车	36748.8	1508.3
17	315	铃木汽车	30452.2	527.4
18	356	马自达汽车	27153.5	−701.0
19	358	塔塔汽车	27045.6	2035.4
20	456	三菱汽车	21348.6	182.4

(二) 资本积累率

资本积累率是指企业本年所有者权益增长额同年初所有者权益的比率,它可以表示企业当年资本的积累能力,是评价企业发展潜力的重要指标。其计算公式为:

资本积累率 = 本年所有者权益增长额 ÷ 年初所有者权益 × 100%

【例9-23】 根据ABC公司的财务报表数据:

资资本积累率 = (960 − 880) ÷ 880 × 100% = 9.09%

该指标是企业当年所有者权益总的增长率,反映了企业所有者权益在当年的变动水平。资本积累率体现了企业资本的积累情况,是企业发展强盛的标志,也是企业扩大再生产的源泉,展示了企业的发展活力。资本积累率反映了投资者投入企业资本的保全性和增长性,该指标越高,表明企业的资本积累越多,企业资本保全性越强,持续发展的能力越强。该指标如为负值,表明企业资本受到侵蚀,所有者利益受到损害,应予充分重视。

(三) 总资产增长率

总资产增长率是企业本年总资产增长额同年初资产总额的比率,它可以衡量企业本期资产规模的增长情况,评价企业经营规模总量上的扩张程度。其计算公式为:

总资产增长率 = 本年总资产增长额 ÷ 年初资产总额 × 100%

【例9-24】 根据ABC公司的财务报表数据:

总资产增长率 = (2 000 − 1 680) ÷ 1 680 × 100% = 19.05%

该指标是从企业资产总量扩张方面衡量企业的发展能力,表明企业规模增长水平对企业发展后劲的影响。该指标越高,表明企业一个经营周期内资产经营规模扩张的速度越快。但实际操作时,应注意资产规模扩张的质与量的关系,以及企业的后续发展能力,避免资产盲目扩张。

(四) 固定资产成新率

固定资产成新率是企业当期平均固定资产净值同平均固定资产原值的比率。其计算公式为:

固定资产成新率 = 平均固定资产净值 ÷ 平均固定资产原值 × 100%

平均固定资产净值是指企业固定资产净值的年初数同年末数的平均值。平均固定资产原值是指企业固定资产原值的年初数与年末数的平均值。

【例9-25】 根据ABC公司的财务报表数据(假定ABC公司的固定资产不存在减值,年初累计折旧为245,年末累计折旧为272):

平均固定资产净值 = (1238 + 955) ÷ 2 = 1 096.5

平均固定资产原值 = [(1238 + 272) + (955 + 245)] ÷ 2 = 1 355

固定资产成新率 = 1 096.5 ÷ 1 355 × 100% = 80.92%

固定资产成新率反映了企业所拥有的固定资产的新旧程度,体现了企业固定资产更新的快慢和持续发展的能力。该指标高,表明企业固定资产比较新,对扩大再生产的准备比较充足,发展的可能性比较大。运用该指标分析固定资产新旧程度时,应剔除企业应提未提折旧对房屋、机器设备等固定资产真实状况的影响。

(五) 三年利润平均增长率

三年利润平均增长率表明企业利润连续三年的增长情况,体现企业的发展潜力。其计算公式为：

三年利润平均增长率 = [（年末利润总额 ÷ 三年前年末利润总额）- 1] × 100%

三年前年末利润总额指企业三年前的利润总额数。假如评价企业 2010 年的效绩状况，则三年前年末利润总额是指 2007 年利润总额年末数。

利润是企业积累和发展的基础，该指标越高，表明企业积累越多，可持续发展能力越强，发展的潜力越大。利用三年利润平均增长率指标，能够反映企业的利润增长趋势和效益稳定程度，较好地体现了企业的发展状况和发展能力，避免因少数年份利润不正常增长而对企业发展潜力的错误判断。

（六）三年资本平均增长率

三年资本平均增长率表示企业资本连续三年的积累情况，体现企业的发展水平和发展趋势。其计算公式为：

$$三年资本平均增长率 = \left(\sqrt[3]{\frac{年末所有者权益总额}{三年前年末所有者权益总额}} - 1\right) \times 100\%$$

三年前年末所有者权益指企业三年前的所有者权益年末数。假如评价 2010 年企业效绩状况，三年前所有者权益年末数是指 2007 年年末数。

一般增长率指标在分析时具有“滞后”性，仅反映当期情况，而利用该指标，能够反映企业资本保增值的历史发展状况，以及企业稳步发展的趋势。该指标越高，表明企业所有者权益得到的保障程度越大，企业可以长期使用的资金越充足，抗风险和保持连续发展的能力越强。

第三节　财务综合分析

财务分析的最终目的在于全面、准确、客观地揭示与披露企业财务状况和经营成果，并借以对企业经济效益优劣做出合理的评价。显然，要达到这样一个分析目的，仅仅测算几个简单、孤立的财务比率，或者将一些孤立的财务分析指标堆砌在一起，彼此毫无联系地考察，不可能得出合理、正确的综合性结论，有时甚至会得出错误的结论。因此，只有将企业偿债能力、营运能力、盈利能力以及发展趋势等各项分析指标有机地联系起来，作为一套完整的体系，相互配合使用，做出系统的综合评价，才能从总体意义上把握企业财务状况和经营成果的优劣。

财务综合分析方法有很多，传统方法主要有杜邦分析法和沃尔评分法等。

一、杜邦分析法

杜邦分析法（DuPont Analysis），又称杜邦财务分析体系，简称杜邦体系，是利用各主要财务比率指标间的内在联系，对企业财务状况及经济效益进行综合系统分析评价的方法。该体系是以净资产收益率为起点，以总资产净利率和权益乘数为核心，重点揭示企业获利能力及权益乘数对净资产收益率的影响，以及各相关指标间的相互影响。因其最初由美国杜邦企业成功应用，故得名。

【双语链接】

DuPont Analysis :A type of analysis that examines a company's Return on Equity (ROE) by breaking it into three main components: profit margin, asset turnover and leverage factor.

杜邦分析法将净资产收益率(权益净利率)分解如图9-1所示。其分析关系式为:

净资产收益率=销售净利率×总资产周转率×权益乘数

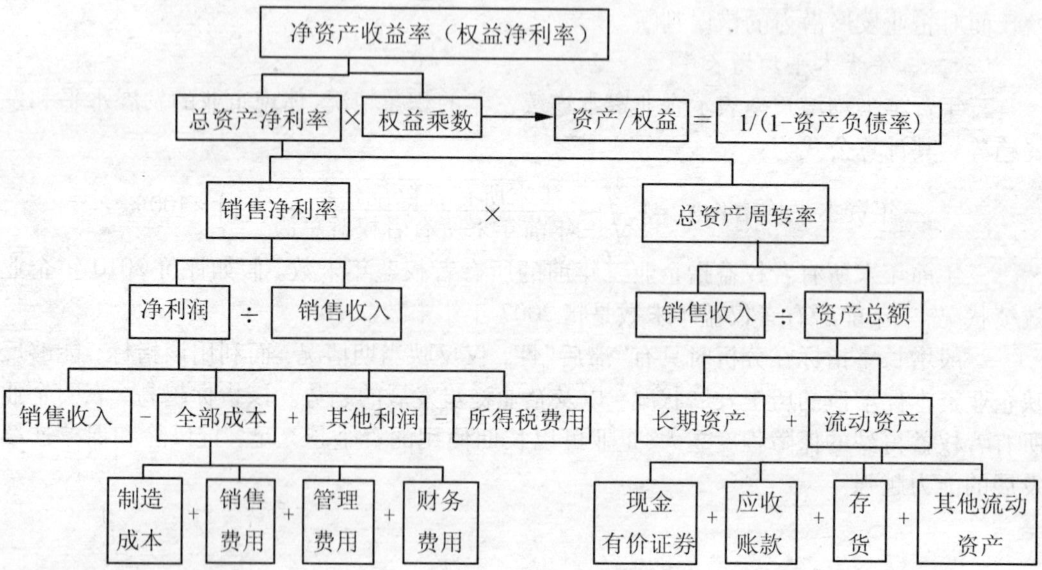

图9-1　杜邦分析体系

【特别提醒】

权益比率与权益乘数的内在关系

反映企业资本结构的指标都可以用来反映企业的长期偿债能力。例如,权益比率指标反映的是企业资产中自有资金的比重;权益乘数则表示了股东每投入1元钱所支配的资产数。

权益比率=所有者权益总额÷资产总额×100%

权益乘数=1÷权益比率

根据指标之间的关系,权益系数也可以表示为:

权益乘数=资产总额÷所有者权益总额×100%

=1+产权比率

=1÷(1-资产负债率)

权益比率+资产负债率=1

运用杜邦分析法需要抓住以下几点:

(1)净资产收益率是综合性最强的一个财务分析指标,是杜邦分析体系的起点。财务管理的目标是使企业价值最大化,净资产收益率反映了企业所有者投入资本的获利能力,说明了企业筹资、投资、资产营运等各项财务及其管理活动的效率,而不断提高净资产收益率是使所有者权益最大化的基本保证。所以,这一财务分析指标是企业所有者、经营者都十分关心的。而净资产收益率高低的决定因素主要有三个,即销售净利率、总资产周转率和权益乘数。因此,在进行分解之后,就可以将净资产收益率这一综合性指标升降变化的原因具体化。

(2)销售净利率反映了企业净利润与销售收入的关系,它的高低取决于销售收入与成本总额的高低。企业若想提高销售净利率主要有两个途径,一是扩大销售收入,二是降低成本费用。扩大销售收入既有利于提高销售净利率,又有利于提高总资产周转率。降低成本费用是提高销售净利率的另一个重要因素,从杜邦分析图可以看出成本费用的基本结构是否合理,从而找出降低成本费用的途径和加强成本费用控制的办法。如果企业财务费用支出过高,就要进一步分析其负债比率是否过高;如果管理费用过高,就要进一步分析其资金周转情况,等等。从图 9-1 中还可以看出,提高销售净利率的另一途径是提高其他利润。为了详细地了解企业成本费用的发生情况,在具体列示成本总额时,还可根据重要性原则,将那些影响较大的费用单独列示出来,以便为寻求降低成本的途径提供依据。

(3)影响总资产周转率的一个重要因素是资产总额。资产总额由流动资产与长期资产组成,它们的结构合理与否将直接影响资产的周转速度。一般来说,流动资产直接体现企业的偿债能力和变现能力,而长期资产则体现了企业的经营规模、发展潜力。两者之间应该有一个合理的比例关系。如果发现某项资产比重过大,影响资金周转,就应深入分析其原因,例如企业持有的货币资金超过业务需要,就会影响企业的盈利能力;如果企业占有过多的存货和应收账款,则既会影响获利能力,又会影响偿债能力。因此,还应进一步分析各项资产的占用数额和周转速度。

(4)权益乘数主要受资产负债率指标的影响。资产负债率越高,权益乘数就越高,说明企业的负债程度比较高,给企业带来了较多的杠杆利益,同时也带来了较大的风险。

【例 9-26】 某企业有关财务数据如表 9-10 所示。分析该企业净资产收益率变化的原因如表 9-11 所示。

表 9-10 基本财务数据

单位:万元

年度	2009	2010
净利润	10 284.04	12 653.92
销售收入	411 224.01	757 613.81
平均资产总额	306 222.94	330 580.21
平均负债总额	205 677.07	215 659.54
全部成本	403 967.43	736 747.24
制造成本	373 534.53	684 261.91
销售费用	10 203.05	21 740.96
管理费用	18 667.77	25 718.20
财务费用	1 562.08	5 026.17

表 9-11 财务比率

年度	2009	2010
净资产收益率(%)	10.23	11.01
权益乘数	3.05	2.88

续表

年度	2009	2010
资产负债率(%)	67.2	65.2
总资产净利率(%)	3.36	3.83
销售净利率(%)	2.5	1.67
总资产周转率(次)	1.34	2.29

(1) 对净资产收益率的分析

该企业的净资产收益率在2009年至2010年间出现了一定程度的好转,从2009年的10.23%增加至2010年的11.01%。企业的投资者在很大程度上依据这个指标来判断是否投资或是否转让股份,考察经营者业绩和决定股利分配政策。这些指标对企业的管理者也至关重要。

$$净资产收益率 = 权益乘数 \times 总资产净利率$$

2009年:10.23% = 3.05 × 3.36%

2010年:11.01% = 2.88 × 3.83%

通过分解可以明显地看出,该企业净资产收益率的变动在于资本结构(权益乘数)变动和资产利用效果(总资产净利率)变动两方面共同作用的结果,而该企业的总资产净利率太低,显示出很差的资产利用效果。

(2) 对总资产净利率的分析

$$总资产净利率 = 销售净利率 \times 总资产周转率$$

2009年:3.36% = 2.5% × 1.34

2010年:3.83% = 1.67% × 2.29

通过分解可以看出2010年该企业的总资产周转率有所提高,说明资产的利用得到了比较好的控制,显示出比前一年较好的效果,表明该企业利用其总资产产生销售收入的效率在增加。总资产周转率提高的同时销售净利率的减少阻碍了总资产净利率的增加。

(3) 对销售净利率的分析

$$销售净利率 = \frac{净利润}{销售收入}$$

2009年:2.5% = 10 284.04 ÷ 411 224.01

2010年:1.67% = 12 653.92 ÷ 757 613.81

该企业2010年大幅度提高了销售收入,但是净利润的提高幅度却很小,分析其原因是成本费用增多,从表9-10可知:全部成本从2009年的403 967.43万元增加到2010年的736 747.24万元,与销售收入的增加幅度大致相当。

(4) 对全部成本的分析

$$全部成本 = 制造成本 + 销售费用 + 管理费用 + 财务费用$$

2009年:403 967.43 = 373 534.53 + 10 203.05 + 18 667.77 + 1 562.08

2010年:736 747.24 = 684 261.91 + 21 740.96 + 25 718.20 + 5 026.17

本例中,导致该企业净资产收益率小的主要原因是全部成本过大。也正是因为全部成本的大幅度提高导致了净利润提高幅度不大,而销售收入大幅度增加,就引起了销售净利率的降低,显示出该企业销售盈利能力的降低。资产净利率的提高当归功于总资产周转率的提高,销售净利率的减少却起到了阻碍的作用。

(5) 对权益乘数的分析

$$权益乘数=\frac{资产总额}{权益总额}$$

$$2009\text{ 年}:3.05=\frac{306\ 222.94}{306\ 222.94-205\ 677.07}$$

$$2010\text{ 年}:2.88=\frac{330\ 580.21}{330\ 580.21-215\ 659.54}$$

该企业下降的权益乘数,说明企业的资本结构在2009年至2010年发生了变动,2010年的权益乘数较2009年有所减小。权益乘数越小,企业负债程度越低,偿还债务能力越强,财务风险有所降低。这个指标同时也反映了财务杠杆对利润水平的影响。该企业的权益乘数一直处于2—5之间,也即负债率在50%—80%之间,属于激进战略型企业。管理者应该准确把握企业所处的环境,准确预测利润,合理控制负债带来的风险。

(6) 结论

对于该企业最为重要的就是要努力降低各项成本,在控制成本上下工夫,同时要保持较高的总资产周转率。这样,可以使销售净利率得到提高,进而使总资产净利率有较大的提高。

【相关链接】

杜邦分析体系的局限性

杜邦分析体系虽然被广泛使用,但也存在某些局限性。

(1) 计算总资产净利率的"总资产"与"净利润"不匹配。总资产是全部资产提供者的权利,而净利润是专属于股东的,两者不匹配。因此,需要重新调整其分子和分母。为公司提供资产的包括股东、有息负债的债权人和无息负债的债权人,后者不要求分享收益,要求分享收益的是股东、有息负债的债权人。因此,需要计量股东和有息负债债权人投入的资本,并且计量这些资本产生的收益,两者相除才是合乎逻辑的资产报酬率。

(2) 没有区分经营活动损益和金融活动损益。对于多数企业来说,金融活动是净筹资,它们在金融市场上主要是筹资,而不是投资。筹资活动没有产生净利润,而是支出净费用。从财务管理的基本理念看,企业的金融资产是投资活动的剩余,是尚未投入实际经营活动的资产,应将其从经营资产中剔除。与此相适应,金融费用也应从经营收益中剔除,才能使经营资产和经营收益匹配。因此,正确计量基础盈利能力的前提是区分经营资产和金融资产,区分经营收益与金融收益(费用)。

(3) 没有区分有息负债与无息负债。既然要把金融(筹资)活动分离出来单独考察,就会涉及单独计量筹资活动的成本。负债的成本(利息支出)仅仅是有息负债的成本。因此,必须区分有息负债与无息负债,利息与有息负债相除,才是实际的平均利息率。此外,区分有息负债与无息负债后,有息负债与股东权益相除,可以得到更符合实际的财务杠杆。无息负债没有固定成本,本来就没有杠杆作用,将其计入财务杠杆,会歪曲杠杆的实际作用。

针对上述问题,人们对传统的财务分析体系做了一系列的改进,逐步形成了一个新的分析体系。该体系的核心公式如下:

$$\begin{aligned}权益净利率&=\frac{经营利润}{股东权益}-\frac{净利息}{股东权益}\\&=\frac{经营利润}{净经营资产}\times\frac{净经营资产}{股东权益}-\frac{净利息}{净负债}\times\frac{净负债}{股东权益}\\&=\frac{经营利润}{净经营资产}\times\left(1+\frac{净负债}{股东权益}\right)-\frac{净利息}{净负债}\times\frac{净负债}{股东权益}\\&=净经营资产利润率+(净经营资产利润率-净利息率)\times净财务杠杆\end{aligned}$$

二、沃尔评分法

企业财务综合分析的先驱者之一是亚历山大·沃尔。他在20世纪初出版的《信用晴雨表研究》和《财务报表比率分析》中提出了信用能力指数的概念,他把若干个财务比率用线性关系结合起来,以此来评价企业的信用水平,这被称为沃尔评分法(Alexander Wall System)。他选择了七种财务比率,分别给定了其在总评价中所占的比重,总和为100分;然后,确定标准比率,并与实际比率相比较,评出每项指标的得分,求出总评分。

【例9-27】 A企业是一家中型电力企业,2010年的财务状况评分的结果如表9-12所示。

表9-12 A企业沃尔综合评分表

财务比率	比重 (1)	标准比率 (2)	实际比率 (3)	相对比率 (4)=(3)÷(2)	综合指数 (5)=(1)×(4)
流动比率	25	2.00	1.66	0.83	20.75
净资产÷负债	25	1.50	2.39	1.59	39.75
资产÷固定资产	15	2.50	1.84	0.736	11.04
销售成本÷存货	10	8	9.94	1.243	12.43
销售收入÷应收账款	10	6	8.61	1.435	14.35
销售收入÷固定资产	10	4	0.55	0.1375	1.38
销售收入÷净资产	5	3	0.40	0.133	0.67
合计	100				100.37

从表9-12可知,该企业的综合指数为100.37,总体财务状况是不错的,综合评分达到标准的要求。但由于该方法技术上的缺陷,夸大了达到标准的程度。尽管沃尔评分法在理论上还有待证明,在技术上也不完善,但它还是在实践中被广泛地加以应用。

沃尔评分法理论上的缺陷,在于其未能证明为什么要选择这七个指标,而不是更多些或更少些,或者选择别的财务比率,以及未能证明每个指标所占比重的合理性。沃尔评分法从技术上讲有一个问题,就是当某一个指标严重异常时,会对综合指数产生不合逻辑的重大影响。这个缺陷是由相对比率与比重相"乘"而引起的。财务比率提高一半,其综合指数增加100%;而财务比率降低一半,其综合指数只减少50%。

【相关链接】

沃尔评分法应用时应注意的事项

现代社会与沃尔的时代相比，已有很大的变化，沃尔评分法已发展到如今的财务比率综合评分法，在应用时应注意以下事项：

(1) 在选择财务比率时已经不再局限于沃尔所选用的7个指标，而应该是按照一定的目的选择自己所需的指标。

(2) 指标选定时要注意全面性。全面性要求指标包括偿债能力、营运能力和盈利能力三大类指标。

(3) 指标选定时要注意代表性。代表性要求选择的指标是能够说明问题的财务比率。

(4) 指标选定时要注意变化方向的一致性。变化方向的一致性要求选择的指标如果是正指标则都应是正向指标（越大越好），如果是负指标就都是负指标（越小越好），否则会因为指标选择的问题而不能得出有效的结论。

(5) 计算出评价结果后，注意根据标准值的特征得出相应的结论。如果选定的标准是合格标准，并且选定的都是正指标，则评分在100分以上才是可以接受的；如果选定的是正指标，而标准是优秀标准，综合评分虽然越大越好，但能达到80—90分已经是可以接受的了。如果是负的指标，则要注意指标评分值是越小越好。所以，综合评分法在应用时不能仅仅根据算出的综合评分就得出财务状况优劣的结论，还需要结合标准比率及指标的正负状况才能得出结论。

【例9-28】 仍以【例9-27】中企业2010年的财务状况为例，以中型电力生产企业的标准值为评价基础，则其综合评分标准如表9-13所示。

表9-13 A企业综合评分表

指标	评分值	标准比率（%）	行业最高比率（%）	最高评分	最低评分	每分比率的差
盈利能力：						
总资产报酬率	20	5.5	15.8	30	10	1.03
销售净利率	20	26.0	56.2	30	10	3.02
净资产收益率	10	4.4	22.7	15	5	3.66
偿债能力：						
自有资本比率	8	25.9	55.8	12	4	7.475
流动比率	8	95.7	253.6	12	4	39.475
应收账款周转率	8	290	960	12	4	167.5
存货周转率	8	800	3 030	12	4	557.5
成长能力：						
销售增长率	6	2.5	38.9	9	3	12.13
净利增长率	6	10.1	51.2	9	3	13.7
总资产增长率	6	7.3	42.8	9	3	11.83
合计	100			150	50	

标准比率以本行业平均数为基础,在给每个指标评分时,应规定其上限和下限,以减少个别指标异常对总分造成不合理的影响。上限可定为正常评分值的1.5倍,下限可定为正常评分值的0.5倍。此外,给分不是采用"乘"的关系,而是采用"加"或"减"的关系来处理,以克服沃尔评分法的缺点。例如,总资产报酬率每分比率的差为1.03% =(15.8% - 5.5%)÷(30 - 20)。总资产报酬率每提高1.03%,多给1分,但该项得分不得超过30分。

根据这种方法,对该企业的财务状况重新进行综合评价,得124.94分(见表9-14),说明该企业是一个中等略偏上水平的企业。

表9-14 A企业财务情况评分

指标	实际比率 (1)	标准比率 (2)	差异 (3) = (1) - (2)	每分比率 (4)	调整分 (5) = (3) ÷ (4)	标准评分值 (6)	得分 (7) = (5) + (6)
盈利能力:							
总资产报酬率	10	5.5	4.5	1.03	4.37	20	24.37
销售净利率	33.54	26.0	7.54	3.02	2.50	20	22.50
净资产收益率	13.83	4.4	9.43	3.66	2.58	10	12.58
偿债能力:							
自有资本比率	72.71	25.9	46.81	7.475	6.26	8	14.26
流动比率	166	95.7	70.3	39.475	1.78	8	9.78
应收账款周转率	861	290	571	167.5	3.41	8	11.41
存货周转率	994	800	194	557.5	0.35	8	8.35
成长能力:							
销售增长率	17.7	2.5	15.2	12.13	1.25	6	7.25
净利增长率	-1.74	10.1	-11.84	13.7	-0.86	6	5.14
总资产增长率	46.36	7.3	39.06	11.83	3.30	6	9.30
合计						100	124.94

【案例讨论】

久久发公司经营数年而不发的原因分析

北京久久发公司经理请求会计师事务所注册会计师为其企业进行财务诊断。经理说:"我公司业务从2002年开业以来逐年扩大,客户遍布国内国外,可是实现的利润却逐年减少,2009年亏损93万元,眼看就要将100万的资本亏损干净,搞不好就要破产,这是为什么?"他希望会计师们能找出原因,以便提出有效的扭亏措施。根据北京久久发公司提供的资料,会计师事务所编制出2008年和2009年的分析性利润表如下表所示:

分析性利润表　　单位:万元

支出	2008	2009	收入	2008	2009
一、营业支出	790	883	一、营业收入	800	813
其中:原材料	318	343	其中:现金销售收入	604	588
工资劳保	272	305	其他业务收入	196	225
销售费用	64	79			
管理费用	109	123			
折旧	27	33			
二、投融资支出	41	52	二、投融资收益	25	14
其中:利息支出	22	22	其中:利息收入	2	
债权投资损失			债券投资收益	3	2
股票投资损失	1	18	股票投资收益	12	3
汇兑损失	18	12	汇兑收益	8	9
三、非经常性支出	3	8	三、非经常性收入	21	23
其中:固定资产盘亏	2	5	其中:固定资产盘盈	19	22
出售损失	1	3	出售收益	2	1
四、支出合计	834	943	四、收入合计	846	850
五、实现亏损		-93	五、实现利润	12	

从表中可知,北京久久发公司2008年实现利润12万元,2009年亏损93万元。从费用构成来看,该公司人员工资和管理费用支出两年均占较大比重,均占营业支出的48%,说明该公司经营生产业务主要是劳动密集型产业。所不同的是:与2008年相比,2009年销售费用的增长快于营业收入的增长,两者分别增长23.43%、1.62%。在费用的增长中,工资和管理费用各增长12%,原材料费增长7.8%,说明主要是人员增多或工资提高引起了工资和管理费支出的增加。同时,股票投资的损失增多,由2008年的损失1万元增至损失18万元,而收益却减少9万元。该公司的利息支出始终较高。在收入的增加中,现金收入减少16万元,其他业务收入增加29万元,收入增长缓慢,而且2008年和2009年库存分别增加11万元和83万元,产品销售状况2009年更不理想。2009年销售费用支出增长23.43%,但库存并没有减少反而在增加。

根据分析性利润表提供的数字,会计师事务所对北京久久发公司2009年的实际情况进行了调查,其结果是:(1)年初抽调两名有多年销售经验和较强活动能力的销售部门骨干去从事股票交易,新聘请五名职员到销售部门,致使销售费用增加而销售收入放慢增长;(2)主管财务工作的是有10年会计工作经验的老会计员,记账核算认真细致,对新兴的融资投资方案和渠道不大理解,资金筹措和使用效率低,因而利息支出较高;(3)该公司主营业务“手工草编”制品上半年销售下降,该公司又新开了服装加工和名片印刷业务。

根据这种现状会计师事务所的初步诊断要点是北京久久发公司应采取以下措施:(1)调整人员结构,发挥内部潜力,降低工资和管理费用;(2)加强销售力量,提高销售部门工作效率;(3)聘请财经专业人员,加强资金管理,降低财务费用,收回股票投资,暂停股市买卖交易；(4)狠抓主营业务，探求新的市场和新的品种。

讨论：你认为会计师事务所对久久发公司的诊断是否正确？所提供的改进措施是否恰当合理？

【本章练习】

一、单项选择题

1. 在下列财务分析主体中，必须对企业营运能力、偿债能力、盈利能力及发展能力的全部信息予以详尽了解和掌握的是(　　)。

A. 短期投资者　　B. 企业债权人

C. 企业经营者　　D. 税务机关

2. 在下列关于资产负债率、权益乘数和产权比率之间关系的表达式中，正确的是(　　)。

A. 资产负债率 + 权益乘数 = 产权比率　　B. 资产负债率 − 权益乘数 = 产权比率

C. 资产负债率 × 权益乘数 = 产权比率　　D. 资产负债率 ÷ 权益乘数 = 产权比率

3. 某企业2010年销售收入净额为36 000万元，流动资产平均余额为4 000万元，固定资产平均余额为8 000万元。假定没有其他资产，则该企业2010年的总资产周转率为(　　)次。

A. 3.0　　B. 3.4　　C. 2.9　　D. 3.2

4. 下列指标中，其数值大小与偿债能力大小同方向变动的是(　　)。

A. 产权比率　　B. 资产负债率　　C. 已获利息倍数　　D. 权益乘数

5. 某企业2007年和2008年的营业净利润分别为7%和8%，资产周转率分别为2和1.5，两年的资产负债率相同，与2007年相比，2008年的净资产收益率变动趋势为(　　)。

A. 上升　　B. 下降　　C. 不变　　D. 无法确定

二、多项选择题

1. 财务分析的局限性主要表现为(　　)。

A. 资料来源的局限性　　B. 分析方法的局限性

C. 分析指标的局限性　　D. 分析人员水平的局限性

2. 企业计算稀释每股收益时，应当考虑的稀释性潜在的普通股包括(　　)。

A. 股票期权　　B. 认股权证

C. 可转换公司债券　　D. 不可转换公司债券

3. 下列各项中，可能直接影响企业净资产收益率指标的措施有(　　)。

A. 提高营业净利率　　B. 提高资产负债率

C. 提高总资产周转率　　D. 提高流动比率

4. 对于上市公司而言，可以用来评价其盈利能力的指标包括(　　)。

A. 市盈率　　B. 每股收益

C. 每股净资产　　D. 股利支付率

5. 下列说法不正确的是(　　)。

A. 一般认为，净资产收益率越高，企业自有资本获取收益的能力越强，运营效益越好，对企业投资人和债权人权益的保证程度越高

B. 基本每股收益 = 归属于普通股股东的当期净利润/年末普通股股数

C. 每股股利 = 普通股现金股利总额/当期发行在外普通股的加权平均数

D. 一般来说，市盈率高，说明投资者对该公司的发展前景看好，愿意出较高的价格购买该公司股票

三、判断题

1. 在财务分析中，将通过对比两期或连续数期财务报告中的相同指标，以说明企业财务状况或经营成果变动趋势的方法称为水平分析法。 (　　)

2. 市盈率是评价上市公司盈利能力的指标，它反映投资者愿意对公司每股净利润支付的价格。 (　　)

3. 权益乘数的高低取决于企业的资金结构；资产负债率越高，权益乘数越大，财务风险越大。 (　　)

4. 在存货平均余额不变的情况下，如果提高存货周转率，则一定会导致营业收入增加。 (　　)

5. 认股权证和股票期权属于稀释性潜在普通股。 (　　)

四、计算分析题

某公司对各项产品均建立标准成本制度，本年度运动服每件的标准成本及实际成本资料如下：

成本项目	标准单价	标准用量	标准成本	实际单价	实际用量	实际成本
直接材料	2.1 元/米	4 米	8.4 元	2 元/米	4.4 米	8.8 元
直接人工	4.5 元/工时	1.6 工时	7.2 元	4.85 元/工时	1.4 工时	6.79 元
变动性制造费用	1.8 元/工时	1.6 工时	2.88 元	2.15 元/工时	1.4 工时	3.01 元
合计			18.48 元			18.6 元

假定该公司在本年共生产运动服 4 800 件。

要求：

(1) 采用差额法分析计算直接材料成本产生差异的原因；

(2) 采用差额法分析计算直接人工成本产生差异的原因；

(3) 采用差额法分析计算制造费用成本产生差异的原因。

五、综合题

已知东方公司 2010 年年初所有者权益总额为 1 500 万元，2010 年的资本积累率为 12%，年初、年末的权益乘数分别是 2.5 和 2，负债的平均利率是 10%，全年固定成本总额为 900 万元，本年利润总额为 900 万元，优先股股利为 60 万元，普通股现金股利总额为 200 万元，财产股利为 100 万元，普通股的加权平均数为 200 万股，年末普通股股数为 250 万股，所有的普通股均发行在外，年末股东权益中有 95% 属于普通股股东，所得税为 360 万元。

要求：

(1) 计算 2010 年年末所有者权益总额；

(2) 计算 2010 年年初、年末的资产总额和负债总额；

(3) 计算 2010 年年末的产权比率；

(4) 计算 2010 年的总资产报酬率；

(5) 计算 2010 年的已获利息倍数；

(6) 计算 2010 年的基本每股收益、每股股利和每股净资产，如果市盈率为 10，计算普通股每股市价；

(7) 计算 2011 年的经营杠杆系数；

(8) 假设该公司 2010 年年末的所有者权益总额为 1 200 万元，资产总额为 3 000 万元，计算该公司 2010 年资本三年平均增长率。

第四篇　其他管理

第十章　企业重组和清算管理

【本章导航】

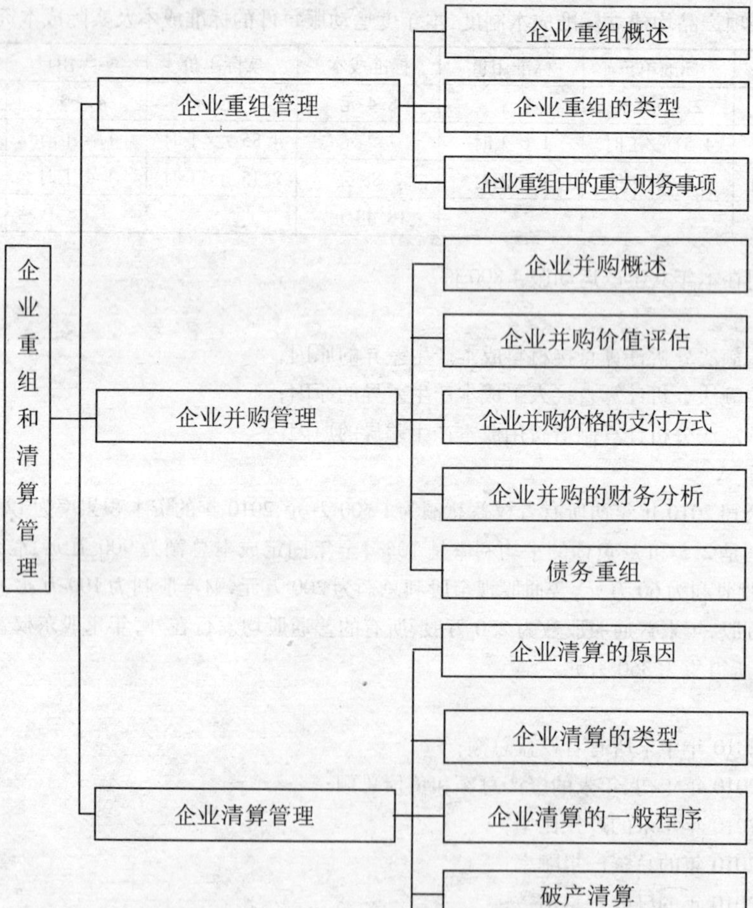

【知识目标】

1. 了解企业重组、清算的概念与分类；
2. 熟悉企业合并、重组财务管理的内容；
3. 掌握各种企业价值评估方法的基本原理；
3. 熟悉企业清算的类型及其原因；
4. 掌握企业清算的一般程序。

【能力目标】

1. 能够根据不同的评估方法进行企业价值的评估；
2. 能够对企业并购进行财务风险分析；
3. 能够熟练掌握破产清算的程序；
4. 能够掌握解除职工劳动关系的财务处理。

【导入案例】

一次破产重组给企业带来的契机

2006 年 11 月 7 日，广东省肇庆市银华网络技术有限公司(简称银华公司)与广东风华高新科技集团有限公司(简称风华集团)签订《协议书》，约定：风华集团从 2006 年 12 月 1 日起按月分期偿还所欠银华公司款项，每期还款人民币 1 000 万元，直至还清全部欠款为止。此后，由于风华集团没有按照协议偿还到期欠款，银华公司多次向风华集团发出《催收通知书》，风华集团亦未能及时偿还。银华公司认为，风华集团欠其借款本息 72 819 836元，无法偿还到期债务，为保护其合法权益，根据《中华人民共和国企业破产法(试行)》的有关规定，银华公司于 2007 年 3 月 19 日，向广东省肇庆市中级人民法院申请宣告风华集团破产还债。

时隔两日，肇庆市金叶投资发展有限公司也认为，风华集团欠其借款本金 18 611 万元及相应利息，无法偿还到期债务，为保护其合法权益，公正清理债权债务，向肇庆市中院申请宣告风华集团破产还债。收到上述两申请书后，肇庆市中院于 2007 年 6 月 29 日依法裁定受理了该破产案。自此，处于国内电子界领先地位的风华集团，走向了破产边缘。

作为一个从事投资经营的集团公司，风华集团本部没有直接生产经营，收益渠道主要是通过对下属企业参股、控股而获得分红。它是上市公司广东风华高新科技股份有限公司的最大股东。

但前几年因为电子元器件行业不景气，产品盈利能力下降，仅靠投资分红的收入已无法承载风华集团负债总额巨大、利息支出沉重的负担，多年的亏损造成企业严重资不抵债，明显缺乏清偿能力，已经无法清偿到期债务。截至 2007 年 6 月 30 日，风华集团债权人的债权总额为26.62亿元,企业净资产为-18.63亿元。身负巨额债务,风华怎么办?

在企业进入破产程序之后,重整是债务人除直接破产清算外又一种可行的选择,这是新颁布的企业破产法的新增内容。

由于风华集团是肇庆举足轻重的企业,生产规模庞大,拥有9 000多名员工,每年税收过亿元,因此如果破产清算,将对地方经济的发展产生强烈的负面影响。

基于这样的考虑,风华集团在2007年7月6日提出重整申请及其重整预案,肇庆市中院经全面审查和慎重考虑后于2007年7月11日裁定准许债务人风华集团重整,并发布公告,风华集团进入重整程序。

按风华集团于2007年6月30日的清算评估价值计算,普通债权人只能获得17.58%的清偿,而且时间延续较长。同时在此期间,因为种种的不确定性也可能对下属子公司,特别是对上市公司风华高科的持续健康发展带来严重影响。

最后,在各方努力协调下,风华集团计划筹集资金8.77亿元全部用于清偿各债权人,实现了4个100%:对有财产担保的债权,自法院批准重整计划草案之日起半年内,按质押物的评估价值,获得100%的一次性现金清偿;所欠职工债权,自法院批准重整计划草案之日起半年内,获得100%的一次性现金清偿;所欠税款,自法院批准重整计划草案之日起半年内,获得100%的一次性现金清偿,不实行减债;普通债权,自法院批准重整计划草案之日起半年内,获得21.95%的一次性现金清偿,其余78.05%的债务予以免除。9 000多名职工100%不用下岗。

风华集团的重整方案得以批准,使普通债权人的清偿比例由17.58%提高到21.95%;避免了大型国有企业破产清算可能对地方经济产生的不良影响;9 000余人(波及6 000多个家庭)的工作岗位得到保留,维护了社会大局的稳定。风华集团实施重整方案后,2009年扭亏为盈实现净利润3 835万元。

可见,企业重组在企业发展中发挥着非常重要的作用。

资料来源:主要摘自新华网,原地址:http://news.china.com/zh.ch/domestic/945/20080310114717083.html。

第一节　企业重组管理

一、企业重组概述

(一)企业重组的概念

广义的企业重组(Restructuring),是指投资者或投资者授权经营者以企业战略目标为导向,以长期资产和其他资源为对象,以控制权的转移为核心,进行资源的重新组合和优化配置行为。具体地说,它是通过企业改制、产权转让、合并、分立、托管、破产处置等方式进行企业组织的再造,包括企业资产结构、债务结构和资本结构的调整优化。它是对企业原有的各类资源要素(包括企业本身),按照市场经济规律实施的重新组合。

【双语链接】

Restructuring : Bringing about a drastic or fundamental internal change that alters the relationships between different component elements of an organization or system.

（二）企业重组的作用与意义

企业是各种生产要素的有机组合。企业的功能在于把各种各样的生产要素进行最佳组合，实现资源的优化配置和利用。在市场经济条件下，企业的市场需求和生产要素是不断变化的，特别是在科学技术突飞猛进、经济日益全球化、市场竞争加剧的情况下，企业生存的内外环境的变动趋于加快，企业要在这种变动的环境中保持竞争优势，就必须不断地及时进行竞争力要素再组合，企业重组就是要素再组合的一种手段。在市场竞争中，对企业长远发展最有意义的是建立在企业核心竞争力基础之上的持久的竞争优势。企业的竞争优势是企业盈利能力的根本保证，没有竞争力的企业连基本的生存都得不到保证，更谈不上发展。所以，企业通过内部各种生产经营活动和管理组织的重新组合以及通过从企业外部获得企业发展所需要的各种资源和专长，培育和发展企业的核心竞争力。

（1）企业重组是推进我国经济结构和布局战略性调整的重要环节。通过企业重组可以优化所有制结构，创造出更高的生产效率。

（2）企业重组是实现资源有效配置的重要方式。通过企业重组，盘活存量资产，促进生产要素和社会资源优化配置，打破行业壁垒，有利于根据市场需要的变化，及时调整产品结构和产业结构。

（3）企业重组有利于建立现代企业制度。重组后的企业应当产权清晰、权责明确、政企分开、管理科学，这样有利于增强企业活力，提高资产质量、盈利能力和竞争力，为培育有国际竞争力的大公司和企业集团提供条件。

（4）企业重组是应对市场竞争的有效方式。处于劣势的企业为了摆脱竞争劣势，以重组为手段。优势企业为了在竞争中处于更有利的地位，采取重组方式实现强强联合，抵御外来压力，增强企业实力。

（5）企业重组可以加快技术改造和技术创新。企业重组可以利用高新技术和先进适用技术改造传统产业，可以使企业逐步逼近和掌握核心技术，为企业的持续发展提供源源不断的动力。

二、企业重组的类型

1. 改制

企业改制是改革企业体制的简称，是将企业从适应计划经济体制需要的传统企业制度，改建成为适应社会主义市场经济体制需要的现代企业制度。企业改制的核心是经济机制的转变和企业制度的创新，实质是调整生产关系以适应生产力发展的需要。

企业改制的形式，主要是按照《公司法》改建为有限责任公司和股份有限公司。有限责任公司注册资本的最低限额为人民币 3 万元，由 50 个以下股东出资设立。设立股份有限公司应当有 2 人以上 200 人以下为发起人，其中须有半数以上的发起人在中国境内有住所。股份有限公司注册资本的最低限额为人民币 500 万元。

2. 产权转让

产权转让即两个以上产权主体就企业的全部或部分产权进行有偿转让的行为。企业产权转让从不同角度分析,有许多方式,如内部转让、对外转让,协议转让、竞价拍卖、招标转让,整体转让、分割转让,重组转让、先破后售。

3. 合并

合并包括吸收合并和新设合并两种形式。一个企业吸收其他企业后,被吸收的企业解散的,为吸收合并。两个以上企业合并设立一个新的企业,合并各方解散的,为新设合并。

4. 分立

分立即一个企业分成两个或者两个以上企业的经济行为,包括新设分立和派生分立两种方式。新设分立是企业将其全部财产分割后,新设两个或两个以上企业的行为。新设分立后,新企业存续,进行工商登记后取得法人资格;原企业则消亡,其法人资格被取消。派生分立是企业以其财产的一部分设立另一企业的行为。派生分立后,派生的新企业进行工商登记取得法人资格;原企业存续,但原企业有可能因派生出新企业而减少权益资本,当减少注册资本时,应当办理变更注册资本的手续。

5. 托管

托管即企业投资者(委托人)通过契约的形式,在一定条件和一定期限内,将企业法人财产的部分或全部委托给具有较强经营管理能力,并能够承担相应经营风险的法人(受托人)去有偿经营,以实现一定目标。

与其他企业重组方式相比,企业托管具有以下特点:(1)不涉及产权变动,体现的是一种财产委托代理关系;(2)体现的是一种以信用为基础的托管关系;(3)通常具有过渡性。由于具备这些特点,企业托管往往具有自身的优点和作用,主要体现在:第一,受托人不需要支付大量资金取得委托人的资产,可以靠自己拥有的经营管理能力去经营托管企业;第二,程序相对简单,对委托企业产权清晰程度的要求相对较低;第三,企业托管使受托人与委托人之间相互制约,形成外部约束力,避免了企业内部人控制现象;第四,企业托管是有期限的,而且可以根据形势变化终止托管协议,比其他重组方式具有更大的调整余地,降低了委托人和受托人双方的风险。

三、企业重组中的重大财务事项

企业通过改制、产权转让、合并、分立、托管等方式实施重组,对涉及资本权益的事项,应当由投资者或者授权机构进行可行性研究,履行内部财务决策程序,并组织开展以下工作:

(1) 清查财产,核实债务,委托会计师事务所进行审计。资产清查的结果由重组企业的投资者(即国有资本持有单位)委托中介机构进行审计。委托中介机构所发生的费用由重组企业支付。

(2) 制订和审议职工安置方案。进行企业重组,无论是采取合并、分立,还是其他具体方式,都不可避免地涉及重组企业的职工安置问题。因此,在进行企业重组过程中,要求重组企业制订职工安置方案。

(3) 与债权人协商,制订债务处置或承继方案。进行企业重组,都面临债务处置的问题。重组企业应当与债权人充分协商,制订债务处置或承继方案,原则上要按照债务随业务、资产走的原则进行债务处置或承接。

(4) 进行资产评估。企业重组时,应当根据有关法律、法规的规定,由投资者选择并委托有资格的资产评估机构进行资产评估。

(5) 拟定股权设置方案和资本重组实施方案。国有企业、集体企业重组时,重组实施方案要经过职工或者职工代表大会的批准。在企业资本重组实施方案的基础上,企业要起草重组的基本文件,包括重组实施方案、发起人协议、可行性研究报告、公司章程和重组申请等。

第二节 企业并购管理

一、企业并购概述

(一) 兼并与收购的概念

企业合并(Consolidation)是指两个或两个以上的企业在平等、协商、互利的基础上,按法定程序变为一个企业的行为。企业合并通常是通过兼并和收购(简称并购)来实现的。

兼并(Merger)通常是指一家企业以现金、证券或其他形式(如承担债务、利润返还等)投资购买取得其他企业的产权,使其他企业丧失法人资格或改变法人实体,并取得对这些企业的控制权的投资行为。从经济意义上讲,兼并等同于我国《公司法》中的吸收合并。所以,合并是个大概念,兼并是合并形式之一。无论兼并(吸收合并)还是新设合并,合并各方的债权债务都应该由合并以后存续的公司或者新设的公司承担。

【双语链接】

Consolidation: (1) Combining assets, equity, liabilities and operating accounts of a parent firm and its subsidiaries into one financial statement. See also consolidated financial statement. (2) Combining two or more firms through purchase, merger, or ownership transfer to form a new firm.

收购(Acquisition)是指一家企业购买另一家企业的部分或全部资产、股权,以获得对该企业的控制权。收购的经济实质是取得控制权。收购的对象一般有股权和资产两种。收购股权与收购资产的主要差别在于:股权收购是购买一家企业的股份,收购方将成为被收购方的股东,承担被收购企业的债权、债务;而资产收购则仅仅是一般的买卖行为,收购方无须承担被收购方的债务。

在实际中,兼并与收购通常被人们统称为并购,因为就其实质而言,它们都是一种导致企业资产流动或产权转移的行为,其产生的动因和运作的结果基本是一致的。在实际操作中,也较难将二者截然分开,在谈到兼并时,就要谈到企业收购,于是我们就统称其为并购。

(二) 企业并购的类型

企业并购的类型很多,按不同标志可以进行不同分类,具体如表 10-1 所示。

表 10-1　企业并购的类型

分类		定义	主要目的及优点
按照并购双方产品与产业的联系	横向并购	指并购方与被并购方处在同一行业、生产或经营同一产品,并购使资本在同一市场领域或部门集中。	这种并购投资的目的主要是确立或巩固企业在行业内的优势地位,扩大企业规模,使企业在该行业内占有垄断地位。
	纵向并购	是对生产工艺或经营方式上有前后关联的企业进行并购,是生产、销售的连续性过程中互为购买者和销售者(即生产经营上互为上下游关系)的企业之间的并购。	其主要目的是组织专业化生产和实现产销一体化。纵向并购较少受到各国有关反垄断法律政策的限制。
	混合并购	是对处于不同产业领域,产品属于不同市场,且与其产业部门之间不存在特别的生产技术联系的企业进行并购。	采取这种方式可以通过分散投资、多角化经营降低企业风险,达到资源互补、优化组合、扩大市场活动范围的目的。
按涉及被并购企业的范围	整体并购	指资产和产权的整体转让,是产权的权益体系或资产不可分割的并购方式。	其目的是通过资本迅速集中,增强企业实力,扩大生产规模,提高市场竞争能力。整体并购有利于企业加快资金、资源集中的速度,迅速提高规模水平与规模效应。实施整体并购也在一定程度上限制了资金紧缺者的购买行为。
	部分并购	指将企业的资产和产权分割为若干部分进行交易而实现企业并购的行为。具体包括三种形式:第一,对企业部分实物资产进行并购;第二,将产权划分为若干等额价值进行产权交易;第三,将经营权分为几个部分进行产权转让。	部分并购的优点在于可以扩大企业并购的范围,弥补大规模整体并购的巨额资金缺口,有利于企业设备更新换代,有利于企业调整存量结构。
按并购的实现方式	承担债务式并购	是指在被并购企业资不抵债或资产债务相等的情况下,并购方以承担被并购方全部或部分债务为条件,取得被并购方的资产所有权和经营权。	
	现金购买式并购	有两种情况:第一,并购方筹集足够的现金购买被并购方全部的资产,使被并购方除现金外没有持续经营的物质基础,成为有资本结构而无生产资源的空壳,不得不从法律意义上消失;第二,并购方以现金通过市场、柜台或协议购买目标公司的股票或股权,一旦拥有其大部分或全部股本,目标公司就被并购了。	
	股份交易式并购	有两种情况:第一,以股权换股权。这是指并购公司向目标公司的股东发行自己的股票,以换取目标公司的大部分或全部股票,达到控制目标公司的目的。第二,以股权换资产。并购公司在有选择的情况下承担目标公司的全部或部分责任,目标公司也要把拥有的并购公司的股票分配给自己的股东。	

(三)并购的动机

企业并购的根本动机是企业逐利的本性和迫于竞争压力而采取的主动行动。寻求扩张的企业面临着依靠内部扩张和通过并购谋求发展的选择。内部扩张往往需要经过一个缓慢而不确定的过程,通过并购发展则可迅速达到预期目标,同时也会带来各种不确定性因素。并购的动机可归纳为以下方面,具体如表 10-2 所示。

表 10-2 企业并购的动机

动机	相关说明
谋求管理协同效应	如果某企业有一支高效率的管理队伍,其管理能力超出管理该企业的需要,但这批人才只能集体体现效率,企业不能通过解聘释放能量,那么该企业就可以并购那些由于缺乏管理人才而效率低的企业,利用这支管理队伍提高整体效率而获利。
谋求经营协同效应	由于经济上的互补性、规模性,两个或两个以上的企业合并后可以提高其经营活动的效率,这就是所谓的经营协同效应。
	获得经营协同效应的一个重要前提是产业中的确存在规模经济,且在并购前尚未达到规模经济。
	规模经济效益具体表现在两个层次:第一,生产规模经济。企业通过并购可调整其资源配置,使其达到最佳经济规模的要求,有效解决由专业化引起的生产流程的分离,从而获得稳定的原材料来源渠道,降低生产成本,扩大市场份额。第二,企业规模经济。表现为节省管理费用、节约营销费用、扩大企业规模、增强企业风险抵御能力等方面。
谋求财务协同效应	财务能力提高。一般来说,合并后企业整体的负债能力比合并前各个企业的负债能力强,而且还可以降低资金成本,并实现资本在并购企业与被并购企业之间低成本的有效再配置。
	合理避税。税法一般包含亏损递延条款,允许亏损企业免交当年所得税,且其亏损可递延抵消以后年度盈余。同时一些国家税法对不同的资产适用不同的税率,股息收入、利息收入、营业收益、资本收益的税率也各不相同。企业可根据这些规定,通过并购行为及相应的财务处理合理避税。
	程序相对简单,对委托企业产权清晰程度的要求相对较低。
	预期效应。它是指因并购使股票市场对企业股票评价发生改变而对股票价格的影响。由于预期效应的作用,企业并购往往伴随着强烈的股价波动,形成股票投资机会。投资者对投机利益的追求反过来又会刺激企业并购的发生。
实现战略重组,开展多角化经营	多角化经营可以通过内部积累和外部并购两种途径实现,但在多数情况下,并购途径更为有利,尤其是当企业面临变化了的环境而调整战略时,并购可以使企业低成本地迅速进入被并购企业所在的增长相对较快的行业,并在很大程度上保持被并购企业的市场份额以及现有的各种资源,从而保证企业持续不断的盈利能力。
获得特殊资产	特殊资产可能是一些对企业发展至关重要的专门资产。如土地是企业发展的重要资源,一些有实力、有前途的企业往往会由于狭小的空间难以扩展,而另一些经营不善、市场不景气的企业却占有较多的土地和优越的地理位置,这时优势企业就可以并购劣势企业以获得其优越的土地资源。另外,并购还可得到目标企业所拥有的管理队伍、优秀研发人员或专门人才以及专有技术、商标、品牌等无形资产。
降低代理成本	在企业的所有权与经营权相分离的情况下,经理是决策或控制的代理人,而所有者作为委托人成为风险承担者。由此造成的代理成本包括契约成本、监督成本和剩余亏损。通过企业内部组织结构安排、报酬安排,经理市场和股票市场可以在一定程度上减缓代理问题,降低代理成本。但当这些机制均不足以控制代理问题时,并购机制使得接管的威胁始终存在。通过公开收购或代理权争夺而造成的接管,将会改选现任经理和董事会成员,从而作为最后的外部控制机制解决代理问题,降低代理成本。

二、企业并购价值评估

在企业并购活动中,对目标企业的估价是决定交易是否成交的价值基础。目标企业估价主要取决于并购企业对其未来收益的大小和时间的预期。其本质上是一种主观判断,但并不是可以随意估价,而是有一定的科学方法可依据的。对目标企业估价的主要方法有成本法、收益法、贴现现金流量法。

(一) 成本法

成本法,又称资产基础法或资产加和法,该方法以资产负债表为基础,将企业化整为零。

成本法的优点是实际操作简单易行。其最致命的缺点在于将一个企业有机体割裂开来,公司价值不是单项资产简单组合,而是各项单项资产的整合,如果整合成功,企业价值可能大于单项资产的组合,在上市公司收购中,收购行为往往是实现未来期望的现金流,并非买卖上市公司取得利益。

(二) 现行市价法

现行市价法是指可直接利用股票市场的供求关系以及价格生成机制对目标公司进行估值。运用市场法要满足两个前提条件:一是存在一个充分活跃的公开产权市场,这个市场上的企业产权交易价格是在充分竞争之后形成的,代表了企业产权的公允市场价格;二是公开市场上存在可比的类似企业的产权交易活动。

1. 目标公司是上市公司的价格评估

如果目标公司是上市公司,则可利用资本市场的定价功能,直接在股票市场完成并购活动。其计算公式为:

$$目标公司价值=拥有目标公司的股票数量\times每股市价$$

对上市公司来说,如果股票市场是充分有效的,上市公司的股票价格能够反映市场对该公司的经营业绩、未来成长性和可能存在风险的预期,那么并购公司支付的购买价格往往高于股票现行市价,即按溢价并购。

【例 10-1】 珠海中富公司(股票代码 000659,是全球最大的饮料包装企业之一,占据国内 PET 饮料瓶一半的市场份额)2007 年 3 月 24 日公司公告称,亚洲瓶业(CVC 亚太基金的子公司,CVC 是亚太乃至全球最大最负盛名的国际私募基金之一,掌控资金高达 19 亿美元)以 16.5 亿元高价收购公司 29% 的股份,成为第一大股东。折合每股转让价格 8.27 元,净资产溢价率 190%,收购价比珠海中富公告停牌前一交易日的收盘价 6.84 元高出 21%。此后股价不断攀升,2007 年 9 月 11 日每股最高价达到 15.96 元,创珠海中富的历史最高价。

2. 目标公司是非上市公司的价格评估

如果目标公司是非上市公司,则需要在资本市场上选择与目标公司相类似的参照公司,在对参照公司相关估价参数适当修正的基础上,类推目标公司的评估价值。

现行市价法在目标公司价格评估中是一种最为直接也最具有说服力的方法,但在实际应用过程中,由于与被评估企业各项指标相似且在近期完成交易的目标公司在产权市场上并不容易找到,所以,对目标公司是非上市公司的价格评估常常会受到限制。此法主要适用于完善的市场体系中上市公司的并购。

【案例思考】

汇源可口可乐姻缘为何破裂?

可口可乐公司自1979年在我国开展业务,其业务以带气饮料品牌最为知名。近年来该公司积极发展一系列不带气饮料,以使消费者有更多的选择。为配合这一发展策略,可口可乐对汇源果汁提出了全面收购的计划。汇源果汁2008年9月3日发布公告称,荷银将代表可口可乐公司全资附属公司以约179.2亿港元收购汇源果汁集团有限公司股本中的全部已发行股份及全部未行使可换股债券,可口可乐提出的每股现金作价为12.2港元,是汇源果汁停牌前收市价4.14港元的2.95倍。商务部2009年3月18日正式宣布,禁止可口可乐收购汇源。

(三)比率估价法

比率估价法是根据目标公司的股票价值与每股收益、每股净现金流量(税后利润+折旧)、每股账面价值(股权账面价值)或销售收入等之间任一比率关系的比较分析,从而确定其价值的方法。

比率的估价计算按照比率的计算方式主要形成以下四种比率,具体内容如表10-3所示。

表10-3　比率的估价计算方法

种类	计算公式
市盈率(PE Ratio)	公司价值=预测的每股收益×预测的市盈率 市盈率=股票市价/每股收益
股价与现金流量比率	公司价值=预测的每股现金流量×预测的股价与现金流量比率 股价与现金流量比率=股票市价/每股现金流量
股价与账面价值比率	公司价值=预测的每股账面价值×预测的股价与账面价值比率 股价与账面价值比率=股票市价/每股账面价值
股价与销售收入比率	公司价值=预测的每股销售收入×预测的股价与销售收入比率 股价与销售收入比率=股票市价/每股销售收入

【例10-2】　2000年9月12日,青岛海尔发表公告称将以20亿元的价格收购海尔空调公司74.45%的股权,收购完成后,青岛海尔对海尔空调的持股将达99.95%。青岛海尔此次并购海尔空调有限公司采用的是市盈率定价法,这也是国内首次运用该方法对非上市公司进行价值评估。

在公告中指出目标公司的收购定价如下:

收购公司的目标价格=空调公司2000年预测净利润4.38亿元×6.25倍市盈率×74.45%股权=20(亿元)

根据山东汇德会计师事务所出具的[2000]汇所审核字第5—11号盈利预测审核报告,海尔空调公司2000年预测将实现净利润438 915 890.61元,2001年度预测实现净利润537 854 500.00元。因此,运用市盈率定价法就可以得出此次收购的标的价格。

但是在相关的公告中,没有透露关于6.25倍市盈率的得来途径和方式,只是给了个双方既定的数值。由于海尔空调有限公司不是一个上市公司,因此,在确定其标准市盈率的时候,将以整个空调行业的平均市盈率为参考。考虑到所选取的相关公司在产品、市场、目前获利能力、未来业绩成长等方面和目标公司要具有一定的可比性,因此,选取了粤美的(000527)、格力电器(000651)、春兰股份(600854)和科龙电器(000921)四家上市公司作为参考标准,具体如表10-4所示。

表10-4 2000年主要空调制造商利润、费用比率及产品市场占有率

项目	海尔空调	粤美的	格力电器	春兰股份	科龙电器
主营业务利润率(%)	35.98	11.89	26.23	30.07	24.70
费用比率(%)	26.65	12.15	22.28	14.48	20.30
营业利润(%)	9.39	5.75	4.78	15.76	4.89
品牌机市场占有率(%)	27.60	13.30	5.80	6.70	5.50

通过计算2000年上述四家上市公司股票每股平均价格与每股收益的比率,得到平均市盈率如表10-5所示。

表10-5 空调类上市公司2000年平均市盈率

项目	粤美的	格力电器	春兰股份	科龙电器
平均市盈率	30.9	45.2	44.5	140.2

通过对比可以发现,此次转让中海尔空调有限公司仅要求6.25倍市盈率是偏低的,整个并购从价格上来说有利于青岛海尔。

比率法的结论有一定可靠性,简单易懂,易学易用,特别是市盈率法被广泛应用;但该法缺乏明确的理论依据,具有很大的主观性。

(四)折现现金流量估价法

它用来确定最高可接受的并购价格。根据折现现金流量估价法(Discounted Cash Flow Model, DCF),资产价值取决于其未来创造的现金流量的大小。当你购买了一个公司的资产时,就获得了这些资产的使用价值以及未来创造的现金流量。在DCF法下,影响价值的因素有:预期的现金流量、折现率及公司存续期。

1. 预期的现金流量

在DCF法下,按评估主体的不同,现金流量可分为股权自由现金流量和公司自由现金流量两种。

(1)股权自由现金流量

股权自由现金流量(Free Cash Flow to Equity, FCFE)是指公司在履行了所有的财务责任(如债务的还本付息),并满足其本身再投资需要之后的"剩余现金流量"(如果有发行在外的优先股,还应扣除优先股股息d)。其估算模式如下:

$$FCFE_t = EAT_t + D_t - \Delta W_t - \Delta F_t - P_t + B_t - d$$

式中:FCFE表示股权自由现金流量;EAT表示税后利润;D表示折旧额;ΔW表示增量营运资本;ΔF表示增量固定资本支出;d表示优先股股息;P表示本金偿还额;B表示发行新债。

股权自由现金流量可以为正数,也可以为负数。在一般情况下,如果股权自由现金流量为负数,则公司将不得不通过发行新股来筹集股权资本;如果股权自由现金流量为正数,则公司就可能以股票现金红利的形式将剩余的现金流量派发给股权资本持有者。

(2) 公司自由现金流量

公司自由现金流量(Free Cash Flow to Firm,FCFF)是公司在支付了经营费用和所得税之后,向公司权利要求者(普通股股东、公司债权人和优先股股东)支付现金之前的全部现金流量,即:

公司自由现金流量 = 股权自由现金流量 + 债权现金流量 + 优先股权现金流量

$$FCFF_t = EBIT_t(1 - T_t) + D_t - \Delta W_t - \Delta F_t$$

FCFF 模型是对整个公司而不是股权进行估价,但股权的价值可以用公司的价值减去发行在外债务的市场价值得到。由于公司自由现金流量是债务偿还前的现金流量,所以使用公司自由现金流量估价方法的好处是不需要明确考虑与债务相关的现金流量,而估计股权自由现金流量时必须考虑这些与债务相关的现金流量。在财务杠杆预期将随时发生重大变化的情况下,这一特点有利于简化计算、节约时间。但在确定折现率时需要用负债比率和利率等信息来计算加权平均资本成本。

2. 折现率

估算现金流量的现值所采用的折现率既可表示筹资者的资本成本,也可表示投资者要求达到的最低收益率。在并购活动中,折现率的选择应注意的问题如表 10-6 所示。

表 10-6　折现率的选择

应注意事项	具体情况	选择折现率的要求
与现金流量相匹配	股权自由现金流量	股权资本成本率
	公司资产自由现金流量	加权平均资本成本率
	名义现金流量	名义折现率
	真实现金流量	真实折现率
	税后现金流量	税后折现率
与并购方式相匹配	兼并的情况下	并购后存续公司或新设公司预期的资本成本率
	购买股权(控制权)的情况下	目标公司的资本成本率
与并购风险相匹配	未来现金流量的不确定性越大,风险越大,所采用的折现率就应该越高	

3. 公司存续期

公司并购作为一种特殊形式的资本投资,目标公司的价值等于预期未来现金流量的现值之和。但由于公司是一个持续经营的实体,其寿命一般是不可预知的。为了合理预测目标公司价值,一般将其未来现金流量分为两部分:一是预测期内的现金流量,二是预测期后的现金流量。对于预测期内的现金流量需要逐期预测,一般以 5—10 年作为预测期最为普遍。因为随着预测期的延长,不确定性因素越多,预测的难度越大,预测的可靠性就越低。对于预测期后的现金流量,一般根据公司发展阶段和现金流量的特点进行预测。

4. 确定目标公司价值

根据目标公司未来创造的现金流量和折现率,即可估计目标公司资产的 DCF 价值。根据目标公司资产的 DCF 价值,即可估算目标公司价值或并购支付价格,即:

$$TV = \sum_{t=1}^{n} CF_t/(1+K_w)^t + V_n/(1+K_w)^n$$

式中：TV 为目标公司价值；V_n 为目标公司在第 n 期时的价值；K_w 为加权平均资本成本。

如果 n 期后，目标公司处于稳定增长状态，则目标公司在 n 期的价值可按增长模型计算，即：

$$V_n = CF_{n+1}/K_{wn} - g_n$$

式中：K_{wn} 为增长阶段资本成本；g_n 为固定增长率。

根据目标公司资产的 DCF 价值，即可估算目标公司价值或并购支付价格，即：

目标公司价值 = 目标公司资产价值 - 公司负债价值

目标公司负债价值是指并购公司承担各种债务的机会成本现值。如果并购公司以股权价值购买目标公司的资产，则必须承担其对外的各种债务。

【例 10-3】 M 企业计划采用并购的方式迅速扩大经营规模，经初步调查后，将 N 企业作为目标企业。为合理估计 N 企业的并购价格，拟选用折现现金流量法计算目标企业 N 的价值。

（1）根据 N 企业的经营状况及其产品的市场状况，预测 N 企业被并购未来 5 年的现金流量表如表 10-7 所示。

表 10-7　N 企业被并购未来 5 年的现金流量表

项目 \ 年份	2011	2012	2013	2014	2015
收入	950	1 050	1 300	1 520	1 800
成本费用	800	850	1 040	1 198	1 422
息税前利润	150	200	260	322	378
利息	34	48	56	64	64
税前利润	116	152	204	258	314
所得税	38.28	50.16	67.32	85.14	103.62
税后利润	77.72	101.84	136.68	172.86	210.38
股利	20	34	50	70	90
M 企业可得现金	57.12	67.84	86.68	102.86	120.38
预测期末终值					1 541.45
净现金流量	57.72	67.84	86.68	102.86	1 661.83

假设 2015 年以后 N 企业每年的现金流量固定增长率为 5%，根据固定增长模型可算出 2015 年后现金流量在 2015 年年底的现值为：

$$V_{2015} = 120.38 \times (1+5\%)/(13.2\% - 5\%) = 1\ 541.45$$

（2）估算折现率。N 企业来发行优先股，其普通股股本与长期负债的比重分别为 40%、60%。已知市场无风险收益率为 10%，市场平均收益率为 15%，N 企业的 β 值为

1.6,其长期负债的利息率为10%,据此计算N企业的加权平均资本成本如下:

股本资本成本 $K_S = R_S = R_F + (R_M - R_F) \times \beta = 10\% + (15\% - 10\%) \times 1.6 = 18\%$

长期负债资本成本 $K_L = 10\%$

加权平均资本成本 $K_w = \sum K_I \times B_I = 18\% \times 40\% + 10\% \times 60\% = 13.2\%$

(3) 计算现金流量现值,估计购买价格。

$$\begin{aligned} TV &= \sum_{t=1}^{n} CF_t/(1+K_w)^t + V_n/(1+K_w)^n \\ &= 57.72/(1+13.2\%) + 67.84/(1+13.2\%)^2 + 86.68/(1+13.2\%)^3 + 102.86/ \\ &\quad (1+13.2\%)^4 + 1\ 661.83/(1+13.2\%)^5 \\ &= 1\ 120.3588 \end{aligned}$$

因此,如果M企业能够以1 120.3588万元或更低的价格购买N企业,那么这一并购活动从价格上讲是合理的。

折现现金流量法以现金流量预测为基础,充分考虑了目标公司未来创造现金流量能力对其价值的影响,对公司并购决策具有现实的指导意义。但是,这一方法的运用对决策条件与能力的要求较高,预测人员有很大的随意性和主观性。所以,合理预测未来现金流量以及选择折现率的困难与不确定性可能影响折现现金流量法的准确性。

三、企业并购价格的支付方式

(一) 现金支付方式

现金并购是一种单纯的并购行为,它是由并购方支付一定数量的现金,从而取得被并购公司的所有权。

在我国,关于并购交易款项的支付,原则上要求一次缴清资产转让费。如果数额较大,一次付清有困难的,可在有经济担保的前提下,经双方协商分期付款,但最长期限不得超过三年。第一次交款数额不得低于转让费的30%,缓交部分应按规定付息。而关于资产转让费的使用,原则上必须专户储存,在使用上严格控制。

(二) 股票支付方式

通过交换股票方式实现并购是目前国际上通常采用的并购方式。在吸收合并方式下,并购公司通过向目标公司股东增发本公司股票,来换取目标公司股东合并前持有的本公司股票,目标公司宣告终止,进而实现对目标公司的合并。在新设合并方式下,新设公司通过向拟解散公司股东发行新设立公司的股票,来换取拟解散公司股东合并前持有的各自公司的股票,拟解散公司宣告终止,进而实现新设合并。在换取合并过程中,股票如何交换、交换比例如何确定是合并双方能否合并成功的关键。

目前并购双方换股比例所采用的换算标准或依据主要有并购双方的每股市价、每股净资产、每股收益等,其计算公式为:

换股比 = 目标公司当前每股市价/并购公司当前每股市价

换股比 = 目标公司当前每股净资产/并购公司当前每股净资产

换股比 = 目标公司当前每股收益/并购公司当前每股收益

【例 10-4】 并购企业(A 公司)每股盈余是 5 元,而目标企业(B 公司)每股盈余是 4 元,两家公司的风险相当。

按照相对盈余,股票交换的比率应定为:

$$换股比 = 4/5 = 0.8$$

这一数据表明 80 股 A 公司股票可以交换 100 股 B 公司股票。这种交换方式意味着股东在并购后的盈余保持不变。

无论以何种标准作为换股依据,其前提条件是这些标准必须能够正确地反映并购双方的真实价值、未来发展潜能和盈利能力。

(三) 卖方融资支付

所谓卖方融资支付是指并购方暂不全部偿付价款,而是承诺在未来一定时期内分期分批偿还价款给目标公司的支付方式。

买方在分期付款时,其支付价格可按照目标公司经营业绩的某一比率支付。如并购双方商定价格的一半付现金,另一半视未来某期间的业绩而定,若未达到目标,则不予付清余款,且其债务亦不予负责。或者另一半由卖方融资,甚至数年后卖方可要求以部分债权换回股权。

【相关链接】

综合证券方式并购与杠杆并购方式

并购公司进行并购活动时,还可以综合证券方式并购,即并购公司对目标公司提出并购要约时,其出价不仅仅是现金、股票,而且还可以是认股权证、可转换债券等多种形式的混合证券。采取综合证券支付方式,一是可避免支出更多的现金,造成本公司的现金流动状况恶化;二是可以防止控股权的转移。而在采取杠杆并购方式时,其买方并购股权的现金,主要是以目标公司的各种资产做抵押,由目标公司向金融机构及其他来源贷得,而买方只付一两成的现金。在杠杆并购中,并购者购得目标公司后,即以赚得的利润或出售资产等方式偿还债务。此种大量举债的并购方式,不仅可以减少公司的现金支付,而且可以获得大量的财务杠杆利益,即税负节余的好处。

公司并购付款是一门学问,如何确定一种并购双方均能接受的付款方式是一项极有技巧性的实务操作。对并购公司来说,只有从长期来看,通过并购能增加普通股收益或公司价值时,才愿意进行这种并购活动;对目标公司来说,只有当并购时得到的现金或证券价值大于它现实的公司价值时,才愿意被并购。

四、企业并购的财务分析

企业并购的财务分析包括并购的成本分析、风险分析、收益分析和市场分析。

(一) 企业并购的成本分析

企业并购是资本经营的基本方式和实现快速扩张的主要途径。企业并购包含一系列工作,其经营成本不只是一个普通的财务成本概念,而应该是由此发生的一系列代价的总和。这些成本既包括并购工作完成的成本,也包括并购以后的整合成本;既包括并购发生的有形成本,也包括并购发生的无形成本。为了真正实现低成本扩张,企业并购运作必须了解和把握并购的各项成本要素。具体来说,企业并购应该分析的成本项目具体如表 10-8 所示。

表 10-8 企业并购的成本分析项目

成本项目	定义
并购完成成本	并购完成成本是指为完成并购行为本身所发生的直接成本和间接成本。直接成本是指并购过程中支付的费用,如并购谈判、考察费用、并购支付的价格等。间接成本是指并购过程中发生的其他支出,包括债务成本、交易成本、更名注册成本和其他费用。
并购整合与营运成本	并购整合与营运成本是指并购完成后为了使被并购企业健康发展而支付的长期营运成本,它包括企业整合改制成本、注入资金的成本和其他成本。
并购退出成本	并购退出成本是指企业在并购失败或并购完成后需要撤退时可能支付的成本。
并购机会成本	并购机会成本是指并购的实际支出相对于其他投资的未来收益损失。

企业并购必然要支付巨大的并购成本,在进行企业并购前,并购企业必须进行充分估算,做好必需的资金准备。

(二) 企业并购的风险分析

企业并购是一项高风险的投资。财务分析应在关注其各种收益、成本的同时,更注重并购过程中的各种风险。

(1) 营运风险。是指企业在并购完成后,可能无法使整个企业或企业集团产生协同效应,难以实现并购目标。在实际中,要么是企业规模过大导致规模不经济现象,要么是超越并购企业的管理知识与能力范围,甚至整个企业被被并购企业拖垮。

(2) 融资风险。企业并购需要大量资金,对并购企业的资本结构和资金规模将产生重大影响。

(3) 信息风险。并购企业与被并购企业的信息通常是不对称的,并购企业可能面临因信息不对称而带来的资产高估、盈利能力虚假、潜在亏损、历史遗留问题等损失。

(4) 法律风险。国家对并购的法律规定将增加并购成本与难度。如我国目前并购规则规定:并购企业持有一家上市企业 5% 的股份时必须立即公告并暂停购买,以后每增持 2% 还要不断重复公告;持有 30% 的股份后必须发出全面收购要约,这大大增加了并购风险。

(5) 体制风险。在我国,企业并购没有地方政府的支持是非常困难的。地方政府的过多参与增加了并购风险。

(6) 反并购风险。通常情况下,被并购企业对并购企业持不欢迎和不合作态度,尤其在敌意收购时,它们可能会不惜一切代价组织反并购。这种反并购行动将增加并购的风险。

(三) 企业并购的收益分析

企业并购对并购企业、被并购企业和双方股东的收益都将产生重大影响。对企业并购的收益分析,主要内容有每股收益的变动分析、对未来每股收益的影响分析以及对每股市价的影响分析。

【例 10-5】 现有 A、B 两家公司,其基本资料如表 10-9 所示。

表 10-9　公司基本资料

项目	A 公司	B 公司
本年净收益(万元)	300	600
股票发行总量(万股)	5 000	1 200
每股收益额(元/股)	0.6	0.5
市盈率(倍)	20	8
每股市价(元/股)	12	4

从表 10-9 可以看出,A 公司由于发展前景优于 B 公司,因而 A 公司的市盈率较 B 公司高。现在,A 公司为了扩大生产规模,拟通过增发股票交换 B 公司股票的方式对 B 公司实施并购。假设并购有以下三种可供选择的方案:

(1) A 公司以 1:1 的比例交换 B 公司股票;

(2) A 公司以 5:6 的比例交换 B 公司股票;

(3) A 公司以 1:3 的比例交换 B 公司股票。

第一种方案是简单的以股换股方案;第二种方案是根据 A、B 两家公司的每股收益额确定的;第三种方案是根据 A、B 两家公司的市场价格确定的。

1. 每股收益的变动分析

假设 A 公司在并购 B 公司后,B 公司的绩效既没有改善,也没有下滑(从静态看)。计算并购后 A 公司每股收益额的变化,如表 10-10 所示。

表 10-10　A 公司每股收益额变化表

项目	按 1:1 交换	按 5:6 交换	按 1:3 交换
本年净收益(万元)	3 600	3 600	3 600
股票发行总量(万股)	6 200	6 000	5 400
其中:增发股数(万股)	1 200	1 000	400
每股收益额(元/股)	0.58	0.60	0.67
交换后增加的每股收益	-0.02	0.00	0.07

上述数据说明,当并购公司(A 公司)以高于本公司市盈率的价格交换被并购公司(B 公司)股票时,并购公司的每股收益将比并购前有所减少,如第一种方案;当并购公司(A 公司)以低于本公司市盈率的价格交换被并购公司(B 公司)股票时,并购公司的每股收益将比并购前有所增加,如第三种方案;当并购公司(A 公司)以等于本公司市盈率的价格交换被并购公司(B 公司)股票时,并购公司的每股收益将保持不变,如第二种方案。

因此,并购公司交换被并购公司股票决策时,以低于或等于并购公司股票市盈率的价格进行交换,对并购公司有利;反之,则对并购公司不利。对被并购公司而言,以高于或等于本公司股票市盈率的价格进行交换,对被并购公司有利;反之,则对被并购公司不利。

2. 对未来每股收益的影响分析

如果收购后可以使并购公司以更快的速度发展,也就是并购能够产生协同效应,那么,以高于并购公司股票市盈率的价格进行交换,对并购公司也不一定不可行。假设 A 公司不进行并购,预计未来将以8%的速度增长。而并购B公司后,B公司可以依靠A公司的先进管理水平、技术力量、信誉、销售渠道等优势,使并购后的公司以更快的速度发展。假设并购后A公司每年将以10%的速度增长,则未来的每股收益预计如表10-11所示。

表10-11　A公司未来的每股收益

年份	1	2	3	4	5	6	合计
未并购	0.60	0.65	0.70	0.76	0.82	0.88	4.41
并购后	0.58	0.64	0.70	0.77	0.85	0.94	4.48

通过分析表10-11可以发现,从静态看,A公司以1:1的比例交换B公司股票是不可行的,但从长远和动态来看也是可行的。这是因为企业并购产生了协同效应,实现了资源整合,降低了管理成本,提高了管理绩效,实现了规模效益。

3. 对每股市价的影响分析

企业并购对被并购企业的股东来说是重大利好,当并购信息被市场接受时,被并购公司的股票价格将出现积极反应。如果并购公司以高于或等于被并购公司股票市盈率的价格交换被并购公司股票,被并购公司的股票价格将出现大幅上扬。如果并购后公司股票的市盈率不变,并购可以实现并购方和被并购方股东的双赢。例如,A公司并购前每股收益0.6元,市盈率20倍,市价12元/股,A公司按1:3的比例并购B公司后,每股收益0.67元,假设市盈率维持20倍不变,股票市价将上升到13.4元/股,不仅对A公司股东有利,对B公司股东也有利。

但是,并购方经过并购,扩大了公司股本,受供求关系影响,市盈率将有所降低,从而导致股票市价下降。因此,公司并购应该适度,不能过多过快。

五、债务重组

债务重组(Debt Restructuring)是债权人按照与债务人达成的协议或法院裁决,同意债务人修改债务条件的事项,以及企业的负债通过债权债务责任转移等方式,合理确定企业负债规模及结构的重组行为。其目的是通过合理调整企业的债务规模与结构,提高企业的财务杠杆效应,进而提高企业的经济效益,实现持续经营和资本增值的目标。

对资不抵债的企业以承担债务方式合并的,实施合并方应当制定企业重整措施,按照合并方案履行偿还债务责任,整合财务资源。其中的重要工作,就是实施债务重组。

通过债务重组可减少债权人和股东的损失,给已达到破产界限的企业提供重新站起来的机会,对整个社会而言,能尽量减少社会财富的损失和因破产而失业的人口数量。

【双语链接】

Debt Restructuring: Court ordered or mutual agreement, between a financially troubled firm and its creditors, to reorganize its liabilities as a more feasible alternative to foreclosure or liquidation. Debt restructuring may involve debt forgiveness, debt rescheduling, and/or conversion of a portion of debt into equity.

（一）债务重组的条件

企业的债务重组是解决企业债务问题的一种重要方式。但是并非所有的债务问题都可以通过债务重组来解决，进行债务重组的条件有：

（1）债务人长期不能支付债务。债务人因经营失败而导致企业缺乏偿债能力，并长期不能支付债务，这时企业可通过破产或债务重组来解决债务问题。这是进行债务重组的首要条件。

（2）债权人和债务人都同意通过债务重组方式解决债务问题。无论是何种形式的债务重组，都必须是在债权人和债务人双方一致同意的情况下方可进行。

（二）债务重组的方式

企业债务重组有债务承继、分割资产和经营业务等方式，主要方式如表10-12所示。

表10-12　债务重组的方式

债务重组方式		相关说明
1. 非法律措施	（1）债务展期与债务和解	债务展期是指推迟到期债务要求付款的日期。
		债务和解是指债权人自愿同意减少债务人的债务，包括同意减少债务人偿还的本金数额、降低利息率、减免应付未付利息等。
		在企业经营过程中发生财务困难时，债务的延期或到期债务的减免都会为企业赢得时间，使其调整经营策略，避免破产发生，都能使企业继续经营并避免法律费用。虽然由于债务展期或债务和解会使债权人暂时无法取得账款而发生一些损失，但一旦债务企业从困境中恢复过来，不仅债权人能如数收取账款，而且债务企业能获得新生，继续为社会创造财富。
	（2）以资产清偿债务	债权人和债务人达成协议或经法院裁定，由债务人用现金或非现金资产来清偿全部或部分债务。
		这种情况下，债权人通常要做出一定的让步，以缓解债务人的财务压力，有助于债务人摆脱困境。
	（3）债务转为股权	债务人与债权人协商将债权人的全部或部分债权转作对债务人的投资，即将债务转为企业的资本。
		实际上改变了企业的资本结构，减轻了企业的债务负担。不过这种债务重组对股份有限公司来说，要受到一定的法律限制，因为通过发行新股来清偿债务或者债转股都要符合有关法律规定。
	（4）债权人控制	如债权人认为企业陷入财务危机是由于经营管理不善，可以通过更换管理人员来解决，则债权人可以通过债权人委员会的形式来接管企业，更换管理人员，控制企业的经营管理。
2. 正式财务重整		破产企业债务重组

对资不抵债的企业,如果企业和债权人不能达成和解,企业将可能根据《企业破产法》的规定实施重整或破产清算。作为第三方的合并方,以承担债务方式进行合并的,应当按照合并方案还本付息,并且通过注入资金、盘活资产、债务重组、调整业务、优化资源配置、改进经营管理等措施,使被合并的企业化解财务风险,实现持续经营。

第三节 企业清算管理

企业清算(Liquidation)是指企业按照章程规定解散、破产或者因其他原因终止经营时,为结束债权、债务和其他各种经济关系,保护债权人、投资者等利益相关者的合法权益,由专门的工作机构依法对企业财产进行清查、估价、变现,清理债权、债务,分配剩余财产的行为。

企业清算是企业终止过程中的必经程序。企业终止是企业停止经营活动,清理财产,清偿债务,了结一切对内对外的经济关系,注销企业法人资格的法律行为。企业终止的原因有多种,因而企业清算的程序和方法也不一样。

【双语链接】

Liquidation: Winding up of a firm by selling off its free (un-pledged) assets to convert them into cash to pay the firm's unsecured creditors. (The secured creditors take control of the respective pledged assets on obtaining foreclosure orders). Any remaining amount is distributed among the shareholders in proportion to their shareholdings.

一、企业清算的原因

在市场经济条件下,企业之间的激烈竞争导致优胜劣汰,适者生存,无数企业发展、壮大,无数企业被淘汰,走向清算。清算的原因很多,概括起来主要有:

(1) 企业解散。合资、合作、联营企业在经营期满后,不再继续经营而解散;合作企业的一方或多方违反合同、章程,提前终止合作关系而解散。

(2) 企业合并与兼并。对被合并企业及被兼并企业进行的清算。

(3) 企业破产。债权人或者依法负有清算责任的人向人民法院申请企业破产清算,企业也可以主动向人民法院申请破产清算。

(4) 其他原因清算。企业因自然灾害、战争等不可抗力遭受损失,无法经营下去,应进行清算;企业因违法经营,造成环境污染或危害社会公众利益,被停业、撤销,应当进行清算。

二、企业清算的类型

按划分的依据不同,企业清算的类型可如图 10-1 所示。

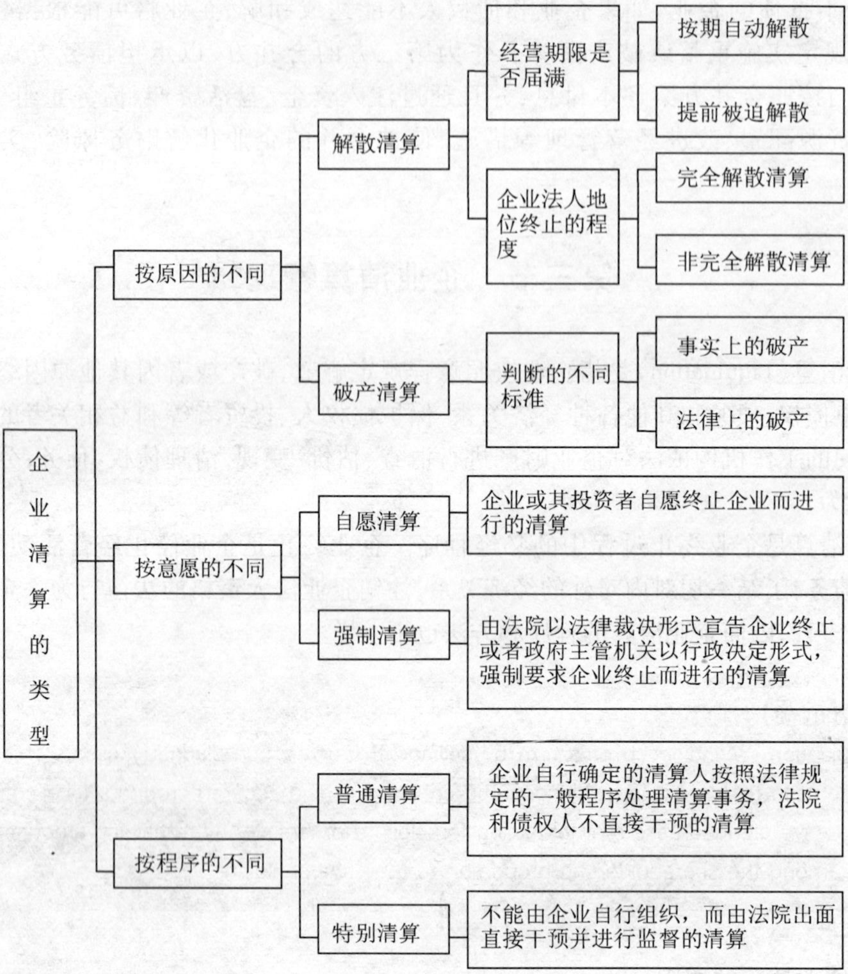

图 10-1　企业清算的类型

三、企业清算的一般程序

企业清算是企业终止时的一项法律程序，一般按照以下步骤进行，具体如图 10-2 所示。

四、破产清算

企业法人不能清偿到期债务，并且资产不足以清偿全部债务或者明显缺乏清偿能力的，债务人可以申请破产清算；债务人不能清偿到期债务的，债权人可以申请破产清算；企业法人已解散但未清算或者未清算完毕，资产不足以清偿债务的，依法负有清算责任的人应当申请破产清算。依法破产清算的基本程序大致可分为三个阶段：一是破产申请阶段；二是重整、和解阶段；三是破产清算阶段。本书将就破产清算阶段的主要操作程序概括如下：

1. 指定管理人

对破产申请，人民法院裁定受理后，应当同时指定管理人。管理人可以由有关部门、机构的人员组成的清算组或者依法设立的律师事务所、会计师事务所、破产清算事务所

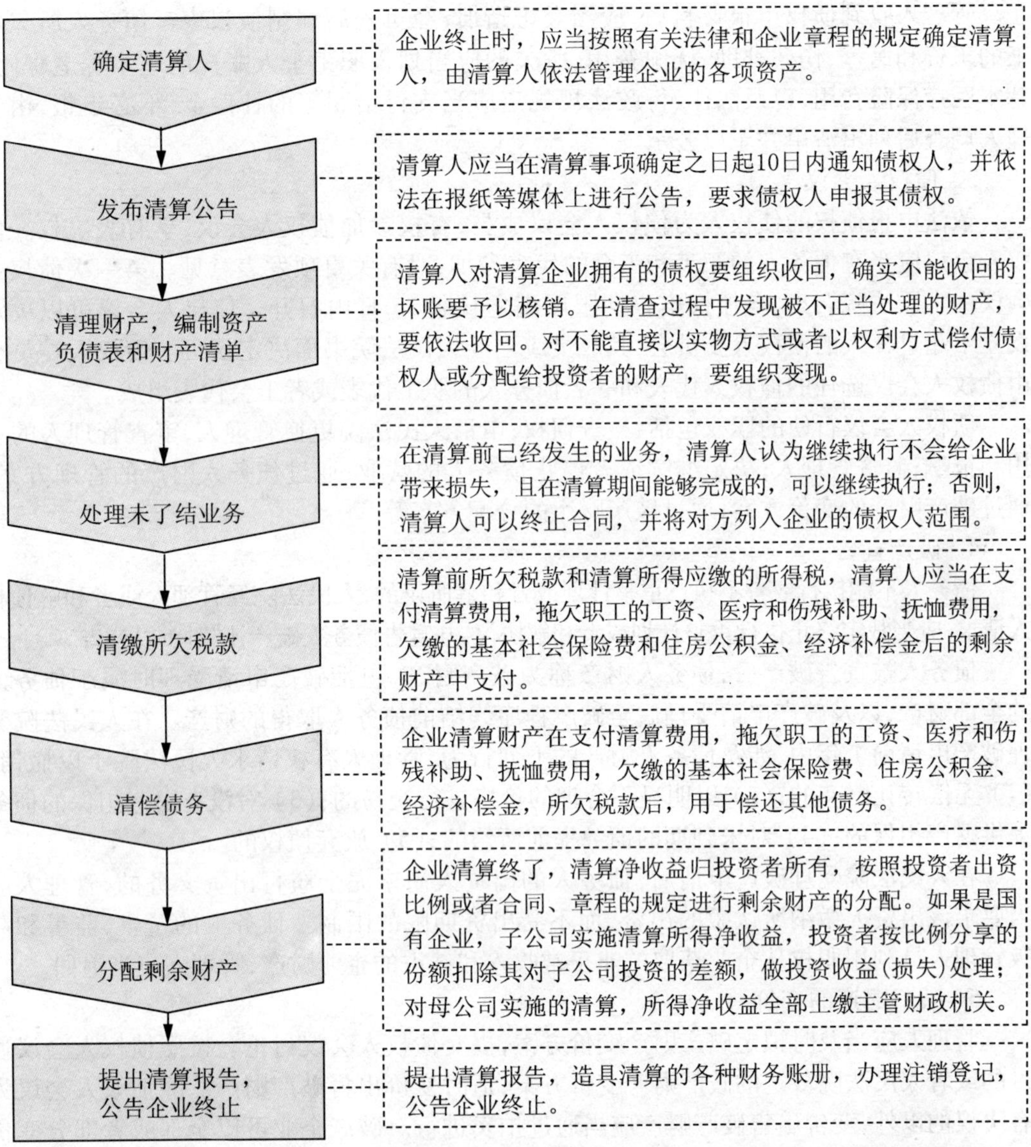

图 10-2　企业清算一般程序

等社会中介机构担任。根据债务人的实际情况,人民法院也可以在征询有关社会中介机构的意见后,指定该机构具备相关专业知识并取得执业资格的人员担任管理人。债权人会议认为管理人不能依法、公正执行职务或者有其他不能胜任职务情形的,可以申请人民法院予以更换。

2. 债权申报

债权人应当自人民法院发布受理破产申请公告之日起,最短不得少于 30 日,最长不得超过 3 个月内,向管理人申报债权。未到期的债权,在破产申请受理时视为到期,附利息的债权自破产申请受理时起停止计息。附条件、附期限的债权和诉讼、仲裁未决的债权,债权人可以申报。

管理人收到债权申报材料后,应当登记造册,经审查后编制债权表。债务人所欠职工的工资和医疗、伤残补助、抚恤费用,所欠的应当划入职工个人账户的基本养老保险、基本医疗保险费用,以及法律、行政法规规定应当支付给职工的补偿金,不必申报,由管理人调查后列出清单并予以公示。

3. 债权人会议

依法申报债权的债权人为债权人会议成员,有权参加债权人会议,享有表决权。债权人会议应当有债务人的职工和工会的代表参加,对有关事项发表意见。第一次债权人会议由人民法院召集,自债权申报期限届满之日起15日内召开。债权人会议可以决定设立不超过9人的债权人委员会,其成员应当经人民法院书面决定认可。债权人委员会由债权人会议选任的债权人代表和一名债务人的职工代表或者工会代表组成。

债权人会议行使的职权包括:核查债权;申请人民法院更换管理人,审查管理人的费用和报酬;监督管理人;决定继续或者停止债务人的营业;通过债务人财产的管理方案;通过破产财产的变价方案;通过破产财产的分配方案等。

4. 破产宣告

债务人不能执行或者不执行重整计划或者和解协议的,人民法院经管理人或者和解债权人请求,应当裁定终止执行重整计划或者和解协议,并宣告债务人破产,同时予以公告。

债务人被宣告破产后,债务人财产称为破产财产,包括破产申请受理时属于债务人的全部财产,以及破产申请受理后至破产程序终结前债务人取得的财产。在人民法院受理破产申请前1年内,涉及债务人财产的下列行为,管理人有权请求人民法院予以撤销:(1) 无偿转让财产的;(2) 以明显不合理的价格进行交易的;(3) 对没有财产担保的债务提供财产担保的;(4) 对未到期的债务提前清偿的;(5) 放弃债权的。

在人民法院受理破产申请后,债务人的出资人尚未完全履行出资义务的,管理人应当要求该出资人缴纳所认缴的出资,而不受出资期限的限制。债务人的董事、监事和高级管理人员利用职权从企业获取的非正常收入和侵占的企业财产,管理人应当追回。

5. 破产财产的变价

管理人应当及时拟定破产财产变价方案,提交债权人会议讨论。按照债权人会议通过的或者人民法院裁定的破产财产变价方案,适时变价出售破产财产。除债权人会议另有决议的以外,变价出售破产财产应当通过拍卖进行。破产企业可以全部或者部分变价出售。企业变价出售时,可以将其中的无形资产和其他财产单独变价出售。按照国家规定不能拍卖或者限制转让的财产,应当按照国家规定的方式处理。在实践中,破产财产的变卖底价,应当参照资产评估结果确定。

管理人实施下列行为,应当及时报告债权人委员会,未设立债权人委员会的,应当及时报告人民法院:(1) 涉及土地、房屋等不动产权益的转让;(2) 探矿权、采矿权、知识产权等财产权的转让;(3) 全部库存或者营业的转让;(4) 借款;(5) 设定财产担保;(6) 债权和有价证券的转让;(7) 履行债务人和对方当事人均未履行完毕的合同;(8) 放弃权利;(9) 担保物的取回;(10) 对债权人利益有重大影响的其他财产处分行为。

6. 破产财产的分配

破产财产分配方案由管理人拟定,提交债权人会议讨论通过后,由管理人提请人民法院裁定认可。经人民法院裁定认可后,由管理人执行。

破产财产应当优先清偿破产费用和共益债务(费用)。破产费用包括破产案件的诉讼费用;管理、变价和分配债务人财产的费用;管理人执行职务的费用、报酬和聘用工作人员的费用。共益债务包括因管理人或者债务人请求对方当事人履行双方均未履行完毕的合同所产生的债务;债务人财产受无因管理所产生的债务;因债务人不当得利所产生的债务,为债务人继续营业而应支付的劳动报酬和社会保险费用以及由此产生的其他债务;管理人或者相关人员执行职务致人损害所产生的债务;债务人财产致人损害所产生的债务。

破产费用和共益债务由债务人财产随时清偿。债务人财产不足以清偿所有破产费用和共益债务的,先清偿破产费用。债务人财产不足以清偿所有破产费用或者共益债务的,按照比例清偿。债务人财产不足以清偿破产费用的,管理人应当提请人民法院终结破产程序,并予以公告。

破产财产在优先清偿破产费用和共益债务后,依照下列顺序清偿:(1) 破产企业所欠职工的工资和医疗、伤残补助、抚恤费用,所欠的应当划入职工个人账户的基本养老保险、基本医疗保险费用,以及法律、行政法规规定应当支付给职工的补偿金;(2) 破产人欠缴的除前项规定以外的社会保险费用和破产人所欠税款;(3) 普通破产债权。

对破产人的特定财产享有担保权的权利人(即债权人),对该特定财产享有优先受偿的权利。其行使优先受偿权利未能完全受偿的,未受偿的债权或者放弃优先受偿权利的债权,作为普通债权。破产财产不足以清偿同一顺序的清偿要求的,按照比例分配。破产企业的董事、监事和高级管理人员的工资按照该企业职工的平均工资计算。

7. 破产程序的终结

破产人无财产可供分配的,管理人应当请求人民法院裁定终结破产程序。管理人在最后分配完结后,应当及时向人民法院提交破产财产分配报告,并提请人民法院裁定终结破产程序。人民法院应当自收到管理人终结破产程序的请求之日起 15 日内做出是否终结破产程序的裁定。裁定终结的,应当予以公告。破产人的保证人和其他连带债务人,在破产程序终结后,对债权人依照破产清算程序未受清偿的债权,依法继续承担清偿责任。

8. 办理注销登记

管理人应当自破产程序终结之日起10 日内,持人民法院破产终结的裁定,向破产人原登记机关办理注销登记。除存在诉讼或者仲裁未决情况的外,管理人于办理注销登记完毕的次日终止执行职务。

五、企业清算报告的管理

公司清算结束后,清算组应当制作清算报告,报股东会、股东大会或者人民法院确认,并报送公司登记机关,申请注销公司登记,公告公司终止。破产程序终结后,破产企业的账册、文书等卷宗材料由清算组移交破产企业上级主管机关保存;无上级主管机关的,由破产企业的开办人或者股东保存。因此,企业清算结束,应当编制清算报告,委托具有资格的会计师事务所审计后,将清算结果向全体投资者、债权人以及其他利益相关人通告。其中,属于各级人民政府及其部门、机构出资的企业,其清算报告应当报送主管财政机关。

【本章练习】

一、单项选择题

1. 兼并等同于我国《公司法》中的(　　)。

A. 合并　　B. 并购　　C. 吸收合并　　D. 新设合并

2. 企业财务重整计划(　　)。

A. 既不改变股东的权益,也不改变债权人的权益　　B. 既改变股东的权益,也改变债权人的权益

C. 不改变股东的权益,但改变债权人的权益　　D. 改变股东的权益,但不改变债权人的权益

3. 企业为并购行为本身所发生的成本称为(　　)。

A. 并购整合成本　　B. 并购完成成本　　C. 并购营运成本　　D. 并购机会成本

4. 按清算是否自行组织,可分为(　　)。

A. 解散清算和破产清算　　B. 非正式清算和正式清算

C. 普通清算和特别清算　　D. 自愿清算和强制清算

5. 市盈率的关键驱动因素是(　　)。

A. 增长潜力　　B. 销售净利率　　C. 权益报酬率　　D. 股利支付率

二、多项选择题

1. 企业并购按并购的实现方式,可分为(　　)。

A. 协议收购　　B. 要约收购

C. 股份交易式并购　　D. 现金购买式并购

E. 承担债务式并购

2. 公司解散的原因有(　　)。

A. 公司章程规定的营业期限届满或者公司章程规定的其他解散事由出现

B. 股东大会决议解散

C. 因公司合并需要解散

D. 因公司分立需要解散

E. 公司因违反法律、行政法规被依法责令关闭的,应当解散

3. 根据《破产法》的规定,可在破产财产中优先拨付的破产费用包括(　　)。

A. 破产财产的管理所需要的费用　　B. 破产财产的变卖所需要的费用

B. 破产财产的分配所需要的费用　　D. 破产案件的诉讼费用

E. 为债权人的共同利益而在破产程序中支付的其他费用

4. 企业实行并购,可能给企业带来的风险有(　　)。

A. 信息不对称风险　　B. 反收购风险　　C. 筹资风险

D. 营运风险　　E. 体制风险

5. 市盈率指标有着丰富的内涵,通常它所表示的内容有(　　)。

A. 企业股票收益的未来水平　　B. 投资者希望从股票中获得的收益

C. 投资者的风险程度　　D. 企业投资的预期回报

E. 企业在其投资上获得的收益超过投资者要求收益的时间长短

三、判断题

1. 解散清算往往是与公司财务失败无关的清算。　　(　　)

2. 如果并购企业市盈率大于目标企业市盈率，只要并购企业出价超过目标企业的市价，并购企业即可在股票市价波动中获得好处。（　　）

3. 现行市价法和折现现金流量估价法在本质上是一致的，都可以计算单一年份价值增加。（　　）

4. 杠杆收购中，收购公司完全依赖借债筹资取得对目标公司的控制权。（　　）

5. 根据相对价值法的“市价/净利模型”，在基本影响因素不变的情况下，增长率越高，内在市盈率越大。（　　）

四、计算分析题

化成公司和宏远公司都是从事商品批发的企业，下表是两家公司的基本情况，化成公司是上市公司，而宏远公司是非上市公司，采用市盈率模型对宏远公司进行价值估计。

单位：万元

项目	化成公司	宏远公司
2010 年税后利润	52	19
2011 年税后利润	62	22
2012 年税后利润	75	25
每股盈利	0.075	0.0833
股票市价	90	
市盈率	12	
股本	1000	300
净资产	2000	500

五、案例分析题

D 公司连年亏损，经债权人申请，人民法院已宣告该公司破产，破产前经审计的公司资产负债表如下：

单位：万元

货币资金	100	短期借款	3 000
应收账款	8 400	应付账款	4 000
存货	6 500	应付工资	2 000
流动资产合计	15 000	应缴税金	1 000
固定资产	8 000	长期借款	5 000
		负债合计	15 000
		实收资本	8 000
		资本公积	2 000
		盈余公积	0
		未分配利润	-2 000
合计	23 000	合计	23 000

其他资料如下：(1)长期借款、短期借款全部由固定资产的全额 8 000 万元抵押，但抵押品处置的收入只有 6 000 万元；(2)D 公司欠 F 公司货款 1 000 万元，F 公司欠 D 公司 800 万元；(3)15 000 万元负债中，各项未到期的债务 5 000 万元，应扣除利息 600 万元；(4) 未做抵押的资产及未抵消的债权，经清算组处置，获得收入 8 100 万元；(5)发生各项破产费用 500 万元；(6)应支付职工安置费 2 500 万元。

要求：对破产财产进行分配。

附表一　复利终值系数表

期数	1%	2%	3%	4%	5%	6%	7%	8%	9%	10%	12%	14%	15%	16%	18%	20%	24%	28%	32%	36%
1	1.0100	1.0200	1.0300	1.0400	1.0500	1.0600	1.0700	1.0800	1.0900	1.1000	1.1200	1.1400	1.1500	1.1600	1.1800	1.2000	1.2400	1.2800	1.3200	1.3600
2	1.0201	1.0404	1.0609	1.0816	1.1025	1.1236	1.1449	1.1664	1.1881	1.2100	1.2544	1.2996	1.3225	1.3456	1.3924	1.4400	1.5376	1.6384	1.7424	1.8496
3	1.0303	1.0612	1.0927	1.1249	1.1576	1.1910	1.2250	1.2597	1.2950	1.3310	1.4049	1.4815	1.5209	1.5609	1.6430	1.7280	1.9066	2.0972	2.3000	2.5155
4	1.0406	1.0824	1.1255	1.1699	1.2155	1.2625	1.3108	1.3605	1.4116	1.4641	1.5735	1.6890	1.7490	1.8106	1.9388	2.0736	2.3642	2.6844	3.0360	3.4210
5	1.0510	1.1041	1.1593	1.2167	1.2763	1.3382	1.4026	1.4693	1.5386	1.6105	1.7623	1.9254	2.0114	2.1003	2.2878	2.4883	2.9316	3.4360	4.0075	4.6526
6	1.0615	1.1262	1.1941	1.2653	1.3401	1.4185	1.5007	1.5869	1.6771	1.7716	1.9738	2.1950	2.3131	2.4364	2.6996	2.9860	3.6352	4.3980	5.2899	6.3275
7	1.0721	1.1487	1.2299	1.3159	1.4071	1.5036	1.6058	1.7138	1.8280	1.9487	2.2107	2.5023	2.6600	2.8262	3.1855	3.5832	4.5077	5.6295	6.9826	8.6054
8	1.0829	1.1717	1.2668	1.3686	1.4775	1.5938	1.7182	1.8509	1.9926	2.1436	2.4760	2.8526	3.0590	3.2784	3.7589	4.2998	5.5895	7.2058	9.2170	11.703
9	1.0937	1.1951	1.3048	1.4233	1.5513	1.6895	1.8385	1.9990	2.1719	2.3579	2.7731	3.2519	3.5179	3.8030	4.4355	5.1598	6.9310	9.2234	12.167	15.917
10	1.1046	1.2190	1.3439	1.4802	1.6289	1.7908	1.9672	2.1589	2.3674	2.5937	3.1058	3.7072	4.0456	4.4114	5.2338	6.1917	8.5944	11.806	16.060	21.647
11	1.1157	1.2434	1.3842	1.5395	1.7103	1.8983	2.1049	2.3316	2.5804	2.8531	3.4785	4.2262	4.6524	5.1173	6.1759	7.4301	10.657	15.112	21.199	29.439
12	1.1268	1.2682	1.4258	1.6010	1.7959	2.0122	2.2522	2.5182	2.8127	3.1384	3.8960	4.8179	5.3503	5.9360	7.2876	8.9161	13.215	19.343	27.983	40.038
13	1.1381	1.2936	1.4685	1.6651	1.8856	2.1329	2.4098	2.7196	3.0658	3.4523	4.3635	5.4924	6.1528	6.8858	8.5994	10.699	16.386	24.759	36.937	54.451
14	1.1495	1.3195	1.5126	1.7317	1.9799	2.2609	2.5785	2.9372	3.3417	3.7975	4.8871	6.2613	7.0757	7.9875	10.147	12.839	20.319	31.691	48.757	74.053
15	1.1610	1.3459	1.5580	1.8009	2.0789	2.3966	2.7590	3.1722	3.6425	4.1772	5.4736	7.1379	8.1371	9.2655	11.974	15.407	25.196	40.565	64.359	100.71
16	1.1726	1.3728	1.6047	1.8730	2.1829	2.5404	2.9522	3.4259	3.9703	4.5950	6.1304	8.1372	9.3576	10.748	14.129	18.488	31.243	51.923	84.954	136.97
17	1.1843	1.4002	1.6528	1.9479	2.2920	2.6928	3.1588	3.7000	4.3276	5.0545	6.8660	9.2765	10.761	12.468	16.672	22.186	38.741	66.461	112.14	186.28
18	1.1961	1.4282	1.7024	2.0258	2.4066	2.8543	3.3799	3.9960	4.7171	5.5599	7.6900	10.575	12.376	14.463	19.673	26.623	48.039	85.071	148.02	253.34
19	1.2081	1.4568	1.7535	2.1068	2.5270	3.0256	3.6165	4.3157	5.1417	6.1159	8.6128	12.056	14.232	16.777	23.214	31.948	59.568	108.89	195.39	344.54
20	1.2202	1.4859	1.8061	2.1911	2.6533	3.2071	3.8697	4.6610	5.6044	6.7275	9.6463	13.744	16.367	19.461	27.393	38.338	73.864	139.38	257.92	468.57
21	1.2324	1.5157	1.8603	2.2788	2.7860	3.3996	4.1406	5.0338	6.1088	7.4002	10.804	15.668	18.822	22.575	32.324	46.005	91.592	178.41	340.45	637.26
22	1.2447	1.5460	1.9161	2.3699	2.9253	3.6035	4.4304	5.4365	6.6586	8.1403	12.100	17.861	21.645	26.186	38.142	55.206	113.57	228.36	449.39	866.67
23	1.2572	1.5769	1.9736	2.4647	3.0715	3.8197	4.7405	5.8715	7.2579	8.9543	13.552	20.362	24.892	30.376	45.008	66.247	140.83	292.30	593.20	1178.7
24	1.2697	1.6084	2.0328	2.5633	3.2251	4.0489	5.0724	6.3412	7.9111	9.8497	15.179	23.212	28.625	35.236	53.109	79.497	174.63	374.14	783.02	1603.0
25	1.2824	1.6406	2.0938	2.6658	3.3864	4.2919	5.4274	6.8485	8.6231	10.835	17.000	26.462	32.919	40.874	62.669	95.396	216.54	478.90	1033.6	2180.1
26	1.2953	1.6734	2.1566	2.7725	3.5557	4.5494	5.8074	7.3964	9.3992	11.918	19.040	30.167	37.857	47.414	73.949	114.48	268.51	613.00	1364.3	2964.9
27	1.3082	1.7069	2.2213	2.8834	3.7335	4.8223	6.2139	7.9881	10.245	13.110	21.325	34.390	43.535	55.000	87.260	137.37	332.96	784.64	1800.9	4032.3
28	1.3213	1.7410	2.2879	2.9987	3.9201	5.1117	6.6488	8.6271	11.167	14.421	23.884	39.205	50.066	63.800	102.97	164.84	412.86	1004.3	2377.2	5483.9
29	1.3345	1.7758	2.3566	3.1187	4.1161	5.4184	7.1143	9.3173	12.172	15.863	26.750	44.693	57.576	74.009	121.50	197.81	511.95	1285.6	3137.9	7458.1
30	1.3478	1.8114	2.4273	3.2434	4.3219	5.7435	7.6123	10.063	13.268	17.449	29.960	50.950	66.212	85.850	143.37	237.38	634.82	1645.5	4142.1	10143
40	1.4889	2.2080	3.2620	4.8010	7.0400	10.286	14.975	21.725	31.409	45.259	93.051	188.88	267.86	378.72	750.38	1469.8	5455.9	19427	66521	*
50	1.6446	2.6916	4.3839	7.1067	11.467	18.420	29.457	46.902	74.358	117.39	289.00	700.23	1083.7	1670.7	3927.4	9100.4	46890	*	*	*
60	1.8167	3.2810	5.8916	10.520	18.679	32.988	57.946	101.26	176.03	304.48	897.60	2595.9	4384.0	7370.2	20555	56348	*	*	*	*

注：①复利终值系数 $=(1+i)^n$，$S=P(1+i)^n$，其中，P 为现值或初始值；i 为报酬率或利率；n 为计息期数；S 为终值或本利和。

②＊>99 999。

附表二　复利现值系数表

期数	1%	2%	3%	4%	5%	6%	7%	8%	9%	10%	12%	14%	15%	16%	18%	20%	24%	28%	32%	36%
1	0.9901	0.9804	0.9709	0.9615	0.9524	0.9434	0.9346	0.9259	0.9174	0.9091	0.8929	0.8772	0.8696	0.8621	0.8475	0.8333	0.8065	0.7813	0.7576	0.7353
2	0.9803	0.9612	0.9426	0.9246	0.9070	0.8900	0.8734	0.8573	0.8417	0.8264	0.7972	0.7695	0.7561	0.7432	0.7182	0.6944	0.6504	0.6104	0.5739	0.5407
3	0.9706	0.9423	0.9151	0.8890	0.8638	0.8396	0.8163	0.7938	0.7722	0.7513	0.7118	0.6750	0.6575	0.6407	0.6086	0.5787	0.5245	0.4768	0.4348	0.3975
4	0.9610	0.9238	0.8885	0.8548	0.8227	0.7921	0.7629	0.7350	0.7084	0.6830	0.6355	0.5921	0.5718	0.5523	0.5158	0.4823	0.4230	0.3725	0.3294	0.2923
5	0.9515	0.9057	0.8626	0.8219	0.7835	0.7473	0.7130	0.6806	0.6499	0.6209	0.5674	0.5194	0.4972	0.4761	0.4371	0.4019	0.3411	0.2910	0.2495	0.2149
6	0.9420	0.8880	0.8375	0.7903	0.7462	0.7050	0.6663	0.6302	0.5963	0.5645	0.5066	0.4556	0.4323	0.4104	0.3704	0.3349	0.2751	0.2274	0.1890	0.1580
7	0.9327	0.8706	0.8131	0.7599	0.7107	0.6651	0.6227	0.5835	0.5470	0.5132	0.4523	0.3996	0.3759	0.3538	0.3139	0.2791	0.2218	0.1776	0.1432	0.1162
8	0.9235	0.8535	0.7894	0.7307	0.6768	0.6274	0.5820	0.5403	0.5019	0.4665	0.4039	0.3506	0.3269	0.3050	0.2660	0.2326	0.1789	0.1388	0.1085	0.0854
9	0.9143	0.8368	0.7664	0.7026	0.6446	0.5919	0.5439	0.5002	0.4604	0.4241	0.3606	0.3075	0.2843	0.2630	0.2255	0.1938	0.1443	0.1084	0.0822	0.0628
10	0.9053	0.8203	0.7441	0.6756	0.6139	0.5584	0.5083	0.4632	0.4224	0.3855	0.3220	0.2697	0.2472	0.2267	0.1911	0.1615	0.1164	0.0847	0.0623	0.0462
11	0.8963	0.8043	0.7224	0.6496	0.5847	0.5268	0.4751	0.4289	0.3875	0.3505	0.2875	0.2366	0.2149	0.1954	0.1619	0.1346	0.0938	0.0662	0.0472	0.0340
12	0.8874	0.7885	0.7014	0.6246	0.5568	0.4970	0.4440	0.3971	0.3555	0.3186	0.2567	0.2076	0.1869	0.1685	0.1372	0.1122	0.0757	0.0517	0.0357	0.0250
13	0.8787	0.7730	0.6810	0.6006	0.5303	0.4688	0.4150	0.3677	0.3262	0.2897	0.2292	0.1821	0.1625	0.1452	0.1163	0.0935	0.0610	0.0404	0.0271	0.0184
14	0.8700	0.7579	0.6611	0.5775	0.5051	0.4423	0.3878	0.3405	0.2992	0.2633	0.2046	0.1597	0.1413	0.1252	0.0985	0.0779	0.0492	0.0316	0.0205	0.0135
15	0.8613	0.7430	0.6419	0.5553	0.4810	0.4173	0.3624	0.3152	0.2745	0.2394	0.1827	0.1401	0.1229	0.1079	0.0835	0.0649	0.0397	0.0247	0.0155	0.0099
16	0.8528	0.7284	0.6232	0.5339	0.4581	0.3936	0.3387	0.2919	0.2519	0.2176	0.1631	0.1229	0.1069	0.0930	0.0708	0.0541	0.0320	0.0193	0.0118	0.0073
17	0.8444	0.7142	0.6050	0.5134	0.4363	0.3714	0.3166	0.2703	0.2311	0.1978	0.1456	0.1078	0.0929	0.0802	0.0600	0.0451	0.0258	0.0150	0.0089	0.0054
18	0.8360	0.7002	0.5874	0.4936	0.4155	0.3503	0.2959	0.2502	0.2120	0.1799	0.1300	0.0946	0.0808	0.0691	0.0508	0.0376	0.0208	0.0118	0.0068	0.0039
19	0.8277	0.6864	0.5703	0.4746	0.3957	0.3305	0.2765	0.2317	0.1945	0.1635	0.1161	0.0829	0.0703	0.0596	0.0431	0.0313	0.0168	0.0092	0.0051	0.0029
20	0.8195	0.6730	0.5537	0.4564	0.3769	0.3118	0.2584	0.2145	0.1784	0.1486	0.1037	0.0728	0.0611	0.0514	0.0365	0.0261	0.0135	0.0072	0.0039	0.0021
21	0.8114	0.6598	0.5375	0.4388	0.3589	0.2942	0.2415	0.1987	0.1637	0.1351	0.0926	0.0638	0.0531	0.0443	0.0309	0.0217	0.0109	0.0056	0.0029	0.0016
22	0.8034	0.6468	0.5219	0.4220	0.3418	0.2775	0.2257	0.1839	0.1502	0.1228	0.0826	0.0560	0.0462	0.0382	0.0262	0.0181	0.0088	0.0044	0.0022	0.0012
23	0.7954	0.6342	0.5067	0.4057	0.3256	0.2618	0.2109	0.1703	0.1378	0.1117	0.0738	0.0491	0.0402	0.0329	0.0222	0.0151	0.0071	0.0034	0.0017	0.0008
24	0.7876	0.6217	0.4919	0.3901	0.3101	0.2470	0.1971	0.1577	0.1264	0.1015	0.0659	0.0431	0.0349	0.0284	0.0188	0.0126	0.0057	0.0027	0.0013	0.0006
25	0.7798	0.6095	0.4776	0.3751	0.2953	0.2330	0.1842	0.1460	0.1160	0.0923	0.0588	0.0378	0.0304	0.0245	0.0160	0.0105	0.0046	0.0021	0.0010	0.0005
26	0.7720	0.5976	0.4637	0.3607	0.2812	0.2198	0.1722	0.1352	0.1064	0.0839	0.0525	0.0331	0.0264	0.0211	0.0135	0.0087	0.0037	0.0016	0.0007	0.0003
27	0.7644	0.5859	0.4502	0.3468	0.2678	0.2074	0.1609	0.1252	0.0976	0.0763	0.0469	0.0291	0.0230	0.0182	0.0115	0.0073	0.0030	0.0013	0.0006	0.0002
28	0.7568	0.5744	0.4371	0.3335	0.2551	0.1956	0.1504	0.1159	0.0895	0.0693	0.0419	0.0255	0.0200	0.0157	0.0097	0.0061	0.0024	0.0010	0.0004	0.0002
29	0.7493	0.5631	0.4243	0.3207	0.2429	0.1846	0.1406	0.1073	0.0822	0.0630	0.0374	0.0224	0.0174	0.0135	0.0082	0.0051	0.0020	0.0008	0.0003	0.0001
30	0.7419	0.5521	0.4120	0.3083	0.2314	0.1741	0.1314	0.0994	0.0754	0.0573	0.0334	0.0196	0.0151	0.0116	0.0070	0.0042	0.0016	0.0006	0.0002	0.0001
35	0.7059	0.5000	0.3554	0.2534	0.1813	0.1301	0.0937	0.0676	0.0490	0.0356	0.0189	0.0102	0.0075	0.0055	0.0030	0.0017	0.0005	0.0002	0.0001	*
40	0.6717	0.4529	0.3066	0.2083	0.1420	0.0972	0.0668	0.0460	0.0318	0.0221	0.0107	0.0053	0.0037	0.0026	0.0013	0.0007	0.0002	0.0001	*	*
45	0.6391	0.4102	0.2644	0.1712	0.1113	0.0727	0.0476	0.0313	0.0207	0.0137	0.0061	0.0027	0.0019	0.0013	0.0006	0.0003	0.0001	*	*	*
50	0.6080	0.3715	0.2281	0.1407	0.0872	0.0543	0.0339	0.0213	0.0134	0.0085	0.0035	0.0014	0.0009	0.0006	0.0003	0.0001	*	*	*	*
55	0.5785	0.3365	0.1968	0.1157	0.0683	0.0406	0.0242	0.0145	0.0087	0.0053	0.0020	0.0007	0.0005	0.0003	0.0001	*	*	*	*	*

注:①复利现值系数 $=(1+i)^{-n}$,$P=\frac{S}{(1+i)^n}=S(1+i)^{-n}$,其中,$P$ 为现值或初始值;i 为报酬率或利率;n 为计息期数;S 为终值或本利和。

② * <0.0001。

附表三　年金终值系数表

期数	1%	2%	3%	4%	5%	6%	7%	8%	9%	10%	12%	14%	15%	16%	18%	20%	24%	28%	32%	36%
1	1.0000	1.0000	1.0000	1.0000	1.0000	1.0000	1.0000	1.0000	1.0000	1.0000	1.0000	1.0000	1.0000	1.0000	1.0000	1.0000	1.0000	1.0000	1.0000	1.0000
2	2.0100	2.0200	2.0300	2.0400	2.0500	2.0600	2.0700	2.0800	2.0900	2.1000	2.1200	2.1400	2.1500	2.1600	2.1800	2.2000	2.2400	2.2800	2.3200	2.3600
3	3.0301	3.0604	3.0909	3.1216	3.1525	3.1836	3.2149	3.2464	3.2781	3.3100	3.3744	3.4396	3.4725	3.5056	3.5724	3.6400	3.7776	3.9184	4.0624	4.2096
4	4.0604	4.1216	4.1836	4.2465	4.3101	4.3746	4.4399	4.5061	4.5731	4.6410	4.7793	4.9211	4.9934	5.0665	5.2154	5.3680	5.6842	6.0156	6.3624	6.7251
5	5.1010	5.2040	5.3091	5.4163	5.5256	5.6371	5.7507	5.8666	5.9847	6.1051	6.3528	6.6101	6.7424	6.8771	7.1542	7.4416	8.0484	8.6999	9.3983	10.146
6	6.1520	6.3081	6.4684	6.6330	6.8019	6.9753	7.1533	7.3359	7.5233	7.7156	8.1152	8.5355	8.7537	8.9775	9.4420	9.9299	10.980	12.136	13.406	14.799
7	7.2135	7.4343	7.6625	7.8983	8.1420	8.3938	8.6540	8.9228	9.2004	9.4872	10.089	10.731	11.067	11.414	12.142	12.916	14.615	16.534	18.696	21.126
8	8.2857	8.5830	8.8923	9.2142	9.5491	9.8975	10.260	10.637	11.029	11.436	12.300	13.233	13.727	14.240	15.327	16.499	19.123	22.163	25.678	29.732
9	9.3685	9.7546	10.159	10.583	11.027	11.491	11.978	12.488	13.021	13.580	14.776	16.085	16.786	17.519	19.086	20.799	24.713	29.369	34.895	41.435
10	10.462	10.950	11.464	12.006	12.578	13.181	13.816	14.487	15.193	15.937	17.549	19.337	20.304	21.322	23.521	25.959	31.643	38.593	47.062	57.352
11	11.567	12.169	12.808	13.486	14.207	14.972	15.784	16.646	17.560	18.531	20.655	23.045	24.349	25.733	28.755	32.150	40.238	50.399	63.122	78.998
12	12.683	13.412	14.192	15.026	15.917	16.870	17.889	18.977	20.141	21.384	24.133	27.271	29.002	30.850	34.931	39.581	50.895	65.510	84.320	108.44
13	13.809	14.680	15.618	16.627	17.713	18.882	20.141	21.495	22.953	24.523	28.029	32.089	34.352	36.786	42.219	48.497	64.110	84.853	112.30	148.48
14	14.947	15.974	17.086	18.292	19.599	21.015	22.551	24.215	26.019	27.975	32.393	37.581	40.505	43.672	50.818	59.196	80.496	109.61	149.24	202.93
15	16.097	17.293	18.599	20.024	21.579	23.276	25.129	27.152	29.361	31.773	37.280	43.842	47.580	51.660	60.965	72.035	100.82	141.30	198.00	276.98
16	17.258	18.639	20.157	21.825	23.658	25.673	27.888	30.324	33.003	35.950	42.753	50.980	55.718	60.925	72.939	87.442	126.01	181.87	262.36	377.69
17	18.430	20.012	21.762	23.698	25.840	28.213	30.840	33.750	36.974	40.545	48.884	59.118	65.075	71.673	87.068	105.93	157.25	233.79	347.31	514.66
18	19.615	21.412	23.414	25.645	28.132	30.906	33.999	37.450	41.301	45.599	55.750	68.394	75.836	84.141	103.74	128.12	195.99	300.25	459.45	700.94
19	20.811	22.841	25.117	27.671	30.539	33.760	37.379	41.446	46.019	51.159	63.440	78.969	88.212	98.603	123.41	154.74	244.03	385.32	607.47	954.28
20	22.019	24.297	26.870	29.778	33.066	36.786	40.996	45.762	51.160	57.275	72.052	91.025	102.44	115.38	146.63	186.69	303.60	494.21	802.86	1298.8
21	23.239	25.783	28.677	31.969	35.719	39.993	44.865	50.423	56.765	64.003	81.699	104.77	118.81	134.84	174.02	225.03	377.46	633.59	1060.8	1767.4
22	24.472	27.299	30.537	34.248	38.505	43.392	49.006	55.457	62.873	71.403	92.503	120.44	137.63	157.42	206.34	271.03	469.06	812.00	1401.2	2404.7
23	25.716	28.845	32.453	36.618	41.431	46.996	53.436	60.893	69.532	79.543	104.60	138.30	159.28	183.60	244.49	326.24	582.63	1040.4	1850.6	3271.3
24	26.974	30.422	34.427	39.083	44.502	50.816	58.177	66.765	76.790	88.497	118.16	158.66	184.17	213.98	289.49	392.48	723.46	1332.7	2443.8	4450.0
25	28.243	32.030	36.459	41.646	47.727	54.865	63.249	73.106	84.701	98.347	133.33	181.87	212.79	249.21	342.60	471.98	898.09	1706.8	3226.8	6053.0
26	29.526	33.671	38.553	44.312	51.114	59.156	68.677	79.954	93.324	109.18	150.33	208.33	245.71	290.09	405.27	567.38	1114.6	2185.7	4260.4	8233.1
27	30.821	35.344	40.710	47.084	54.669	63.706	74.484	87.351	102.72	121.10	169.37	238.50	283.57	337.50	479.22	681.85	1383.1	2798.7	5624.8	11198
28	32.129	37.051	42.931	49.968	58.403	68.528	80.698	95.339	112.97	134.21	190.70	272.89	327.10	392.50	566.48	819.22	1716.1	3583.3	7425.7	15230
29	33.450	38.792	45.219	52.966	62.323	73.640	87.347	103.97	124.14	148.63	214.58	312.09	377.17	456.30	669.45	984.07	2129.0	4587.7	9802.9	20714
30	34.785	40.568	47.575	56.085	66.439	79.058	94.461	113.28	136.31	164.49	241.33	356.79	434.75	530.31	790.95	1181.9	2640.9	5873.2	12941	28172
40	48.886	60.402	75.401	95.026	120.80	154.76	199.64	259.06	337.88	442.59	767.09	1342.0	1779.1	2360.8	4163.2	7343.9	22729	69377	207874	609890
50	64.463	84.579	112.80	152.67	209.35	290.34	406.53	573.77	815.08	1163.9	2400.0	4994.5	7217.7	10436	21813	45497	195373	819103	*	*
60	81.670	114.05	163.05	237.99	353.58	533.13	813.52	1253.2	1944.8	3034.8	7471.6	18535	29220	46058	114190	281733	*	*	*	*

注:①年金终值系数 $=\frac{(1+i)^n-1}{i}$，$S=A\frac{(1+i)^n-1}{i}$，其中，A 为每期等额支付(或收入)的金额；i 为报酬率或利率；n 为计息期数；S 为年金终值或本利和。

②* >999 999.99。

附表四　年金现值系数表

期数	1%	2%	3%	4%	5%	6%	7%	8%	9%	10%	12%	14%	15%	16%	18%	20%	24%	28%	32%	36%
1	0.9901	0.9804	0.9709	0.9615	0.9524	0.9434	0.9346	0.9259	0.9174	0.9091	0.8929	0.8772	0.8696	0.8621	0.8475	0.8333	0.8065	0.7813	0.7576	0.7353
2	1.9704	1.9416	1.9135	1.8861	1.8594	1.8334	1.8080	1.7833	1.7591	1.7355	1.6901	1.6467	1.6257	1.6052	1.5656	1.5278	1.4568	1.3916	1.3315	1.2760
3	2.9410	2.8839	2.8286	2.7751	2.7232	2.6730	2.6243	2.5771	2.5313	2.4869	2.4018	2.3216	2.2832	2.2459	2.1743	2.1065	1.9813	1.8684	1.7663	1.6735
4	3.9020	3.8077	3.7171	3.6299	3.5460	3.4651	3.3872	3.3121	3.2397	3.1699	3.0373	2.9137	2.8550	2.7982	2.6901	2.5887	2.4043	2.2410	2.0957	1.9658
5	4.8534	4.7135	4.5797	4.4518	4.3295	4.2124	4.1002	3.9927	3.8897	3.7908	3.6048	3.4331	3.3522	3.2743	3.1272	2.9906	2.7454	2.5320	2.3452	2.1807
6	5.7955	5.6014	5.4172	5.2421	5.0757	4.9173	4.7665	4.6229	4.4859	4.3553	4.1114	3.8887	3.7845	3.6847	3.4976	3.3255	3.0205	2.7594	2.5342	2.3388
7	6.7282	6.4720	6.2303	6.0021	5.7864	5.5824	5.3893	5.2064	5.0330	4.8684	4.5638	4.2883	4.1604	4.0386	3.8115	3.6046	3.2423	2.9370	2.6775	2.4550
8	7.6517	7.3255	7.0197	6.7327	6.4632	6.2098	5.9713	5.7466	5.5348	5.3349	4.9676	4.6389	4.4873	4.3436	4.0776	3.8372	3.4212	3.0758	2.7860	2.5404
9	8.5660	8.1622	7.7861	7.4353	7.1078	6.8017	6.5152	6.2469	5.9952	5.7590	5.3282	4.9464	4.7716	4.6065	4.3030	4.0310	3.5655	3.1842	2.8681	2.6033
10	9.4713	8.9826	8.5302	8.1109	7.7217	7.3601	7.0236	6.7101	6.4177	6.1446	5.6502	5.2161	5.0188	4.8332	4.4941	4.1925	3.6819	3.2689	2.9304	2.6495
11	10.3676	9.7868	9.2526	8.7605	8.3064	7.8869	7.4987	7.1390	6.8052	6.4951	5.9377	5.4527	5.2337	5.0286	4.6560	4.3271	3.7757	3.3351	2.9776	2.6834
12	11.2551	10.5753	9.9540	9.3851	8.8633	8.3838	7.9427	7.5361	7.1607	6.8137	6.1944	5.6603	5.4206	5.1971	4.7932	4.4392	3.8514	3.3868	3.0133	2.7084
13	12.1337	11.3484	10.6350	9.9856	9.3936	8.8527	8.3577	7.9038	7.4869	7.1034	6.4235	5.8424	5.5831	5.3423	4.9095	4.5327	3.9124	3.4272	3.0404	2.7268
14	13.0037	12.1062	11.2961	10.5631	9.8986	9.2950	8.7455	8.2442	7.7862	7.3667	6.6282	6.0021	5.7245	5.4675	5.0081	4.6106	3.9616	3.4587	3.0609	2.7403
15	13.8651	12.8493	11.9379	11.1184	10.3797	9.7122	9.1079	8.5595	8.0607	7.6061	6.8109	6.1422	5.8474	5.5755	5.0916	4.6755	4.0013	3.4834	3.0764	2.7502
16	14.7179	13.5777	12.5611	11.6523	10.8378	10.1059	9.4466	8.8514	8.3126	7.8237	6.9740	6.2651	5.9542	5.6685	5.1624	4.7296	4.0333	3.5026	3.0882	2.7575
17	15.5623	14.2919	13.1661	12.1657	11.2741	10.4773	9.7632	9.1216	8.5436	8.0216	7.1196	6.3729	6.0472	5.7487	5.2223	4.7746	4.0591	3.5177	3.0971	2.7629
18	16.3983	14.9920	13.7535	12.6593	11.6896	10.8276	10.0591	9.3719	8.7556	8.2014	7.2497	6.4674	6.1280	5.8178	5.2732	4.8122	4.0799	3.5294	3.1039	2.7668
19	17.2260	15.6785	14.3238	13.1339	12.0853	11.1581	10.3356	9.6036	8.9501	8.3649	7.3658	6.5504	6.1982	5.8775	5.3162	4.8435	4.0967	3.5386	3.1090	2.7697
20	18.0456	16.3514	14.8775	13.5903	12.4622	11.4699	10.5940	9.8181	9.1285	8.5136	7.4694	6.6231	6.2593	5.9288	5.3527	4.8696	4.1103	3.5458	3.1129	2.7718
21	18.8570	17.0112	15.4150	14.0292	12.8212	11.7641	10.8355	10.0168	9.2922	8.6487	7.5620	6.6870	6.3125	5.9731	5.3837	4.8913	4.1212	3.5514	3.1158	2.7734
22	19.6604	17.6580	15.9369	14.4511	13.1630	12.0416	11.0612	10.2007	9.4424	8.7715	7.6446	6.7429	6.3587	6.0113	5.4099	4.9094	4.1300	3.5558	3.1180	2.7746
23	20.4558	18.2922	16.4436	14.8568	13.4886	12.3034	11.2722	10.3711	9.5802	8.8832	7.7184	6.7921	6.3988	6.0442	5.4321	4.9245	4.1371	3.5592	3.1197	2.7754
24	21.2434	18.9139	16.9355	15.2470	13.7986	12.5504	11.4693	10.5288	9.7066	8.9847	7.7843	6.8351	6.4338	6.0726	5.4509	4.9371	4.1428	3.5619	3.1210	2.7760
25	22.0232	19.5235	17.4131	15.6221	14.0939	12.7834	11.6536	10.6748	9.8226	9.0770	7.8431	6.8729	6.4641	6.0971	5.4669	4.9476	4.1474	3.5640	3.1220	2.7765
26	22.7952	20.1210	17.8768	15.9828	14.3752	13.0032	11.8258	10.8100	9.9290	9.1609	7.8957	6.9061	6.4906	6.1182	5.4804	4.9563	4.1511	3.5656	3.1227	2.7768
27	23.5596	20.7069	18.3270	16.3296	14.6430	13.2105	11.9867	10.9352	10.0266	9.2372	7.9426	6.9352	6.5135	6.1364	5.4919	4.9636	4.1542	3.5669	3.1233	2.7771
28	24.3164	21.2813	18.7641	16.6631	14.8981	13.4062	12.1371	11.0511	10.1161	9.3066	7.9844	6.9607	6.5335	6.1520	5.5016	4.9697	4.1566	3.5679	3.1237	2.7773
29	25.0658	21.8444	19.1885	16.9837	15.1411	13.5907	12.2777	11.1584	10.1983	9.3696	8.0218	6.9830	6.5509	6.1656	5.5098	4.9747	4.1585	3.5687	3.1240	2.7774
30	25.8077	22.3965	19.6004	17.2920	15.3725	13.7648	12.4090	11.2578	10.2737	9.4269	8.0552	7.0027	6.5660	6.1772	5.5168	4.9789	4.1601	3.5693	3.1242	2.7775
35	29.4086	24.9986	21.4872	18.6646	16.3742	14.4982	12.9477	11.6546	10.5668	9.6442	8.1755	7.0700	6.6166	6.2153	5.5386	4.9915	4.1644	3.5708	3.1248	2.7777
40	32.8347	27.3555	23.1148	19.7928	17.1591	15.0463	13.3317	11.9246	10.7574	9.7791	8.2438	7.1050	6.6418	6.2335	5.5482	4.9966	4.1659	3.5712	3.1250	2.7778
45	36.0945	29.4902	24.5187	20.7200	17.7741	15.4558	13.6055	12.1084	10.8812	9.8628	8.2825	7.1232	6.6543	6.2421	5.5523	4.9986	4.1664	3.5714	3.1250	2.7778
50	39.1961	31.4236	25.7298	21.4822	18.2559	15.7619	13.8007	12.2335	10.9617	9.9148	8.3045	7.1327	6.6605	6.2463	5.5541	4.9995	4.1666	3.5714	3.1250	2.7778
55	42.1472	33.1748	26.7744	22.1086	18.6335	15.9905	13.9399	12.3186	11.0140	9.9471	8.3170	7.1376	6.6636	6.2482	5.5549	4.9998	4.1666	3.5714	3.1250	2.7778

注：年金现值系数 $=\frac{1-(1+i)^{-n}}{i}$，$P=A\frac{1-(1+i)^{-n}}{i}$，其中，$A$ 为每期等额支付（或收入）的金额；i 为报酬率或利率；n 为计息期数；P 为年金现值或本利和。

参考文献

【1】中华人民共和国财政部,《企业财务通则(修订)》,2007 年 1 月 1 日施行。
【2】财政部会计资格评价中心,《中级会计资格财务管理》,经济科学出版社 2011 年版。
【3】中国注册会计师协会,《财务成本管理》,经济科学出版社 2011 年版。
【4】陈昌龙,《财务管理》,清华大学出版社,北京交通大学出版社 2010 年版。
【5】张金昌,《财务分析学教程》,北京大学出版社 2010 年版。
【6】朱开悉、何进日,《财务管理学》,湖南人民出版社 2007 年版。
【7】罗伯特 · C. 希金斯,《财务管理分析》,中信出版社 2002 年版。
【8】尤金 · F. 布里格姆、乔尔 · F. 休斯敦,《财务管理基础》,中信出版社 2002 年版。
【9】Charles T. Horngren、Gary L. Sundem 等,《管理会计》,北京大学出版社 2010 年版。
【10】Walter T. Harrison、Jr. ,Charles T. Horngren 等,《财务会计》,培生教育出版集团 2008 年版。
【11】王艾敏、杨惠贞,《财务管理学》,西南财经大学出版社 2008 年版。
【12】陈玉菁,《财务管理》,中国人民大学出版社 2008 年版。
【13】彭浩涛,《财务管理概论》,复旦大学出版社 2008 年版。
【14】汪平,《中级财务管理》,上海财经大学出版社 2004 年版。
【15】傅元略,《财务管理》(第二版),厦门大学出版社 2008 年版。
【16】王永海,《财务管理原理》,武汉大学出版社 2003 年版。
【17】斯科特 · 贝斯利、尤金 · F. 布里格姆,《财务管理精要》,机械工业出版社 2003 年版。
【18】尤金 · F. 布里格姆、路易斯 · C. 加彭斯基,《财务管理:理论与实务》,机械工业出版社 1999 年版。

教师反馈及教辅申请表

北京大学出版社以“教材优先、学术为本、创建一流”为目标，主要为广大高等院校师生服务。为更有针对性地为广大教师服务，提升教学质量，在您确认将本书作为指定教材后，请您填好以下表格并经系主任签字盖章后寄回，我们将免费向您提供相应教辅资料。

<table>
<tr><td>书号/书名/作者</td><td colspan="4"></td></tr>
<tr><td>您的姓名</td><td colspan="4"></td></tr>
<tr><td>校/院/系</td><td colspan="4"></td></tr>
<tr><td>您所讲授的课程名称</td><td colspan="4"></td></tr>
<tr><td>每学期学生人数</td><td colspan="2">______人　　　_____年级</td><td>学时</td><td></td></tr>
<tr><td>您准备何时用此书授课</td><td colspan="4"></td></tr>
<tr><td>您的联系地址</td><td colspan="4"></td></tr>
<tr><td>邮政编码</td><td></td><td>联系电话
（必填）</td><td colspan="2"></td></tr>
<tr><td>E-mail（必填）</td><td colspan="4"></td></tr>
<tr><td colspan="3">您对本书的建议：</td><td colspan="2">系主任签字

盖章</td></tr>
</table>

我们的联系方式：

北京大学出版社经济与管理图书事业部

北京市海淀区成府路 205 号，100871

联 系 人：徐　冰

电　　话：010-62767312 / 62757146

传　　真：010-62556201

电子邮件：xubingjn@yahoo.com.cn　em@pup.cn

网　　址：http://www.pup.cn